普通高等教育"十二五"规划教材
全国高职高专规划教材·物流系列

运输管理实务

主　编　阙丽娟　高慧云
副主编　田文冕　王青燕
参　编　宋晓黎　姚松巍　王贞君

北京大学出版社
PEKING UNIVERSITY PRESS

内 容 简 介

《运输管理实务》一书结合校企融合和工作过程系统化的理念,以实际工作过程为主线,集"教、学、做"于一体。本书包括六大学习任务:建立运输管理总体框架、处理整车货物运输业务、处理零担货物运输业务、处理特种货物运输业务、处理多式联运业务、设计综合运输方案。全书体现了从"认知能力(初学者)—操作能力(能手)—决策与设计能力(专家)"的递进过程,遵循了认知规律。

本书体例和结构新颖,条理性、实践性、实用性、技能性和操作性强,可以作为高职高专、应用型高等院校本科、成人高校物流管理及相关专业的教学用书,也可以作为物流管理从业人员和从事物流研究与教学人员的参考用书。

图书在版编目(CIP)数据

运输管理实务/阙丽娟,高慧云主编. —北京:北京大学出版社,2013.2
（全国高职高专规划教材·物流系列）
ISBN 978-7-301-22126-6

Ⅰ. ①运⋯ Ⅱ. ①阙⋯②高⋯ Ⅲ. ①物流—货物运输—交通运输管理—高等学校—教材 Ⅳ. ①F252

中国版本图书馆 CIP 数据核字(2013)第 024979 号

书　　　名	运输管理实务
著作责任者	阙丽娟　高慧云　主编
责任编辑	李　玥
标准书号	ISBN 978-7-301-22126-6/F·3527
出版发行	北京大学出版社
地　　　址	北京市海淀区成府路 205 号　100871
网　　　址	http://www.pup.cn　新浪官方微博:@北京大学出版社
电子信箱	zyjy@pup.cn
电　　　话	邮购部 62752015　发行部 62750672　编辑部 62765126　出版部 62754962
印　刷　者	北京鑫海金澳胶印有限公司
经　销　者	新华书店
	787 毫米×1092 毫米　16 开本　20 印张　499 千字
	2013 年 2 月第 1 版　2013 年 2 月第 1 次印刷
定　　　价	38.00 元

未经许可,不得以任何方式复制或抄袭本书之部分或全部内容。
版权所有,侵权必究
举报电话:010-62752024　电子信箱:fd@pup.pku.edu.cn

前　言

物流业作为我国十大振兴产业之一，是社会经济活动的重要组成部分，市场急需大量专业型高技能物流管理人才。运输是现代物流的重要实现手段和创造价值的主要途径。

本书结合校企融合和工作过程系统化的理念，以工作背景设计学习任务，以项目为主线设计理论学习内容，以学生为中心设计学习档案，以实际工作过程为依据，与行业专家一起对运输领域所涵盖的岗位群进行职业能力分析，以运输企业的作业流程和基层管理能力的培养等为目标。按照工作过程系统化的方法，既注重多种运输方式的全面性，又注重工作任务的完整性，同时结合了职业发展和认知规律。

本书在编写过程中力求突出以下特点。

1. 体现职业发展和认知规律

本书整体构架符合职业教育规律和高端技能型人才成长规律，学习任务的设计体现从"认知能力（初学者）—操作能力（能手）—决策与设计能力（专家）"的递进过程，遵循了学习者的认知规律，体现由初学者到专家的职业成长规律。

2. 在新体例下注重学科知识的完整性

六大学习任务的设置来源于实际工作，而且在融入知识点和能力点时，知识难度和复杂程度都是逐渐递增的，全书的知识体系是完整的。以学习任务为主线设计教学内容，将原来的理论体系彻底打散，还要保证理论知识不减少，在设计学习任务问题时，不是简单地解决学习任务，而是提出不断深入的问题引导学生反思。

3. 体系设计的实践性和实用性

本书立足于强化实际操作能力，以工作任务引领提高学生的学习兴趣，激发学生的学习热情，并从中培养其职业素养。本书从教学实际情况和社会、行业实际需求出发，以实用、巧用、好用、够用为原则，以体现高职教材的职业性和适当的理论高度。

4. 内容选取充分结合实际岗位需求

本书通过企业调研和专家研讨，是以实际工作过程为主线，以就业为导向，邀请行业专家对运输领域所涵盖的岗位群进行工作任务和职业能力分析，获得岗位人员应具备的知识、能力、技术操作等为内容，以运输企业的作业流程和基层管理能力的培养等为目标，进行教材内容的选取和结构的设计，充分考虑了实际岗位需求。

本书可以作为高职高专、应用型高等院校本科、成人高校物流管理及相关专业的教学用书，也可以作为物流管理从业人员和从事物流研究与教学人员的参考用书。

本书由北京信息职业技术学院的阙丽娟、高慧云担任主编，北京铁路局工程师田文冕和北京信息职业技术学院的王青燕担任副主编。编写分工如下：任务一由王青燕和阙丽娟共同编写，任务二由阙丽娟和田文冕共同编写，任务三由北京现代职业技术学院宋晓黎和王青燕共同编写，任务四由阙丽娟和中铁特货汽车物流有限责任公司工程师姚松巍共同编写，任

务五由阙丽娟和高慧云共同编写,任务六由阙丽娟和北京捷易联科技有限公司项目经理王贞君共同编写。最后由阙丽娟对全书进行了统稿。

本书在编写过程中还得到了北京信息职业技术学院苏兰君老师及其他同事的大力支持,在此表示衷心感谢。

与本书配套的电子教案及自我测试题答案可加 QQ 群(279806670)或者发电子邮件至 zyjy@pup.cn 进行索取。

本书是对工作过程系统化项目教学的尝试,由于编者水平有限,加上时间仓促,不足之处在所难免,欢迎读者发邮件至 quelijuan@163.com 进行批评、指正。

编　者

2013 年 1 月

本教材配有教学课件,如有老师需要,请加 QQ 群(279806670)或发电子邮件至 zyjy@pup.cn 索取,也可致电北京大学出版社:010-62765126。

目 录

任务一　建立运输管理总体框架 ··· 1
 1.1　学习目标 ··· 1
 1.2　学习任务 ··· 1
 1.3　学习档案 ··· 2
 1.4　学习任务涉及的知识点 ··· 4
  知识点一　运输概述 ··· 4
  知识点二　运输与现代物流的关系 ·· 6
  知识点三　运输方式的类型和特点 ·· 7
  知识点四　运输设施与设备 ·· 9
  知识点五　运输市场 ··· 25
  知识点六　运输企业 ··· 31
  知识点七　运输系统的构成 ·· 34
  知识点八　运输合理化 ··· 35
  知识点九　运输成本与价格 ·· 40
 1.5　提升与拓展 ··· 43
 1.6　自我测试 ··· 46

任务二　处理整车货物运输业务 ··· 50
 2.1　学习目标 ··· 50
 2.2　学习任务 ··· 50
 2.3　学习档案 ··· 51
 2.4　学习任务涉及的知识点 ··· 56
  知识点一　公路货物运输业务基本知识 ··································· 56
  知识点二　铁路货物运输业务基本知识 ··································· 61
  知识点三　公路整车货物运输业务流程 ··································· 63
  知识点四　铁路整车货物运输业务流程 ··································· 79
 2.5　提升与拓展 ··· 100
 2.6　自我测试 ··· 105

任务三　处理零担货物运输业务 ··· 109
 3.1　学习目标 ··· 109
 3.2　学习任务 ··· 109
 3.3　学习档案 ··· 110
 3.4　学习任务涉及的知识点 ··· 117
  知识点一　公路零担货物运输业务相关知识 ····························· 117
  知识点二　公路零担货物运输业务流程 ··································· 123

	知识点三 铁路零担货物运输业务相关知识	128
	知识点四 铁路零担货物运输业务流程	131
3.5	提升与拓展	132
3.6	自我测试	139

任务四 处理特种货物运输业务 … 143
- 4.1 学习目标 … 143
- 4.2 学习任务 … 143
- 4.3 学习档案 … 146
- 4.4 学习任务涉及的知识点 … 148
  - 知识点一 危险货物及其运输组织 … 148
  - 知识点二 超限货物及其运输组织 … 153
  - 知识点三 冷藏货物及其运输组织 … 157
- 4.5 提升与拓展 … 162
- 4.6 自我测试 … 169

任务五 处理多式联运业务 … 172
- 5.1 学习目标 … 172
- 5.2 学习任务 … 172
- 5.3 学习档案 … 173
- 5.4 学习任务涉及的知识点 … 181
  - 知识点一 国际多式联运概述 … 181
  - 知识点二 国际多式联运业务流程 … 190
  - 知识点三 国际铁路货物联运 … 206
  - 知识点四 水路货物运输基础知识 … 214
  - 知识点五 水路货物运输作业流程 … 226
- 5.5 提升与拓展 … 247
- 5.6 自我测试 … 252

任务六 设计综合运输方案 … 257
- 6.1 学习目标 … 257
- 6.2 学习任务 … 257
- 6.3 学习档案 … 260
- 6.4 学习任务涉及的知识点 … 262
  - 知识点一 集装箱运输 … 262
  - 知识点二 航空货物运输方式 … 273
  - 知识点三 航空货物运输作业流程 … 277
  - 知识点四 运输决策 … 292
  - 知识点五 运输绩效评价 … 297
- 6.5 提升与拓展 … 300
- 6.6 自我测试 … 306

参考文献 … 311

建立运输管理总体框架

1.1 学习目标

1. 能够认知运输管理岗位,熟悉各个岗位的职责与要求,对自己未来的职业生涯有合理的期待;
2. 能够分析运输市场的类型和特征,了解企业所处的环境;
3. 能够理解和描述运输企业的管理体制和组织结构;
4. 能够对比分析各种运输方式的优缺点和适用范围;
5. 能够熟悉各种运输工具、运输设施和设备的应用情况;
6. 能够分析各种货物运输方式的发展现状及趋势;
7. 能够简单了解各种运输业务的处理流程,具备运输管理的初步认知;
8. 能够运用常见的调研方法;
9. 培养自己的团队合作意识。

1.2 学习任务

(一) 任务描述

2011 年 7 月,从某高校物流管理专业毕业的王军到某大型上市运输公司综合管理部门参加工作,刚工作不久,因为公司业务发展的需要,现在公司要做一个未来的发展战略方案。因此,要求综合管理部门出具一份运输总体情况的调研报告,为公司的发展战略的制定提供依据。调研的内容需要涉及不同运输行业的发展现状和趋势、运输设施和设备的应用情况、目前的运输市场情况、保证运输合理化的措施、其他运输公司的管理体制和组织结构等。

2011 年 9 月 1 日,综合管理部张经理要求王军及其他同事一起完成这个调研任务,并在 2011 年 10 月 1 日提交调研报告(纸质版和电子版各一份,要求字数不少于 5000 字,要求调查真实全面,重点突出,分析合理),并制作 PPT,由王军代表整个调研团队进行调研汇报。

(二) 学生要完成的具体任务和要求

1. 请各小组根据上述任务描述,代表王军所在的调研团队完成如下工作:
(1) 完成运输市场调研并撰写调研报告,要求调查真实全面,重点突出,有个人分析;

(2) 完成运输企业调研并撰写调研报告,要求调查真实全面,重点突出,有个人分析;

(3) 完成运输方式调研并撰写调研报告,要求调查真实全面,重点突出,有个人分析;

(4) 完成运输合理化调研并撰写调研报告,要求调查真实全面,重点突出,有个人分析;

(5) 完成运输设施与设备调研并撰写调研报告,要求调查真实全面,重点突出,有个人分析;

(6) 完成运输发展现状及趋势调研并撰写调研报告,要求调查真实全面,重点突出,有个人分析;

(7) 进行运输岗位设置及职责调研,要求格式正确,内容真实全面,重点突出,有个人分析;

(8) 进行运输作业流程调研,要求格式正确,内容真实全面,重点突出,有个人分析。

2. 撰写小组和个人项目总结报告。

1.3 学习档案

一、完成任务的步骤和时间

步 骤	具体操作方法(学生活动)	参考学时
1. 学生获知项目任务,完成分组,制订项目计划	① 学生听取教师布置任务,全班分组 ② 4~6个学生一组,小组成员分工,明确任务 ③ 学生起草撰写各小组的项目工作计划	1
2. 学生获取建立运输管理总体框架所需要的相关知识	学生听老师讲解,获取运输市场、运输企业、运输方式、运输合理化、运输设施与设备、运输发展现状及趋势等调研相关的知识要点	2
3. 学生以小组形式完成调研报告	① 学生在网上查找相关调研信息 ② 学生课下深入运输企业、货运站、港口、机场等进行实地调查(课下完成) ③ 学生撰写调查报告(课下完成)	4
4. 小组汇报与评价	① 听教师说明汇报工作成果的方法 ② 分组陈述本组项目总结报告 ③ 小组内成员互相评分,小组间互相评分 ④ 教师总结学生的报告成果	2
5. 学生听取教师进行总结及对重点内容的补充讲解	① 学生领会本章知识点 ② 学生听取教师进行评价与总结 ③ 学生撰写小组和个人项目总结报告(课下完成) ④ 学生在教师指导下独立完成本章综合练习题(课下完成)	1

二、学习工作页

步骤一: 各小组学习项目任务,通过讨论,合理分工,制订调研计划。

1. 请各个小组通过书籍和网络等途径,根据项目任务确定组员分工和小组工作计划,做好调研准备工作。

任务一 建立运输管理总体框架

小组编号		项目名称	
小组成员			
组员分工情况			
小组工作计划	① 调研分工计划 ② 撰写调研报告分工计划 ③ 汇报资料撰写分工计划 ④ 汇报分工计划		

2. 经过小组讨论,您所在的小组的准备调研的内容有哪些(写出调研编号及内容)? 分别采取何种途径获取资料和信息? 请简单写本小组的调研计划。

步骤二： 获取建立运输管理总体框架的相关知识。

请同学们认真听讲,然后回答以下问题：

1. 你认为什么是运输? 运输和现代物流的关系如何?
2. 写出运输市场的种类及特点。
3. 运输企业的组织结构有哪些?
4. 写出各种运输方式的优缺点及适用范围。
5. 目前新兴的运输方式有哪些?
6. 运输系统的构成要素有哪些?
7. 运输合理化的要素有哪些?
8. 不合理运输的表现形式有哪些?
9. 运输合理化的有效措施有哪些?
10. 影响运输成本的因素有哪些?
11. 例举 10 种以上的常见运输设施与设备的名称。

步骤三： 请各小组完成运输总体情况调研,撰写调研报告,和 PPT 形式的汇报材料。

(注：每个小组任选 3 个任务提交一份字数在 5000 字左右的调研报告,要求报告格式正确,内容全面简洁真实,重点突出,对问题分析到位,切合实际,有自己的观点)

写出本小组调研报告的结构。

步骤四： 学生汇报调研成果、教师点评总结。

(注：汇报要求语言简洁流利、内容全面、重点突出,框架清晰,思路清晰;汇报的 PPT 要求制作新颖,有吸引力,有分工情况;汇报中尽量脱稿,有自己的观点)

1. 写出本小组汇报的提纲。
2. 学生听取教师点评,作总结。
(1) 请写出本小组调研报告的优点和缺点(可以参考其他小组评价和改进建议)。
(2) 请同学们针对本任务的学习目标,写出您的收获和困惑。
3. 请同学们进行团队互评、个人互评和教学效果评价,并认真填写任务评价表(具体评价表可以根据实际情况自行设计)。

步骤五： 学生听取教师总结及对重点内容的补充讲解。

1. 总结出本任务的知识框架。
2. 通过任务一的学习,你对自己的职业生涯规划有何认识?(例如：通过本项目的学

习,你认为自己可以从事哪些相关岗位的工作?)

3. 撰写小组项目总结报告(1000字左右,一个小组提交一份word版总结报告)。

4. 撰写个人项目总结报告(500字以上,每人提交一份word版总结报告)。

1.4 学习任务涉及的知识点

知识点一 运输概述

现代化的交通运输是人类社会经济活动繁荣的基础,可以发展国民经济,提高人民生活水平。现代的生产和消费就是靠运输事业的快速发展来实现和推动的。运输是人类社会的基本活动之一,它是我们每个人生活中的重要组成部分,同时,也是现代社会经济活动中不可缺少的重要内容。人类社会由散乱走向有序,由落后迈向文明,交通运输发挥了不可估量的重要作用。作为一个行业和领域,交通运输不能有片刻的停歇,更不能出现丝毫的问题,否则,社会将陷于瘫痪。今天,大到一个国家,小到我们每一个人,都已与运输紧紧相连,密不可分。运输已经渗透到人类社会生活的方方面面,并且成为最受关注的社会经济活动。没有畅通的交通运输,社会的生产活动将无法有效进行。

一、运输的概念

运输是指利用设备或工具,在不同的地域范围内,如两个城市之间、两个企业之间,以改变人或物的空间位移为主要目的的活动内容和过程的总称。《物流术语》对运输的定义是:"用设备和工具,将物品从一地点向另一地点运送的物流活动。其中包括集货、搬运、中转、装入、卸下、分散等一系列操作。"

运输是物流业中两大核心要素之一,其对象即可以是人,也可以是物,在本书主要是针对物流领域,以物的运输为主。

二、运输的地位

1. 运输是物流的主要功能要素之一

按物流的概念,物流是"物"的物理性运动,这种运动不但改变了物的时间状态,也改变了物的空间状态。而运输承担了改变空间状态的主要任务,运输是改变空间状态的主要手段,运输再配以搬运、配送等活动,就能圆满完成改变空间状态的全部任务。在现代物流观念未诞生之前,甚至就在今天,仍有不少人将运输等同于物流,其原因是物流中很大一部分责任是由运输担任的,是物流的主要部分,因而出现上述认识。

2. 运输是社会物质生产的必要条件之一

运输是国民经济的基础和先行。马克思将运输称之为"第四个物质生产部门",这是将运输看成是生产过程的继续,这个继续虽然以生产过程为前提,但如果没有这个继续,生产过程则不能最后完成。所以,虽然运输的这种生产活动和一般的生产活动不同,它不创造新的物质产品,不增加社会产品数量,不赋产品以新的使用价值,而只变动其所在的空间位置,但这一变动则使生产能继续下去,使社会再生产不断推进,所以将其看成一种物质生产部门。运输作为社会物质生产的必要条件,表现在以下两方面:

第一,在生产过程中,运输是生产的直接组成部分,没有运输,生产内部的各环节就无法联接;

第二,在社会上,运输是生产过程的继续,这一活动联结生产与再生产,生产与消费的环节,联结国民经济各部门、各企业,联结着城乡,联结着不同国家和地区。

3. 运输可以创造"场所效用"

场所效用的含义是:同种"物"由于空间场所不同,其使用价值的实现程度则不同,其效益的实现也不同。由于改变场所而最大程度地发挥使用价值,最大程度地提高了产出投入比,这就称之为"场所效用"。通过运输,将"物"运到场所效用最高的地方,就能发挥"物"的潜力,实现资源的优化配置。从这个意义来讲,也相当于通过运输提高了物的使用价值。

4. 运输是"第三个利润源"的主要源泉

第一利润源主要指原材料成本的降低,第二利润源主要指降低活劳动消耗,第三利润源主要指降低物流费用。

具体有如下表现:

(1) 运输是运动中的活动,它和静止的保管不同,要靠大量的动力消耗才能实现这一活动,而运输又承担大跨度空间转移的任务,所以活动的时间长、距离长、消耗也大。消耗的绝对数量大,其节约的潜力也就大。

(2) 从运费来看,运费在全部物流费中占最高的比例,一般综合分析计算社会物流费用,运输费在其中占接近50%的比例,有些产品的运费高于产品的生产费。所以运费节约的潜力是大的。

(3) 由于运输总里程大,运输总量巨大,通过体制改革和运输合理化可大大缩短运输吨千米数,从而获得比较大的节约。

三、运输的功能

在物流中心的物流过程中,运输主要提供两大功能,即货物转移和货物储存。

(一) 货物移动

显而易见,运输首先实现了货物在空间上移动的职能。运输通过改变货物的地点与位置而创造出价值,这是空间效用。另外,运输能使货物在需要的时间到达目的地,这是时间效用。运输的主要职能就是将货物从原产地转移到目的地,运输的主要目的就是要以最少的时间和费用完成物品的运输任务。

运输是一个增值的过程,通过创造空间效用与时间效用来创造价值。商品最终送到顾客手中,运输成本构成了商品价格的一个重要部分,运输成本的降低可以达到以较低的成本提供优质顾客服务的效果,从而提高竞争力。

(二) 短时货物储存

对货物进行短时储存也是运输的职能之一,即将运输工具作为暂时的储存场所。如果转移中的货物需要储存,而短时间内货物又将重新转移的话,卸货和装货的成本也许会超过储存在运输工具中的费用,这时,便可考虑采用此法,只不过产品是移动的,而不是处于闲置状态。

四、运输原理

运输原理是一次运输活动中如何降低成本、提高经济效益的途径和方法,是指导运输管理和营运最基本的原理,即规模经济和距离经济,如表 1-1 所示。

表 1-1 规模经济与距离经济的特点

原 理	特 点
规模经济	是指随装运规模的增长,使单位重量的运输成本降低;另外,通过规模运输还可以获得运价折扣,也使单位货物的运输成本下降。
距离经济	是指每单位距离的运输成本随距离的增加而减少。距离经济的合理性类似于规模经济,尤其体现在运输装卸费用上的分摊。

知识点二 运输与现代物流的关系

一、运输是物流系统中的功能要素

运输与物流是系统要素和系统整体之间的关系。物流是一个由运输、储存、装卸、搬运、包装、配送、流通加工、信息处理等功能要素组成的系统。运输是物流系统中重要的功能要素或者说是子系统之一。

二、运输是实现物流目的的手段

现代物流对于服务的要求可以用"7R"(7 个"适当")来表示,即将适当的产品(Right Product)、适当的数量(Right Quantity)、适当的质量(Right Quality)、适当的价格(Right Price),在适当的时间(Right Time)送达适当的地点(Right Place),并交给适当的客户(Right Customer)。"7R"突出强调物流服务的本质是将商品送达客户的手里,使商品处于一种可以被利用的状态,显然要实现这个目的,离不开高效的运输活动,但运输本身不是物流的目的,而是实现物流目的的手段。

三、运输与物流活动中其他环节的关系

运输与物流活动中其他环节的关系,如表 1-2 所示。

表 1-2 运输与物流活动中其他环节的关系

物流环节	关 系
储存	储存是货物暂时停止的状态,是货物投入消费前的准备,其最终目的是将货物分拨到合适的地点。高效的运输分拨系统,可以降低库存量,提高库存周转率。同时,储存活动同样也是运输过程的调节手段。例如,当巨型集装箱货轮停靠在港口时,货物不可能及时被分拨到需求的地点,因此,需要储存活动对运输活动进行调节,以便使巨型集装箱货轮能够及时离开港口。

(续表)

物流环节	关系
包装	货物的包装材料、包装程度、包装的规格都会不同程度地影响运输方式的选择以及同一种运输方式对运输工具的选择,即使确定了货物的包装规格(包装物的长、宽、高),货物在车厢内如何码放,也会直接影响到运输的效率。因此,包装规格以及码放的方法应该与所选择的运输工具相吻合,对于提高车辆的装载率、物流效率与效益都具有重要的意义。
装卸搬运	货物在运输前的装卸与搬运活动是完成运输活动的先决条件。装卸与搬运活动的质量,包括车辆装载是否合理、装卸工作组织是否得力等因素将会直接影响运输活动的顺利进行。当货物通过运输到达目的地后,装卸是最终完成运输任务的必要补充。
配送	货物运输分为干线部分的运输和支线部分的配送。从工厂仓库到配送中心之间的批量货物的空间位移称为运输,从配送中心向最终用户之间的多品种、小批量货物的空间位移称为配送。

知识点三 运输方式的类型和特点

物流运输方式,按照不同的分类标准,有不同的分类方法,常见的分类方法有以下几种。

一、按运输设备和运输工具区分的运输方式

各种运输方式的组成部分、优缺点及技术性能的比较,如表1-3所示。

表1-3 各种运输方式的对比分析

运输方式	铁路运输	公路运输	水路运输	航空运输	管道运输
系统组成部分	线路、机车车辆、信号设备和车站	道路、车辆和车站	船舶、港口和航道	航空港、航空线网和机群	管线和管线上的各个站点
优点	运量大,速度快,成本低,全天候,准时	机动灵活,可实现"门到门"运输,不需转运或反复搬运,是其他运输方式完成集疏运的手段	运量大,运距长,成本低,对环境污染小	速度极快,运输范围广,不受地形限制,货物比较安全	运量大,运费低,能耗少,较安全可靠,一般受气候环境影响小,劳动生产率高,货物零损耗,不污染环境
缺点	基础建设投资较大,运输范围受铁路线限制	成本较高,容易受气候和道路条件的制约,准时性差,货物安全性较低,对环境污染较大	速度慢,受港口、气候等因素影响大	运量小,成本极高,站点密度小,需要公路运输方式配合,受气候因素影响	只适用于输送原油、天然气、煤浆等货物,通用性差
运输成本	成本低于公路	成本高于铁路、水路和管道运输,仅比航空运输成本低	运输成本一般较铁路低	成本最高	成本与水运接近
速度	长途快于公路运输,短途慢于公路		速度较慢	速度极快	

(续表)

运输方式	铁路运输	公路运输	水路运输	航空运输	管道运输
能耗	能耗低于公路和航空运输	能耗高于铁路和水路运输	能耗低,船舶单位能耗低于铁路,更低于公路	能耗极高	能耗最小,在大批量运输时与水路运接
便利性	机动性差,需要其他运输方式的配合和衔接实现"门—门"的运输	机动灵活,能够进行"门—门"运输	需要其他运输方式的配合和衔接,才能实现"门—门"运输	难以实现"门—门"运输,必须借助其他运输工具进行集疏运	运送货物种类单一,且管线固定,运输灵活性差
投资	投资额大、建设周期长	投资小,投资回收期短	投资少	投资大	建设费用比铁路低60%左右
运输能力	能力大,仅次于水路	载重量不高,运送大件货物较为困难	运输能力最大	只能承运小批量、体积小的货物	运输量大
对环境的影响	占地多	占地多,环境污染严重	土地占用少		占用的土地少,对环境无污染
适用范围	大宗低值货物的中、长距离运输,也适用于大批量、时间性强、可靠性要求高的一般货物和特种货物的运输	近距离、小批量的货运或是水运、铁路难以到达地区的长途、大批量货运	运距长、运量大,对送达时间要求不高的大宗货物运输,也适合集装箱运输	价值高、体积小、送达时效要求高的特殊货物	单向、定点、量大、连续不断的流体状货物的运输

二、按运输线路区分的运输方式

按照运输线路不同,运输方式的分类如表1-4所示。

表1-4 运输方式按运输线路分类

运输方式	特　点
干线运输	是利用铁路、公路的干线,大型船舶的固定航线进行的长距离、大数量的运输,是进行远距离空间位置转移的重要运输形式。干线运输一般速度较同种工具的其他运输要快,成本也较低。干线运输是运输的主体。
支线运输	是与干线相接的分支线路上的运输。支线运输是干线运输与收、发货地点之间的补充性运输形式,路程较短,运输量相对较小,支线的建设水平往往低于干线,运输工具水平也往往低于干线,因而速度较慢。
城市内运输	是一种补充性的运输形式,路程较短。干线、支线运输到站后,站与用户仓库或指定接货地点之间的运输,由于是单个单位的需要,所以运量也较小。
厂内运输	在工业企业范围内,直接为生产过程服务的运输。一般在车间与车间之间、车间与仓库之间进行。小企业中的这种运输以及大企业车间内部、仓库内部则不称为"运输",而称为"搬运"。

三、按运输的作用区分的运输方式

按照运输作用不同,运输方式的分类如表 1-5 所示。

表 1-5　运输方式按运输的作用分类

运输方式	特　　点
集货运输	将分散的货物汇集集中的运输形式,一般是短距离、小批量的运输,货物集中后才能利用干线运输形式进行远距离及大批量运输,因此,集货运输是干线运输的一种补充形式。
配送运输	将据点中已按用户要求配好的货分送各个用户的运输。一般是短距离、小批量的运输,从运输的角度讲是对干线运输的一种补充和完善的运输。

四、按运输的协作程度区分的运输方式

按照运输的协作程度不同,运输方式的分类如表 1-6 所示。

表 1-6　运输方式按运输的协作程度分类

运输方式	特　　点
一般运输	孤立地采用不同运输工具或同类运输工具而没有形成有机协作关系的为一般运输,如汽车运输、火车运输等。
联合运输	简称联运,是使用同一运送凭证,由不同运输方式或不同运输企业进行有机衔接接运货物,利用每种运输手段的优势充分发挥不同运输工具效率的一种运输形式。采用联合运输,对用户来讲,可以简化托手续,方便用户,同时可以加快运输速度,也有利于节省运费。经常采用的联合运输形式有:铁海联运、公铁联运、公海联运等。

五、按运输中途是否换载分类

按照运输中途是否换载,运输方式的分类如表 1-7 所示。

表 1-7　运输方式按运输中途是否需要换载分类

运输方式	特　　点
直达运输	直达运输是指在货物运输过程中,不经过换载、入库保存,直接到达目的地的一种运输形式。
中转运输	中转运输是指在货物运输过程中,要在途中的车站、港口、仓库等地点进行转运换装。直达运输与中转运输,不能笼统地说孰优孰劣,二者在不同的情况下有各自的优势,在选择运输方式的时候,要根据具体情况具体分析,以总体经济效益为评价指标,合理选择,最终完成有效运输。

知识点四　运输设施与设备

一、公路运输设施与设备

公路设施设备主要由公路、运输车辆和场站组成。

（一）公路

1. 公路的主要组成部分

公路的基本组成部分包括：路基、路面、桥梁、涵洞、隧道、防护工程（护栏、挡土墙、护脚）、排水设备（边沟、截水沟、盲沟、跌水、急流槽、渡水槽、过水路面、渗水路堤）、山区特殊构造物（半山桥、路台、明洞）。此外，为适应行车还设置行车标志、加油站、路用房屋、通信设施、附属工厂及绿化栽植等。

桥隧是桥梁、涵洞和隧道的简称，都是为车辆通过自然障碍（河流、山岭）或跨越其他立体交叉的交通线而修建的建筑物。

2. 公路的等级

公路的等级是根据公路的使用任务、功能和流量进行的划分。世界各国公路等级大体相似，但其分类指标不完全相同。中国内地将公路划分为高速公路、一级公路、二级公路、三级公路、四级公路五个等级，如表1-8所示。

表1-8 公路的等级

公路等级	含义和标准	远景设计年限
高速公路	高速公路为专供汽车分向、分车道行驶并全部控制出入的干线公路。四车道高速公路一般能适应按各种汽车折合成小客车的远景设计年限年平均昼夜交通量为2 500～55 000辆；六车道高速公路一般能适应按各种汽车折合成小客车的远景设计年限年平均昼夜交通量为45 000～80 000辆；八车道高速公路一般能适应按各种汽车折合成小客车的远景设计年限年平均昼夜交通量为60 000～100 000辆	20年
一级公路	一级公路为供汽车分向、分车道行驶，并部分控制出入、部分立体交叉的公路，主要连接重要政治、经济中心，通往重点工矿区，是国家的干线公路。一般能适应按各种汽车折合成小客车的远景设计年限年平均昼夜交通量为1 500～30 000辆	20年
二级公路	二级公路为连接政治、经济中心或大工矿区等地的干线公路，或运输繁忙的城郊公路，一般能适应各种车辆行驶。二级公路一般能适应按各种车辆折合成中型载重汽车的远景设计年限年平均昼夜交通量为3 000～7 500辆	15年
三级公路	三级公路为沟通县及县以上城镇的一般干线公路。通常能适应各种车辆行驶，三级公路一般能适应按各种车辆折合成中型载重汽车的远景设计年限年平均昼夜交通量为1 000～4 000辆	10年
四级公路	四级公路为沟通县、乡、村等的支线公路。通常能适应各种车辆行驶，四级公路一般能适应按各种车辆折合成中型载重汽车的远景设计年限年平均昼夜交通量为：双车道1 500辆以下，单车道200辆以下	10年

注：上述二、三、四级公路的通过量是将在公路上混合行驶的自行车、人力车、畜力车、轿车、拖拉机、汽车拖带挂车或半挂车等，都按一定系数换算成载货汽车数。中国和多数发展中国家的公路交通量多超过原定的通过能力，故必须采取相应的技术措施对公路进行改造，以适应车辆通过能力的需求。

3. 高速公路的设施与设备

为了确保高速公路安全、畅通，为驾驶员提供快速、优质的信息服务，高速公路安装了先进的通信、监控系统，可以快速、准确地检测道路交通状况，并通过可变情报板、交通信息处理电台及因特网发布交通信息。一般高速公路的设施与设备主要包括以下几种。

（1）外场设施有：应急电话、光缆、车辆检测器、气象检测器、可变情报板、可变限速板、可变标志牌、可调摄像机、电动封道栏杆、交通信息电台及供电设施等。

（2）机房设施有：主控台、监视器、大屏投影、服务器、计算机终端、光端机、供电设施及系统管理软件等。

（3）应急电话。

（4）车辆检测器：主要用于检测车流量、平均速度、占有率、车头间距及轴数、轴重等。

（5）气象检测器：主要用于检测特殊路段的雨、雾、雪及冰冻情况。

（6）可变情报板：是调节交通量和指挥高速公路交通非常重要的信息发布载体。

（7）可变限速板和可变标志牌：特殊情况下，用于显示限速、前方施工和事故标志信息。

（8）可调摄像机：通常设置于高速公路互通立交区、隧道、弯道及事故多发地段等，焦距、方向可调。

（9）交通信息电台：高速公路专用电台，用于播发交通信息和播放音乐。

（10）系统管理软件：由业主委托专业软件公司开发编制，用于整个系统的数据采集、处理、计算和存储，并发布控制指令和信息。

（11）供电设施：主要有市电、太阳能电池、蓄电池和汽、柴油发电机等。

（12）完善的服务设施：每10～20 km设休息区，每40～50 km设服务区。

（13）运输站场：包括汽车客运站和货运站。

（二）公路运输车辆

1. 公路货运车辆的类型

公路货运所使用的汽车大致分为载货汽车、专用运输车辆、拖挂汽车，如表1-9所示。

表1-9 公路货运车辆的类型

类型	特征
载货货车	货车按照总重量通常可以分为：微型货车（总重量小于1 800 kg），轻型货车（总重量为1 800～6 000 kg），中型货车（总重量为6 000～14 000 kg），重型货车（总重量大于14 000 kg）
专用运输车辆	（1）自卸车：带有液压卸车机构 （2）散粮车：带有进粮口和卸粮口 （3）厢式车：即标准的挂车或货车，货厢封闭 （4）敞车：即挂车顶部敞开，可装载高低不等的货物 （5）平板车：即挂车无顶也无侧厢板，主要用于运输钢材和集装箱等货物 （6）罐式挂车：用于运输流体类货物 （7）冷藏车：用于运输需要控制温度的货物 （8）高栏板车：其车厢底架凹陷或车厢特别高以增大车厢容积 （9）特种车：其车体设计独特，用来运输像液化气那样的货物或者小汽车
拖挂汽车	拖挂汽车由牵引车和挂车配合，共同完成运输作业

2. 牵引车和挂车

根据运输车辆的组成形式，运输车辆可分为牵引车和挂车。其中挂车分为全挂车和半挂车两种。

（1）牵引车

牵引车俗称拖车，是一种有动力而无装载空间的车辆，是专门用来牵引挂车的运输工具,挂车是无动力但有装载空间的车辆。牵引车可以分为以下几种类型。

① 按司机室的形式分类。牵引车按司机室的形式分类可以分为平头式和长头式两种,如表1-10所示。

表1-10 牵引车按司机室的形式分类

类 型	特 点
平头式牵引车	优点是司机室短,视线好;轴距和车身短,转弯半径小。缺点是由于发动机直接布置在司机座位下面,司机受到机器振动影响,舒适感较差。如图1-1(a)所示。
长头式(又称凸头式)牵引车	优点是司机舒适感较好;撞车时,司机较为安全;开启发动机罩修理发动机较方便。缺点是:司机室较长,因而整个车身长,回转半径较大。如图1-1(b)所示。

(a) 平头式　　　　　　　　(b) 长头式

图1-1 牵引车

② 按拖带挂车的方式分类。牵引车按照拖带挂车的方式分类,如表1-11所示。

表1-11 牵引车按照拖带挂车的方式分类

类 型	特 点
半拖挂方式	如图1-2(a)所示,它是用牵引车来拖带半截集装箱的挂车。
全拖挂方式	如图1-2(b)所示,它是通过牵引力杆架与挂车连接,牵引车本身可以作为普通载货汽车使用。挂车也可以用支腿单独支承。
双联拖挂方式	如图1-2(c)所示,它是用半拖挂方式后面再加上一个全挂车,实际上它是牵引拖带两节底盘车。此种方式目前应用不广泛。

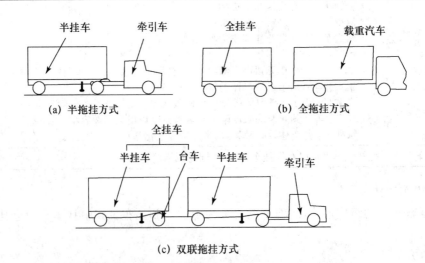

图1-2 牵引车拖带挂车的方式

③ 按用途分类

牵引车按照用途分类,如表1-12所示。

表1-12 牵引车按照拖带挂车的方式分类

类　　型	特　　点
高速牵引车	用于牵引厢式半挂车、平板半挂车和集装箱半挂车。主要适用于高速长距离行驶,一般配置功率大的发动机。
运输重型货物用牵引车	用来牵引阶梯式半挂车、凹梁式半挂车,它具有牵引重量和被牵引的总重量都很大的特点。
场地用牵引车	用于码头堆场和其他集装箱集散地的短距离运输。其特点是:行驶速度较低,牵引力大,机动性的可操作性较好,摘挂车较为方便,具有可靠的变速机构和制动器。

(2) 挂车

挂车包括全挂车和半挂车,我们这里主要介绍半挂车。

半挂车与牵引车连接后具有很好的整体性,广泛应用于各种货物运输中,除通用半挂车外,还有平板车、厢式车、自卸车、冷藏保温车、集装箱专用车、集装箱与散装货两用车、液罐车、粉状散装车、牲畜家禽车、预制件车等。

近年来半挂车的发展很快,主要是因为半挂车运输经济效益好。同时,半挂汽车列车是"甩挂运输"、"区段运输"及"滚装运输"的最好车型。三者的特征如表1-13所示。

表1-13 甩挂运输、区段运输及滚装运输的特征

名　　称	特　　征
甩挂运输	是指用一辆牵引车轮流牵引多辆半挂车,以达到高效率的运输。
区段运输	是指半挂汽车列车达到指定区段站,半挂车换上另外牵引车继续向目的地行使,而此牵引车牵引其他半挂车返回原地。
滚装运输	是指集装箱半挂车直接装船及卸下的运输,有的也称为驮背运输。

目前所有国家的集装箱公路运输绝大部分采用半挂汽车列车,如图1-3所示。

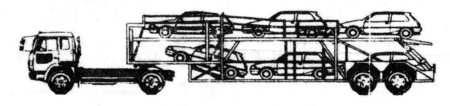

图1-3 半挂汽车列车

① 按车轴的配置分类

半挂车的装载质量主要取决于轮胎、车轮部分的变化,按由轻到重,由一轴到四轴排列分类,分别为一轴、二轴、三轴、四轴型半挂车,如图1-4所示。

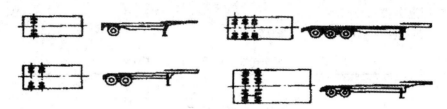

图 1-4 半挂车按轴分类示意图

② 按结构形式分类

半挂车按结构形式分类,如表 1-14 所示。

表 1-14 半挂车按结构形式分类

类　型	特　点
平板式半挂车	整个货台是平直的,且在车轮上,适用于运输钢材、木材和大型设备,如图 1-5(a)所示。
阶梯式半挂车	半挂车车架呈梯形,货台平面在鹅颈上端形成第二货台平面。由于阶梯式结构货台主平面降低,从而适合运输大型设备、钢材等,如图 1-5(b)所示。
凹梁式半挂车	其货台平面呈凹形,具有最低的承载平面,如图 1-5(c)所示。凹形货台平面离地高度一般根据用户的需求确定,适合超高货物的运输。
厢式半挂车	以上述半挂车底盘为基础,还可以改制成多种专用半挂车,如图 1-5(d)所示的厢式半挂车。
专门运输长货物的半挂车	其货台分前、后两部分,中间用一根牵引杆贯穿(辕杆式),如图 1-5(e)所示,也可以用货物自身连接(分离式)。

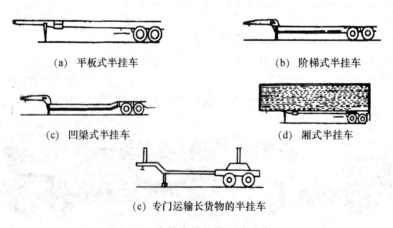

(a) 平板式半挂车　　　(b) 阶梯式半挂车

(c) 凹梁式半挂车　　　(d) 厢式半挂车

(e) 专门运输长货物的半挂车

图 1-5 半挂车按结构形式分类

(三) 运输场站设施

运输场站设施的类型和主要功能,如表 1-15 所示。

表 1-15　运输场站设施的类型和主要功能

类　　型	主　要　功　能
货运站	货物的组织与承运、中转货物的保管、货物的交付、货物的装卸以及运输车辆的停放、保修等。简易的货运站点,则仅有供运输车辆停靠与货物装卸的场地。 汽车货运站一般分为整车货运站、零担货运站、集装箱货运站。
停车场(库)	停放与保管运输车辆。现代化的大型停车场还具有车辆维修、加油等功能。停车场内的平面布局要方便车辆驶入、驶出和进行各类维护作业,多层车库或地下车库还需要设有斜道或升降机等,以便车辆进出。

二、铁路运输设施与设备

铁路货运设施与设备主要包括铁路线路、铁路机车和铁路车辆等。

(一) 铁路线路

铁路线路是机车车辆和列车运行的基础,它是由路基、桥隧建筑物和轨道组成为一个整体的工程结构。铁路线路涉及的工程技术问题比较复杂,这里仅就铁路轨距和铁路限界做简要说明。

1. 铁路轨距

铁路轨距是钢轨头部顶面下 16 mm 范围内两股钢轨作用边之间的最小距离,轨距＝轮对宽度＋活动量。由于轮缘和钢轨之间有一个活动量,使轮缘能在两股钢轨之间自由滚动而不会卡住。

轨距按照大小不同可以分为宽轨、标准轨和窄轨。标准轨的轨距为 1 435 mm;大于标准轨的为宽轨,其轨距大多为 1 524 mm 和 1 520 mm(俄罗斯);小于标准轨的为窄轨,其规距大多为 762 mm 和 1 000 mm;我国基本上采用的是标准轨距(台湾地区和海南省的铁路轨距为 1 067 mm)。

2. 铁路限界

(1) 定义

对铁路机车车辆和接近线路的建筑物、设备所规定的不允许超过的轮廓尺寸线,称为铁路限界。

(2) 作用

铁路限界的作用是为了确保机车车辆在铁路线路上运行的安全,防止机车车辆撞击临近线路的建筑物和设备。

(3) 类别

铁路限界包括基本限界和超限限界,如表 1-16 所示。

表 1-16　铁路限界

类　　别		含义和特征
基本限界	机车车辆限界	机车车辆限界是机车车辆横断面的最大容许尺寸所组成的轮廓线,它规定机车车辆不同部位的宽度、高度的最大尺寸和底部零件至轨面的最小距离。
	建筑接近限界	建筑接近限界是一个和线路中心线垂直的横断面。凡是铁路线路的建筑及设备,其任何部分(和机车车辆有相互作用的设备除外)都不得侵入限界内。

(续表)

类 别	含义和特征
超限限界	货物任何部分的高度和宽度超过机车车辆限界时,称为超限限界。货物装车后,其任何部分的高度和宽度超过机车车辆限界的货物,称为超限货物。按货物超限的程度,可分为一级超限、二级超限和超级超限3个级别。对于超限货物要采取特殊的组织方法进行运输。

(二) 铁路机车

铁路车辆本身没有动力装置,无论是客车还是货车,都必须把许多车辆连挂在一起编成一列,由机车牵引才能运行,所以机车是铁路运输的基本动力。

铁路上使用的机车种类很多,按照机车原动力,可分为蒸汽机车、内燃机车和电力机车三种。如表 1-17 所示。

表 1-17 铁路机车的类型

类 型	特 点
蒸汽机车	蒸汽机车是以蒸汽机为原动力的机车。其优点是结构比较简单,制造成本低,使用年限长,驾驶和维修技术较易掌握,对燃料的要求不高。但蒸汽机车的主要缺点是热效率太低,总效率一般只有 5%~9%,使机车的功率和速度进一步提高受到了限制;煤水的消耗量大,沿线需要设置许多供煤和给水设施;在运输中产生的大量煤烟污染环境;机车乘务员的劳动条件差。因此,在现代铁路运输中,随着铁路运量的增加和行车速度的提高,蒸汽机车已不适应现代运输的要求。蒸汽机车已经被淘汰。
内燃机车	内燃机车是以内燃机为原动力的机车。与蒸汽机车相比,它的热效率高,一般可以达到 20%~30%。内燃机车加足一次燃料后,持续工作时间长,机车利用效率高,特别适用于在缺水或水质不良地区运行,便于多机牵引,乘务员的劳动条件较好。但其缺点是机车构造复杂,制造、维修和运营费用都较大,对环境有较大的污染。
电力机车	电力机车是从铁路沿线的接触网获取电能产生牵引动力的机车,所以电力机车是非自带能源的机车。它的热效率比蒸汽机车高一倍以上。它起动快、速度高、善于爬坡;可以制成大功率机车,运输能力大、运营费用低,当利用水力发电时,更为经济;电力机车不用水,不污染空气,劳动条件好,运行中噪声也小,便于多机牵引。但电气化铁路需要建设一套完整的供电系统,在基建投资上要比采用蒸汽机车或内燃机车大得多。 从世界各国铁路牵引动力的发展来看,电力机车被公认为最有发展前途的一种机车,它在运营上有良好的经济效果。

(三) 铁路车辆及其标记

1. 车辆

铁路车辆是运送旅客和货物的工具,它本身没有动力装置,需要把车辆连挂在一起由机车牵引,才能在线路上运行。铁路车辆可分为客车和货车两大类。铁路货车的种类很多,可从不同的角度对其进行分类,如表 1-18 所示。

表 1-18　铁路货车的分类

分类标准		内　　容
按照用途或者车型划分	通用货车	通用货车可分为棚车、敞车和平车三类。 ① 棚车。棚车车体由端墙、侧墙、棚顶、地板、门窗等部分组成,用于运送比较贵重和怕潮湿的货物。 ② 敞车。敞车仅有端墙、侧墙和地板,主要装运不怕湿损的散装或包装货物。必要时也可以加盖蓬布装运怕潮湿的货物。所以,敞车是一种通用性较大的货车,灵活性较大。 ③ 平车。大部分平车车体只有平底板。部分平车装有很低的侧墙和端墙,并且能够翻倒,适合于装载重量、体积或长度较大的货物。也有将车体做成下弯的凹底平车或一部分不装地板的落下孔车,供装运特殊的长、大、重型货物,因而也称作长大货物车。
	专用货车	专用货车是专供装运某些指定种类货物的车辆,它包括以下三种。 ① 保温车。车体与棚车相似,但其墙板由两层壁板构成,壁板间用绝缘材料填充,以减少外界气温的影响。目前我国以成列或成组使用的机械保温车为多,车内装有制冷设备,可自动控制车内温度。保温车主要用于运送新鲜蔬菜、鱼、肉等易腐货物。 ② 罐车。车体为圆筒形,罐体上设有装卸口。为保证液体货物运送时的安全,还设有空气包和安全阀等设备。罐车主要用来运送液化石油气、汽油、盐酸、酒精等液态货物及散装水泥等。 ③ 家畜车。主要是运送活家禽、家畜等的专用车。车内有给水、饲料的储存装置,还有押运人乘坐的设施。 专用车还有煤车、矿石车、矿砂车等。
按载重量分		我国的货车可分为 20 t 以下、25~40 t、50 t、60 t、65 t、75 t、90 t 等各种不同的车辆。为适应我国货物运量大的客观需要,有利于多装快运和降低货运成本,我国目前以制造 60 t 车为主。
按轴数分		车辆可分为四轴车、六轴车和多轴车等。我国铁路以四轴车为主。
按制作材料分		① 钢骨车,车底架及梁柱等主要受力部分用钢材,其他部分用木材制成,因而自重轻、成本低。 ② 全钢车,坚固耐用、检修费用低,适合于高速运行。低合金耐候钢材,更能满足重载、高速要求。 此外,还有用铝合金、玻璃钢等材料制作的货车。

2. 车辆标记

为了表示车辆的类型及其特征,便于使用和运行管理,在每一个铁路车辆车体外侧都应具备规定的标记。常见的标记有以下几种。

(1) 路徽。凡中国铁道部所属车辆均有人民铁道的路徽。

(2) 车号。车号是识别车辆的最基本的标记。车号包括型号及号码。型号又有基本型号和辅助型号两种。基本型号代表车辆的种类,用汉语拼音字母表示。辅助型号表示车辆的构造形式,它以阿拉伯数字和汉语拼音组合而成。例如 P64A,表示结构为 64A 型的棚车。号码编在车辆的基本型号和辅助型号之后。车辆号码是按车种和载重分别依次编号。例如,P62.3319324。我国部分货车的种类及其基本型号如表 1-19 所示。

表 1-19 我国部分货车的种类及其基本型号

顺 序	车 种	基本型号	顺 序	车 种	基本型号
1	棚车	P	7	保温车	B
2	敞车	C	8	集装箱专用车	X
3	平车	N	9	家畜车	J
4	砂石车	A	10	罐车	G
5	煤车	M	11	水泥车	U
6	矿石车	K	12	长大货物车	D

（3）配属标记。对固定配属的车辆,应标上所属铁路局和车辆段的简称,如"京局京段"表示北京铁路局北京车辆段的配属车。

（4）载重。即车辆允许的最大装载重量,它以"吨"(t)为单位。

（5）自重。即车辆本身的重量,它以"吨"(t)为单位。

（6）容积。容积为货车(平车除外)可供装载货物的容量,它以"立方米"(m^3)为单位。

（7）车辆全长及换长。车辆全长指车辆两端钩舌内侧的距离,以"米"(m)为单位。在实际业务中,习惯上将车辆的长度换算成车辆的辆数,即用全长除以 11 m 所得的商表示车辆的换算长度。

$$换长 = 车辆全长/11\ m$$

（8）特殊标记。根据货车的构造及设备情况,在车辆上还涂打各种特殊标记。如：

MC—表示可以用于国际联运的货车；人—表示具有车窗、床托可用以输送人员的棚车；古—表示具有栓马环或其他栓马装置的货车,可以运送马匹。

（四）铁路车站

铁路车站是铁路运输的基本生产单位,它集中了和运输有关的各项技术设备,并参与整个运输过程的各个作业环节。按照业务性质可以分为客运站、货运站和客货混运站。按技术作业性质可分为中间站、区段站、编组站。三者在设置目的、主要任务、主要作业和主要设备方面都有所区别,如表 1-20 所示。

表 1-20 中间站、区段站、编组站的比较

车站类型	设置目的及主要任务	主要作业	主要设备
中间站	设置目的：为提高铁路区段通过能力,保证行车安全,客货服务。 主要任务：办理列车会让、越行和客货运业务。	① 列车的到发、通过、会让和越行； ② 货物的承运、装卸、保管与交付； ③ 本站作业车的摘挂作业和向货场、专用线取送车辆的调车作业； ④ 旅客的乘降和行包的承运、保管与交付。	① 客运设备； ② 货运设备； ③ 站内线路：包括到发线、牵出线和货物线等； ④ 信号及通信设备。

(续表)

车站类型	设置目的及主要任务	主要作业	主要设备
区段站	设置目的：分界区段。 主要任务：办理货物列车的中转作业，进行机车的更换或机车乘务组的换班以及解体、编组区段列车和摘挂列车。	① 客运业务 ② 货运业务 ③ 运转作业 ④ 机车业务 ⑤ 车辆业务	① 客运设备 ② 货运设备 ③ 运转设备 ④ 机务设备 ⑤ 车辆设备
编组站	设置目的：为铁路网上办理大量货物列车解体和编组作业，设有比较完善调车设备，有列车工厂之称。 主要任务：解编各类货物列车，组织和取送本地区车流，整备检修机车，货车的日常技术保养。	① 运转作业 ② 机车作业 ③ 车辆作业	① 办理运转作业的调车设备（调车驼峰、牵出线、编组场等） ② 行车设备（到达场、出发场或到发场） ③ 机务设备（机务段） ④ 车辆设备（车辆段）

三、水路运输设施与设备

水路运输的基本设施包括航线、港口和船舶。

（一）航道与航线

1. 航道

广义上必须把航道理解为水道或河道整体，它可以不包括堤防和整个河漫滩，但不能不包括常遇洪水位线以下的基本河槽或者是中高潮位以下的沿海水域。

航道的狭义理解等同于"航槽"。因为航道应当有尺度标准和设标界限，航道位置可以随河床演变或水位变动而随时移动，航道尺度也可以随季节与水位变化以及治理工程的实施而有所调整。除了运河、通航渠道和某些水网地区的航道以外，航道宽度总是小于河槽的宽度。在天然河流、湖泊、水库内，航道的设定范围总是只占水面宽度的一部分而不是全部。用航标标示出的可供船舶航行利用的这一部分水域，受到客观自然条件的制约。在天然条件下，不同水位期能供船舶安全通航的那一部分水域，既有尺度要求，也有水流条件的要求。在某些特定的航段内，还受到过河建筑物，如桥梁、过江管道、缆线的限制。因此，狭义的航道是一个在三维空间尺度上既有要求又有限制的通道。

现代的水上航道不仅指天然航道，而且应包括人工航道、进出港航道以及保证航行安全的航行导标系统和现代通信导航系统在内的工程综合体。航道的分类如表1-21所示。

表1-21 航道的分类

类 型	含 义
内河航道	内河航道大部分是利用天然水道加上引航的导标设施构成的。如马六甲海峡。
海上航道	海上航道属自然水道，其通过能力几乎不受限制。
人工航道	人工航道又称运河，是由人工开凿，主要用于船舶通航的河流。如苏伊士运河和巴拿马运河。

2. 航线

航线有广义和狭义的定义。广义的航线是指船舶航行起讫点的线路；狭义的航线是指船舶航行在海洋中的具体航迹线,也包括画在海图上的计划航线。航线的分类如表1-22所示。

表1-22 航线的分类

分类标准	类型及特征	
按船舶营运方式分	定期航线	是指使用固定的船舶,按固定的船期和港口航行,并以相对固定的运价经营客货运业务的航线。定期航线又称班轮航线,主要装运杂货物。
	不定期航线	是临时根据货运的需要而选择的航线。船舶、船期、挂靠港口均不固定,是以经营大宗、低价货物运输业务为主的航线。
按航程的远近分	远洋航线	指航程距离较远,船舶航行跨越大洋的运输航线,如远东至欧洲和美洲的航线。我国习惯上以亚丁港为界,把去往亚丁港以西,包括红海两岸和欧洲以及南北美洲广大地区的航线划为远洋航线。
	近洋航线	指本国各港口至邻近国家港口间的海上运输航线的统称。我国习惯上把航线在亚丁港以东地区的亚洲和大洋洲的航线称为近洋航线。
	沿海航线	指本国沿海各港之间的海上运输航线,如上海—广州,青岛—大连等。
按航行的范围	包括大西洋航线、太平洋航线、印度洋航线、环球航线。	

(二)港口

1. 港口的概念

港湾是指具有天然掩护的可供船舶停泊或临时避风之用的水域,通常是指天然形成的。而港口则通常是由人工建筑而成的,具有完备的船舶航行、靠泊条件和一定的客货运设施的区域,它的范围包括水域和陆域两部分。一般设有航道、港池、锚地、码头、仓库货场、后方运输设备、修理设备和必要的管理、服务结构等。港口是一个国家或某地区的大门。我们说的港口,是指具有相应设施,提供船舶靠泊,旅客上下船,货物装卸、储存、驳运以及相关服务,并按照一定程序划定的具有明确界限的水域和陆域构成的场所。港口通常位于江、河、湖、海沿岸商业贸易活动频繁的城镇或临近地区。港口是水陆运输的枢纽,旅客和货物的集散地,是国内外贸易物资转运的联结点,也是沟通城乡物资交流的场所。与港口相关术语如表1-23所示。

表1-23 港口相关术语

名 称	含 义
港 口	是运输网络中水陆运输的枢纽,是货物的集散地,船舶与其他运输工具的衔接点
港 界	港口范围的边界线
港 区	政府规定由港务部门负责管理的水陆区域
港口作业区	港区内相对独立的装卸生产单位
码 头	供船舶靠泊、货物装卸和旅客上下的水上建筑物
泊 位	供一艘船靠泊的一定长度的码头
港口腹地	港口吞吐货物和旅客集散所及的地区范围。包括: ① 直接腹地:通过各种运输工具可以直达的地区范围 ② 中转腹地:经港口中转的货物和旅客所到达的地区范围

2. 港口的分类

按照不同标准,港口的分类如表1-24所示。

表 1-24 港口的分类

分类标准	内　　容
按用途分	① 商港:主要供旅客上下和货物装卸运转的港口。商港又可分为一般商港和专业港。专业港是专门从事一、两种货物装卸的港口。如我国的秦皇岛港以煤炭和石油装卸为主,宁波北仑港以中转铁矿石为主。 ② 渔港:专门为渔船服务的港口。 ③ 军港:专供军队舰船用的港口。 ④ 避风港:供大风时船舶临时来避风的港口。避风港一般很少有完善的设施,仅有一些简单的系靠设备。 ⑤ 工业港:固定为某一工业企业服务的港口。它专门负责该企业原料、产品和所需物资的装卸转运工作。一般设在工厂企业附近,属该企业领导。
按地理位置分	① 海港:为海船服务的,在自然地理和水文气象条件方面具有海洋性质。海港包括海湾港、海峡港、河口港。海湾港位于海湾内,常有岬角或岛屿等天然屏障作保护,不需要或需要较少的防护即可防御风浪的侵袭;海峡港是海峡地带上的港口;河口港是位于河流入海口段的港口。 ② 河港:位于江河沿岸,具有河流水文特性的港口。 ③ 湖港与水库港:位于湖泊和水库岸边的港口。
按国家政策分	① 国内港:是经营国内贸易,专供本国船舶出入的港口。外国船舶除特殊情况外,不得任意出入。 ② 国际港:又称开放港,是指进行国际贸易,依照条约或法令所开放的港口。任何航行于国际航线的外籍船舶,经办理手续,均准许进出港口,但必须接受当地航政机关和海关的监督。到目前为止,我国已经有14个对外开放港口。 ③ 自由港:所有进出该港的货物,允许其在港内储存、装配、加工、整理、制造,再转运到他国,均免征关税。只有在转入内地时才收取一定的关税,如香港即为自由港。

3. 港口的功能

港口是内地的货物、旅客运往海外,或船舶靠岸后起卸客货运送至本地或内陆各地的交汇地。因此港口的功能可以归纳为以下几个方面。

(1) 货物装卸和转运功能。这是港口的最基本的功能,即货物通过各种运输工具转运到船舶或从船舶转运到其他各种运输工具,实现货物在空间位置的有效转移,开始或完成水路运输的全过程。

(2) 商业功能。在商品流通过程中,货物的集散、转运和一部分储存都发生在港口。港口介于远洋航运业与本港腹地客货的运输机构之间,便于客货的运送和交接。港口的存在既是商品交流和内外贸易存在的前提,又促进了它们的发展。

(3) 工业功能。随着港口的发展,临江工业、临海工业也得到相应的发展。通过港口,由船舶运入供应工业的原料,再由船舶输出加工制造的产品,前者使工业生产得以进行,后者使工业产品的价值得以实现。港口的存在是工业存在和发展的前提,在许多地方,港口和工业已融为一体。

(4) 其他功能。港口还具有其他的一些功能,譬如城市功能、旅游功能、信息功能、服务功能等。

（三）船舶

1. 船舶的概念

船舶是指利用水的浮力，依靠人力、风帆、发动机（如蒸汽机、燃气涡轮、柴油引擎、核子动力机组）等动力，牵、拉、推、划或推动螺旋桨、高压喷嘴，能在水上移动的交通运输工具。

2. 船舶的分类

因分类方式的不同，同一条船舶可有不同的称呼。多数船舶是按船舶的用途进行分类来称呼的。常见的船舶及其特征如表1-25所示。

表1-25 船舶的类型

类　型	特　征
客货船	除了载运旅客之外，还装载有部分货物（水线以下的船舱尽可能用来装货）。客货船在要求上与客船相同。
普通货船	俗称为杂货船。杂货，也称为统货，是指机器设备、建材、日用百货等各种物品。专门运输包装成捆、成包、成箱的杂货的船，称为杂货船或称普通货船。
集装箱船	集装箱可分为部分集装箱船、全集装箱船和可变换集装箱船三种。 ① 部分集装箱船：仅以船的中央部位作为集装箱的专用舱位，其他舱位仍装普通杂货。 ② 全集装箱船：指专门用以装运集装箱的船舶。它与一般杂货船不同，其货舱内有格栅式货架，装有垂直导轨，便于集装箱沿导轨放下，四角有格栅制约，可防倾倒。集装箱船的舱内可堆放3～9层集装箱，甲板上还可堆放3～4层。 ③ 可变换集装箱船：其货舱内装载集装箱的结构为可拆装式。因此，它既可装运集装箱，必要时也可装运普通杂货。 集装箱船航速较快，大多数船舶本身没有起吊设备，需要依靠码头上的起吊设备进行装卸。这种集装箱船也称为吊上吊下船。
滚装船	货物装卸不是从甲板上的货舱口垂直的吊进吊出，而是通过船舶首、尾或两舷的开口以及搭到码头上的跳板，用拖车或叉式装卸车把集装箱或货物连同带轮子的底盘，从船舱至码头的一种船舶。滚装船的主要优点是：不需要起货设备，货物在港口不需要转载就可以直接拖运至收货地点，缩短货物周转的时间，减少货损。
载驳货船	又称子母船，这是一种把驳船作为"浮动集装箱"，利用母船升降机和滚动设备将船载入母船，或利用母船上的起重设备把驳船（子船）由水面上吊起，然后放入母船体内的一种船舶。许多载驳货船的甲板上载有集装箱船。
散货船	散装运输谷物、煤、矿砂、盐、水泥等大宗干散货物的船舶，都可以称为干散货船，或简称散货船。因为干散货船的货种单一，不需要包装成捆、成包、成箱的装载运输，不怕挤压，便于装卸，所以都是单甲板船。
冷藏船	冷藏船是专门用于装载冷冻易腐货物的船舶。船上设有冷藏系统，能调节多种温度以适应各舱货物对不同温度的需要。
油船	从广义上讲是指散装运输各种油类的船。除了运输石油外，装运石油的成品油，各种动植物油，液态的天然气和石油气等。但是，通常所称的油船，多数是指运输原油的船。而装运成品油的船，称为成品油船。装运液态天然气和石油气的船，称为液化气体船。
液化气体船	专门散装运输液态的石油气和天然气的船，也有人称为特种油船。按其运输时液化气的温度和压力，分为三种类型：压力式液化气体船、低温压力式液化气体船、低温式液化气体船。

(续表)

类　　型	特　　征
木材船	木材船是专门用以装载木材或原木的船舶。这种船舱口大,舱内无梁柱及其他妨碍装卸的设备。船舱及甲板上均可装载木材。
兼用船	既可以装载原油,也可以装载散货或矿砂的两用船或三用船。

3．船舶登记制度

（1）船舶登记。依据有关国际公约和各国法律规定,对船舶所有人、经营人、船名、船舶技术性能数据等内容进行登记。登记机关的所在地称为船舶登记港。船舶登记港即为船籍港。

（2）方便旗船。在实行开放登记的国家（地区）注册,取得该国（地区）国籍,并悬挂该国（地区）旗帜的船舶。该种旗帜称为方便旗。其主要特点为：① 提供方便旗的注册国（地区）,允许船舶所有人和（或）其管理人员不是该国公民,也允许不雇用该国（地区）船员；② 船舶更换船东不加限制,过户比较容易；③ 营运成本低,注册国（地区）一般按船舶吨位征收注册费和年度税,免收船舶所得税或征收很低的所得税；④ 容易获得银行贷款上的支持,避免了向本国（地区）银行贷款的困难；⑤ 注册手续简单,一般可在注册国（地区）的驻外领事馆办理；⑥ 注册国（地区）对船公司不加控制和监督管理。提供方便旗的国家有：利比里亚、巴拿马、塞浦路斯、索马里、马耳他、新加坡、摩洛哥、塞拉里昂、圣马力诺、哥斯达黎加、洪都拉斯和黎巴嫩等。

4．船舶国籍标志

（1）船旗国,又称船舶登记国。国际航行船舶,应向本国或他国政府登记取得国籍并在船尾旗杆上悬挂该登记国的国旗。船舶在登记国政府登记后,应遵守登记国政府的法令和条例,并受登记国的保护。国际航行船舶除了在本国登记,还可根据政治、军事和经济上的需要,选择在他国登记。

（2）船舶证书。证明船舶国籍、所有权、技术状况、航行性能及船舶营运必备条件的各种文件的总称。根据国际公约和各国法规的规定,船舶通常应具备的证书包括：船舶国籍证书、船舶检验证书或适航证书、船舶吨位证书、船舶载重线证书、货船设备安全证书和货船构造安全证书、货船无线电报或电话证书、客船安全证书、船舶旅客定额证书、船舶入级证书、船舶起货机设备证书、国际防止油污证书、船舶航行安全证书等12种证书。

四、航空运输设施与设备

（一）航线

1．航线

民航从事运输飞行,必须按照规定的线路飞行,这种路线叫做航空交通线,简称航线。航线不仅确定了航行的具体方向、经停地点,还根据空中管理的需要规定了航路的宽度和飞行的高度层,以维护空中交通秩序,保证飞行安全。

航线按飞机飞行的路线分为国内航线和国际航线。

2．航线的开辟

开辟航线属于航线网建设,应有计划有步骤地进行。一般讲,开辟航线是指在原有航线

网的基础上增辟新线。这事先需要进行深入细致的可行性调查研究分析,主要包括客观需要的情况,开辟航次的可能性和经济效益的预测。

民航运输是为满足国家的政治、经济、国防、外交、科学文化各方面的需要以及人民生活的需要服务的,要以国家的方针、政策和任务为指导,对准备开航的地点进行调查,掌握当地及附近地区对航空运输的需求情况,同时要摸清现有地面运输的客货流量、流向和消长变化规律。

（二）航空港

航空港为航空运输的经停点,又称航空站或机场,是供飞机起飞、降落和停放及组织、保障飞机活动的场所。

航空港按照所处的位置分干线航空港和支线航空港;按业务范围分国际航空港和国内航空港,国际航空港要经政府核准。

通常来讲,航空港内配有以下设施:

(1)跑道与滑行道：前者供航空器起降,后者是航空器在跑道与停机坪之间出入的通道。

(2)停机坪：供飞机停留的场所。

(3)机场交通：分场内和出入机场交通。场内交通包括公用通道、货运交通通道和供特种车辆出入的服务设施。

(4)指挥塔或管制塔：为航空器进出航空港的指挥中心。

(5)助航系统：为辅助安全飞行的设施,包括通信、气象、雷达和目视助航设备。

(6)输油系统：为航空器补充油料。

(7)维护修理基地：为航空器做归航以后或起飞以前的例行检查、保养和修理。

(8)货运设施：包括空运货物和航空邮件。常用装卸-运输联合机、升降式装卸机。

(9)其他各种公共设施：包括给水、电、通信交通、消防系统等。

（三）航空器与集装设备

1. 航空器

航空器主要是指飞机。常见的飞机有螺旋桨式飞机、喷气式飞机和超音速飞机。螺旋桨式飞机利用螺旋桨的转动将空气向机后推动,借其反作用力推动飞机前进。喷气式飞机最早由德国人在20世纪40年代制成,是将空气多次压缩后喷入飞机燃烧室内,使空气与燃料混合燃烧后产生大量气体以推动涡轮,然后从机后以高速度将空气排出机外,借其反作用力使飞机前进。目前其已经成为世界各国机群的主要机种。超音速飞机是指航行速度超过音速的飞机。按照用途的不同,飞机也可分为客机、全货机和客货混合机。

2. 集装设备

航空运输中的集装设备主要是指为提高运输效率而采用的托盘、集装箱等成组装载设备。为使用这些设施,飞机的甲板和货舱都设置了与之配套的固定系统。

五、管道运输设施与设备

（一）运输管道的分类

管道运输是用管道作为货物运输工具的一种长距离输送液体、气体或者浆体物资的运输方式。当今世界大部分的石油、绝大部分的天然气都是通过管道运输完成的。管道有不同的种类。运输管道的分类如表 1-26 所示。

表 1-26 运输管道的分类

分类标准	类 型	
按输送物品分类	原油管道	用途：运送比重大、黏稠和易于凝固的原油。 线路：自油田送至炼油厂或港口、铁路货站。 特点：输量大,运距长,收油点和交油点少。
	成品油管道	用途：输送汽油、煤油、柴油、燃料油和石油液化气。 线路：炼油厂到城市成品油库或大型电厂、铁路油站等。 特点：多品种流体分批顺序输送,批量多、输油量少、交油点多,管径多变。
	天然气管道	用途：输送天然气和油田伴生气。 组成：集气管道、输气干线和供配气管道。 特点：长距离、高压、大口径。
	固体料浆管道	主要是煤炭料浆管道,即将固体煤粉碎,掺水制成浆,再进行泵送。
按管道用途分类	集输管道	指从各集气(油)站到起点压力站的管道,用于收集从地层中开采出来的未经处理的原油(天然气)。
	输油(气)管道	从起点压力站至各大城市配送中心,大用户或储库的管道及气(油)源间的连通管道。
	配油(气)管道	配送中心(储库)到用户间的管道。特点是压力低、分支多、管网稠密、管径小。

（二）管道运输设施的组成

管道运输设施的组成如表 1-27 所示。

表 1-27 管道运输设施的组成

名 称	组 成 部 分
线路设施	① 管道主体：钢管和连接件。 ② 管道防腐保护设施：阴极保护、阴极保护测试柱、阳极地床、杂电流排流站。 ③ 管道水工防护建筑物：抗振设施、管堤、管桥、隧道。
管道站库设施	① 输油站：增压站(泵站)、加热站、热泵站、减压站、分输站。 ② 输气站：压气站、调压计量站和分输站。
附属设施	包括通信线路、供电线路、道路工程,管理、维修机构及生活基地。

知识点五 运输市场

一、运输市场的概念

运输市场是运输生产者和运输需求者进行运输产品交易的场所和领域,是运输活动的客观反映。

狭义的运输市场指的是承运人提供运输工具和运输服务,来满足旅客或货主对运输的需要的交易活动场所,即进行运输能力买卖的场所。

广义的运输市场,是指一定地区对运输需求和供给的协调与组织,包括一定的交易场所、较大范围的营业区域和各种直观或隐蔽的业务活动。

运输市场的形成是由于客观上存在对运输的需要,并且有了合适的运输工具及有可供运输工具运行的铁路、公路、航道和港站等,即存在着为满足运输需求而提供的设施和劳务。因此运输市场表现为在相当广阔的空间里,在一定时间的推移中实现运力的需求和供给,从而完成客货位移。运输市场随运输需求和供给而产生,它的作用通过市场机制的调节得以发挥,它的运行在价值规律作用下进行。

二、运输市场的构成

运输市场是一个多层次、多因素的集合体,它由多项要素所构成。构成运输市场的要素主要包括以下几个。

(一) 运输需求者

这是具有现实或潜在需求的单位、组织和个人。运输需求者是构成运输市场的重要因素。运输需求者的总体数量以及单个运输需求者的需求状况决定运输市场的总体需求规模。

运输市场上的需求方构成比较复杂,包括各类部门、企事业单位和个人。这些需求者在运输需求的质量、数量等方面存在较大差异,客观上形成了不同层次、不同类型的运输需求。

(二) 运输供给者

这是提供各种客货运输服务,满足需求者空间位移要求的各类运输者。运输供给者是运输市场上的卖方,向市场上提供各类运输产品。每个运输供给者所提供的运输产品数量和质量,决定于他们所拥有的相关运输资源的数量和质量。运输供给者的构成同样比较复杂,它由具有不同经济性质的企业和不同的经营者组成。

从一般意义上讲,由于资源的稀缺性,运输供给在一定条件下是有限的。同时,运输供给在不同的时空条件下又是可以变化的,或者说它具有一定弹性。随着生产能力的提高和科技进步的加快,运输供给也表现出不断扩大的趋势。然而,从运输市场上的供需情况来看,不同的运输供给者所提供的运输产品并不一定都能够满足市场需求,这就出现了有效运输供给问题。有效运输供给是符合运输市场需求的供给,有效运输供给小于总的运输供给,因为市场上总存在一部分不符合市场需求的供给。运输市场中的供给者并非完全都提供一种有效的供给,因此,随着市场的不断变化,运输供给者也在不断调整和改变自己,以使提供的产品更符合运输市场上的需求,提供更多的有效供给。

(三) 运输中介者

这是为客货运输需求与供给牵线搭桥,提供各种客货运输服务信息及运输代理业务的企业或经纪人。随着经济的不断发展,市场上各种信息也越来越多,对于消费者来说,获得有关信息是进行购买的前提和基础。一般来说,运输需求者总是想获得(购买)服务上乘,同时价格又合理的运输产品,获取有关方面的信息是进行购买的前提条件。然而,获取信息是要有代价的,完成交易要付出时间、精力和体力,这种代价对于单个运输需求者来说又可能是比较高昂的,因此,市场客观上需要一种专门从事这项服务的"人",能够开展这方面的业务,以减少市场交易成本。当运输中介者出现后,越来越多的运输需求者开始把服务要求转向运输中介者。由于运输中介者从事专业化的中介服务,因此,其工作效率相对更高,运输供给者也乐于通过专业化的中介机构来扩大他的市场。

随着运输市场的不断发展,运输中介已经成为市场中的一个不可缺少的阶层和集团。由于专门从事中介活动,运输中介服务成本相对较低,在扩大市场范围、促进运输交易发展方面也发挥着越来越明显的作用。例如,在空运事业十分发达的国家,空运代理被广泛采用。美国有空运代理商20000余家,英国有4000余家,日航国际60%的客票销售和95%的旅客预约订座业务是由代理人承办。铁路运输代理在各国的发展同样十分迅速。

(四) 政府

现代市场经济条件下,政府在经济活动中的地位和作用越来越明显,这种作用是其他经济主体不可替代的。在一些特殊的经济领域,如运输市场中,没有政府的参与就无法实现正常运转。虽然一些人认为,经济的发展应当有足够的自由,政府不应对经济发展和市场运行进行干预,在交通运输方面,类似的观点是,一个功能完善的运输市场,可以根据运输消费者的需求和供给者的资源状况,由市场规律和价格机制调整来决定市场的运行。然而事实并非如此,由于市场不是万能的,在调节经济发展中存在着缺陷,因此,政府对经济的干预是必要的。在运输业方面,运输市场的特点决定了它在某个时期某些地方可能极端的垄断,而在另一个时期另一些地方又极富竞争性,过度的垄断和竞争对运输市场都是不利的,有时甚至是灾难性的。因此,仅仅依靠市场本身来调节运输供求,决定运输业的发展是不够的,运输市场不能解决所有问题,政府需要在运输市场中发挥必要的作用。

政府作为运输市场的组成部分之一,多数情况下并不直接参与企业的具体经营活动,而是通过制定有关法律、法规、政策来规范和影响这一市场。在运输市场上,政府代表的是国家和一般公众的利益。

三、运输需求与运输供给分析

(一) 运输需求的特征

1. 运输需求的派生性

市场需求有本源需求和派生需求两种。本源需求是消费者对最终产品的需求,而派生需求则是由于对某一最终产品的需求而引起的对生产它的某一生产要素的需求。运输活动是产品生产过程在流通领域的继续,它与产品的调配和交易活动紧密相连,因此运输是工农业生产活动中派生出来的需求。

2. 个别需求的异质性

就整个市场而言,对运输总体的需求是由性质不同、要求各异的个别需求构成的。在运输过程中必须采取相应的措施,才能适应这些个别需求的各种要求。

3. 总体需求的规律性

对运输企业来说,不但要掌握和研究个别需求的异质性,而且也要研究总体需求的规律性。不同货物的运输要求虽然千差万别,但就总体来说还是有一定规律性的,如货流的规律性、市场需求变化的规律性等。

(二) 影响运输需求的主要因素

影响运输需求的主要因素如表1-28所示。

表 1-28　影响运输需求的主要因素

影响因素	特　征
工农业生产的发展	一个国家的主要任务是发展国民经济,而国民经济的主要内容则是工农业生产。工农业生产发展了,那么对运输的需求也就增加了,运输业也随之得到了发展。
国际贸易的增加	随着国家进一步对外开放,对外贸易量也迅速增加,相应增加了对运输的需求。
国家的经济政策	国家经济政策对运输需求的影响主要表现在政府对经济的扶持与干预上。例如,国家为了发展某一产业,对该产业采取扶持的政策,降低贷款利率或减免税收;国家为了促进经济的发展,扩大住房建设和加大对交通设施的投入等。这些都会影响对运输的需求。
自然因素	自然因素主要是农产品及其他季节性产品在不同的季节里,对运输有着不同的需求。
地理因素	地理因素主要指资源的地理分布不平衡。由于资源在全球分布不均,为了适应生产和消费的需要,必然产生在地理位置上的运输需求。
社会交流和文化旅游活动	随着经济收入的提高和社会交流的发展,因经济活动、访友和旅游的需要,必然引起对运输的需求。

(三) 运输供给的特征

1. 必须储存运输能力

由于运输产品不能储存,运输企业一般以储存运输能力来适应市场变化。但运输能力的储存相当复杂,储存不当会造成巨大的经济损失。而运输在时间和空间上的不平衡性使这一问题更加复杂。运输有旺季、淡季之分,按淡季准备运力,就不能适应旺季的运输需求;反之,按旺季准备运力,在淡季又会造成运力的浪费。同时,运输活动在往返方向上还存在着不平衡性,按重载方向准备运力,则有较多回程浪费。

2. 要有合理的运力规模

在需求旺季时,运价呈上升趋势,运输企业大量购买和建造运输工具,使运力不断增加,市场可能达到饱和甚至超饱和。相反,运力过剩和运价长期处于低落状况,必然使运输业处于不景气状态。因此,保持合理的运力规模是提高运输工具利用率和满足运输市场需求的必要条件。

(四) 影响运输能力供给的主要因素

影响运输能力供给的主要因素如表 1-29 所示。

表 1-29　影响运输供给的主要因素

影响因素	特　征
国家经济发展状况	一个国家的经济发展状况必然会影响运输工具的建设要求。
政策的倾斜方向	国家以能源、交通为重点,则对运输业的发展有利。如我国目前铁路、公路和航空运输建设的投资很大,运输能力迅速提高,已经适应了国民经济发展的要求。
运输工具造价与科技发展	由于机车车辆制造业、造船业、汽车工业以及航空工业的技术进步,使运输工具成本降低,技术更精,质量更好,必然会吸引大量订单,促进运输业的发展。如果成本高,从经济利益考虑势必减少订购量。这是影响运输供给的主要因素。
军事需要	包括铁路车辆、商船和民航飞机在内的各种运输工具都是一国战时军事力量的补充。

四、运输市场的特征

同其他市场一样,运输市场是以商品交换为主要内容的经济联系形式,它是运输生产者与消费者之间相互连接的桥梁和纽带,因此,它具有一般商品市场所具有的特征和属性。除此以外,由于运输业本身的特点,决定了运输市场具有一些与其他市场不同的特征。

(一) 运输市场具有较强的空间性和时间性

运输业本身的特点决定了它所遍及的空间十分广泛。人类发展到今天,除个别地区外,现代运输方式几乎遍及所有人类存在的地方。运输线路纵横交错,运输网络遍及全球,运输把城市与乡村,企业与市场紧紧联系在一起,运输产品的交换遍及了经济发展的所有地区和范围。

运输市场中的需求(运输需求)表现出了极强的空间性与时间性。

1. 运输市场的空间特征——区域性

有人类生存的地方就有运输需求,运输需求的大小依赖于当地的社会、经济、文化、科技等方面的发展水平。在不同的国家或同一个国家的不同地方,运输需求具有很强的区域不平衡性(空间上的不平衡性),甚至在同一条运输线路(航线)的不同方向上,运输需求也具有明显的差异性。运输需求空间分布的特性决定了运输市场的空间分布特征。

2. 运输市场的时间特征——波动性

无论是旅客运输还是货物运输,往往都与季节变化有着特定的关系。在不同的时间和季节当中,运输需求在数量、内容、结构等方面存在明显的差异。在一段时间内,运输需求可能表现出非常的旺盛,而在另外一段时间内,运输需求又可能表现出极度的低迷。运输需求的季节性变动,使运输市场的时间特征十分明显。

由于各种因素的影响,运输市场在空间和时间方面都存在着不均衡性,平衡运输需求,实现均衡运输是运输供给者努力追求的目标。

(二) 运输需求是一种派生需求

前面已经提到,派生性是运输需求的一个重要特征。运输需求的派生性决定了运输需求的大小,决定于社会经济的发展、居民生活水平的改善、企业生产经营状况以及不同地区间的经济联系等因素。运输需求的派生性决定了它必然受到衍生这种运输需求因素的影响,如社会经济的发展水平,自然资源的分布情况,生产力布局,人口分布及消费水平的分布差异等。国民经济及各部门发展的景气情况能够通过运输需求的变动很快反映出来。

(三) 运输市场上出售的是非实物性产品

运输业不像工农业那样改变劳动对象的性质和形态,它只是改变它的空间位置,因此,运输业的产品是运输对象的空间位移。运输市场上出售的商品(位移)实际上也是一种运输劳务,它具有以下特性。

1. 不可感知性

运输产品本身是无形无质的,无法用触摸或肉眼感知其存在。消费者在消费这种产品之前,无法用预先的"观察"和其他手段了解它的性能或质量。消费者在消费这种产品之后,同样没有留下任何具有实物形态的东西(除了车票、船票、纪念品等),对于消费这种商品所能得到的利益(独特的、与其他商品不同的),消费者往往要经过一段时间后才能有所感觉。

2. 不可分离性

实物产品从生产、流通到最终消费要经过一系列的中间环节,生产与消费相互分离,并存在一定的时间间隔。相比之下,运输的生产具有一定的特殊性,那就是运输的生产与消费过程在时间上完全融合在一起,无法分离。运输生产开始之时,也是运输消费开始之时,而运输生产过程结束,运输的消费过程也宣布结束。运输的生产者和消费者同样不可分离,它们必须相互作用和联系才能使生产和消费顺利完成。

3. 不可贮藏性

运输产品的无形性以及生产与消费同时进行的特点,决定了运输产品具有不可贮藏性。生产者无法将产品预先生产好,贮藏起来,以备将来出售;消费者也无法将产品购回,慢慢使用。然而,运输供给者总是要将各种设备(能力)提前准备好,以备市场需要时使用。对于运输供给者来说,生产出来的运输产品必须尽量使需求方及时、完全消费,否则就会造成浪费(如车、船、飞机的空位等)。运输产品如不能及时出售和消费,它的损失不像有形产品那样出现库存积压等,它仅仅是表现为机会的损失和折旧的发生。然而,这种损失一旦出现就无法弥补,因为生产出来的运输产品如果不同时消费,这种产品随即就会消失,而库存中的有形产品在一段时间之后仍可能会全部售出。对于运输供给者来说,如何解决运输产品供求不平衡是十分重要的问题。

4. 缺乏所有权

运输产品在生产和消费过程中不涉及任何东西的所有权转移。由于运输产品不具有实物形态,又不可贮藏,所以,运输过程结束后,一切都消失了,消费者并没有实质性地拥有运输产品或服务。例如,旅客乘坐火车从一个地方到另外一个地方,下车后,除了手中的车票(有时有些小纪念品),他没有得到任何其他东西,铁路部门也没有任何所有权转移给旅客。

(四)运输市场上存在较多的联合产品(共同产品)

运输企业是为不同运输对象提供多种不同运输产品的企业,在多数情况下,它的设备是由多个个体(不同的运输消费者)联合使用的(例如同一列车中不同的旅客)。在铁路运输中,存在大量相同方向(起讫点可以不同)的客货流,它们共同利用铁路运输设备,形成各种联合产品,造成大量联合成本(或共同成本)。从理论上讲,当生产某一种产品的同时,导致以某一比例生产出另一些产品,而且这种连带产品与引起它的主产品保持着固定比例,就产生了联合成本。准确地计算联合成本具有一定困难,它给企业从供给角度分析市场竞争带来了一定的难度。

(五)个别市场的进入有一定的困难

个别运输市场(如铁路、航空等)的进入有一定的难度。由于运输企业的投资规模大,所以,一般经营者很难进入这一行业,这为许多经营者进入这一市场设立了一道屏障,同时也成为运输市场形成垄断的一个重要因素。虽然一些国家采取了一些措施和手段(如特许经营等)以减少外界进入的障碍,但总的来说,像铁路等运输市场的进入仍具有一定的难度。从另一个角度看,政府为使运输畅通以保证社会经济发展,保证人们生命安全,对于进入这一市场的经营者也进行较为严格的审查和管制(如城市公交、出租车运输业等)。

五、运输市场的分类

运输市场是一个复杂的市场,可以按不同的分组标志分类。运输市场的分类如表1-30所示。

表 1-30　运输市场的分类

划分标准	类型	说明
按运输方式划分	分为铁路、道路、航空、海洋、内河、管道运输市场	这种分类可用于研究各运输市场之间的关系，如联合运输、运价体系和各种运输方式之间的竞争等。
按运输对象划分	客运市场、货运市场和装卸搬运市场	① 客运市场对运输的安全性、快速性、舒适性及方便性等要求较高。 ② 货运市场对经济性要求较高。这里要特别注意的是货运市场对国民经济的形式较为敏感，经济不景气时对货运市场打击较大。
按运输范围划分	国内运输市场	如铁路运输市场、江河运输市场、沿海运输市场、公路运输市场。
	国际运输市场	如国际航海运输市场、国际航空运输市场。
按供求关系划分	买方运输市场	供不应求时，货主与旅客运输需要常常得不到满足，买票难，出门难，以运定产的现象经常发生，迫切需要扩大运输生产能力。
	卖方运输市场	供大于求，会有大量的运力闲置得不到充分利用。目前铁路运输市场一直是买方市场，主要是大部分铁路运输紧张，供求矛盾十分突出。"卖方"与"买方"市场，经营环境不同，运输企业采取的对策也不同。
按运输需求的弹性划分	富有弹性的运输市场和缺乏弹性的运输市场	① 在客运等富有弹性的运输市场中，运价的变动对运输量的影响较大，运价是调整运输市场平衡的有力工具。 ② 在上班、上学等运输需求弹性较低的运输市场中，运价变动对运输量变动的影响不大。为了在时间上使运输市场供求平衡，往往需要采取一些在时间上错开客流高峰的强制性措施，如错开上下班时间。

知识点六　运输企业

一、运输企业管理体制

我国现今的运输企业大多为中小型企业，其组织结构存在着"小、散、乱"的弊端，因此必须对其进行组织结构治理，而组织结构治理的手段就是建立现代企业制度。

（一）现代企业制度的特征

建立现代企业制度是运输企业进行结构治理的手段。现代企业制度的基本特征是产权清晰、权责明确、政企分开、管理科学，如表 1-31 所示。

表 1-31　现代企业制度的基本特征

基本特征	含义
产权清晰	产权清晰指国有大中型企业（包括国有大中型运输企业）改组为产权主体多元化的公司时的产权清晰或产权关系清晰。
权责明确	权责利统一是现代企业制度处理各种关系的基本准则。
政企分开	按现代企业制度的规范，政企（即政府职能和企业的职能）是明确分开的，两者之间是法律关系。

(续表)

基本特征	含 义
管理科学	作为现代企业制度基本特征之一的管理科学,主要有三个方面的内容: ① 建立科学的组织管理机构,权责分明,相互制约; ② 建立科学的内部管理体制; ③ 建立企业规章。

（二）现代企业制度的内容

现代企业制度的主要内容,是以企业法人制度为核心,以企业组织形式中的公司制度为代表,以公司的治理结构为特征,此外还包括其他一些制度。其主要内容如下:现代企业法人制度、国有资产营运制度、现代企业组织形式、现代企业治理结构、现代企业财务与会计制度、现代企业内部经营管理制度。

（三）法人制度

现代企业法人制度是规范市场主体,确立市场主体地位的法律制度,是现代企业制度的核心。

企业法人可以按不同的标准进行分类。按由谁创立,可分为集体法人和国家法人。前者是由若干个人或团体自愿结合而成的集体;后者是指由国家或地方政府创设的机关、企事业单位。按法人有无组织成员,可分为社团法人和财团法人。社团法人一般运用于大型运输集团。按法人成立的目的,可分为营利法人和公益法人。前者是其构成成员以获得经济利益为目的而成立的法人,例如各种类型的汽车货运公司,大都属于此类。公益法人一般很少出现在运输企业中。

运输企业作为法人必须具备三个基本特征,即组织特征、财产特征和人身特征。

二、运输企业的设立

运输企业的组织结构是企业运作与管理的基础。运输企业组织结构设计的步骤一般为企业组织任务目标分析、职位与职务分析、部门的划分以及各部门人员的配备。

（一）任务目标分析

在分析运输企业组织目标时,必须密切注意和研究影响目标确定的各种因素,要从环境层、组织层和个人层三个基本层次来分析。

运输企业的目标不可能也不应该是单一目标,应该是一个目标体系。这个目标体系的构成应与它作为独立实体所寻求的目的和所需要的条件有关。像经营的稳定、组织的发展、参与者的满意、行业地位的提高、技术的革新等,都是系统目标。

运输企业存在的最高目标应在于能为国家、社会、他人以及与组织相关的企业等贡献什么、服务什么,要让别人感觉到离不开它。

（二）职位与职务分析

职位与职务分析就是对运输企业内的各种职位及其相应的职务进行分类和区别。职位分析是对企业内所有的职位,按一定的标准,加以分类整理,使工作与人员相互配合,达到管理上因事设人,按才录用,同工同酬,按劳分配的目的。职务分析,就是通过观察和研究,确定关于某种特定职务的范围和内容。

（三）部门的划分

运输企业组织各部门的划分是设计其组织结构的主要内容，它是根据各职位的特征对它们进行分类的过程，部门划分的评价标准有：能否最大限度利用专业化技术和知识，能否有效利用机器设备，能否便于直线下达命令，能否便利协调，能否发挥员工的聪明才智。

运输企业部门划分的方法，如表 1-32 所示。

表 1-32 运输企业部门划分的方法

划分方法	优缺点
服务部门化	优点：目标单一，力量集中，可使服务质量和效益效率不断提高；分工明确，易于协调和采用机械化；单位独立，管理便利，易于绩效评估。 缺点：无法统筹运用人力、物力而导致浪费。
顾客部门化	这种划分方法虽能使产品或服务更切合顾客的实际要求，但同时却牺牲了技术专业化的效果。
地理位置部门化	优点：对所负责地区有充分的了解，各项具体业务的开展更切合当地的实际需要。 缺点：容易产生各自为政的弊病，忽视了公司的整体目标。
职能部门化	它是以同类性质业务为划分基础的，在组织中广为采用。优点：责权统一，便于专业化。缺点：往往会因责权过分集中，而出现决策迟缓和本位主义现象。
生产过程部门化	它是根据作业流程划分的。这种划分所形成的部门，专业化程度高，生产效率也高，常用于组织大型货运的企业。
混合划分	混合划分方法是综合以上各种划分方法而成的一种划分方法。它一般用于大型货运企业组织中，至少运用以上两种划分方法，有的则运用以上全部的划分方法。

（四）各部门人员的配备

各部门人员的配备是根据企业组织结构的形态、组织结构设计的原则以及企业组织任务和目标、企业组织各职位的情况和企业组织各部门的划分，并结合企业人力资源的实际情况来进行人员的配备，目的是要达到群体结构优化。运输企业在进行人员配备时应该遵循目标核心原则、整体效应原则、功能互补原则、动态交易原则。

三、运输企业的组织结构

运输企业的运作与管理是建立在其组织结构中的，企业组织结构的设计就是使各种职位及其有关人员有计划、系统地编配组合，有效地进行合作。

运输企业的基本结构有直线型、职能型、直线职能型以及事业部型等。当然运输企业的组织结构也不是固定不变的，它也要随着运输企业的性质、规模、目的、环境的变化而变化。运输企业的组织结构如表 1-33 所示。

表 1-33 运输企业的组织结构

结构类型	特点
直线型组织	直线型组织是最早产生，也是最简单的结构形式。 特点：企业各级行政单位从上到下垂直领导，各级主管人员对其主管单位的一切问题负责，没有职能机构和职能人员。这种组织结构形式一般只适用于小型运输企业，不适用于规模庞大和运营管理比较复杂的现代运输企业。

(续表)

结构类型	特　　点
职能型组织	职能型组织是运输企业按职能实行专业内分工管理,在各级行政负责人下设立相应的职能机构,各职能机构都可以在自己的职权范围对下级直接进行指挥。 特点:管理工作分工较细;由于吸收专家参与管理,可减轻上层管理者的负担;多头领导,不利于组织的集中领导和统一指挥;各职能机构往往不能很好配合;过分强调专业化。
直线职能型组织	直线职能型组织是在直线制和职能制的基础上,综合两者优点而形成的。 特点:既保持直线制的统一指挥,又保持职能制的专业管理。但各级行政负责人应具备对下级的指挥权,各职能机构作为行政负责人的参谋,对下级进行业务指导。各职能机构横向联系较差。
事业部型组织	事业部型组织是适应大型运输企业既要与强大对手竞争,又要对市场变化及时采取对策要求的,"集中决策、分散经营"的管理组织结构形式。总公司是决策中心,分公司或事业部是利润中心,车队、车站、维修厂等是成本中心。 特点:权力下放,有利于管理高层人员集中精力考虑重大战略问题;各事业部经营责任和权限明确,有助于增强其责任感,发挥主动性和创造性;容易造成机构重叠,管理人员膨胀;各事业部独立性强,考虑问题时容易忽视企业整体利益。

知识点七　运输系统的构成

一、运输系统含义

运输系统是指由与运输活动相关的各种因素组成的一个整体。

如果和各种运输方式相组合,就组成了各种不同的运输系统,如公路运输系统、铁路运输系统、水路运输系统、航空运输系统、管道运输系统等;如处于不同领域,则有生产领域的运输系统和流通领域的运输系统;如按运输的性质划分,则有自营运输系统、营业运输系统、公共运输系统。

二、运输系统的构成要素

(一) 运输节点

运输节点指以连接不同运输方式为主要职能,处于运输线路上的,承担货物的集散、运输业务的办理、运输工具的保养和维修的基地与场所。

如不同运输方式之间的转运站、终点站,公路运输线路上的停车场(库)、货运站,铁道运输线路上的中间站、编组站、区段站、货运站,水运线路上的港口、码头,空运线路上的空港,管道运输线路上的管道站等都属于运输节点范畴。

(二) 运输线路

运输线路是供运输工具定向移动的通道,也是赖以运行的基础设施,是构成运输系统最重要的要素。在现代运输系统中,主要的运输线路有公路、铁路、航线和管道。

(三) 运输工具

运输工具是指在运输线路上用于装载货物并使其发生位移的各种设备装置,根据从事运送活动的独立程度可以分为三类:

(1) 仅提供动力,不具有装载货物容器的运输工具,如铁路机车、牵引车、拖船等;

(2) 没有动力，但具有装载货物容器的从动运输工具，如车皮、挂车、驳船等；

(3) 既提供动力，又具有装载货物容器的独立运输工具，如轮船、汽车、飞机等。

（四）物主与运输参与者

(1) 物主。物主是货物的所有者，包括托运人（或委托人）和收货人，有时托运人和收货人是同一主体，有时是非同一主体。

(2) 承运人。承运人指进行运输活动的承担者。承运人可能是铁路货运公司、航运公司、民航货运公司、运输公司、储运公司、物流公司以及个体运输业者。

(3) 货运代理人。货运代理人指根据用户要求，并为获得代理费用而招揽货物组织运输和配送的人。

(4) 运输经纪人。运输经纪人指替托运人、收货人和承运人协调运输安排的中间商。

知识点八　运输合理化

一、运输合理化的概念

由于运输是物流中最重要的功能要素之一，物流合理化在很大程度上依赖于运输合理化。

运输合理化的影响因素很多，起决定性作用的有五个方面的因素，称作合理运输的"五要素"，如表 1-34 所示。

表 1-34　合理运输的五要素

要　素	特　点
运输距离	在运输时，运输时间、运输货损、运费、车辆或船舶周转等运输的若干技术经济指标，都与运距有一定比例关系，运距长短是运输是否合理的一个最基本因素。缩短运输距离从宏观、微观上来看都会带来好处。
运输环节	每增加一次运输，不但会增加起运的运费和总运费，而且必须要增加运输的附属活动，如装卸、包装等，各项技术经济指标也会因此下降。所以，减少运输环节，尤其是同类运输工具的环节，对合理运输有促进作用。
运输工具	各种运输工具都有其使用的优势领域，对运输工具进行优化选择，按运输工具特点进行装卸运输作业，最大发挥所用运输工具的作用，是运输合理化的重要一环。
运输时间	运输是物流过程中需要花费较多时间的环节，尤其是远程运输，在全部物流时间中，运输时间占绝大部分，所以，运输时间的缩短对整个流通时间的缩短有决定性的作用。此外，运输时间短，有利于运输工具的加速周转，充分发挥运力的作用，有利于货主资金的周转，有利于运输线路通过能力的提高，对运输合理化有很大贡献。
运输费用	运费在全部物流费中占很大比例，运费高低在很大程度上决定整个物流系统的竞争能力。实际上，运输费用的降低，无论对货主企业来讲还是对物流经营企业来讲，都是运输合理化的一个重要目标。运费的判断，也是各种合理化实施是否行之有效的最终判断依据之一。

从上述五方面考虑运输合理化，就能取得预想的结果。

二、不合理运输的表现形式

不合理运输是在现有条件下可以达到的运输水平而未达到,从而造成了运力浪费、运输时间增加、运费超支等问题的运输形式。目前我国存在主要不合理运输形式有以下几种。

(一) 返程或起程空驶

空车无货载行驶,可以说是不合理运输的最严重形式。在实际运输组织中,有时候必须调运空车,从管理上不能将其看成不合理运输。但是,因调运不当,货源计划不周,不采用运输社会化而形成的空驶,是不合理运输的表现。造成空驶的不合理运输主要有以下几种原因:

(1) 能利用社会化的运输体系而不利用,却依靠自备车送货提货,这往往出现单程重车,单程空驶的不合理运输;

(2) 由于工作失误或计划不周,造成货源不实,车辆空去空回,形成双程空驶;

(3) 由于车辆过分专用,无法搭运回程货,只能单程实车,单程回空周转。

(二) 对流运输

对流运输亦称"相向运输"、"交错运输",指同一种货物,或彼此间可以互相代用而又不影响管理、技术及效益的货物,在同一线路上或平行线路上作相对方向的运送,而与对方运程的全部或一部分发生重迭交错的运输称对流运输。已经制定了合理流向图的产品,一般必须按合理流向的方向运输,如果与合理流向图指定的方向相反,也属对流运输。

在判断对流运输时需注意的是,有的对流运输是不很明显的隐蔽对流,例如不同时间的相向运输,从发生运输的那个时间看,并无出现对流,可能做出错误的判断,所以要注意隐蔽的对流运输。

(三) 迂回运输

迂回运输是舍近取远的一种运输,本来可以选取短距离进行运输,却选择路程较长路线进行运输的一种不合理形式。迂回运输有一定复杂性,不能简单处理,只有当计划不周、地理不熟、组织不当而发生的迂回,才属于不合理运输,如果最短距离有交通阻塞、道路情况不好或有对噪声、排气等特殊限制而不能使用时发生的迂回,不能称不合理运输。

(四) 重复运输

本来可以直接将货物运到目的地,但是在未达目的之处,或目的地之外的其他场所将货卸下,再重复装运送达目的地,这是重复运输的一种形式。另一种形式是,同品种货物在同一地点运进,同时又向外运出。重复运输的最大毛病是增加了非必要的中间环节,这就延缓了流通速度,增加了费用,增大了货损。

(五) 倒流运输

是指货物从销地或中转地向产地或起运地回流的一种运输现象。其不合理程度要甚于对流运输。其原因在于,往返两程的运输都是不必要的,形成了双程的浪费。倒流运输也可以看成是隐蔽对流的一种特殊形式。

(六) 过远运输

过远运输是指调运物资舍近求远,近处有资源不调而从远处调,这就造成可采取近程运输而未采取,拉长了货物运距的浪费现象。过远运输占用运力时间长,运输工具周转慢,物资占压资金时间长,远距离自然条件相差大,又易出现货损,增加了费用支出。

(七)运力选择不当

未正确地选择和利用运输工具造成的不合理现象,常见有以下若干形式。

(1)弃水走陆。在同时可以利用水运及陆运时,不利用成本较低的水运或水陆联运,而选择成本较高的铁路运输或汽车运输,使水运优势不能发挥。

(2)铁路、大型船舶的过近运输。不是铁路及大型船舶的经济运行里程却利用这些运力进行运输的不合理做法。主要不合理之处在于火车及大型船舶起运及到达目的地的准备、装卸时间长,且机动灵活性不足,在过近距离中利用,发挥不了运速快的优势。相反,由于装卸时间长,反而会延长运输时间。另外,和小型运输设备比较,火车及大型船舶装卸难度大、费用也较高。

(3)运输工具承载能力选择不当。不根据承运货物数量及重量选择,而盲目决定运输工具,造成过分超载、损坏车辆及货物不满载、浪费运力的现象。尤其是"大马拉小车"现象发生较多。由于装货量小,单位货物运输成本必然增加。

(八)托运方式选择不当

对货主而言,这是指在可以选择最好的托运方式而未选择,造成运力浪费及费用支出加大的一种不合理运输。例如,应选择整车未选择,反而采取零担托运;应当直达而选择了中转运输,应当中转运输而选择了直达运输等都属于这一类型的不合理运输。

上述的各种不合理运输形式都是在特定条件下表现出来,在进行判断时必须注意其不合理的前提条件,否则就容易出现判断的失误。例如,如果同一种产品,商标不同,价格不同,所发生的对流,不能绝对看成不合理,因为其中存在着市场机制引导的竞争,优胜劣汰,如果强调因为表面的对流而不允许运输,就会起到保护落后、阻碍竞争甚至助长地区封锁的作用。类似的例子,在各种不合理运输形式中都可以举出一些。

再者,以上对不合理运输的描述,主要就形式本身而言,是主要从微观观察得出的结论。在实践中,必须将其放在物流系统中做综合判断,在不做系统分析和综合判断时,很可能出现"效益背反"现象。单从一种情况来看,避免了不合理,做到了合理,但它的合理却使其他部分出现不合理。只有从系统的角度,综合进行判断才能有效避免"效益背反"现象,从而优化全系统。

三、运输合理化的有效措施

长期以来,我国劳动人民在生产实践中探索和创立了不少运输合理化的途径,在一定时期内、一定条件下取得了效果,汇集如下。

(一)选择合理的运输方式

在物流运输中,运输方式的选择是物流合理化的一个重要内容,同一批货物选择不同的运输方式运送到接收地,会在运输时间、运输费用上产生不同的运输效果。选择运输方式的标准主要包括以下几个方面的内容。

1. 货物的种类

不同的货物种类应选择不同的运输方式,货物的种类不同,其形状、重量、容积、危险性、变质性也会不同,如易燃易爆的化学危险货物就不能选择航空运输方式,重量大的货物应选

择铁路运输等。

2. 运输数量

一次运输的批量不同也应选择不同的运输方式。一般来讲,大批量的货物运输应选择铁路运输和水上运输,小批量的运输应选择公路运输。一般而言,15～20 t 以下的货物,采用汽车运输;15～20 t 以上的货物,采用铁路运输;数百吨以上的原材料之类的货物,应选择船舶运输。

3. 运输距离

货物运输距离的长短不同,其运输方式应不同,不同的运输距离应选择不同的运输方式。如长距离的货物运输应选择铁路或水上运输,短距离的货物运输应选择公路运输等。一般 300 km 以内,采用汽车运输;300～500 km 的区间,采用铁路运输;500 km 以上,采用船舶运输。

4. 运输时间

货物的运输时间与交货时间有直接关系,交货时间短的货物运输应选择快捷的运输方式,如沿海的鲜活货物运送到内地城市,对交货时间要求很高,可选择航空运输。交货时间长的货物运输可选择铁路运输和水路运输,交货时间不长不短可选择公路运输等。

5. 运输费用

不同的运输方式其运输价格不同,货物的运输价格高低影响物流运输费用,是物流运输选择运输方式考虑的一个极其重要的因素。虽然运输费用是选择运输方式的重要考虑因素,但也不能单独从运输价格这一个因素出发,还必须联系其他因素从物流总成本的总体出发,充分考虑各种运输方式的特点以及装卸费、保管费、保险费、包装费等其他费用,选择最合理的运输方式,使整个物流运输总成本达到最低,运输效果最好。

(二)提高运输工具实载率

实载率有两个含义:一是单车实际载重与运距的乘积和标定载重与行驶里程的乘积的比率,这在安排单车、单船运输时,是作为判断装载合理与否的重要指标;二是车船的统计指标,即一定时期内车船实际完成的货物周转量(以吨公里计)占车船载重吨位(t)与行驶距离(km)乘积的百分比。在计算时车船行驶的公里数,不但包括载货行驶,也包括空驶。

提高实载率的意义在于:充分利用运输工具的额定能力,减少车船空驶和不满载行驶的时间,减少浪费,从而求得运输的合理化。

我国曾在铁路运输上提倡"满载超轴",其中"满载"的含义就是充分利用货车的容积和载重量,多载货,不空驶,从而达到运输合理化的目的。这个做法对推动当时运输事业发展起到了积极的作用。当前,国内外开展的"配送"形式,优势之一就是将多家需要的货和一家需要的多种货实行配装,以达到容积和载重的充分合理运用,比起以往自家提货或一家送货车辆大部分空驶的状况,是运输合理化的一个进展。在铁路运输中,采用整车运输、合装整车、整车分卸及整车零卸等具体措施,都是提高实载率的有效措施。

(三)采取减少动力投入,增加运输能力的有效措施求得合理化

这种合理化的要点是,少投入、多产出,走高效益之路。运输的投入主要是能耗和基础设施的建设,在设施建设已定型和完成的情况下,尽量减少能源投入,是少投入的核心。做到了这一点就能大大地节约运费,降低单位货物的运输成本,达到运输合理化的目的。国内

外在这方面的有效措施有以下几个。

（1）前文提到的"满载超轴"中"超轴"的含义是在机车能力充许的情况下,多加挂车皮。我国在客运紧张时,也采取加长列车、多挂车皮的办法,在不增加机车的情况下增加运输量。

（2）水运拖排和拖带法。竹、木等物资的运输,利用竹、木本身的浮力,不用运输工具载运,采取拖带法运输,可省去运输工具本身的动力消耗从而求得合理;将无动力驳船编成一定队形,一般是"纵列",用拖轮拖带行驶,比船舶载乘的运输运量大,以求得合理化。

（3）顶推法。这是我国内河货运采取的一种有效方法。它是将内河驳船编成一定的队形,由机动船顶推前进的航行方法。其优点是航行阻力小,顶推量大,速度较快,运输成本很低。

（4）汽车挂车。汽车挂车的原理和船舶拖带、火车加挂基本相同,都是在充分利用动力能力的基础上,增加运输能力。

（四）发展社会化的运输体系

运输社会化的含义是发展运输的大生产优势,实际专业分工,打破一家一户自成运输体系的状况。一家一户的运输小生产,车辆自有,自我服务,不能形成规模,且一家一户运量需求有限,难于自我调剂,因而经常容易出现空驶、运力选择不当（因为运输工具有限,选择范围太窄）、不能满载等浪费现象,且配套的接、发货设施,装卸、搬运设施也很难有效地运行,所以浪费颇大。实行运输社会化,可以统一按排运输工具,避免对流、倒流、空驶、运力不当等多种不合理形式,不但可以追求组织效益,而且可以追求规模效益,所以发展社会化的运输体系是运输合理化的非常重要的措施。

社会化运输体系中,各种联运体系是其中水平较高的方式,联运方式充分利用面向社会的各种运输系统,通过协议进行一票到底的运输,有效打破了一家一户的小生产,受到了欢迎。

我国在利用联运这种社会化运输体系时,创造了"一条龙"的货运方式。对产、销地及产、销量都较稳定的产品,事先通过与铁路、交通等社会运输部门签订协议,规定专门的收、到站,专门的航线及运输路线,专门的船舶和泊位等,有效保证了许多工业产品的稳定运输,取得了很大成绩。

（五）开展中短距离铁路公路分流,"以公代铁"的运输

这一措施的要点,是在公路运输经济里程范围内,或者经过论证,超出通常平均经济里程范围,也尽量利用公路。这种运输合理化的表现主要有两点:一是对于比较紧张的铁路运输,用公路分流后,可以得到一定程度的缓解,从而加大这一区段的运输通过能力;二是充分利用公路从门到门和在中途运输中速度快且灵活机动的优势,实现铁路运输服务难以达到的水平。

我国"以公代铁"目前在杂货、日用百货运输及煤炭运输中较为普遍,一般在 200 km 以内,有时可达 700～1000 km。例如,山西煤炭外运经认真的技术经济论证,用公路代替铁路运至河北、天津、北京等地是合理的。

（六）尽量发展直达运输

直达运输是追求运输合理化的重要形式,其对合理化的追求要点是通过减少中转过载、换载,从而提高运输速度,省却装卸费用,降低中转货损。直达的优势,尤其是在一次运输批

量和用户一次需求量达到了一整车时表现最为突出。此外,在生产资料、生活资料运输中,通过直达,建立稳定的产销关系和运输系统,也有利于提高运输的计划水平,考虑用最有效的技术来实现这种稳定运输,从而大大提高了运输效率。

特别需要一提的是,如同其他合理化措施一样,直达运输的合理性也是在一定条件下才会有所表现,不能绝对认为直达一定优于中转。这要根据用户的要求,从物流总体出发做综合判断。如果从用户需要量看,批量大到一定程度,直达是合理的,批量较小时中转是合理的。

（七）配载运输

配载运输是充分利用运输工具的载重量和容积,合理安排装载的货物及载运方法以求得合理化的一种运输方式。配载运输也是提高运输工具实载率的一种有效形式。

配载运输往往是轻重商品的混合配载,在以重质货物运输为主的情况下,同时搭载一些轻泡货物,如海运矿石、黄沙等重质货物,在仓面捎运木材、毛竹等;铁路运矿石、钢材等重物,上面搭些轻泡农、副产品等。在基本不增加运力投入的情况下,在基本不减少重质货物运输的情况下,解决了轻泡货的搭运,因而效果显著。

（八）"四就"直拨运输

"四就"直拨是减少中转运输环节,力求以最少的中转次数完成运输任务的一种形式。一般批量到站或到港的货物,首先要进分配部门或批发部门的仓库,然后再按程序分拨或销售给用户。这样一来,往往出现不合理运输。

"四就"直拨,首先是由管理机构预先筹划,然后就厂或就站(码头)、就库、就车(船)将货物分送给用户,而勿须再入库了。

（九）发展特殊运输技术和运输工具

依靠科技进步是运输合理化的重要途径。例如,专用散装及罐车,解决了粉状、液状物运输损耗大,安全性差等问题;袋鼠式车皮、大型半挂车解决了大型设备的整体运输问题;"滚装船"解决了车载货的运输问题;集装箱船比一般船能容纳更多的箱体,集装箱高速直达车船加快了运输速度等,都是通过使用先进的科学技术实现运输合理化。

（十）通过流通加工,使运输合理化

有不少产品,由于产品本身形态及特性问题,很难实现运输的合理化,如果进行适当加工,就能够有效解决合理运输问题。例如,将造纸材料在产地预先加工成干纸浆,然后压缩体积运输,就能解决造纸材运输不满载的问题;轻泡产品预先捆紧包装成规定尺寸,装车就容易提高装载量;水产品及肉类预先冷冻,就可提高车辆装载率并降低运输损耗。

知识点九　运输成本与价格

一、运输成本的含义

运输成本是指完成某一物流运输活动所发生的一切费用,分为运输总成本和单位运输成本。一定时期内的运输支出是该期的运输总成本。单位运输产品(吨公里)的运输支出则为单位运输成本。

运输成本是制定运价的重要依据,一般指完成单位运输产品或旅客应分摊的运输支出。运输成本的特点是不包含原料费,而燃料、工资、折旧以及修理等项支出占的比重较大,在各种不同的运输工具或者运输方式之间,运输成本存在着一定的差别,也存在着各种比价关系。例如,铁路运输中货运有货物种类、整车、零担和集装箱等运输成本,客运有硬座、硬卧、软座、软卧等运输成本;水运有内河、沿海运输成本,也有按不同的航线计算的拖驳、油轮等运输成本;汽车运输除单车成本外,有的还计算分线路和区域的运输成本;民航除计算各种机型成本外,还计算专业飞行成本。

二、运输成本的影响因素

运输成本通常受八个因素的影响,尽管这些因素并不是运费表上的组成部分,但在承运人制定运输费率时,都必须对每一个因素加以考虑。运输成本的影响因素,如表 1-35 所示。

表 1-35　运输成本的影响因素

影响因素	特　　点
运输距离	运输距离是影响运输成本的主要因素,因为它直接对劳动、燃料和维修保养等变动成本发生作用。
载货量	载货量之所以会影响运输成本,是因为与其他许多物流活动一样,大多数运输活动中存在着规模经济。每单位重量的运输成本随载货量的增加而减少。这种关系对管理部门产生的启示是,小批量的载货应整合成更大的载货量,以期利用规模经济。
货物的疏密度	货物的疏密度把重量和空间方面的因素结合起来考虑,每单位重量的运输成本随货物的疏密度的增加而下降。一般来说,物流管理人员会设法增加货物的疏密度,以便能更好地利用拖车的容积,使拖车能装载更多数量的货物。
装载能力	装载能力这一因素是指产品的具体尺寸及其对运输工具(铁路车、拖车或集装箱)的空间利用程度的影响。由于有些产品具有古怪的尺寸形状,以及超重或超长等特征,通常不能很好地进行装载,并因此浪费运输工具的空间。装载能力还受到装运规模的影响,大批量的产品往往能够相互嵌套、便利装载,而小批量的产品则有可能难以装载。
装卸搬运	卡车、铁路车或船舶等的运输可能需要特别的装卸搬运设备。此外,产品在运输和储存时实际所采用的成组方式(例如,用绳子捆起来、装箱或装在托盘上等)也会影响到搬运成本。
责任程度	责任程度与货物的本身特征有关,如价值、性能、耐震性、包装等,主要涉及货物损毁风险和事故导致索赔,运输中要考虑到货物的易损坏性、易腐性、易被偷盗性、易自燃性或自爆性、对货物损毁承担责任的大小以及单位价值。通过风险控制,也能降低运输成本。
运输供需因素	主要是指起运地和目的地是否能平衡对流,即是否有回程货物,理想状态下的对流是很难做到的,受制于地区之间的差异,也受季节性因素的影响。一些冷僻线路,虽然距离短,但单程价格高,相当于同距离热门线路的全程价格,就是因为回程货少的缘故。
服务要求	服务与成本是成正比的,服务要求高,投入就多,成本就会增加,如加急运输,以及附加的搬运、仓储、分拣服务等。制订服务标准时,关键在于找到服务水平与成本之间的平衡。

三、运输价格

(　)运输价格的概念

运输价格是运输企业对运输对象所提供的运输劳务的价格,是运输企业借以计算和取得运输收入的根本依据。运输价格由运输成本、税金与利润构成,是国民经济价格体系的一个组成部分。运输价格水平的高低,对国民经济其他部门的发展影响很大,特别是货物运费的高低,直接关系到工农业产品的生产和经营费用。如果生产地点远离原料基地,远离销售市场,运输费用就得增加,从而使产品价格升高,使生产者在市场竞争中处于不利地位。

(二)运输价格的特点

1. 运输价格是一种劳务价格。运输价格因供求关系而产生波动的程度往往较一般有形商品要大。

2. 货物运输价格是商品销售价格的组成部分。货物运输价格的高低,会直接影响商品的销售价格乃至成交与否。

3. 运输价格具有按不同运输距离或不同航线而异的特点。

4. 运输价格具有比较复杂的比价关系。合理的比价,对于货源分配、货物流向,以及各种运输工具效率的充分发挥,起着十分重要的作用。

(三)运输价格的形成因素

运输价格的形成因素如表1-36所示。

表1-36 运输价格的形成因素

形成因素	特 点
运输成本	运输成本是运输企业在进行运输生产过程中发生的各种耗费的总和。
运输供求关系	运输供需关系包括:运输需求不变,供给发生变化对运输市场价格的影响;运输供给不变,需求发生变化对运输市场价格的影响。
运输市场结构模式	不同类型的市场对运输价格的形成会产生重大的影响。运输市场结构大体可以分为四个类型:完全竞争型、完全垄断型、垄断竞争型和寡头垄断型。
国家经济政策	国家对运输企业实行的税收政策、信贷政策、投资政策等均会直接或间接地影响运输价格水平。
各种运输方式之间的竞争	影响运输价格水平的竞争因素有:运输速度、货物的完好程度以及是否能实现"门到门"运输等。

(四)运输价格的结构形式

1. 距离运价

距离运价即按货物运输距离而制定的价格。目前主要有两种制定形式:均衡里程运价和递远递减运价。

(1)均衡里程运价。此运价是对同一货种而言,货物运价率(即每吨货物运价)的增加与运输距离的增加成正比关系。

(2)递远递减运价。此运价是对同一货种而言,货物运价率间每吨货物运价虽然随运输距离的增加而相应增加,但并不呈正比增加。

2. 线路运价

线路运价指按运输线路或航线不同分别确定的货物运价。它被广泛使用于国际海运和航空货物运输中。

(五)运输价格的分类

运输价格的分类如表1-37所示。

表 1-37　运输价格的分类

分类标准	内　　容
按运输方式的不同	分为铁路运价、水运运价、汽车运价、航空运价、管道运输运价及联运货物运价
按货物运载方式和要求的目的不同	分为整车运价和零担运价
按运输距离远近的不同	分为长途运价和短途运价
按照货物运输适用范围的不同	分为国内货物运价和国际货物运价
按照对货物运输的管理方式不同	分为国家定价、国家指导价和市场调节价等
根据国民经济决策和方针政策的需要不同	有特定运价、优待运价等
依据运输特点和条件的不同	有联运运价、专程运价、特种货物运价以及区域运价等

关于各种运输方式不同的运价体系及运费的计算会在相关章节中详细介绍。

1.5 提升与拓展

拓展学习

新兴的运输方式

一、成组运输

1. 成组运输的概念

成组运输是指借助一定的成组工具或设备,将两个以上重量轻、体积小的单件杂货组合成同一尺寸的规范化、标准化的大货物单元再进行运输。成组运输通常使用货板、网络、绳扣等工具,是提高装卸作业效率的一种运输。

最早使用的成组运输工具是货板,或称托盘,是将货物堆码在货板上,货物连同货板一同进行装卸、运输。第二次世界大战期间货板首先应用于美国军需品装卸、运输,使舰艇周转时间缩短。20世纪60年代开始,货板大量采用,成组重量可达2 t。货板成组运输利用叉车就可进行作业,也无须专业化的码头泊位和专门的装卸设备。网络和绳扣具有与货板同样的使货物成组的作用,但堆码货物的重量受到较大的限制。

成组运输的优点是可减轻装卸作业的劳动强度,充分利用机械进行作业,提高装卸效率,缩短船舶、车辆的周转时间,便于理货交接,减少货损,提高货运的质量和效率。但发展成组运输的关键是实行装卸作业的科学管理:管好成组运输的工具;要发展成组运输的船型、车型;制定成组运输工具的标准;规定堆码类型;制定有关成组工具制备、维修和管理的各项办法。

2. 成组运输的发展

成组运输的发展经过了一条漫长的道路。最初的成组方式是使用网络和绳索、铁皮把几件货物捆扎在一起成为一个运输单位,这是成组运输的雏型。后来,把若干件货物堆装在一块垫板上作为一个运输单位。随后,在垫板运输的基础上进而发展到托盘运输。托盘运输比垫板运输前进了一大步,不仅运输单位增大,而且更便利和适合机械操作。直至20世纪50年代,被称为运输革命的集装箱运输的产生,为标准化的成组运输方式提供了极为有利的条件,使自动化大生产开始适用于运输领域,集装箱运输是成组运输的最高形态。

3. 成组运输适用的领域

成组运输的领域除了包括铁路运输、公路运输、内河运输、海上运输以及港口车站装卸等多种方式,更重要的是,它还包括在各种运输方式之间组织的连贯的成组运输。

4. 成组运输的经济效益

经过标准化和规格化的成组货物,适合机械化和自动化的运输社会化大生产。成组运输能大大提高运输效率、降低运输成本,具有安全、迅速、节省等优点。特别是集装箱运输的开展,货物无须掏载,可在各种运输方式之间自由顺利的转换,因而有利于大陆桥运输和多式联合运输的开展。

二、多式联运

多式联运是联合运输的一种现代形式。一般的联合运输,规模较小,在国内大范围物流和国际物流领域,往往需要反复地使用多种运输手段进行运输。在这种情况下,进行复杂的运输方式衔接,并且具有联合运输优势的称作多式联运。多式联运是根据实际运输要求,将不同的运输方式组合成综合性的一体化运输,通过一次托运、一次计费、一张单证、一次保险,由各运输区段的承运人共同完成货物的全程运输。多式联运是将全程运输作为一个完整的单一运输过程来安排。

多式联运被广泛应用于国际货物运输中,被称为国际多式联运,是按照多式联运合同,以至少两种不同的运输方式,由多式联运经营人将货物从一国境内接管货物的地点运至另一国境内指定地点交付的货物运输。国际多式联运是一种以实现货物整体运输的最优化效益为目标的联合组织形式,具有以下优点:手续简单统一,节省人力、物力和相关费用;缩短货物运输时间,减少库存,降低货损货差事故,提高货运质量;降低运输成本,节省各种支出;提高运输管理水平,实现运输合理化;为实现国际物流系统提供条件等。

三、散装运输

散装运输是指产品不带包装的运输,是用专用设备将产品直接由生产地运往目的地的运输方式。

适用于散装运输的液体类产品主要有:原油、汽油、煤油、柴油等油料,液体化工品,食用油等;固体类产品主要有:水泥、粉煤灰等粉料,沥青、焦炭等块料,化工产品中各种塑料切片、粒料、粉料等。

散装运输在物流中的作用主要表现为以下几点。

(1) 可以节省包装材料和费用,减少货物在运输过程中的损失,加速车船周转速度,提高运输效率。据推算,水泥由纸包装改为散装,每吨可节省包装费8.3元。油脂散装运输与桶装运输相比,每吨油脂可节省油桶购置费26.2元。袋装粮食在运输中,极易造成麻袋破损、雨湿、污染等,如果实行散装运输,就可以大大避免损失。

(2) 工作环节少,机械化、自动化程度高,装卸速度块。例如,装一辆载重65 t的火车,袋装水泥需要8个工人工作40分钟才能装完,而采用散装运输水泥,只需要一个工人8分钟就可以完成同样吨位的火车。由此可见散装运输在提高装卸效率、加强车船周转等方面,具有显著效益。

由散装运输的作用可知,散装运输是实现交通运输工业化的一项重要战略措施。散装运输在国外的发展十分迅速,发达国家早已完成这一运输方式的改革。目前,散装运输在我国各个领域也得到了广泛的应用。

案例分析

韩国三星公司的合理化运输

今天,商业环境正在发生显著的变化,市场竞争愈加激烈,客户的期望值正在日益提高。为适应这种变化,企业的物流工作必须进行革新,创建出一种适合企业发展、让客户满意的物流运输合理化系统。

三星公司从1989年到1993年实施了物流运输工作合理化革新的第一个五年计划。这期间,为了减少成本和提高配送效率进行了"节约成本200亿"、"全面提高物流劳动生产率劳动"等活动,最终降低了成本,缩短了前置时间,减少了40%的存货量,并使三星公司获得首届韩国物流大奖。

三星公司从1994年到1998年实施物流运输工作合理化革新的第二个五年计划重点是将销售、配送、生产和采购有机结合起来,实现公司的目标。即将客户的满意程序提高到100%,同时将库存量再减少50%。为了这一目标,三星公司将进一步扩展和强化物流网络,同时建立了一个全球性的物流链使产品的供应路线最优化,并设立全球物流网络上的集成订货—交货系统,从原材料采购到交货给最终客户的整个路径上实现物流和信息流一体化,这样客户就能以最低的价格得到高质量的服务,从而对企业更加满意。基于这种思想,三星公司物流工作合理化革新小组在配送选址、实物运输、现场作业和信息系统四个方面进行物流革新。

(一) 配送选址新措施

为了提高配送中心的效率和质量,三星公司将其划分为产地配送中心和销地配送中心。前者用于原材料的补充,后者用于存货的调整。对每个职能部门都确定了最优工序,配送中心的数量被减少、规模得以最优化,便于向客户提供最佳的服务。

(二) 实物运输革新措施

为了及时地交货给零售商,配送中心考虑货物数量和运输所需时间的基础上确定出合理的运输路线。同时,一个高效的调拨系统也被开发出来,这方面的革新加强了支持销售的能力。

(三) 现场作业革新措施

为使进出工厂的货物更方便快捷地流动,公司建立了一个交货点查询管理系统,可以查询货物的进出库频率,高效地配置资源。

(四) 信息系统新措施

三星公司在局域网环境下建立了一个通讯网络,并开发了一个客户服务器系统,公司集

成系统(SAPR)的三分之一将投入物流中使用。由于将生产配送和销售一体化,整个系统中不同的职能部门将能达到信息共享。客户如有涉及物流的问题,都可以通过实行订单跟踪系统得到回答。

(资料来源:《亚洲经典物流案例》)

请分析

1. 三星公司的物流运输合理化的作用体现在哪些方面?
2. 影响三星公司物流运输合理化的因素主要有哪些?在物流运输合理化方面三星公司采取了哪些措施?

1.6 自我测试

理论测试题

一、单选题

1. 公路运输主要承担的货运是( )。
   A. 远距离,大批量 B. 近距离,大批量
   C. 近距离,小批量 D. 远距离,小批量

2. 水路运输主要承担的货运是( )。
   A. 远距离,大批量 B. 近距离,大批量
   C. 近距离,小批量 D. 远距离,小批量

3. 干线运输的主要承担的货运是( )。
   A. 远距离,大批量 B. 近距离,大批量
   C. 近距离,小批量 D. 远距离,小批量

4. 配送运输主要承担的货运是( )。
   A. 远距离,大批量 B. 近距离,大批量
   C. 近距离,小批量 D. 远距离,小批量

5. 下列运输方式中,运输量大,连续性强的是( )。
   A. 公路   B. 航空   C. 水运   D. 铁路

6. 矿石、石油、肥料、水泥、煤炭等大宗货物适用于( )。
   A. 联合运输系统   B. 专用运输系统
   C. 综合运输系统   D. 集装箱运输系统

7. 下列不属于货主范畴的是( )。
   A. 托运人   B. 收货人   C. 委托人   D. 承运人

8. 一般来说,运输速度和运输成本的关系是(　　)。
   A. 正相关　　　　B. 负相关　　　　C. 无关　　　　D. 不确定
9. 公路运输的经济里程是多少(　　)。
   A. 300～500 km　　　　　　　B. 300 km 以下
   C. 500～1000 km　　　　　　D. 1000 km 以上
10. 驮背运输指的是以下那种联运方式(　　)。
    A. 公铁联运　　　　　　　　B. 公水联运
    C. 公路与航空联运　　　　　D. 铁路与水路运输
11. (　　)是将运输线路和运输工具合二为一的一种专门运输方式。
    A. 铁路运输　　B. 公路运输　　C. 航空运输　　D. 管道运输
12. 管道运输的特点(　　)。
    A. 运输时间短　　　　　　　B. 具有广泛性
    C. 机动灵活　　　　　　　　D. 永远是单方向的运输
13. 公路运输的特点(　　)。
    A. 成本低　　　B. 污染少　　　C. 机动灵活　　D. 货损货差小
14. 宜短途运输的方式是(　　)。
    A. 铁路运输　　B. 海洋运输　　C. 大陆桥运输　　D. 公路运输

二、多选题

1. 运输活动可以创造(　　)。
   A. 空间效用　　B. 货币效用　　C. 时间效用　　D. 利润效用
2. 在物流活动过程中,运输提供的两个主要功能是(　　)。
   A. 物品加工　　B. 物品移动　　C. 临时储存　　D. 信息服务
3. 指导运输管理和运营的两个基本原理是(　　)。
   A. 规模经济　　B. 批量经济　　C. 服务经济　　D. 距离经济
4. 运力选择不当的表现形式有(　　)。
   A. 弃水走陆　　　　　　　　B. 铁路、大型船舶的过近运输
   C. 运输工具承载能力选择不当　D. 不同时间的相向运输
5. 应选择整车未选择,反而采取零担托运,应当直达而选择了中转运输,应当中转运输而选择了直达运输等都属于(　　)。
   A. 迂回运输　　　　　　　　B. 过远运输
   C. 托运方式选择不当　　　　D. 对流运输
6. 提高运载工具实载率的有效措施包括(　　)。
   A. 采用顶推法　　　　　　　B. 采用水运拖排和拖带法
   C. "满载超轴"　　　　　　　D. 汽车挂车
7. 高速公路的主要特点(　　)。
   A. 专供汽车分道高速行驶　　B. 平均昼夜交通量为 2 000～5 000 辆
   C. 沟通县及县以上城市　　　D. 全部立体交义
   E. 全部控制出入口

8. 散装运输的特点是（　　　　）。
   A. 装卸效率高　　B. 装卸费用低　　C. 途中损耗少　　D. 包装费用低
   E. 运输成本高

三、判断题

1. 运输不能给产品创造新的价值。（　）
2. 运输不能改变劳动对象的性质和形状。（　）
3. 运输和储存是物流系统的两大支柱，物流过程中其他环节的活动都是围绕着它们而进行的。（　）
4. 运输产品可加以储存和分拨。（　）
5. 流通领域的运输活动，是流通领域里的一个环节，是生产过程在流通领域的继续。（　）
6. 运输业作为国民经济的物质生产部门来讲，同工业、农业、建筑业等其他物质生产部门一样，其价值创造在于增加物质产品的使用价值。（　）
7. 运输生产过程中运输工具、运输用能源的投入，以及道路、港口、码头、机场、输送管道的建设等属于活劳动的消耗。（　）
8. 交通运输业与国民经济其他产业的关联度不是很高。（　）
9. 交通运输在整个国民经济中是一个极为重要的部门，它起着连接生产、分配、交换用费各环节，是地区与地区之间联系的纽带。（　）
10. 运输的主要目的就是要以最低的时间、财务和环境资源成本，将产品从原产地转移到规定地点。（　）
11. 运杂费，包括运费与杂费两项费用。（　）
12. 在运输业中存在着实际运输和利用运输两种形式。实际运输是指实际利用运输手段进行输送，完成商品在空间的移动。（　）
13. 在运输业中存在着实际运输和利用运输两种形式。利用运输是自己不直接从事商品运输而是把运输服务再委托给实际运输商进行。（　）
14. 从狭义来说，公路运输就是指汽车运输。（　）
15. 公路运输是一种机动灵活、简捷方便的运输方式，在中长途货物集散运转上，它比铁路、航空运输具有更大的优越性。（　）
16. 利用运输业者即运输服务需求者。（　）
17. 交通运输市场的自由竞争可有效地减少运输资源的浪费现象。（　）
18. 每种运输方式都存在着一些与其特性相适应的不同的运输对象。（　）
19. 公路运输的不足之处在于运量较小，短距离汽车运输成本较高，能耗大，环境污染严重，如噪声、废气等。（　）
20. 近几年来，公路运输和民用航空运输所占比重上升较快。（　）
21. 海洋运输是当今国际贸易的最主要的运输方式。（　）
22. 由于船舶吨位大，故水路运输受季节、气候等自然条件的制约比公路小。（　）
23. 汽车排污是城市空气中含铅量增加的一个重要来源。（　）
24. 水路运输的全员劳动生产率较航空、铁路、公路都高。（　）

25. 管道运输方式对货物的局限较大,只能运输液体产品。　　　　　　　　　　（　　）

> **技能测试题**

1. K 物流公司拟在 A 市投资建立一个以综合运输为核心业务的物流中心,现物流市场调查人员已收集到该市近 5 年来的各种运输方式的货物运量及各运输方式运输里程情况,如下表所示。

A 市 2008—2012 年货物运输量及周转量统计表（单位：运输量：万吨；运距：万公里；运输周转量：亿吨公里）

年份	运输总量	货物总周转量	铁路				公路				水运				航空			
			运量	周转量	运量比重	周转量比重	运量	周转量	运量比重	周转量比重	运量	周转量	运量比重	周转量比重	运量	周转量	运量比重	周转量比重
2008	24	91.08	10.8	51.84	45.0%	56.9%	7.68	4.61	32.0%	5.1%	4.32	32.83	18.0%	36.0%	1.2	1.80	5.0%	2.0%
2009	43.2	119.25	10.8	56.16	25.0%	47.1%	25.9	9.58	60.0%	8.0%	4.75	49.88	11.0%	41.8%	1.73	3.63	4.0%	3.0%
2010	69.5	185.51	13.9	73.67	20.0%	39.7%	48.7	22.40	70.1%	12.1%	3.48	82.13	5.0%	44.3%	3.48	7.31	5.0%	3.9%
2011	92	201.99	13.8	74.52	15.0%	36.9%	69	28.29	75.0%	14.0%	5.52	91.08	6.0%	45.1%	3.68	8.10	4.0%	4.0%
2012	191.3	296.28	15.3	81.09	8.0%	27.4%	148.9	47.65	77.8%	16.1%	17.2	158.93	9.0%	53.6%	9.57	8.61	5.0%	2.9%

（1）试用分析该市 2008—2012 年运输发展趋势；

（2）通过上述分析你认为 K 物流公司在 A 市投资建立一以综合运输核心业务的物流中心应以什么运输方式为重点。

2. 长江三角洲和珠江三角洲作为目前中国发展最迅速的两个经济圈,随之而来的是两地物流业务的增多,但目前两地运力的不足,使得物流成为了制约两地经济交流的瓶颈。

2004 年 5 月,在两地开展了货运市场及制造企业关于"珠三角"和"长三角"之间运输业务的调查。在"珠三角"总共访问了包括深圳、中山、珠海、东莞、佛山、顺德当地的货运场内的货运部及专业市场里的揽货点的经营者 566 人,电器、医药、玩具、电子、服装、建筑材料、日化、钟表行业的制造企业物流部门负责人 45 人,并在 5 月份形成调查报告。

其中有一项数据显示：大部分的制造企业现有的运输方式以汽车运输和汽车快运为主,其中汽车快运所占比例为 49%,汽车运输的比例为 34%。与之相对应的是大多数货运点经营的业务也是这两种为主,货运点经营的业务中汽车运输占了 45%,汽车快运占了 25%。

请你结合当地货运的实际情况,试分析汽车运输占优势的原因。

处理整车货物运输业务

2.1 学习目标

1. 能够执行整车货物的运输业务，并能够与运输部门和客户进行业务沟通；
2. 能够按照整车货物运输流程准确无误地进行订单处理、单证填写及业务操作处理；
3. 能够签订整车货物运输合同；
4. 能够处理与整车相关的运输运输事故和运输纠纷；
5. 能够正确核算整车货物运输费用；
6. 能够初步设计整车货物运输方案；
7. 培养学生初步的设计和创新能力；
8. 培养学生团队合作和安全意识；
9. 培养学生认真、严谨的工作态度和责任感，培养学生的沟通能力。

2.2 学习任务

（一）任务描述

2011年10月6日上海阳光贸易有限公司（位于上海南京西路25号）向山东青岛第一酿酒厂（位于青岛市中山路29号）购得4000 kg白酒和葡萄酒（其中白酒和葡萄酒各2000 kg）。货物内包装为玻璃瓶，外包装为纸箱（110 cm×80 cm×60 cm），共200箱，白酒和葡萄酒各100箱。在买卖交易合同中规定了卖方负责办理运输并支付运费。

青岛第一酿酒厂与青岛通达运输公司（青岛滨海路13号）签订了长期的运输合同，并规定每次运输需要由山东青岛第一酿酒厂派人亲自上门到青岛通达运输公司办理托运手续，计费里程根据《全国主要城市间公路里程表》确定，计费重量根据交通部《汽车货物运输规则》执行，具体的运价率、杂费及其他特殊事项等可以由承托双方根据实际情况协商确定，具体的运输方案根据办理托运时的情况确定，运输责任的划分及纠纷处理已经在运输合同中写明。

2011年10月8日，青岛酿酒厂货运部经理派员工王强亲自到青岛通达运输公司办理该批货物运输的托运手续，青岛通达运输公司的李军为该批货物办理承运手续。青岛酿酒厂及青岛通达运输公司人力资源部相关规定，由于员工个人疏忽造成企业损失的，需要由个人承担相应的赔偿责任。

【注】 青岛通达运输公司所使用的运单为交通部道路运输企业统一的运单格式。

(二)学生要完成的具体任务和要求

1．根据上述工作情境,各小组成员合理分工,模拟完成该批货物的整个运输业务处理过程,具体工作任务如下所示。

(1)承托双方要根据实际情况和要求,先签订一份整车货物运输合同,要求合同中载明运输责任的划分和纠纷处理的办法。

(2)承托双方将运单的内容填写完整,并根据需要填写物品清单,以自己的真实姓名分别代替"王强"和"李军"进行签名。

(3)承运人要对托运人填写的运单进行审核。

(4)托运人和承运人必须将运单中的内容填写完整,其他相关事项由承托双方协商将其填入运单中。

(5)计算该批整车货物的运费。

(6)根据运单内容,正确填写货票。

(7)承托双方协商确定具体整车运输方案,要求确定运输路线、运输工具、装车方案、运输途中的管理方案、卸车方案等。

(8)协商货物交接和签收事宜。

(9)记录下该批整车货物运输的业务处理过程。

2．撰写小组和个人项目总结报告。

3．编制整车货物运输业务处理报告。

2.3 学习档案

一、完成任务的步骤和时间

步　　骤	具体操作方法(学生活动)	参考学时
1．学生获知项目任务,完成分组,制订项目计划	① 学生听取教师布置任务,全班分组 ② 3～5个学生一组,小组成员分工,明确任务 ③ 学生起草撰写各小组项目工作计划	1
2．学生为实施整车货物运输业务处理做准备	学生获取整车货物运输业务流程、整车货物运单填写要求、整车货物运费的计算方法、整车运输货票的填写要求、整车货物运输方案的确定等相关的知识要点	2
3．学生在教师指导下完成整车货物运输业务处理	学生根据学习情景,完成整车货物运输中合同的签订、运单及物品清单的填写与审核、运费的计算以及货票的填写,完成工作页的内容(6学时) ① 签订整车货物运输合同 ② 填写整车运输托运单及物品清单,承托双方协商相关事宜 ③ 审核整车运输托运单 ④ 计算整车运输运费 ⑤ 填写整车货票 ⑥ 确定整车运输方案	6

(续表)

步　　骤	具体操作方法（学生活动）	参考学时
4.项目汇报与评价	① 听教师说明汇报工作成果的方法 ② 分组陈述本组项目总结报告 ③ 小组内成员互相评分，小组间互相评分 ④ 教师总结学生报告成果	2
5.学生听取教师总结及对重点内容的补充讲解	① 学生听取并领会本章知识点 ② 学生听取教师评价与总结 ③ 学生撰写小组和个人项目总结报告、编制整车货物运输业务处理报告（课下完成） ④ 学生在教师指导下独立完成本章综合练习题（课下完成）	1

二、学习工作页及相关资料

步骤一：各小组学习项目任务，通过讨论，合理分工，制订处理整车货物运输的计划。

请各个小组通过书籍和网络等途径，根据项目任务确定组员分工和小组工作计划，做好处理业务前的准备工作。

小组编号		项目名称	
小组成员			
组员分工情况			
小组工作计划	① 整车运输合同签订分工计划 ② 整车运输单证填写分工计划 ③ 整车运费核算分工计划 ④ 整车运输方案设计分工计划 ⑤ 汇报资料撰写分工计划 ⑥ 汇报分工计划		

步骤二：获取处理整车货物运输业务的相关知识。

请认真听讲，然后回答以下问题：

1. 什么是公路整车货物运输？
2. 什么是铁路整车货物运输？
3. 整车货物运输合同应该包括哪些内容？
4. 处理公路整车货物运输业务的步骤有哪些？
5. 处理铁路整车货物运输业务的步骤有哪些？
6. 整车货物运单的作用和性质是什么？
7. 整车货物托运单的填写要求和注意事项有哪些？
8. 公路整车货物运费的计算步骤包括哪些？
9. 公路整车运输货票的内容和填写要求有哪些？
10. 公路整车货物运输和铁路整车货物运输的区别有哪些？
11. 整车货物运输方案的设计内容、步骤和原则包括哪些？

步骤三：处理整车货物运输业务。

（一）请认真查阅相关资料，写出公路整车货物运输的工作流程

（二）整理货物运输业务工作情况记录

1. 请结合案例情景，按照要求签订一份整车货物运输合同，合同样本可以参考教材样本或者网上样本，要求内容完整，提交 word 版和纸质版各一份。

2. 请完成运单的填写与审核，并根据需要填写物品清单（运单见表 2-1 及物品清单见表 2-2）。

表 2-1　整车货物运输托运单

日期：　　　　　　　　　　　　　　　　　　　　运单编号：

发货人		地址		电话		装货地点				
收货人		地址		电话		卸货地点				
付款人		地址		电话		约定起运时间		约定到达时间		需要车种
货物名称及规格	包装形式	件数	体积(长×宽×高)/m³	件重/kg	重量/t	货物价值	货物等级	计费项目		
								项目	里程	单价　金额
								运费		
								装卸费		
								单程空驶损失费		
								保价费		
								合计		
合计										
托运人记载事项		付款人银行账号		承运人记载事项		承运人银行账号				
注意事项	1. 货物名称应填写具体品名，如货物品名过多，不能在托运单内逐一填写，必须另附货物清单 2. 保险或保价货物，在相应价格栏中填写货物声明价格						托运人签单 年　月　日		承运人签章 年　月　日	

表 2-2　物品清单(参考文本)

装货日期：
起运地点：
装货人名称：

				运单号	
				封志号	

编号	货物名称及规格型号	包装方式	件数	体积(长×宽×高)/m³	重量/kg	保险、保价价格

托运人签章：　　　　　　承运人签章：　　　　　　　　　　　　　　年　月　日

规格：长×宽＝220 mm×170 mm

货物的类别：

说明：凡不属于同品名、同规格、同包装的以及搬家货物，在一张货物运单上不能逐一填写的，可填交本物品清单

3. 请详细记录该批整车运输货物运费的计算过程(计费里程和运费率的确定请参考表 2-3、表 2-4 和表 2-5,其他相关没用也可参考互联网上相关报价,但要求提供所依据的报价表)。

表 2-3 主要城市间公路里程表　　　　　　　　　　　　　　　单位:公里

北京	北京												
天津	118	天津											
锦州	483	470	锦州										
沈阳	717	704	234	沈阳									
长春	1032	1019	549	315	长春								
哈尔滨	1392	1379	909	675	360	哈尔滨							
吉林	1142	1129	659	425	110	250	吉林						
丹东	965	962	482	285	600	930	680	丹东					
大连	903	890	420	419	734	1094	844	323	大连				
济南	457	347	817	1051	1366	1726	1476	1299	1237	济南			
青岛	832	722	1192	1426	1741	2101	1851	1674	1612	375	青岛		
徐州	787	677	1147	1381	1696	2056	1806	1629	1567	330	424	徐州	
合肥	1106	996	1466	1700	2015	2375	2125	1948	1886	649	743	319	合肥
南京	1141	1031	1501	1735	2050	2410	2160	1983	1921	684	657	354	162	南京
上海	1490	1380	1850	2084	2399	2759	2509	2332	2270	1033	1006	703	511	349	上海

表 2-4 公路运价表(参考)　　　　　　　　　　　　　　　　单位:元/(吨·公里)

货物分等	一等货物	二等货物	三等货物	特等危险货物
运价	0.40	0.44	0.48	0.52

表 2-5 装卸费用表(参考标准)　　　　　　　　　　　　　　　　　单位:吨

项目	货物分等	一等货物	二等货物	三等货物	特等危险货物
短途运输	装	1.50	1.70	1.90	2.10
	卸	0.00	1.50	1.70	1.90
	装卸	1.50	3.20	3.60	4.00
长途运输	装	2.00	2.30	2.60	3.10
	卸	0.00	1.60	1.90	2.40
	装卸	2.00	3.90	4.50	5.50

4. 请按照要求,填写整车货物运输货票(见表2-6)。

表2-6 整车货物运输货票

××省汽车运输货票　　　　　　　　　　　　　自编号：
托运人：　　　　　　车属单位：　　　　　　牌照号：

装货地点				发货人				地址		电话	
卸货地点				收货人				地址		电话	
运单或货签号码		计费里程				付款人		地址		电话	
货物名称	包装形式	件数	实际重量/t	计费运输量		吨公里价		运费金额	其他费收		运杂费小计
				吨	吨公里	货物等级	道路等级	运价率	费目	金额	
									装卸费		
									提货费		
									送货费		

运杂费合计金额(大写)：

备注		收货人签收盖章	

开票单位(盖章)：　　开票人：　　　　承运驾驶员：　　　　年　月　日

说明：1. 本货票适用于所有从事营业性运输的单位和个人的货物运输费结算；
　　　2. 本货票共分四联：第一联(黑色)存根,第二联(红色)运输收据,第三联(浅灰色)报单,第四联(黄色)收货回单经收货人盖章后送车队统计；
　　　3. 省含自治区、直辖市；
　　　4. 票面尺寸为220 mm×130 mm；
　　　5. 货票第四联右下端设"收货人签证盖章"栏,在其他联中不设。

5. 写出本次整车货物运输方案的具体内容,要求简单说明选择方案的理由,完成运输方案设计单。

(1) 运输路线的确定；
(2) 运输工具的确定；
(3) 装车方案的确定；
(4) 运输途中管理方案的确定；
(5) 卸车方案的确定；
(6) 交货与签收事宜的规定；
(7) 其他事宜。

步骤四：学生汇报项目成果、教师点评总结。

(注：汇报要求语言简洁流利、内容全面、重点突出,框架清晰,思路清晰；汇报的PPT制作新颖,有吸引力,有分工情况；汇报中尽量脱稿,有自己的看法。)

1. 请写出本小组汇报的提纲。
2. 学生听取教师点评,作总结。
(1) 请写出本小组项目任务的优点和缺点(可以参考其他小组评价和改进建议)。

(2) 请同学们针对本任务的学习目标,写出您的收获和困惑。

3. 请同学们进行团队互评、个人互评和教学效果评价,并认真填写任务评价表(具体评价表可以根据实际情况自行设计)。

步骤五:学生听取教师总结及对重点内容的补充讲解。

1. 总结出本任务的知识框架。

2. 通过任务二的学习,你对自己的职业生涯规划有何认识?(例如:通过本项目的学习,你认为自己可以从事哪些相关岗位的工作?)

3. 撰写小组项目总结报告(1000 字左右,一个小组提交一份 word 版总结报告)。

4. 撰写个人项目总结报告(500 字以上,每人提交一份 word 版总结报告)。

5. 编制整车货物运输业务处理报告。

【说明】 该报告需要以个人形式完成,相当于一个文件夹用以证明本项目个人学习成果。该成果作为教师评价个人项目总成绩的主要依据。内容和形式同学们可以灵活选择,注意内容的完整性。提倡创新性和独特性。但至少应该包含以下内容:

(1) 记录下该项目从"获取项目任务——项目分工——项目任务准备——项目任务实施——项目任务总结与评价"的完整过程。可以做成电子版,也可以把学习工作页的内容通过照片形式直接记录下来。

(2) 包含小组项目总结报告和个人项目总结报告。

(3) 提交电子版和纸质版均可,注意字体大小、行间距等排版格式。

2.4 学习任务涉及的知识点

知识点一 公路货物运输业务基本知识

一、公路货物运输的分类

在公路运输中,按照不同的划分标准,公路运输可划分为不同的类型。

(一) 按照运营方式划分

公路货物运输按照运营方式分类如表 2-7 所示。

表 2-7 公路货物运输按照运营方式分类

整车货物运输	它是指根据货物的重量、体积或形状,需要一辆或一辆以上的货车装运的运输形式(公路运输中主要是指同一托运人一次托运到同一地点的货物的重量为 3 t 以上的货物运输)。或者虽然不能装满一辆货车,但是由于货物的性质、形状或运送条件等原因必须单独使用一辆货车装运时,都应当采用整车运输方式。

(续表)

零担货物运输	它是指重量、体积或形状不够整车运输条件的货物运输形式（公路运输中是指同一托运人一次托运货物的重量不足 3 t 的货物运输）。按照零担托运的货物还需要具备另两个条件：一是单件货物体积最小不得小于 0.02 m³，二是每批货物的件数不得超过 300 件。不得按照零担货物运输托运的货物有： ① 需要冷藏或加温运输的货物； ② 规定按整车办理的危险货物； ③ 易于污染其他货物的污秽品； ④ 蜜蜂； ⑤ 不易计算件数的货物； ⑥ 未装入容器的活动物。 ⑦ 一件重量超过 2 t、体积超过 3 m³ 或者长度超过 9 m 的货物（发站认为不至于影响中转站或到站卸车作业者除外）。
集装箱运输	集装箱运输是指不会损坏箱体，能装入箱内，以集装箱为运输单位的货物运输。符合集装箱运输条件的货物都可以按集装箱运输办理。
包车货物运输	分为计时包车运输和计程包车运输。
联合运输	它是指货物只要经过始发站一次托运即可的由公路、铁路、航空、水路等两种以上交通工具的运送而到达目的地的运输形式。

（二）按运送距离分类

按照运送的距离可分为长途货物运输与短途货物运输。

（三）按货物的性质及对运输条件的要求分类

按货物的性质及对运输条件的要求可分为普通货物运输与特种货物运输，如表 2-8 所示。

表 2-8 公路货物运输按货物的性质及对运输条件的要求分类

普通货物运输	普通货物运输是指对普通货物的运输。普通货物是指在运输、保管及装卸工作中，没有特殊的要求，不必采用专用汽车运输的货物。
特种货物运输	特种货物运输是指对特种货物的运输。特种货物是指货物的本身性质、体积、重量和价值等方面具有特别之处，在运输、保管和装卸环节上必须采取特别措施才能保证完好地实现运送的货物，具体包括危险货物、贵重货物、长大笨重货物、易腐货物、冷藏货物、鲜活货物等。

常见的公路普通货物分类如表 2-9 所示，公路特种货物分类如表 2-10 所示。

表 2-9 公路普通货物运价分等表

等级	序号	货类	货物名称
一等货物	1	砂	砂子
	2	石	片石、渣石、寸石、石硝、粒石、卵石
	3	非金属矿石	各种非金属矿石
	4	土	各种土、垃圾
	5	渣	炉渣、炉灰、水渣、各种灰烬、碎砖瓦等

(续表)

等级	序号	货类	货物名称
二等货物	1	粮食及加工品	各种粮食(稻、麦、各种杂粮、薯类)及其加工品
	2	棉花、麻	皮棉、籽棉、絮棉、旧棉、棉胎、木棉、各种麻类
	3	油料作物	花生、芝麻、油菜子、蓖麻子及其他油料作物
	4	烟叶	烤烟、土烟
	5	植物的种籽、草、滕、树条	树、草、菜、花的种籽,干花、牧草、谷草、稻草、芦苇、树条、树根、木柴、藤等
	6	肥料、农药	化肥、粪肥、土杂肥、农药(具有危险货物性质的除外)等
	7	糖	各种食用糖(包括饴糖、糖稀)
	8	酱菜、调料	腌菜、酱菜、酱油、醋、酱、花椒、茴香、生姜、芥末、腐乳、味精及其他调味品
	9	土产杂品	土产品、各种杂品
	10	皮毛、塑料	生皮张、生熟皮毛、鬃毛绒及其加工品、塑料及其制品
	11	日用百货、一般纺织制品	各种日用小百货、一般纺织品、针织品
	12	药材	普通中药材
	13	纸、纸浆	普通纸及纸制品、各种纸浆
	14	文化体育用品	文具、教学用具、体育用品
	15	印刷品	报刊、图书及其他印刷品
	16	木材	圆木、方木、板料、成材、杂木棍等
	17	橡胶、可塑材料及其制品	生橡胶、人造橡胶、再生胶及其制品、电木制品、其他可塑原料及其制品
	18	水泥及其制品	袋装水泥、水泥制品、预制水泥构件等
	19	钢材(管、丝、线、绳、板、皮条)、钢铁、有色金属及其制品	生铁、毛坯、铸铁件、有色金属、材料、大及小五金制品、配件、小型农机具等
	20	矿物性建筑材料	普通砖、瓦、缸砖、水泥瓦、乱石、块石、级配石、条石、水磨石、白云白、蜡石、莹石及一般石制品、滑石粉、石灰膏、电石灰、矾石灰、石膏、石棉、白垩粉、陶土管、石灰石、生石灰
	21	金属矿石	各种金属石
	22	煤	原煤、块煤、可燃性片岩等
	23	焦碳	焦碳、焦碳末、石油焦、沥青、焦木炭等
	24	原煤加工品	煤球、煤砖、蜂窝煤
	25	盐	原盐及加工精盐
	26	泥、灰	泥土、淤泥、煤泥、青灰、粉煤灰等
	27	废品及散碎品	废钢铁、废纸、破碎布、碎玻璃、废鞋靴、废纸袋等
	28	空包装容器	篓、坛罐、桶、瓶、箱、筐、袋、包、箱皮、盒等
	29	其他	未列入表中的其他货物

(续表)

等级	序号	货类	货物名称
三等货物	1	蜂	蜜蜂、蜡虫
	2	蚕、茧	蚕、蚕子、蚕蛹、蚕茧
	3	观赏用花、木	观赏用长青树木、花草、树苗
	4	蔬菜、瓜果	鲜蔬菜、鲜菌类、鲜水果、甘蔗、瓜类
	5	植物油	各种食用、工业、医药用植物油
	6	蛋、乳	蛋、乳及其制品
	7	肉脂及制品	鲜、腌、酱肉类、油脂及制品
	8	水产品	干鲜鱼、虾、蟹、贝、海带
	9	干菜、干果	干菜、干果、子仁及各种果脯
	10	橡胶制品	轮胎、橡胶管、橡胶布类及其制品
	11	颜料、染料	颜料、染料及助剂与其制品
	12	食用香精、树胶、木蜡	食用香精、糖精、樟脑油、芳香油、木榴油、木蜡、橡蜡(橡油、皮油)、树胶等
	13	化妆品	护肤、美容、卫生、头发用品等各种化妆品
	14	木材加工品	毛板、企口板、胶合板、刨花板、装饰板、纤维板、木构件等
	15	家具	竹、藤、钢、木家具
	16	家电器材	普通医疗器械、无线电广播设备、电线电缆、电灯用品、蓄电池(未装酸液)、各种电子元件、电子或电动玩具
	17	毛、丝、棉、麻、呢绒、化纤、皮革制品	毛、丝、棉、麻、呢绒、化纤、皮革制品、鞋帽、服装
	18	烟、酒、饮料、茶	各种卷烟、各类瓶罐装的酒、汽水、果汁、食品、罐头、炼乳、植物油精(薄荷油、桉叶油)、茶叶及其制品
	19	糖果、糕点	糖果、果酱(桶装)、水果粉、蜜饯、面包、饼干、糕点
	20	淀粉	各种淀粉及其制品
	21	冰及冰制品	天然冰、机制冰、冰激凌、冰棍
	22	中西药品、医疗器具	西药、中药(丸、散、膏、丹成药)及医疗器具
	23	贵重纸张	卷烟纸、玻璃纸、过滤纸、晒图纸、描图纸、绘图纸、国画纸、蜡纸、复写纸、复印纸
	24	文娱用品	乐器、唱片、幻灯片、录音带、录像带及其他演出用具及道具
	25	美术工艺品	刺绣、蜡或塑料制品、美术制品、骨角制品、漆器、草编、竹编、藤编等各种美术工艺品
	26	陶瓷、玻璃及其制品	瓷器、陶器、玻璃及其制品
	27	机器及设备	各种机器及设备
	28	车辆	组成的自行车、摩托车、轻骑、小型拖拉机
	29	污染品	炭黑、铅粉、锰粉、乌烟(墨黑、松烟)、涂料及其他污染人体的货物、角、蹄甲、牲骨、死禽兽
	30	粉尘品	散装水泥、石粉、耐火粉
	31	装饰石料	大理石、花岗岩、汉白玉
	32	带釉建筑用品	玻璃瓦、琉璃瓦、其他带釉建筑用品、耐火砖、耐酸砖、瓷砖瓦

注：未列入表中的其他货物，除参照同类货物分等外，均列入二等货物。

表 2-10 公路特种货物分类表

类别	分类概念	各类档次或序号	各类货物范围或名称
大型特型笨重物类	货物长度 6 m 及 6 m 以上；货物高度 2.7 m 及以上；货物宽度 2.5 m 及以上；单件货物重量 4 t 及以上	一级	① 长度大于或等于 6 m 小于 10 m ② 宽度大于或等于 2.5 m 小于 3.0 m ③ 重量大于或等于 4 t 小于 8 t
		二级	① 长度大于或等于 10 m 小于 14 m ② 宽度大于或等于 3.0 m 小于 3.5 m ③ 高度大于或等于 2.7 m 小于 3 m ④ 重量大于或等于 8 t 小于 20 t
		三级	① 长度大于 14 m(含 14 m)小于 20 m ② 宽度大于 3.5 m(含 3.5 m)小于 4.5 m ③ 高度大于 3 m(含 3 m)小于 3.8 m ④ 重量大于 20 t(含 20 t)小于 100 t
		四级	① 长度大于 20 m(含 20 m)小于 30 m ② 宽度大于 4.5 m(含 4.5 m)小于 5.5 m ③ 高度大于 3.8 m(含 3.8 m)小于 4.4 m ④ 重量大于 100 t(含 100 t)小于 200 t
		五级	① 长度大于 30 m(含 30 m)小于 40 m ② 宽度大于 5.5 m(含 5.5 m)小于 6 m ③ 高度大于 4.4 m(含 4.4 m)小于 5 m ④ 重量大于 200 t(含 200 t)小于 300 t
		六级	① 长度在 40 m 以上者 ② 宽度在 6 m 以上者 ③ 高度在 5 m 以上者 ④ 重量在 300 t 以上者
危险货物类	交通部《汽车危险货物运输规则》中列名的所有危险货物	一级	《汽车危险货物运输规则》中规定的爆炸物品、一级氧化剂、压缩气体和液化气体、一级自燃物品、一级遇水易燃物品、一级易燃固体一级易燃液体、剧毒物品、一级酸性腐蚀物品、放射性物品
		二级	《汽车危险货物运输规则》中规定的二级易燃液体、有毒物品、碱性腐蚀物品、二级酸性腐蚀物品
贵重货物类	价格昂贵，运输责任重大的货物	1	货币及有价证券：货币、国库券、邮票等
		2	贵重金属及稀有金属：贵重金属为金、银、钡、白金等及其制品；稀有金属钴、钛等及其制品
		3	珍贵艺术品：古玩字画、象牙、珊瑚、珍珠、玛瑙、水晶、宝石、钻石、翡翠、琥珀、猫眼、玉及其制品、景泰蓝制品各种雕刻工艺品、仿古艺术制品和壁毯刺绣艺术品等
		4	贵重药材和药品：鹿茸、麝香、犀角、高丽参、西洋参、虫草、羚羊角、田三七、银耳、天麻、蛤蟆油、牛黄、熊胆、鹿胎、豹胎、海马、海龙、藏红花、猴枣、马宝以其为主要原料的制品和贵重西药
		5	贵重毛皮：水獭皮、海龙皮、貂皮、灰鼠皮、猞猁皮等及其制品
		6	高档服装：用高级面料、制作精细、价格较高的服装
		7	珍贵食品：海参、干贝、鱼肚、鱼翅、燕窝、鱼唇、鱼皮、鲍鱼、猴头菇、发菜等
		8	高级精密机械及仪表：显微镜、电子计算机、高级摄影机、摄像机、显像管、复印机及其精密仪器仪表
		9	高级光学玻璃及其制品：照相机、放大机、显微镜等镜头片、各种科学试验用的光学玻璃仪器和镜片
		10	高档电器：电视机、电冰箱、录放音机、音响组合机、录象机、空调机、照相机、手表等

(续表)

类别	分类概念	各类档次或序号	各类货物范围或名称
鲜活货物类	货物价值高、运输时间性强、责任大的鲜活货物	1	各种活牲畜、活禽、活鱼、鱼苗
		2	供观赏的野生动物：虎、豹、狮、熊、熊猫、狼、象、蛇、蟒、孔雀、天鹅等
		3	供观赏的水生动物：海马、海豹、金鱼、鳄鱼、热带鱼等
		4	名贵花木：盆景及各种名贵花木

（四）按货物运送速度分类

公路货物运输按货物运送速度分类如表 2-11 所示。

表 2-11　公路货物运输按货物运送速度分类

一般货物运输	即普通速度运输或称慢运
快件货物运输	货物运送的速度从货物受理当日 15 时起算，运距在 300 km 内的 24 小时运达，运距在 1000 km 内的 48 小时运达，运距在 2000 km 内的 72 小时运达
特快专运	是指按托运人要求在约定时间内运达

二、公路货物运输相关术语

公路货物运输相关术语及含义如表 2-12 所示。

表 2-12　公路货物运输相关术语

术语名称	含义
承运人	是指使用汽车从事货物运输并与托运人订立货物运输合同的经营者
托运人	是指与承运人订立货物运输合同的单位和个人
收货人	是指货物运输合同中托运人指定提取货物的单位和个人
货物运输代理人	简称货运代理，是指以自己的名义承揽货物并分别与托运人、承运人订立货物运输合同的经营者
站场经营人	是指站、场范围内从事货物仓储、堆存、包装和装卸搬运等业务的经营者
运输期限	是由承托双方共同约定的货物起运、到达目的地的具体时间。未约定运输期限的，从起运日起，按 200 km 为 1 日运距，用运输里程除以每日运距，计算运输期限
承运责任期间	是指承运人自接受货物起至将货物交付收货人（包括按照国家有关规定移交给有关部门）止，货物处于承运人掌管之下的全部时间
装卸搬运	是指货物运输起讫两端利用人力或机械将货物装上、卸下车辆，并搬运到一定位置的作业。人力搬运距离不超过 200 m，机械搬运不超过 400 m（场、站作业区内货物搬运除外）

知识点二　铁路货物运输业务基本知识

铁路货物运输的种类如下所示。

（一）按照货物的种类分类

铁路运送的货物种类繁多，范围广泛，按照货物本身的属性具体可分为普通货物和按特殊条件运送的货物(又称为特殊货物)两类。

1. 普通货物

普通货物指在铁路运送过程中,按一般条件办理的货物,如煤、粮食、木材、钢材、矿建材料。

2. 特殊货物

按特殊条件运送的货物指由于货物的性质、体积、状态等需要在运输过程中使用特别的车辆装运或需要采取特殊运输条件和措施,才能保证货物完整和行车安全的货物,如超长、集重、超限、危险和鲜活易腐等货物。具体分为三类,如表2-13所示。

表2-13 铁路特殊货物的类型

超长、集重和超限的货物	超长货物是指一车负重,突出车端装载,需要使用游车或跨装运输的货物。集重货物是指重量大于所装车辆负重面长度的最大容许载重量的货物。超限货物是指货物装车后,在平直线路上停留时,货物的高度和宽度有任何部位超过机车车辆限界或特定区段装载限界者;或在平直线路上停留虽不超限,但行经半径为300米的曲线线路时,货物的计算宽度仍然超限者。
危险货物	危险货物是指具有燃烧、爆炸、腐蚀、毒害、放射线等性质,在运输过程中容易引起人身伤害和财产毁损而需要特殊防护的物品称为危险货物。危险货物的品名、包装、标志、运输限制、托运手续、装卸车要求,在《铁路危险货物运输规则》中均有具体规定。
鲜活货物	鲜活货物包括易腐货物(如肉、鱼、蛋、水果、蔬菜、鲜活植物等)和活动物(如禽、畜、兽、蜂、活鱼、鱼苗)两大类。 易腐货物,按其热状态又有冻结货物、冷却货物和未冷却货物之分。易腐货物与非易腐货物不得按一批运输,不同热状态的易腐货物不得按一批运输。托运人托运冻结状态或冷却状态的易腐货物应使用冷藏车运输。使用冷藏车运输易腐货物时,货物运单上须注明"途中制冷"、"加冰"或"不加冰"字样。 托运鲜活植物、活动物沿途需要上水时,托运人需派人押运并在货物运单上注明上水站站名,承运人免费供水,上水用具由托运人或押运人自备。

(二)根据托运人托运货物的数量、体积、形状等条件分类

根据托运人托运货物的数量、体积、形状等条件,结合铁路的车辆和设备情况,国内铁路货物运输的形式可分为三种:整车、零担和集装箱。另外铁路上还有快运货物运输和"五定班列"两种特殊形式。铁路货物运输的形式如表2-14所示。

表2-14 铁路货物运输的形式

整车货物运输	一批货物的重量、体积、性质或形状需要一辆或一辆以上铁路货车装运(用集装箱装运除外),即属于整车运输,简称为整车。
零担货物运输	零担运输是指重量、体积或形状不够整车运输条件的货物运输形式。按零担托运的货物还需具备另两个条件:一是单件货物体积最小不得小于0.02 m³(单件货物重量在10 kg以上的除外),二是每批货物的件数不得超过300件。下列货物不得按零担托运: ① 需要冷藏、保温或加温运输的货物 ② 规定限按整车办理的危险货物 ③ 易于污染其他货物的污秽品 ④ 蜜蜂 ⑤ 不易计算件数的货物 ⑥ 未装入容器的活动物 ⑦ 一件重量超过2 t、体积超过3 m³或者长度超过9 m的货物(发站认为不至于影响中转站或到站卸车作业者除外)

(续表)

集装箱运输	使用集装箱装运货物或运输空集装箱,称为集装箱运输(简称为集装箱)。集装箱适于运输精密、贵重、易损的货物。铁路集装箱按箱型可分为:1吨箱、5吨箱、6吨箱、10吨箱、20英尺箱、40英尺箱。20英尺以上的称为大型集装箱。按箱主可分为:铁路集装箱、自备集装箱。按类型可分为:通用集装箱、专用集装箱。
快运货物运输	凡货物运输期间每天不低于500运价公里的速度来运送货物的运输组织方式,称为快运货物运输。除煤炭、焦炭、矿石等品类外,其他货物都可按快运货物办理。
五定班列	"五定班列"是铁路运输按照管理规范化、运行客车化、服务承诺化、价格公开化的原则,迎合市场需求推出的新产品。 "五定班列"办理整车、集装箱和零担(仅限一站直达)货物,但不办理水陆联运、军运后付、超限、限速运行货物和运输途中需加水或装运途中需加冰、加油的冷藏车的货物。其具体的内容如下。 ① 定点:装车站和卸车站固定; ② 定线:运输线固定; ③ 定车次:班列车次固定; ④ 定时间:货物发到时间固定; ⑤ 定运价:全程运输价格固定。 与整车、零担和集装箱货物运输相比,"五定班列"有下述特点: ① 运行快速:日行800 km(单线600 km); ② 手续简便:一个窗口一次办理承运手续; ③ 一次收费:明码标价,价格合理; ④ 安全优质:保证运到时间,安全系数高。

知识点三 公路整车货物运输业务流程

所有运输方式的共有流程都可以分为发送作业、途中作业和到达作业,公路整车货运的具体业务流程如下所示。

一、签订整车运输合同

一般而言,在办理整车货物运输业务时,承托双方需要先签订一份整车货物运输合同,在办理每一批货物托运时再填写整车货物运输托运单。零担运输由于运输量稍微少一些,一般情况下不需要签订单独的运输合同,只需要填写托运单即可。

（一）运输合同的概念

运输合同是约定承运人将旅客或者货物从起运地点到约定地点,旅客、托运人或收货人支付票款或者运输费用的合同。货物运输合同是承运人开展运送业务的法律形式。

（二）运输合同的分类

1. 按承运方式分类

按照承运方式的不同,运输合同可以分为道路运输合同、铁路运输合同、水路运输合同、航空运输合同、管道运输合同及多式联运合同。

2. 按照运输对象分类

按照运输对象的不同,运输合同可以分为客运合同和货运合同。

货物运输合同简称货运合同,是指承运双方签订的,明确双方权利和义务关系,确保货物有效转移的,具有法律约束力的合同文件。货运合同的分类如表 2-15 所示。

表 2-15 货运合同的分类

分类标准		内 容
按合同期限划分	长期合同	长期合同是指合同期限在一年以上的合同
	短期合同	短期合同是指合同期限在一年以下的合同,例如季度和月度合同
按货物数量划分	批量合同	批量合同,一般是一次托运货物数量较多的大宗货物的运输合同
	运次合同	运次合同,一般是托运货物较少,一次托运即可完成的运输合同。所谓的运次是指完成包括准备、装载、运输、卸载四个主要环节在内的一次运输过程
按合同形式划分	书面合同	书面合同是指签订正式书面协议形式的合同
	契约合同	契约合同是指托运人按照规定填写货物托运单或货单。这些单证具有契约性质,承运人要按托运单要求承担义务、履行责任

(三) 公路货物运输合同谈判签订时的注意事项

办理货物运输,托运人与承运人应签订运输合同。零担货物和集装箱货物,以货物运单作为运输合同。托运人向承运人提出货物运单是一种签订合同的要约行为,即表示其签订运输合同的意愿。按货物运单填记的内容向承运人交运货物,承运人按货物运单记载接收货物,核收运输费用,并在运单上盖章后,运输合同即告成立,托运人、收货人和承运人即开始负有法律责任。在谈判签订运输合同时,应把握以下几点。

1. 货物名称的填写

不同的货物有不同的价值和不同的运输要求。承运人要注意托运人关于货物名称的填写。关于货物名称的填写而产生的欺诈行为主要有:托运人有意将普通货物填写为某种贵重货物,并在交付时,以贵重货物的包装方式来包装普通货物,之后想在接货验货时诡称承运人偷换了货物,要求承运人赔偿损失;或者有意将危险货物等承运物填写为普通货物,造成危险事故的发生。

2. 货物的单位、数量和体积的填写

由于货物的运杂费通常是根据货物的数量、质量和体积来收取的,有些托运人故意将货物的数量、质量或体积填少,以少交运费。承运人一方面出于自己的经济利益的需要,另一方面处于对运输安全的考虑,都需要认真审查托运人填写的货物的数量、质量或体积是否真实。如果不真实,可能会造成承运人的经济损失或者造成交通事故或运输工具的损毁。

3. 货物的包装和装卸的填写

有些运输合同中,双方当事人只是规定了包装的方式,没有规定包装的材料和包装标准。有的托运人故意将货物随便地进行包装,致使在运输过程中,发生由于包装物的压坏或者腐蚀造成的货物毁损、短量、丢失或者其他损失,然后向承运人索赔,以获得高于货物实际价值的利益。所以承运人一定要谨慎。另外,在运输合同中,还应规定货物的装卸方法、对装卸设备的要求及责任的承担。

4. 货物装运时间、目的地及收货人的填写

这是运输合同中最主要的内容。如果托运人在所签格式合同中,对一些规定不清楚或者填报不认真,容易造成承运人弄错货物到达地或收货人,引起纠纷。为了防止纠纷的发生,保证自己业务的正常运行,承运人有必要对这些内容进行仔细的审查核实。

5. 注意不滥用免责条款

免责条款是指当事人以协议排除或限制未来责任的合同条款。它具有约定性,是当事人双方协商同意的合同组成部分。但是当货物运输合同作为一种格式合同时,其合同条款一般由承运人事先拟定,对方当事人只能接受或不接受。所以托运人应当认真阅读免责条款,并和承运人协商哪些免责条款无效,以保证自己不受损失。

6. 签订合同时要小心谨慎,避免疏忽

托运人常常由于货物太多或时间紧张而疏忽大意。例如,托运人在填写货物托运单时,弄错了货物的名称、数量或规格等内容,承运人明知发生错误或者事后在运输过程中发现错误,并不及时通知托运人,偷梁换柱或者从中拿走多出的货物占为己有。或者将贵重物品写成了普通物品造成货物的丢失等。

所以,在签订运输合同的过程中,承托双方都要小心谨慎,避免人为的疏忽,发生运输纠纷,造成财产和其他的经济损失。

(四)货物运输合同示范文本

公路货物运输合同示范文本图 2-1 所示。

货物运输合同

订立合同双方:
甲　方(托运人):＿＿＿＿＿＿＿＿＿＿＿＿＿＿＿＿
乙　方(承运人):＿＿＿＿＿＿＿＿＿＿＿＿＿＿＿＿
甲方(托运人)地址:＿＿＿＿＿＿＿＿＿＿＿＿＿＿＿＿＿＿
乙方(承运人)地址:＿＿＿＿＿＿＿＿＿＿＿＿＿＿＿＿＿＿
根据国家有关运输规定,经过双方充分协商,特订立本合同,以便双方共同遵守。
第一条　本合同期为一年,从 2011 年 4 月 1 日起到 2012 年 3 月 31 日为止。
第二条　上述合同期内,甲方委托乙方运输货物,运输方式为汽车公路运输,具体货物的名称、规格、型号、数量、价值、运费、到货地点、收货人、运输期限等事项,由甲、乙双方另签运单确定,所签运单作为本合同的附件与本合同具有同等的法律效力。
(托运方必须按照合同约定或按国家主管机关规定的标准包装;没有统一规定包装标准的,应根据保证货物运输安全的原则进行包装,否则承运方有权拒绝承运。)
第三条　双方权利义务
1. 甲方的权利义务
(1)甲方的权利:要求乙方按运单规定的时间、地点,把货物运输到目的地,并交给甲方指定的收货人。在货物托运后,甲方有权更改收货地址、收货人,或者取消托运业务,但必须在货物未送到收货地或未交给收货人之前通知乙方,并应按有关规定付给承运方所需费用。
(2)甲方的义务:按照国家规定的标准对货物进行包装,没有统一规定包装标准的,应根据保证货物运输的原则进行包装,甲方货物包装不符合上述要求,乙方应向甲方提出,甲方不予更正的,乙方可拒绝起运。
按照双方约定的标准和时间向乙方支付运费。否则,乙方有权停止运输,并要求甲方支付违约金。甲方对托运的货物,应按照规定的标准进行包装,遵守有关危险品运输的规定,按照合同中规定的时间和数量交付托运货物。

图 2-1　货物运输合同

2. 乙方的权利义务

(1) 乙方的权利：向甲方收取运费及其相关费用。如果收货人不交或不按时交纳规定的各种运杂费用，乙方对其货物有留置权。查不到收货人或收货人拒绝提取货物，乙方应及时与甲方联系，在规定期限内负责保管并有权收取保管费用，对于超过规定期限仍无法交付的货物，乙方有权按有关规定予以处理。

(2) 乙方的义务：按照运单的要求，在规定的期限内，将货物运到指定的地点，按时向收货人发出货物到达的通知。对托运的货物要负责安全，保证货物无短缺、无损坏、无人为的变质，如有上述问题，应承担赔偿义务。在货物到达以后，按规定的期限，负责保管。

第四条 运输费用及结算方式

1. 运费按乙方实际承运货物的里程及重量计算，具体标准按照运单约定执行。

2. 乙方在将货物交给收货人时，应向其索要收货凭证，作为完成运输义务的证明，持收货凭证与甲方结算。

3. 甲方对乙方所提交的收货凭证进行审核，在确认该凭证真实有效且货物按期运达无缺失损坏问题后10日内付清当次运费。

第五条 违约责任

1. 甲方责任

(1) 未按运单规定的时间和要求提供托运的货物，甲方应赔偿乙方调用车辆及其相关设备所需之费用。

(2) 由于在普通货物中夹带、匿报危险货物，错报笨重获物重量等而招致吊具断裂、货物摔损、吊机倾翻、爆炸、腐蚀等事故，甲方应承担赔偿责任。

(3) 由于货物包装缺陷产生破损，致使其他货物或运输工具、机械设备被污染腐蚀、损坏、造成人身伤亡的，甲方应承担赔偿责任。

2. 乙方责任

(1) 不按运单规定的时间和要求派车发运的，乙方应偿付甲方违约金2 000元。

(2) 乙方如将货物错运到货地点或收货人，应无偿运到合同规定的到货地点或收货人。如果货物逾期到达，乙方应偿付逾期交货的违约金。

(3) 运输过程中货物灭失、缺少、变质、污染、损坏，乙方应按运单记载货物价格全额赔偿，如运单未记载价格的，按甲方同类产品出厂价格赔偿。

(4) 货物修理后可以正常使用且客户无异议的，赔偿修理费(包括换件费用、人工费及修理人员的往返差旅费等)。

(5) 甲方交付乙方承运的货物均系供应客户的重大生产资料，乙方对此应予以高度重视，确保货物按期运达。非因自然灾害等不可抗力造成货物逾期运达的，如客户追究甲方责任，乙方应全额赔偿甲方的经济损失。因发生自然灾害等不可抗力造成货物无法按期运达目的地时，乙方应将情况及时通知甲方并取得相关证明，以便甲方与客户协调。

第六条 免责条款

在符合法律和合同规定条件下的运输，由于下列原因造成货物灭失、短少、污染、损坏的，乙方不承担违约责任：

(1) 不可抗力。

(2) 货物本身的自然属性。

(3) 货物的合理消耗。

(4) 甲方或收货人本身的过错。

第七条 本合同未尽事宜，由双方协商解决，协商不成，按照合同法规定办理，发生争议提交北京市海淀区仲裁委员会按其仲裁规则进行仲裁。

第八条 本合同正本一式二份，合同双方各执一份；双方签字盖章后生效。

第九条

甲方(盖章)：　　　　　　　　　　　　乙方(盖章)：

法人代表：　　　　　　　　　　　　　法人代表：

　　年　月　日　　　　　　　　　　　　年　月　日

图 2-1 货物运输合同(续)

二、受理托运

由于有些整车货物运输不需要签订运输合同,所以受理托运是正式开始公路运输业务的第一步。在公路货物运输中,受理托运这项业务主要包括两部分:在公路货物运输中,货物托运人向公路运输部门提出运送货物的要求叫托运,公路运输部门接受货物运输的行为叫受理,也称承运。公路货物的托运与受理一方面能为货主解决生产、销售、进出口运输的需要,另一方面也使运输部门有了充足的货源,满足运力的需要。

发货人(货主、货运代理)在托运货物时,应按承运人的要求填写货物托运单,以此作为货物托运的书面申请。货物托运单是发货人托运货物的原始依据,也是承运人承运货物的原始凭证。承运人接到托运单后,应进行认真审核,检查各项内容是否正确,如确认无误,则在运单上签章,表示接受托运(即承运)。在公路汽车运输中,由于发货人与承运人一般具有长期的货运关系,托运人可利用电话等联络方式进行货物托运申请。在这种情况下,承运人必须了解所承运货物的重量、体积及有关管理部门发放的进出口许可证(批文)、装卸货目的地、收发货详细地址、联络人及其电话等项情况。由承运人按托运人提供的资料填制《承运凭据》,交给司机到托运人指定的地点装运货物。

1. 整车货物受理的方法

整车货物受理的主要方法如表 2-16 所示。

表 2-16 整车货物受理的方法

受理方法	含 义
登门受理	即由运输部门派人员去客户单位办理托运手续
下产地受理	在农产品上市季节,运输部门下产地联系运输事宜
现场受理	在省、市、地区等召开物资分配、订货、展销、交流会议期间,运输部门在会场设立临时托运点,办理托运手续
驻点受理	在一些生产量较大的企业以及货物集中的车站、码头、港口等单位,设立办事点办受理托运
异地受理	企业在外地的整车货物运输,可以向本地运输部门办理托运手续
电话、电报、信函托运	经运输部门认可,本地或外地的货主单位可用电话、电报、信件托运,由运输部门的业务人员受理登记,代填托运单
签订运输合同	根据承托双方签订的运输合同或协议,办理货物运输
站台受理	货物托运单位派人直接到运输部门办理托运

2. 整车货物托运受理的要求

托运、受理工作应该做到:

(1) 托运人和收货人的名称、联系人、地址、电话要准确;

(2) 起讫站名、装卸货物地址要详细;

(3) 货物名称、规格、性质、状态、数量、重量应齐全、准确;

(4) 应选择合理的运输路线;

(5) 有关证明文件、货运资料应齐全;

(6)危险货、特种货应说明运输要求及采取的措施、预防的方法;

(7)运费结算单的托收银行、户名、账号要准确。

(一)托运人填写托运单

货物托运单(无论整车、零担、联运)是承托双方订立的运输合同和运输合同证明,其明确规定了货物承运期间双方的权利、责任。货物托运单记载托运货物的名称、规格、件数、包装、质量、体积、货物保险价和保价价,发货人姓名和地址,货物装卸地点,运输期限以及承托双方有关货运的事项。车站接到发货人提出的货物托运单后,应进行认真审查,确认无误后办理登记。

1. 货物托运单的作用

货物托运单的主要作用有以下几个方面。

(1)托运单是公路运输部门开具货票的凭证。

(2)托运单是调度部门派车、货物装卸和货物到达交付的依据。

(3)托运单在运输期间发生运输延滞、空驶、运输事故时,是判定双方责任的原始记录。

(4)托运单是货物收据、交货凭证。

整车货物的托运单一般由托运人填写,也可以委托他人填写,并应该在托运单上加盖与托运人名称相符的印章,托运单的统一格式在《汽车货物运输规则》中有规定。某物流有限公司的托运单如表 2-17 所示。

表 2-17 物流有限公司公路托运单

单号:			
客服代表:	TEL/FAX:		手机:
托运人: 联络人: 装货地址:	计货时间: TEL/FAX:		手机:
收货员: 联络人: 卸货地址:	要求到货时间: TEL/FAX:		手机:

序号	产品名称	件数	包装材料	包装尺寸(cm)	单件重量(kg)	装卸要求	运输要求
1							
2							
3							

运输方式:零担——

整车:5T_____ 8T_____ 10T_____

车厢要求:全封闭_____ 半封闭低栏_____ 高栏_____ 平板_____

运输条款:门/门_____ 门/站_____ *_____

运输金额:_____ 运费:_____ 送货费:_____ 提货费:_____

保险费:_____ 投保价值:_____ 投保方:_____

特别约定:

(续表)

说明： 1. 上述资料均由托运人提供并确认； 2. 客户代表须出示我公司的托运单作为提货凭证； 3. 和本公司有合约的，带"＊"处可不填。	（盖章） ××物流有限公司	托运方盖章 经办人签名： 收货方盖章 经办人签名：

托运单一式四联，第一联　托运联，第二联　托运方联，第三联　收货方联，第四联　第　联。

2. 托运单的填写要求

填写托运单时的要求如下。

(1) 准确表明托运人和收货人的名称(姓名)、地址(住址)、电话、邮政编码。

(2) 准确表明货物的名称、性质、件数、质量、体积以及包装方式。

(3) 准确表明托运单中的其他有关事项。

(4) 一张托运单的货物，必须是统一托运人、收货人。

(5) 危险货物与普通货物，以及性质相互抵触的货物不能用同一张托运单。

(6) 托运人要求自行装卸的货物，经承运人确认后，在托运单内注明。

(7) 托运单应用钢笔或圆珠笔填写，字迹清除，内容准确，需要更改时，必须在更改处签字盖章。

3. 填写托运单的注意事项

(1) 托运的货物品种不能在一张托运单上逐一填写，应填写"物品清单"。物品清单如表2-18所示。

(2) 托运货物的名称、性质、件数、质量、体积、包装方式等，应与托运单记载的内容相符。

(3) 按照国家有关部门规定需要办理准运或审批、检验等手续的货物，托运人托运时应将准运证和审批文件提交承运人，并随货同行。托运人委托承运人向收货人代递的有关文件时，应在托运单中注明文件名称和份数。

(4) 托运货物的包装，应当按照承托双方约定的方式包装。对包装没有约定或约定不明确的，可以协议补充；不能达成补充协议的，按照通用的方式包装，没有通用方式的，应在足以保证运输、装卸搬运作业安全和货物完好的原则下进行包装；依法应当执行特殊包装标准的，按照规定执行。

(5) 托运特种货物，托运人应当在托运单中注明运输条件和特约事项。托运需冷藏保温的货物，托运人应提出货物的冷藏温度和一定时间内的保温要求；托运鲜活货物，托运人应提供最长运输期限及途中管理、照料事宜的说明书；托运危险货物，按照交通部《汽车危险货物运输规则》办理；托运集装箱运输的货物，按照交通部《集装箱汽车运输规则》办理；托运大型特型笨重物件，应提供货物性质、质量、外廓尺寸及运输要求的说明书。在承运前，承托双方应先查看货物和运输现场的条件，若需排障时，由托运人负责或委托承运人办理。在运输方案商定后办理货物托运手续。

表 2-18　物品清单(参考文本)

装货日期： 起运地点： 装货人名称：						运单号 封志号	

编号	货物名称及规格型号	包装方式	件数	体积(长×宽×高)	重量/kg	保险、保价价格

托运人签章：　　　　　承运人签章：　　　　　　年　　月　　日

规格：长×宽=220 mm×170 mm

货物的类别：

说明：凡不属于同品名、同规格、同包装的以及搬家货物,在一张货物运单上不能逐一填写的,可填交本物品清单。

(二)承运人审批托运单

公路运输部门收到由货物托运人填写的托运单后,应对托运单的内容进行审批。其审批内容主要有以下几个方面。

1. 审核货物的详细情况

承运人需要仔细审核货物的名称、体积、质量、运输要求等详细情况,并根据具体情况确定是否受理。通常下列情况运输部门不予受理：

(1) 法律禁止流通的物品或各级政府部门指令不予运输的物品；

(2) 属于国家统管的货物或经各级政府部门列入管理的货物,必须取得准运证明方可托运；

(3) 符合《危险货物运输规则》中规定的为危险货物；

(4) 托运人未取得卫生检疫合格证明的动物、植物；

(5) 托运人未取得主管部门准运证明,属于规定的超长、超高、超宽货物；

(6) 需由货物托运人押运、随车照料,而托运人未做到的货物；

(7) 由于特殊原因,以致公路无法承担此项运输的货物。

2. 检验有关运输凭证

货物托运应根据有关规定同时向公路运输部门提交准许出口、外运、调拨、分配等证明文件,或随货同行的有关票证单据。一般分为：

(1) 根据各级政府法令规定必须提交的证明或凭据；

(2) 货物托运人委托承运部门代为提取货物的证明或凭据；

(3) 有关运输该批(车)货物的重量、数量、规格的单据；

(4) 其他有关凭证,如动物植物检疫证、超限运输许可证、禁通线路的特许通行证、关税单证等。

3. 审批有无特殊运输要求

如运输期限、押运人数,或承运、托运双方议定的有关事项。

（三）检查货物及包装

发货人应根据托运货物的重量、性质、运距、道路、气候等条件，按照运输工作的需要做好包装工作。场站人员对发货人托运的货物，应认真检查其包装质量，发现货物包装不符合要求，应督促发货人按照有关规定改变包装，并在每件货物包装物外明显处贴上货物运输指示标签，然后再行承运。

（四）确定货物运输里程和运杂费

货物运输的计费里程和货物的运杂费由货物受理人员在审核货物托运单的内容后认定。运杂费是由运费和杂费组成的，要准确计算运杂费需要知道公路运输所适用的运价、公路里程、计费重量、杂费组成及计收办法。本章将对公路运杂费的计算做系统的介绍，在零担货物运费的计算中将不再涉及。

1. 公路运价分类

公路货物运价根据不同的要求，可以有不同分类。

（1）按照运价适用的范围分类，如表2-19所示。

表2-19　公路货物运价按照运价适用的范围分类

运价类型	特　征
普通运价	是运价的基本形式，通常按货物的种类或等级制定。它通常被作为其他运价形式的参照标准。
特定运价	是普通运价的一种补充形式，适用于特定货物、车型、地区或运输线路。其运价水平比普通运价高些或者低些。
优待运价	属于优待减价性质，适用于某些部门或有专门用途的货物，也适用于返程运输的货物带回空容器等。

（2）按照货物托运数量及发运情况分类，如表2-20所示。

表2-20　公路货物运价按照货物托运数量及发运情况分类

运价类型	特　征
整车运价	整车运价适用于一批按重量、体积或形状要求，需要以一辆车装载，按照整车托运的货物。一般是指一次托运货物计算重量达到3 t或3 t以上时的运价。
零担运价	零担运价适用于每批不够整车条件运输，而按零担托运的货物。一般是指一次托运货物计费重量不足3 t时的运价。由于零担货物批量小，到站分散，货物种类繁多，在运输中需要比整车运输花费较多的支出，所以同一品名的零担运价比整车运价高。
集装箱运价	集装箱运价是指运用集装箱运输货物时所规定的运价。集装箱运价一般有单独制定的集装箱运价和以整车或零担为基础计算的集装箱运价两种形式。集装箱运输价格一般低于零担运价，但是高于整车运价。

（3）按照运价的计价形式分类，如表2-21所示。

表2-21　公路货物运价按照运价的计价形式分类

运价类型	特　征
计程运价	以吨·公里（t·km）或者以千克·公里（kg·km）为单位计价。

(续表)

运价类型	特征
计时运价	以吨·小时(t·h)为单位计价。
长距价	适用于长途运输的货物,一般实行递远递减的运价结构。
短距价	适用于短途运输的货物,一般按照递近递增原则,采用里程分段计费的办法计费。
加成运价	适用于一些专项物资、非常规运行线单程货物的运输,以及特殊条件下货物的运输,特种货物的运输等。

(4) 按照运价与距离的关系分类,如表2-22所示。

表2-22 公路货物运价按照运价与距离的关系分类

运价类型	特征
与距离无关的运价	指运距发生变化而运价率不变的运价,适用于到发作业费(又称吨次费,即承运、交付货物等环节上的费用)和中转作业费较高的货物运输。
与距离有关的运价	指随运距变化而有不同运价率的运价,适用于运输费用占主导的货物运输。

(5) 其他类型的运价,如表2-23所示。

表2-23 其他类型的公路货物运价

运价类型	特征
协议运价	指由承运、托运双方自由协商达成的运价。这种运价在不受运价管制的地区或者不受管制的时期适用。
站到站运价	指托运人和收货人自己完成所有货物的集运和交付,承运人只负责在站到站之间的货物运送时的运价。
服务时间运价	运价的高低与运输服务时间挂钩。运输时间短,运价高;反之,运价低。如果正好按照规定的时间完成运输,则按照标准运价计费。
总量运价	总量运价适合于零担运输,即托运人给予承运人的累计运量达到一定数额,便享受运价优惠。运量越多,优惠越大。
限额赔偿运价	限额赔偿运价是指如果在运输中存在货差货损,承运人只赔偿某一限额,而不是货物的全部价值。这种运价低于正常运价。

2. 公路运价的特点

(1) 公路运价的区域性强。公路运输成本水平受自然条件的影响大,不同地形、气候条件下成本差异较大,必然使运输价格出现较大差异。由于运输产品不能储存,不同条件下的运价不能互相代替。所以公路运输不能制定全国统一运价。

(2) 车型、运距、运量对运价都有影响。车型、运距、运量对运输效率影响大,造成运输成本的差异,在运价上必须给以补偿。因此,公路运输的运价一般会采取差价或加价方法补上,根据不同情况制定不同运价。

(3) 货物种类对运价的影响。货物种类不同,对车型的要求、运输的要求都不同,运输企业承担的风险不同,造成成本差异,所以应对不同的货物制定不同的运价。

(4) 运输质量对运价的影响。一方面,高水平的服务质量会增加产品的使用价值,增加货主的收益。例如,运送速度的提高可以减轻货物在途时间,加速货物周转,即加速了货物的资金周转,并可以强行就市,增强运输的时间效用。另一方面,运输质量的提高,运输企业支付较高的成本。因此,运价要依运输质量的不同采取优质优价原则,制定不同的运价。

3. 确定货物所适用的运价

货物基本运价的确定一般需要在普通货物运价的基础上采取一定的加成比列。货物基本运价的确定方法，如表 2-24 所示。

表 2-24 货物基本运价的确定方法

普通货物运价	普通货物运价实行分等计价，以一等货物为基础，二等货物加成 15%，三等货物加成 30%。普通货物的运价分等参见表 2-3。
特种货物运价	① 一级长大笨重货物在整批货物基本运价的基础上加成 40%～60%。 ② 二级长大笨重货物在整批货物基本运价的基础上加成 60%～80%。 ③ 普通车运输特种货物，执行特种货物运价。使用罐车、冷藏车及其他具有特殊构造和专门用途的专用车运输货物时，在整车货物基本运价基础上加成 30%。特种车辆运价和特种货物运价两个价目不准同时加成使用。特种货物分类表见表 2-10。
危险货物运价	① 一级危险货物在整车（零担）货物基本运价基础上加成 60%～80%。 ② 二级危险货物在整车（零担）货物基本运价基础上加成 40%～60%。
贵重、鲜活货物运价	贵重、鲜活货物在整车（零担）货物基本运价基础上加成 40%～60%。
快速货物运价	快速货物运价按计价类别在相应运价的基础上可加成 40%。

4. 公路运费的计算

具体计算步骤如表 2-25 所示。

表 2-25 公路运费的计算步骤

步骤	相关规定
1. 里程单位	货物运输计费里程以公里为单位，尾数不足 1 km 的，进整为 1 km。
2. 里程确定	① 货物运输的营运里程，按交通部和各省、自治区、直辖市交通行政主管部门核定、颁发的《营运里程图》执行（根据中国公路运输交通图、主要城市间公路里程表来确定）。 ② 货物运输的计费里程：按装货地点至卸货地点的实际载货的营运里程计算。 ③ 因自然灾害造成道路中断，车辆需绕道行驶的，按实际行驶里程计算。 ④ 城市市区里程按当地交通主管部门确定的市区平均营运里程计算；当地交通主管部门未确定的，由承托双方协商确定。
3. 按照《价规》确定货物的计费重量	计费重量均按毛重计算。整批货物重量在吨以下的计至 100 kg，位数不足 100 kg 的就四舍五入，但轻泡货物（每立方米的重量不足 333 kg 的货物）的高度、长度和宽度以不超过有关规定为限，按照每立方米折合 333 kg 计算重量。零担货物起码计费重量为 1 kg，重量在 1 kg 以上位数不足 1 kg 的四舍五入。散装货物体积由统一规定重量换算标准计算重量。
4. 运费计算公式	① 整批货物运费：吨次数×计费重量＋整批货物运价×计费重量×计费里程＋货物运输其他费用。 ② 零担货物运费：计费重量×计费里程×零担货物运价＋货物运输其他费用。 ③ 重（空）集装箱货物运费：箱次费×计费箱数＋重（空）集装箱运价×计费箱数×计费里程＋货物运输其他费用。 ④ 计时包车费用＝包车运价×包车车辆吨位×计费时间＋货物运输其他费用。 （注：以上四个计算公式中的货物运输其他费用主要是指运输的相关杂费） ⑤ 专线货物运输运费。在各地的专线运输中，由于计费里程是固定的，所以，运价单位是元/t。如上海到北京自的零担货物运价＝500 元/t。运费的计算公式为：运费＝（货物计费重量×运价率）＋（货物计费重量×运价率×加成率）。

(续表)

步骤	相关规定
5. 公路杂费的确定	公路货物运输中，还有货物运输的其他费用，可称为杂费，按以下规定确定。 ① 调车费：应托运人要求，车辆调出所在地而产生的车辆往返空驶，计收调车费。 ② 延滞费：车辆按约定时间到达约定的装货或卸货地点，因托运人或收货人责任造成车辆和装卸延滞，计收延滞费。 ③ 装货落空损失费：因托运人要求，车辆行至约定地点而装货落空造成的车辆往返空驶，计收装货落空损失费。 ④ 排障费：运输大型特型笨重物件时，需对运输路线的桥涵、道路及其他设施进行必要的加固或改造所发生的费用，由托运人负担。 ⑤ 车辆处置费：因托运人的特殊要求，对车辆改装、拆卸、还原、清洗时，计收车辆处置费。 ⑥ 检验费：在运输过程中国家有关检疫部门对车辆的检验费以及因检验造成的车辆停运损失，由托运人负担。 ⑦ 装卸费：货物装卸费由托运人负担。 ⑧ 通行费：货物运输需支付的过渡、过路、过桥、过隧道等通行费由托运人负担，承运人代收代付。 ⑨ 保管费：货物运达后，明确由收货人自取的，从承运人向收货人发出提货通知书的次日（以邮戳或电话记录为准）起计，第四日开始核收货物保管费；应托运人的要求或托运人的责任造成的，需要保管的货物，计收货物保管费。货物保管费由托运人负担。

货物运杂费在货物托运、起运时一次结清，也可按合同采用预付费用的方式，随运随结或运后结清。托运人或者收货人不支付运费、保管费以及其他运输费用的，承运人对相应的运输货物享有留置权，但当事人另有约定的除外。

（五）签发运输货票

发货人办理货物托运时，应按规定向车站交纳运杂费，并领取承运凭证——货票。货票是一种财务性质的票据，是根据货物托运单填记的。公路运输货票内载明了货物装卸地点，发货人及收货人的姓名和地址，货物名称、包装、件数和质量，计费里程和计费重量，运费和杂费等。在发站，它是向发货人核收运费的依据；在到站，它是与收货人办理货物交付的凭证之一。此外，货票也是企业统计完成货运量、核算营运收入及计算有关货运工作指标的原始凭证。汽车运输货票如表 2-26 所示。

表 2-26 汽车运输货票（参考文本）

××省汽车运输货票　　　　　　　　　　　　自编号：

托运人：　　　　　　　　车属单位：　　　　　　　　牌照号：

装货地点				发货人				地址		电话	
卸货地点				收货人				地址		电话	
运单或货签号码			计费里程		付款人			地址		电话	
货物名称	包装形式	件数	实际重量/吨	计费运量		吨公里价		运费金额	其他费收		运杂费小计
				吨	吨公里	货物等级	道路等级	运价率		费目	金额
										装卸费	
										提货费	
										送货费	

74

(续表)

运杂费合计金额(大写):			
备注		收货人签收盖章	
开票单位(盖章):	开票人:	承运驾驶员:	年　月　日

说明：1. 本货票适用于所有从事营业性运输的单位和个人的货物运输费结算；

　　　2. 本货票共分四联：第一联(黑色)存根，第二联(红色)运输收据，第三联(浅灰色)报单，第四联(黄色)收货回单经收货人盖章后送车队统计；

　　　3. 省含自治区、直辖市；

　　　4. 票面尺寸为220 mm×130 mm；

　　　5. 货票第四联右下端设"收货人签证盖章"栏，在其他联中不设。

三、验货待运

托运单认定后，应编订托运单的托运编号，然后告知调度、运务部门，并将结算通知交与货主。理货员检查托运单上的货物是否已经处理待运状态；检查货物数量是否准确；发运日期是否有变更；装卸场地的机械设备、通行能力是否完好；连续运输的货源有无保证；货物包装是否符合运输要求，危险货物的包装是否符合《危险货物运输规则》规定；确定货物体积、重量的换算标准及其交接方式；装卸场地的机械设备、通行能力；运输道路的桥涵、沟管、电缆、架空电线等详细情况。

四、车辆调度

(一) 调度命令

1. 定义

调度命令是指在按规定进行某些行车作业时，向行车值班员、列车司机发布的一种命令。它具有严肃性、授权性和强制性。调度命令只能由值班行车调度员发布；且必须一事一令，先拟后发。

2. 调度命令的要素

送交司机的调度命令必须有以下七个方面的要素组成，分别是：调度命令号码，调度命令发布的时间，受令处所，调度员姓名，调度命令内容，受令车站行车专用章，受令行车值班员签名(盖章)。

3. 行车路单

行车路单是从事运输生产的凭证，是整车货物运输生产中一项最重要的原始记录。它是企业调度机构代表企业签发给驾驶员进行运输生产的指令。

行车路单的管理必须坚持做到以下几点。

(1) 路单必须严格按顺序号使用，要采取有效措施防止空白路单的丢失。

(2) 每一运次(或每一工作日)回队后必须将完成运输任务的路单交回，不允许积压、拒交。

(3) 行车路单内记录必须按要求填准、填全，车队调度员对交回的路单的各项记录负初审责任。

(4) 企业规定的路单使用程序、管理方法必须严格执行。

（二）车辆调度的作业流程

1. 发布调度命令

调度命令的发布应该按有关规定办理，并应做到以下几点。

（1）指挥汽车运行的命令和口头指示，只能由调度员发布。汽车的加开、停运、折返、变更径路及车辆甩挂的命令，由调度员发布，其他人员无权发布。

（2）调度命令发布前，应详尽了解现场情况，正确、完整、清晰的书写调度命令内容和受令单位，先拟后发，发布时要复诵核对。

（3）调度员发布行车命令，要一事一令，不得填写其他内容。遇有不正确的文字不准涂改，应圈掉后重新书写。

（4）调度命令日期的划分，以零时为界。日循环和月循环命令号码的起讫时间，均以18时划分。各级调度命令应妥善保管一年。

上述调度命令，如果涉及其他单位和人员时，应同时发送。

某公司内部的调车单如表2-27所示。

表2-27　某公司内部的调车单

司机信息			
姓名		年龄	
籍贯		以往信誉	
性别		身份证号码	
联系方式			
车辆信息			
载重		车长	
车型		车牌号	

此次承运从＿＿＿＿＿起，至＿＿＿＿＿，托运单单号为＿＿＿＿＿。
提货时间＿＿＿＿＿
提货地点＿＿＿＿＿
调度员签名＿＿＿＿＿　客户代表签名＿＿＿＿＿

2. 登记调度命令

调度员发布调度命令时，应先在调度命令登记簿内登记，发、收调度命令时，需填记调度命令登记簿，如表2-28所示。

表2-28　调度命令登记簿

年　月　日	发出时刻	命令			复诵人姓名	接受命令人姓名	调度员姓名	阅读时刻（签名）
		号码	受令及抄知处所	内容				

调度命令登记簿的填写要求有：

(1)"年、月、日"一栏内须注明"年、月、日";
(2)"复诵人姓名"一栏内须写清复诵人的全名,不得以车站名代替;
(3)"阅读时刻签名"一栏用一斜线划掉,此一栏内不得填写任何内容。

五、验货装车

货物起运前的核实工作一般还要进行一次验货,称为理货或验货,其主要内容有:承托双方共同验货;落实货源、货流;落实装卸、搬运设备;查清货物待运条件是否变更;确定装车时间;通知发货、收货单位做好过磅、分垛、装卸等准备工作。

在车辆到达装货地点后,司乘和接货人员会同出货负责人一起根据出货清单,对货物包装、数量和重量等进行清点和核实,核对无误后进行装车环节服务。

(1)车辆到达装货地点,监装人员应根据货票或运单填写的内容、数量与发货单位联系发货,并确定交货办法。散装货物根据体积换算标准确定装载量,件杂货一般采用以件计算。

(2)货物装车前,监装人员应注意并检查货物包装有无破损、渗漏、污染等情况,一旦发现,应与发货单位商议修补或调换,如发货单位自愿承担因破损、渗漏、污染等引起的货损,则应在随车同行的单证上加盖印章或做批注,以明确其责任。

(3)装车完毕后,应清查货位,检查有无错装、漏装。装车后要与发货人核对实际装车件数,确认无误后,办理交接签收手续。办理交接时,一般需要填写交运物品清单,如表2-29所示。

表2-29 交运物品清单

起运地点　　　　　　　　　　　　　　运单号码

编号	货物名称及规格	包装形式	件数	新旧程度	体积(长×宽×高)/m³	重量/kg	保险、保价价格

托运人签章　　　　　　　　　　承运人签章　　　　　　　　　　年　月　日

六、货物运送及运输变更

运输人员要及时做好运输途中的行车检查,保证货物完好无损、无遗失,保证车辆技术作业良好。

在货物运送过程中,通常由于货物托运人或收货人对运输中的货物因特殊原因对运输提出变更的要求,应及时与相关方协商,填写"运输变更申请书"。整车货物的运输变更主要有:

(1)取消运输要求,即货物已经申请托运,但尚未装车;
(2)停止装运,即已开始装车或正在装车,但尚未起运;
(3)中途停运,即货物未运抵目的地之前,并能通知停运的;
(4)运回起运站,即货物已经运抵到站,在收货人提取货物之前收回;

(5) 变更到达站,即在车辆运输所经过的站别范围内或在原运程内变更;

(6) 变更收货人。

【注意】 运输变更,无论是整车或者零担,均以一张货票记载的全部货物为限。整车货物运输变更的手续,应由货物托运人提出运输变更的申请书和其他的有效证明文件,填写变更申请书说明运输变更原因,加盖与原托运单上相同的印章。审查只有在货物运输变更内容不违反有关规定时予以办理。运输变更申请书如表2-30所示。

表2-30 运输变更申请书

		原运单号码:
		受理变更序号:
提出时期:	年 月 日 时	
变更事项及原运单记载事项		
托运人记事及特约事项		
承运人记事及特约事项		
申请变更人名称: 经办人: 电话: 地址:		
说明:如承运人要求变更运输日期、车辆种类和运行线路的,也应及时通知托运人并协商一致。		

七、在途跟踪

客服部与司机联系,及时反馈途中信息、车站停靠地点及运行,并认真详细填写货物跟踪记录表,方便客户即相关人员掌握货物在途的实时信息。货物跟踪记录表如表2-31所示。

表2-31 货物跟踪记录表

序列	托运方	托运方联系人及电话	收货方	收货方联系人及电话	到货日期	货物名称	跟踪情况	处理方法	经办人
1									
2									
3									
4									
5									

八、到货交付

(一) 到货交付注意事项

(1) 物流公司客户代表提前与收货人确认收货时间及地点。例如,若送货地点在白天时间禁止大型货车通行市区,则要与收货人沟通改为晚上送货。

(2) 车辆到达目的地后,物流公司客户代表与收货方根据托运单交接货物。

(3) 清点无误后,收货人签字确认。

(4) 物流公司客户代表将签收后的托运单交给本公司单证部,将回单送至客户处。

（二）到货交付流程

（1）清点监卸。

（2）检查货票是否相符。

（3）收货人开具作业证明，签收。

（4）发现货物缺失，作记录，开具证明。

（5）处理货运事故。

（三）整车货物交付要求

货物的交接是公路运输合同的履行过程，在此过程中，运输部门应遵守如下要求，以确保货物的及时、安全运输。

（1）在车辆到达发货地点，发货人交付货物时，驾驶员应负责点数、监装，发现包装破损、异状，应提出更换或重新整理的异议。如发货人给予更换或整理，则应在发货票上说明，并要在货物运单上签字。

（2）在承运货物时，要有发货人开具的与实物相符的发货票及随车移转的文件、单据。发货票与实物不符时要立即予以纠正。

（3）货物运抵目的地时，驾驶员应向收货人交清货物，由收货人开具作业证明（或以发货票代替）。收货人应在货物运单上签字并加盖收货单位公章。

（4）交货时，如发现货物短缺、丢失、损坏等情况，驾驶员应会同收货人和有关部门认真核实，并做出原始记录，分别由驾驶员或装卸人员开具证明文件。

（5）货物运达承、托双方约定的地点后，收货人应凭有效单证提（收）货物，无故拒提（收）货物，应赔偿承运人因此造成的损失。

（6）货物交付时，承运人与收货人应当做好交接工作，发现货损货差，由承运人与收货人共同编制货运事故记录，交接双方在货运事故记录上，签字确认。

（7）货物交接时，承托双方对货物的重量和内容有质疑，均可提出查验与复磅，查验和复磅的费用由责任方负担。

九、费用结算与运输统计

费用结算，对外是对货物（托运人）进行运杂费结算，收取应收而未收的运杂费（如果前面已经收取运费，则此部分只是结算一些垫付的其他费用；有些合同有约定，也可以在运输任务完成以后再统一结算运杂费）。对内是对驾驶员完成运输任务应得的工资收入进行定期结算。

运输统计是对已完成的运输任务，依据车队行车路单及运输货票进行有关运输工作指标统计，生成统计报表，供运输管理和决策使用。

知识点四　铁路整车货物运输业务流程

根据货物的重量、体积和形状等条件，结合铁路的车辆和设备情况，国内铁路货物运输的形式主要包括：整车运输、零担运输和集装箱运输三种方式。铁路整车和集装箱货物运输服务程序的流程表分别如表 2-32 和表 2-33 所示。下面我们主要以整车运输的作业流程为主线进行介绍,零担运输和集装箱运输的作业流程可以参考整车运输的作业流程,此外铁路零担运输与公路零担运输的基本作业程序也是相似的。铁路零担货物运输服务程序将在下一学习任务中介绍。

表 2-32 铁路整车货物运输服务程序流程表

环节	过程	活动	记录(单证)
整车货物发送流程	1. 合同评审	① 评审铁路货物运输服务订单 ② 过程能力认可 ③ 报请批准	货物运输服务订单
	2. 受理	① 评审货物运单 ② 安排进货时间、地点 ③ 验收货物	
	3. 装车作业	① 向发站铁路分局请示车辆、去向,经批准后,调入车辆 ② 对待装车辆进行检查和认可 ③ 对装卸机具进行认可 ④ 对装车过程进行监控 ⑤ 装车后检查 ⑥ 填写货物承运簿、货物运单	货运单 货车调送单 装车工作单 货物承运簿
	4. 核算运费	① 核算填制货票 ② 收款 ③ 结缴款	货票
	5. 货运票据交接	① 填记货票交接簿 ② 交运转车间 ③ 现车交接	票据交接簿
整车货物到达流程	1. 卸车前准备	① 按照货位情况制订调车计划,并接车,设备检查 ② 核对现车,检查货物现状	索取或者编制货运记录
	2. 卸车作业	① 卸车前装卸设备认可 ② 监卸 ③ 卸车后检查 ④ 填记货票并转交内勤核算	编制货运记录,填写卸车簿和卸车工作单
	3. 到货通知	① 发出到货通知 ② 填记货票	
	4. 货物保管	① 货物储存、保管、防护 ② 交接班交接	交接班簿
	5. 收取领货凭证	① 内勤交付、核对证件 ② 计算核收运杂费、装卸费 ③ 结缴款	运杂费、装卸费收据缴款单
	6. 现货交付	① 清点货物 ② 核对运杂费 ③ 交付货物 ④ 收货人签收	填记运单、卸货簿

表 2-33 铁路集装箱货物运输服务程序流程表

环节	过程	活动	记录（单证）
集装箱货物发送流程	1. 计划与受理	① 评审货物发送单 ② 进行运输过程能力认可 ③ 安排进货日期和装箱日期	货物运单
	2. 承运	① 拨配适当箱型，进行箱体检查 ② 监装、施封 ③ 登记集装箱承运簿	集装箱承运簿
	3. 核算	① 核算填制货票 ② 收款 ③ 结缴款	货票 缴款单
	4. 装车	① 对待装车辆进行检查 ② 监控装车 ③ 装车后检查 ④ 填记装载清单和票据施封	装载清单、封套
	5. 货运票据交接	① 填记票据交接簿 ② 与运转交接票据和现车	票据交接簿
集装箱货物到达流程	1. 卸车前准备	① 现车集装箱交接 ② 确认货位、装卸设备认可	到达票据
	2. 卸车作业	① 监卸 ② 填记集装箱到达登记簿	集装箱到达登记簿
	3. 到达登记	① 发出到达通知 ② 填记货票	到达货票
	4. 集装箱保管	① 货物储存、保管 ② 交接班交接	交接班簿
	5. 确认领货凭证	① 内勤交核算运杂费 ② 收款 ③ 结缴款	运杂费收据 缴款单
	6. 现场交付	① 按运单核对箱号、封号 ② 核对运杂费 ③ 会同收货人清点货 ④ 填记运单 ⑤ 收货人签收	票据封套 运杂费收据 运单 卸车簿

一、订单提报与审定

（一）铁路货物运输服务订单

办理铁路货物运输，托运人和承运人应签订运输合同。铁路运输的合同分为预定合同和承运合同，都是属于书面形式的合同。预约合同以"铁路货物运输服务订单"（以下简称订单）作为合同书，承运合同以正式的运单作为合同书。

零担货物和集装箱货物以货物托运单作为运输合同。整车运输一般需要先签订运输服务订单（即预约合同）。

（1）托运人（可以是货主本身，也可是专门的运输公司）首先应对货物性质进行分析，确定所要托运的货物有无限制以及使用的运输方式。如无特殊限制，适用铁路整车运输。

（2）托运人到铁路营业厅服务台索取"铁路货物运输服务订单"（以下简称订单），购买货物运单。铁路运输是一种特殊的运输方式，尤其是整车运输，其车辆的使用必须提前申请，由车站提前报铁路局审批。因此整车运输必须先签订货物运输服务订单。

（3）按订单格式要求，认真正确填制服务订单，交整车计划窗口申报计划，并及时与计划货运员联系，了解计划审批情况。

铁路货物运输服务订单是托运人和承运人双方关于铁路货物运输的要约和承诺。是运输服务合同或运输合同的组成部分，它一经签订，承运人和托运人均应承担责任。它主要包括货物运输的时限、发站、到站、托运人、收货人、品名、车种、车数、吨数等以及相关的服务内容。订单取代了传统的要车计划表，使承、托运人双方的权利、义务和责任更加明确，使用更加方便。铁路货物运输服务订单的格式如表2-34所示。

表2-34 铁路货物运输服务订单

××铁路局   编号：

托运人：			收货人：		
地址：			地址：		
电话：	邮编：		电话：	邮编：	
发站	到站（局）		车种/车数	箱型/箱数	
装货地点			卸货地点		
货物品名	品名代码	货物价值	件数	货物重量	体积
要求发站装车期限 月 日前或班列车次 日期：月 日					付款方式：

供用户自愿选择的服务项目（由用户填写，需要的项目打√）
　□1. 发送综合服务　　　　　　　□5. 清运、消纳垃圾
　□2. 到达综合服务　　　　　　　□6. 代购、代加工装载加固材料
　□3. 仓储保管　　　　　　　　　□7. 代对货物进行包装
　□4. 篷布服务　　　　　　　　　□8. 代办一关三检手续

说明或其他要求事项

承运人报价（包括运费、杂费、服务费）　　　　元，具体项目、金额列后：

序号	项目名称	单位	数量	收费标准	金额（元）	序号	项目名称	单位	数量	收费标准	金额（元）

申请人签章　　　年　月　日	承运人签章　　　年　月　日	车站指定装车日期及货位：

说明：

1. 涉及承运人与托运人、收货人的责任和权利，按《铁路货物运输规程》办理。

2. 实施货物运输，托运人还应递交货物运单，承运人应按报价核收费用，装卸等需发生后确定的费用，应先列出费目，金额按实际发生核收。

3. 用户发现超出国家计委、铁道部、省级物价部门公告的铁路货运价格及收费项目、标准收费的行为，和强制服务、强行收费的行为，有权举报。

（二）订单的提报与审定

（1）托运人可以随时向装车站提报订单,铁路部门随时受理,随时审定。

（2）对于大宗稳定、能够提前确定运输的物资,托运人可以在每月的19日前将订单提报给装车站,铁路部门将其纳入下月计划,进行集中审定,以便统一安排,重点保证。

（3）对于抢险救灾和紧急运输物资的订单,则随时受理,立即审定,在运输上优先保证。

（4）对于运力宽松方向的订单敞开受理,由计算机系统自动审定。

（5）托运人办理整车货物（包括以整车形式运输的集装箱）运输应提出订单一式两份,与铁路联网的托运人,可以通过网络向铁路提报。铁路同意货主提交的订单后,有车站货场代表铁路运输企业在订单上加盖车站日期戳,退回货主一份。

托运人根据自己的实际情况可以任意选择订单的提报时间和方式,铁路运输部门尽量满足托运人的不同需求。审定后的订单当月有效,不办理运输变更。

双方按订单约定承担义务,违约方应承担规定的违约责任并支付违约金。

二、受理托运

铁路部门根据货主填写的铁路货物运输服务订单,在确认能够满足货主运输要求后,批准计划。

托运人按运单格式要求,认真正确填制"货物运单",加盖单位公章（注：托运人名称与公章名称相符）后交计划货运员;运单其中一份随货同行,另一份由托运人交收货人凭此取货。

（一）托运人填写铁路运单

1. 铁路运单的概念

铁路货物托运单,又称为货物运单（以下简称运单）,是承运人与托运人之间,为运输货物而签订的一种运输合同。托运人对其在运单和物品清单内所填记事项的真实性,应负完全责任。

托运人托运货物时,应向承运人按批提出《铁路货物运输规程》规定格式的货物运单一张。使用机械冷藏列车运输的货物,同一到站、同一收货人的可以数批合提一份运单;整车分卸的货物,对每一分卸站应增加两份运单（到站、收货人各一份）。运单由承运人印制,在办理货运业务的车站按规定的价格出售。运量较大的托运人经发站同意,可以按照承运人规定的格式,自行印制运单。

2. 铁路运单的式样

铁路货物运单的格式由两部分组成,左侧为运单,右侧为领货凭证,运单和领货凭证后面印有"托运人须知"和"收货人领货须知"。每批货物填写一张货物运单,根据栏目要求分别由托运人和承运人填写。运单粗线以左各栏和领货凭证由托运人用钢笔、毛笔、圆珠笔或用加盖戳记的方法填写。运单必须按规定填写正确、齐全,字迹要清楚,使用简化字要符合国家规定,不得使用自造字。运单内填写各栏有更改时,在更改处,属于托运人填记事项,应由托运人盖章证明;属于承运人记载事项,应由车站加盖站名戳记。铁路货物运单如表2-35所示。

表 2-35 铁路货物运单(正面)

托运人填写				承运人填写				
发站		到站(局)		车种车号			货车标重	
到站所属省(市)自治区				施封号码				
托运人	名称			经由		铁路货车棚车号码		
	住址		电话					
收货人	名称			运价里程		集装箱号码		
	住址		电话					
货物名称	件数	包装	货物价格	托运人确定重量/千克	承运人确定重量/千克	计费重量	运价号	运价率	运费
合计								
托运人记载事项				承运人记载事项				
注:本单不作为收款凭证。托运人签约须见背面。			托运人盖章或签字(已盖章)	到站交付日期戳		发站承运日期戳		

3. 货物运到期限的计算

铁路货物运输应该在规定的运到期限内将货物运至到站。货物运到期限从承运人承运货物的次日起,货物运到期限的计算办法如表 2-36 所示。

表 2-36 货物运到期限的计算

类 型	相 关 规 定
货物发送期间(T发)	货物发送期间(T发)为 1 日。
货物运输期间(T运)	每 250 运价公里或其未满为 1 日;按快运办理的整车货物每 500 运价公里或其未满为 1 日。
特殊作业时间(T特)	① 需要中途加冰的货物,每加冰一次,另加 1 日。 ② 运价里程超过 250 运价公里的零担货物和 1 t、5 t 型集装箱货物,另加 2 日;超过 1000 km,另加 3 日。 ③ 一件货物重量超过 2 t,体积超过 3 m^3 或长度超过 9 m 的零担货物及零担危险货物,另加 2 日。 ④ 整车分卸货物每增加一个分卸站,另加 1 日。 ⑤ 准、米轨间直通运输的整车货物,另加 1 日。

货物实际运到日数的计算:起算时间从承运人承运货物的次日(指定装车日期的,为指定装车日期的次日)起算。终止时间,到站由承运人组织卸车的货物,到卸车完了时止;由收货人组织卸车的货物,到货车调到卸车地点或者货车交接地点时止。

货物运到期限,起码天数为3日,运到期限的总天数为上述 T 发、T 运和 T 特三项时间之和。

4. 托运人填写部分

(1)"发站"栏和"到站(局)"栏

本栏应分别按《铁路货物运价里程表》规定的站名完整填记,不得简称。到达(局)名,填写到达站主管铁路局名的第一个字,例如:(哈)、(上)、(广)等,但到达北京铁路局的,则填写(京)字。"到站所属省(市)、自治区"栏,填写到站所在地的省(市)、自治区名称。托运人填写的到站、到达局和到站所属省(市)、自治区名称,三者必须相符。

(2)"托运人名称"和"收货人名称"栏

本栏应填写托运单位和收货单位的完整名称,如托运人或收货人为个人时,则应填记托运人或收货人姓名。应详细填写托运人和收货人所在省、市、自治区城镇街道和门牌号码或乡、村名称。托运人或收货人装有电话时,应记明电话号码。如托运人要求到站于货物到达后用电话通知收货人时,必须将收货人电话号码填写清楚。

(3)"货物名称"栏

本栏应按《铁路货物运价规则》附表二"货物运价分类表"或国家产品目录,危险货物则按《危险货物运输规则》附件一"危险货物品名索引表"所列的货物名称完全、正确填写。托运危险货物并应在品名之后用括号注明危险货物编号。"货物运价分类表"或"危险货物品名索引表"内未经列载的货物,应填写生产或贸易上通用的具体名称。但须用《铁路货物运价规则》附件一相应类项的品名加括号注明。

按一批托运的货物,不能逐一将品名在运单内填记时,须另填物品清单一式三份,一份由发站存查,一份随同运输票据递交到站,一份退还托运人。需要说明货物规格、用途、性质的,在品名之后用括号加以注明。

对危险货物、鲜活货物或使用集装箱运输的货物,除填记货物的完整名称外,并应按货物性质,在运单右上角用红色墨水书写或用加盖红色戳记的方法,注明"爆炸品"、"氧化剂"、"毒害品"、"腐蚀物品"、"易腐货物"、"×吨集装箱"等字样。

(4)"件数"栏

本栏应按货物名称及包装种类,分别记明件数,"合计件数"栏填写该批货物的总件数。承运人只按重量承运的货物,则在本栏填记"堆"、"散"、"罐"字样。

(5)"包装"栏

本栏记明包装种类,如"木箱"、"纸箱"、"麻袋"、"条筐"、"铁桶"、"绳捆"等。按件承运的货物无包装时,填记"无"字。使用集装箱运输的货物或只按重量承运的货物,本栏可以省略不填。

(6)"货物价格"栏

本栏应填写该项货物的实际价格,全批货物的实际价格为确定货物保价运输保价金额或货物保险运输保险金额的依据。

(7)"托运人确定重量"栏

本栏应按货物名称及包装种类分别将货物实际重量(包括包装重量)用公斤记明,"合计重量"栏,填记该批货物的总重量。

(8)"托运人记载事项"栏

本栏填记需要由托运人声明的事项,例如:① 货物状态有缺陷,但不致影响货物安全运输,应将其缺陷具体注明。② 需要凭证明文件运输的货物,应将证明文件名称、号码及填发日期注明。③ 托运人派押运的货物,注明押运人姓名和证件名称。④ 托运易腐货物或"短寿命"放射性货物时,应记明容许运输期限;需要加冰运输的易腐货物,途中不需要加冰时,应记明"途中不需要加冰"。⑤ 整车货物应注明要求使用的车种、吨位、是否需要苫盖篷布。整车货物在专用线卸车的,应记明"在××专用线卸车"。⑥ 委托承运人代封的货车或集装箱,应标明"委托承运人代封"。⑦ 使用自备货车或租用铁路货车在营业线上运输货物时,应记明"××单位自备车"或"××单位租用车"。使用托运人或收货人自备篷布时,应记明"自备篷布×块"。⑧ 国外进口危险货物,按原包装托运时,应注明"进口原包装"。⑨ 笨重货件或规格相同的零担货物,应注明货件的长、宽、高度,规格不同的零担货物应注明全批货物的体积。⑩ 其他按规定需要由托运人在运单内记明的事项。

(9)"托运人盖章或签字"栏

本栏托运人于运单填记完毕,并确认无误后,在此栏盖章或签字。

领货凭证各栏,托运人填写时(包括印章加盖与签字)应与运单相应各栏记载内容保持一致。货物在承运后,变更到站或收货人时,由处理站根据托运人或收货人提出的"货物变更要求书",代为分别更正"到站(局)"、"收货人"和"收货人地址"栏填记的内容,并加盖站名戳记。

5. 承运人填写部分

(1)办理托运手续。发站对托运人提出的运单经检查填写正确、齐全,到站营业办理范围符合规定后,应在"货物指定×月×日搬入"栏内,填写指定搬入日期,零担货物并应填记运输号码,由经办人签字或盖章,交还托运人凭以将货物搬入车站,办理托运手续。

(2)"经由"栏。货物运价里程按最短径路计算时,本栏可不填;按绕路经由计算运费时,应填记绕路经由的接算站名或线名。

(3)"运价里程"栏。本栏填写发站至到站间最短径路的里程,但绕路运输时,应填写绕路经由的里程。

(4)"计费重量"栏。整车货物填记货车标记载重量或规定的计费重量;零担货物和集装箱货物,填记按规定处理尾数后的重量或起码重量。

(5)"运价号"栏。本栏按"货物运价分类表"规定的该货物运价号填写。

(6)"运价率"栏。本栏按该批货物确定的运价号和运价里程,从"货物运价率表"中找出该批(项)货物适用的运价率填写。运价率规定有加成或减成时,应记明加成或减成的百分比。

(7)承运人记载事项"栏。本栏填记需要由承运人记明的事项,例如:① 货车代用,记明批准的代用命令;② 轻重配装,记明有关计费事项;③ 货物运输变更,记明有关变更事项;④ 途中装卸的货物,记明计算运费的起讫站名;⑤ 需要限速运行的货物和自有动力行驶的机车,记明铁路分局承认命令;⑥ 需要由承运人记明的其他事项。

(8)运单上所附的领货凭证。领货凭证由发站加盖承运日期戳后,连同货票丙联一并交给托运人。

本部分没有提到的内容可以参见《铁路货物运单和货票填制办法》。

（二）承运人审核运单

审核货物运单在铁路货运营业大厅进行。主要内容包括：

（1）对营业办理限制（包括临时停限装）、起重能力进行审查；

（2）检查运单填写是否清晰，托运人更改的地方是否有更改图章；

（3）逐项检查运单的填写是否完整；

（4）检查运单填写的是否详细，有无省略的内容；

（5）检查是否应该有相关证明文件，证明文件是否齐备有效。

（三）接收货物

1. 验货要求

（1）托运人在车站将发运货物清点无误后，托运人凭运单向货运员进行实物交接。

（2）铁路货运员按规定检查货物名称、件数是否与运单记载相符。

（3）按一批托运的货物品名过多或托运搬家货物，运单上的"货物名称"栏不够填写时，托运人须同时提出"物品清单"一式三份。

2. 检查货物包装

根据货物的性质、重量、运输种类、运输距离、气候差异以及货车装载等条件，检查货物包装。货物包装是否符合运输要求；货物包装是否便于装卸作业；检查在运输过程中货物包装能否保证货物安全，如果货物有缺陷，检查认为不致影响运输安全（货物自身安全和其他货物安全）的，可在货物运单"托运记载事项"栏内，注明货物状况的具体情况。

3. 检查货物标识

（1）检查每件货物是否都有货物标识。货物标识即通常所说的货签。

（2）运单和货物标识的内容是否完全一致，如果不一致的以运单的内容为主。

（3）对照运单检查确认无误后，签章承运。

（四）承运

1. 过磅要求

（1）以杠式台秤、地秤过秤，使用前应进行检查。

（2）往衡器上放置或取下货件时，须关闭制动器。过秤时不准触动调整砣、砣盘，禁止以其他物品代替增砣。

（3）定期检查衡器。

2. 货物堆码

过磅完毕的货物放入指定货位。货物应稳固、整齐地堆码在指定货位上。整车货物要定型堆码，保持一定高度。零担和集装箱货物，要按批堆码，货签向外，留有通道。需要隔离的，应按规定隔离。货物与线路或站台边缘的距离必须符合规定。

三、装车作业

（一）装车前的检查

1. 清理货场

货场内禁止闲杂人员进入，限制各种车辆进入货物仓库、站台和货棚，禁止托运人、收货人在货场内直接或变相买卖货物。

2. 了解货物

根据运单所填记的内容核对待装货物的品名、件数和包装。目的是掌握待装货物的特征、单件的重量、外形尺寸以及这些货物在搬运中应注意的问题。作业前,作业人员应该知道作业地点、货物品种、作业方式及安全注意事项。

3. 安排装卸

安排好相应的运输设备和装卸设备以及搬运工人。装卸工具要轻便坚固,符合安全生产要求。装卸组和机械包车组要配备必要的生产工具、安全用具和专用锁具。

4. 货物清点

对待装物认真检查核对待装物品名、件数,认真查看货物的标志、标签和货物包装,看有无受潮、玷污、受损等情况。

(二)装车前对装车能力进行认可

装卸作业人员应配合货运员检查以下内容。

(1)车门、钩链、槽轮、车窗、车底板是否完好,车内清洁状态及有无异味、异状。装车前,认真检查货车的车体(包括透光检查)、车门、车窗、盖阀是否完整良好,有无扣修通知、色票、货车洗刷回送标签或通行限制,车内是否干净,是否被毒物污染。

(2)机具、防护用品和防护信号安设情况。装卸作业前必须安设带有脱轨器的红色信号(昼间为红色方牌,夜间为红色灯光)。

(三)货物装车

1. 装车时的注意事项

装车时由货运员核对车号和货物后,装卸工人才能作业,并要核对件数,做到不错装、不漏装、巧装满载,防止偏重、超重,必要时对易磨损货件采取防磨措施,对怕污染的货物要采取有效隔离措施,棚车装载货件不要挤住车门,长大货物不堵车门,包装不合标准或破损不准装车。

2. 在货场内移动货物的要求

各车站应根据场地和机械性能限定机械在货场内的行驶速度(一般情况货场内不超过15 km/h、站台上不超过10 km/h)。各种机械横过铁路道口应有专人看守,要一慢二看三通过。禁止在车底下钻过或从车钩上翻越,严禁在钢轨上坐卧休息。

3. 装载货物的要求

(1)货物装载与加固的基本要求。必须保证能够经受正常的调车作业以及列车运行中所产生的各种力的作用,以便保证货物在运输的全过程中,不致发生移动、滚动、倾覆、倒塌或坠落等情况。

(2)货物装载的宽度与高度的要求。除另有规定外,不得超过机车车辆限界,或特定区段装载限制。

(3)装载货物的重量的要求。不得超过货车标记载重量,货物的重量应合理分布在车底板上,不得偏重。

(4)使用平车砂石车的装载要求。使用有端、侧板的平车、砂石车装载长度或宽度超出车底板的货物,可将端、侧板放下,需用铁线与车体捆绑牢固,不得影响提钩杆的正常使用和压住车钩。

(5)货车装载宽度的要求。一件货物宽度等于或小于车底板宽度时,允许突出端梁300 mm;当货物的宽度大于车底板的宽度时,允许突出端梁200 mm。超过此限时,必须使用游车。

(6)装载成件包装货物的要求。装载成件包装货物时,应排列紧密、整齐。当货物的高度或宽度超出侧板时,应层层压缝,四周货物倾向中间,并予加固(不得以篷布代替加固材料),两侧超出侧板的宽度应该一致。装载袋装货物,捆扎袋口应朝向内侧。装载轻浮货物时,除用绳索交叉捆绑外,对超出侧板的货垛四周或四角的货件,应用绳索串联一起捆绑牢固或在货车两端用挡板(壁)、支柱等加固。

(7)货物重心的要求。货物重心的投影应位于车底板的纵、横中心线的交叉点上,特殊情况下必须位移时,横方向位移不得超过100 mm,超过时,应采取配重措施。纵方向位移时,每个车辆转向架所承受的货物重量不得超过货车标记载重量的二分之一,并且两转向架承受重量之差不得大于10 t(另有规定者除外)。

(8)作业中的要求。作业中应随时注意货物堆码稳定状态,查看货物包装,禁止撕下标签。作业中要呼唤应答,发生、发现货物有异状、异味时要及时通知货运员编制记录。

(9)发现货物包装破损时的要求。在作业过程中发现货物包装破损无法继续运输时,应做好记录,通知货运员,征求处理意见。

(四)装车后的检查

(1)认真检查车门、车窗、盖、阀关闭状态和装载加固情况。货物装载加固的基本要求是使货物均衡、稳定、合理地分布在车地板上,不超载、偏载,不集重、偏重;能够经受正常调车作业以及列车运行中所产生各种力的作用,在运输全过程中,不发生移动、滚动、倾覆、倒塌或坠落等情况。

(2)按规定填制货车装载清单。

(3)需要施封的货车,按规定施封,并用直径3.2 mm(10号)铁线将车门门鼻拧紧。需要插放货车表示牌的货车,应按规定插放。

(4)对装载货物的敞车,要检查车门插销、底开门搭扣和篷布苫盖、捆绑的情况。

(五)施封

施封是指为了保证货物运输安全和完整,便于交接和责任的划分,在棚车、保温车、罐车和集装箱装完货物后,用施封锁、施封环或铅质封饼等施封专用物品,对车(门)或罐车的注、排油口进行封缄的过程。施封具有法律约束力和一定的技术要求,必须按规定办理。

1. 施封锁

施封锁分为FS型施封锁和FSP型施封锁,用于棚车、冷藏车的施封。

2. 施封环

施封环由"环盒"和"环带"两部分组成。

3. 铅质封饼

铅质封饼为杏核形,铅质封饼的直径 15 mm,厚 5 mm,在圆周的一侧有直径 3 mm 的圆孔两个,两孔间距为 2 mm。

4. 施封作业

发运货物在使用棚车、冷藏车、罐车和集装箱运输时,要按规定施封。

(六)敞车篷布苫盖

1. 苫盖前的检查

检查篷布质量是否完好,有无破洞、霉烂,是否具有防水性能;腰绳、边绳是否齐全;自备篷布是否有标记。

2. 苫盖作业的要求

先把折叠好的篷布放到货物顶部中心的货物上面,然后向前后左右铺开覆盖严密,整个上部不能积水,顶部要中高边低,呈屋脊型,并打好两端包角。装载不足时需使用篷布支架。货车的车号、车牌、表示牌、拉手、踏脚、手闸都要露在篷布外边。

3. 苫盖完毕,登记有关内容

在使用铁路篷布时,应将篷布号码、块数填记在铁路货物运单和发货单位内部的有关单、账上;在使用自备篷布时,应在铁路货物运单"托运人记载事项"栏标明"自备篷布"字样,在"铁路货车篷布号码"栏划"×"记号,在内部单账上填记篷布的号码和块数。

四、运费核算

装车完毕,托运人需要到车站结算运输费用。

(一)铁路运输费用的概念

铁路运输费用包括车站费用、运行费用、服务费用和额外占用铁路设备费用等。铁路货物运输费用由铁路运输企业使用"货票"和"运费杂费收据"核收,它由铁道部运价主管部门集中管理。

(二)铁路货运运费的计收依据

铁路货物运费的计收依据:常运铁路货物运价号表、铁路货物运价率表、电气化附加费费率表、新路新价均摊运费费率和建设基金费率表。

(三)铁路运费计收标准及程序

要正确的计算铁路运费,必须能够正确地查询和使用常见的货物运价号、铁路电气化区段表、铁路货物运输品名分类与代码表、铁路货物运价率表、货物运价里程表和铁路货运营运杂费费率表。

1. 确定运价里程

根据运单上填写的发站栏和到站栏,按照《铁路货物运价里程表》(见表2-37),计算出发站到到站的运价里程。计算货物运费的起码里程为 100 km。

2. 确定运价号

根据运单上填写的货物名称和运输种别查找《铁路货物运输品名分类与代码表》和《铁路货物运输品名检查表》(见表2-38),确定出适用的运价号。

表2-37 铁路货物运价里程表

	北京	天津	沈阳	长春	哈尔滨	济南	合肥	南京	上海	杭州	南昌	福州	石家庄	郑州	武昌	长沙	广州	南宁	西安	兰州	西宁	乌鲁木齐	成都	贵阳	昆明	太原	呼和浩特	银川
天津	137																											
沈阳	741	707																										
长春	1046	1012	305																									
哈尔滨	1288	1354	547	242																								
济南	497	360	1067	1372	1614																							
合肥	1074	973	1680	1985	2227	613																						
南京	1160	1023	1730	2035	2277	663	312																					
上海	1463	1326	2033	2335	2577	966	615	303																				
杭州	1589	1452	2159	2464	2706	1092	451	429	201																			
南昌	1449	1444	2151	2456	2689	1137	478	838	837	636																		
福州	2334	2197	2904	3209	3451	1837	1196	1174	1173	972	622																	
石家庄	277	419	1126	1431	1673	301	914	964	1267	1393	1293	1915																
郑州	689	831	1538	1843	2085	666	645	695	998	1124	927	1549	412															
武昌	1225	1367	1972	2277	2519	1202	1181	1231	1230	1029	391	1013	948	536														
长沙	1583	1725	2330	2635	2877	1560	1222	1200	1199	998	418	984	1306	894	358													
广州	2289	2431	3036	3341	3583	2151	1826	1804	1803	1602	1022	1588	2012	1600	1064	706												
南宁	2561	2703	3411	6313	3855	2538	2098	2076	2075	1874	1294	1860	2282	1870	1336	978	1334											
西安	1159	1301	1906	2211	2453	1177	1156	1206	1509	1635	1412	2389	923	511	1047	1405	2111	2383										
兰州	1811	1948	2552	2962	3099	1853	1832	1182	2185	2311	2088	3065	1599	1187	1723	2081	2787	3059	676									
西宁	2092	2235	2839	3144	3386	2069	2048	2098	2401	2527	2304	3281	1815	1403	1939	2297	3003	3275	892	216								
乌鲁木齐	3768	3911	4515	4820	5062	3745	3724	3774	4077	4065	4391	3957	3491	3079	3615	3973	4679	4951	2568	1892	2108							
成都	2042	2185	2789	3094	3336	2019	1998	2048	2351	2552	2239	2805	1765	1353	1737	1923	2527	1832	842	1172	1388	3026						
贵阳	2539	2681	3286	3591	3833	2516	2076	2054	2053	1852	1272	2262	1850	1850	1314	956	1560	865	1809	2139	2355	3993	967					
昆明	3178	3320	3925	4230	4472	3119	3098	2693	3069	2868	1911	2477	2489	2489	1953	1595	2199	1504	1942	2272	2488	4126	1100	639				
太原	514	650	1255	1560	1802	532	1145	1195	1498	1624	1944	2521	231	577	1179	1537	2243	2515	651	1327	1543	3219	1493	2460	2593			
呼和浩特	667	804	1408	1713	1955	1164	1777	1827	2130	2256	2256	3303	871	1362	1898	2256	2962	3234	1291	1144	1360	3036	2133	3100	3233	640		
银川	1343	1480	2084	2389	2631	1840	2002	2052	2355	2481	2258	3235	1547	1357	1893	2251	2957	3229	846	468	684	2008	1342	2309	2442	1316	676	

表2-38 铁路货物品名检查表

货物品名	运价号 整车	运价号 零担
磷矿石、磷精矿、磷矿粉	1	21
矿渣、铝矾土、砂、石料、砖、水渣、铁矿石、石棉、石膏、草片、石灰石、耐火黏土、金属矿石	2	21
粮食、稻谷、大米、大豆、粮食种子、食用盐、非食用盐、小麦粉、拖拉机、盐卤	2	22
麻袋片、化学农药、籽棉、石棉制品	2	24
活（禽、猪、羊、狗、牛、马）蜜蜂、养蜂器具	3	22
棉胎、絮棉、旧棉、木棉	3	24
煤炭、焦炭、生铁、木棉	4	21
氧化铝、氢氧化铝、酱腌菜	4	23
鲜冻肉、鲜冻水产品、鲜蔬菜、树苗、烟叶、干蔬菜、电极糊、放射性矿石	4	24
钢锭、钢坯、钢材、钢轨、有色金属、水泥、水泥制品、金属结构及构件	5	22
石制品、玻璃、装饰加工板、胶合板、树脂、塑料、食糖、鲜冻蛋、鲜冻奶、死禽、死畜、死兽、鲜瓜果、奶制品、肉制品、蛋制品、罐头、花卉、油漆、颜料、涂料、橡胶轮胎、调味品、酒、膨化食品、卷烟、纸及纸板、中成药	6	24
金属工具、塑料薄膜、洗衣粉、牙膏、搪瓷制品、肥皂、化妆品	7	24
洗衣机	8	22
电冰箱、电子计算机及其外部设备	8	23
工业机械、医疗器械、自行车、汽车、仪器、仪表、电力设备、灯泡、灯管、电线、电缆、电子管、显像管、磁带、电视机、钟、表、定时器、衡器	8	24
原油、汽油、煤油、柴油、润滑油、润滑脂	8+20%	24
挂运与自行的铁道机车、车辆及轨道机械	9	—

3. 确定基价

整车零担货物按照货物适用的运价号，集装箱货物根据箱型，冷藏车货物根据车种，分别在《铁路货物运价率表》(见表2-39)中查出适用的发到基价和运行基价。

表2-39 铁路货物运价率表

办理类别	货价号	发到基价 单位	发到基价 标准	运行基价 单位	运行基价 标准
整车	1	元/吨	4.60	元/(吨·公里)	0.0212
	2	元/吨	5.40	元/(吨·公里)	0.0243
	3	元/吨	6.20	元/(吨·公里)	0.0284
	4	元/吨	7.00	元/(吨·公里)	0.0319
	5	元/吨	7.90	元/(吨·公里)	0.0360
	6	元/吨	8.50	元/(吨·公里)	0.0390
	7	元/吨	9.60	元/(吨·公里)	0.0437
	8	元/吨	10.70	元/(吨·公里)	0.0490
	9	元/吨		元/(吨·公里)	0.1500
	冰保	元/吨	8.30	元/(吨·公里)	0.0455
	机保	元/吨	9.80	元/(吨·公里)	0.0675

(续表)

办理类别	货价号	发到基价		运行基价	
		单位	标准	单位	标准
零担	21	元/吨	0.087	元/(吨·公里)	0.000365
	22	元/10千克	0.104	元/(10千克·公里)	0.000438
	23	元/10千克	0.125	元/(10千克·公里)	0.000526
	24	元/10千克	0.150	元/(10千克·公里)	0.000631

4. 确定运输计费重量

根据运输种别、货物名称、货物重量与体积确定计费重量。

(1) 整车货物运输计费重量的确定

整车货物除下列情况外,均按货车标记载重量计算运费。以吨为单位,吨以下四舍五入。货物重量超过标记载重量时,按货物重量计算。

① 使用矿石车、平车、砂行车,经铁路局批准装运《铁路货物运输品名分类与代码表》"01、0310、04、06、081"和"14"类货物按照40 t计费,超过时按货物重量计费。

② 用冷藏车装运货物时,计费重量按照相关的规定进行计算。货物重量超过规定的计费重量的,按照货物重量计费;加冰冷藏车不加冰运输时,按冷藏车标重计费。

③ 使用自备冷藏车装运货物时按60 t计费。使用标重低于50 t的自备罐车装运货物时按50 t计费。

④ 标重不足30 t的家畜车,计费重量按30 t计算。

⑤ 车辆换长超过1.5的货车(D型长大货物车除外)而未明定计费重量的,按其超过部分以每米(不足1 m的部分不计)折合5 t和60 t相加之和计费。

(2) 零担货物运输计费重量的确定

按一批办理的零担货物,其起码计费重量为100 kg。零担货物的计费单位是10 kg,不足10 kg的进为10 kg。每项运费的尾数不足1角时,按四舍五入处理;每项杂费不满1个计算单位的,均按一个计算单位计算。零担货物的起码运费每批为2元。

5. 计算铁路基本运费

根据货物适用的发到基价,加上运行基价与货物的运价里程,再与确定的计费重量(集装箱为箱数)相乘,计算运费。铁路基本运价的计算方法如表2-40所示。

表2-40 铁路基本运价的计算

种 类	计 算 公 式
整车货物运价	整车货物每吨运价=发到基价+运行基价×运行公里
零担货物运价	零担货物10 kg运价=发到基价+运行基价×运行公里
集装箱货物运价	集装箱货物每箱运价=发到基价+运行基价×运行公里

【注意】 运输超限货物时,发站应将超限货物的等级在货物运单中"货物名称"栏内注明,并按以下规定计费:一级超限货物按运价率加50%;二级超限货物按运价率加成100%;超级超限货物按运价率加150%;需要限速运行(不包括仅通过桥梁、隧道、出入站线限速运行)的货物,按运价率加150%计费。

6. 计算附加费

货物运输通过电气化铁路区段的要增加电气化附加费；通过铁路新路区段要增加新路新价均摊运费；同时还要计算铁路建设基金。以上三项费用构成了铁路运费的附加费。如果没有通过电气化区段，也没有通过铁路新路区段则不需要计算电气附加费和新路新价均摊费。铁路附加费的计算方法如表2-41所示。

表2-41 铁路附加费的计算方法

附加费	计算方法
电气化附加费的计算	货物运输通过电气化铁路区段要增加电气化附加费。计算公式为： 电气化附加费＝费率×计费重量（箱数或轴数）×电气化里程 （电气化区段里程表见表2-42、铁路电气化附加费费率表见表2-43）
新路新价均摊运费的计算	货物运输通过铁路新路区段的要增加新路新价均摊运费。其计算公式为： 新路新价均摊运费＝均摊运费率×计费重量（箱数或轴数）×运价里程 （新路新价均摊运费费率见表2-44）
铁路建设基金的计算	计算公式为：建设基金＝费率×计费重量（箱数或轴数）×运价里程 （铁路建设基金费率表见表2-45）

7. 计算各种杂费

杂费按《铁路货物运价规则》（简称《价规》）的规定核收（铁路货运营运杂费费率表见表2-46）。

（1）铁路货物装卸搬运作业费收费项目分整车、零担、集装箱、杂项作业4种。各地区、各车站按其实际发生的项目和铁道部规定的费率标准核收。

（2）计算装卸搬运费重量

杂费按《价规》中的规定计算。每项杂费不满1个计算单位，均按1个计算单位计算。整车货物以"吨"为单位，吨以下四舍五入；零担货物以10 kg为单位，不足10 kg进为10 kg；集装箱货物以箱为单位。

（3）货物堆放地点与车辆的最大距离

整车、零担货物为30 m，集装箱货物为50 m。人力装卸堆放于仓库和雨棚以外的货物、整车包装成件货物的装车距离为20 m，散堆装货物除木材、毛竹、草秸类货物重复装车为20 m外，其他货物均为6 m。凡超过上述规定的装卸距离，其超过部分按搬运处理。

（4）货物快运费按《货物运价率表》规定的该批货物运价率的30%计算核收。

（5）计算专用线取送车费的里程，应自车站中心线起算，到交接地点或专用线最长线路终端止，里程往返合计，取车不另收费。

（6）其他运输费用。根据货物运输的需要，按《价规》的规定，核收货物快运费。铁路国际联运货物、水陆联运货物、军事运输货物，分别按有关规定收取。

8. 总运输费用

将运费、附加费和杂费加在一起即得到总的运输费用。

为适应市场需要，铁道部于1999年9月在全国各集装箱办理站间实行了"一口价"运输：托运人在发站一次付费就包含了从进火车站卸卡—装火车—经铁路运输—到站卸火车—装卡全过程的所有费用，收货人不必再支付费用。

表 2-42 电气化区段里程表

序号	线名	电化区段	区段里程	序号	线名	电化区段	区段里程
1	京山线	秦皇岛—山海关	16	24	焦柳线	月山—关林	129
2	丰台西线	丰台—丰台西	5	25	怀化南线	怀化—怀化南	4
3	京承线	丰台—双桥	43	26	宝成线	宝鸡—成都东	673
4	京秦线	双桥—秦皇岛	280	27	阳安线	平阳关—安康	357
5	京包线	沙城—大同	252	28	成渝线	成都东—重庆	500
6	大秦线	韩家岭—柳村南	652	29	川黔线	小南海—贵阳南	438
7	段大线	段甲岭—大石庄	7	30	贵昆线	贵阳南—昆明西	644
8	丰沙线	丰台—沙城	104	31	漳州线	郭坑—漳州	11
9	京广线	丰台—武昌南	1221	32	包兰线	石咀山—兰州西	581
10	京广线	郴州—韶关	153	33	太岚线	太原北—镇城底	55
11	孟宝线	孟庙—平顶山东	64	34	口泉线	平旺—口泉	10
12	石太线	石家庄—太原北	251	35	宝中线	虢镇—迎水桥	502
13	北同蒲线	大同—太原北	347	36	干武线	干塘—武威南	172
14	玉门沟线	太原北—玉门沟	22	37	汤鹤线	汤阴—鹤壁北	19
15	太焦线	长治北—月山	153	38	马滋线	马头—新坡	12
16	汉丹线	襄樊—老河口东	57	39	候月线	侯马北—翼城东	50
17	襄渝线	老河口东—小南海	850	40	平汝线	平罗—大武口	11
18	鹰厦线	鹰潭—厦门	694	41	成昆线	成都—昆明东	1108
19	湘黔线	株洲北—贵定	821	42	小梨线	小南海—梨树湾	23
20	黔桂线	贵定—贵阳南	68	43	西重线	西永—重庆	24
21	陇海线	郑州北—兰州西	1192	44	胡大线	胡东—大同东	21
22	兰新线	兰州西—武威南	279	45	渡口线	三堆子—密地	10
23	西固城线	兰州西—西固城	21				

表 2-43 铁路电气化附加费费率表

种类	项目	计费单位	费率
	整车货物	元/(吨·公里)	0.012
	零担货物	元/(10千克·公里)	0.00012
	自转运转货物	元/轴公里	0.036
集装箱	1吨箱	元/箱公里	0.0072
	5、6吨箱	元/箱公里	0.06
	10吨箱	元/箱公里	0.1008
	20英尺箱	元/箱公里	0.192
	40英尺箱	元/箱公里	0.408
空自备箱	1吨箱	元/箱公里	0.0036
	5、6吨箱	元/箱公里	0.03
	10吨箱	元/箱公里	0.0504
	20英尺箱	元/箱公里	0.096
	40英尺箱	元/箱公里	0.204

表 2-44 新路新价均摊运费费率表

种类	项目	计费单位	费率
	整车货物	元/(吨·公里)	0.0011
	零担货物	元/(10千克·公里)	0.0000111

(续表)

种类	项目	计费单位	费率
	自转运转货物	元/轴公里	0.0033
集装箱	1 吨箱	元/箱公里	0.00066
	5、6 吨箱	元/箱公里	0.0055
	10 吨箱	元/箱公里	0.00924
	20 英尺箱	元/箱公里	0.00176
	40 英尺箱	元/箱公里	0.00374
空自备箱	1 吨箱	元/箱公里	0.00033
	5、6 吨箱	元/箱公里	0.00275
	10 吨箱	元/箱公里	0.00462
	20 英尺箱	元/箱公里	0.0088
	40 英尺箱	元/箱公里	0.0187

表 2-45　铁路建设基金费率表

项目种类	计费单位	农药	磷矿石棉花	其他货物
整车货物	元/(吨·公里)	0.109	0.028	0.033
零担货物	元/(10 千克·公里)	0.00019	0.00033	0.00033
自轮运转货物	元/轴公里	0.099	0.099	
集装箱 1 吨箱	元/箱公里		0.0198	
5、6 吨箱	元/箱公里		0.165	
10 吨箱	元/箱公里		0.2772	
20 英尺箱	元/箱公里		0.528	
40 英尺箱	元/箱公里		1.122	
空自备箱 1 吨箱	元/箱公里		0.0099	
5、6 吨箱	元/箱公里		0.0825	
10 吨箱	元/箱公里		0.1386	
20 英尺箱	元/箱公里		0.264	
20 英尺箱	元/箱公里		0.561	

表 2-46　铁路货运营运杂费费率表

序号	项目		单位	费率
1	过秤费	整车轨道衡	元/车	30.00
		整车普通磅秤	元/吨	4.00
		零担	元/百千克	0.40
		1 吨箱	元/箱	1.50
		5、6 吨箱	元/箱	7.50
		10 吨箱	元/箱	15.00
		20 英尺箱	元/箱	30.00
		40 英尺箱	元/箱	60.00

(续表)

序号	项 目			单 位	费率
2	表格材料费	运单	普通货物	元/张	0.10
			水陆联运货物	元/张	0.20
			国际联运货物	元/张	0.20
		货签	纸制	元/个	0.10
			其他材料	元/个	0.20
		危险货物包装标志		元/个	0.20
		物品清单		元/张	0.10
		施封锁材料费(承运人装车、箱的除外)		元/个	1.50
3	冷却费			元/吨	20.00
4	长大货物车使用费	标重不足180吨	不超重	元/(吨·公里)	0.25
			一级超重	元/(吨·公里)	0.30
			二级超重	元/(吨·公里)	0.35
		标重180吨以上	不超重	元/(吨·公里)	0.30
			一级超重	元/(吨·公里)	0.35
			二级超重	元/(吨·公里)	0.40
			超级超重	元/(吨·公里)	0.60
5	长大货物车空车回送费			元/轴	300.00
6	取送车费			元/车公里	6.00
7	机车作业费			元/半小时	60.00
8	货车中转技术作业费			元/吨(每满250公里)	0.05
9	押运人乘车费			元/人百公里	3.00
10	货车篷布使用费	500公里以内		元/张	50.00
		501公里以外		元/张	70.00

五、填制货票

(一)填写运输凭证

托运人填写"领货凭证",领货凭证各栏(包括印章加盖与签字)应与运单相应各栏记载内容保持一致。领货凭证如表2-47所示。

表2-47 领货凭证

领货凭证			领货凭证(背面)
车种及车号			收货人领货须知:
货票第　号			1. 收货人接到托运人寄交的领货凭证后应及时与到站联系,领取货物。
运到期限　　日			2. 收货人领取货物的时间别超过免费暂存期限时,应交规定支付货物暂存费。
发站			3. 收货人在到站领取货物,如货物未到时,应要求到站在车证背面加盖车站戳证明货物未到。
到站			
托运人			
收货人			
货物名称	件数	重量	
托运人盖章或签字			
发站承运日期			
注:收货人领货须知见背面			

（二）填制货票

铁路货票是铁路承运人开具的运费结算单据。车站货运室根据装车后送来的货物运单，填制"货票"，它是一种具有财务性质的货运费票据，制好货票后，货运室在领货凭证、货票和货物运单上加盖发站承运日期戳，然后将领货凭证、货票丙联（报销用）连同货物运单（其中一份）一起交给托运人。托运人将领货凭证和货物运单寄交收货人。货票一式四联：甲联留发站存查；乙联为报告联，由发站送交发局，是各项统计工作的依据；丙联为承运证，发站收清运输费用后交托运人报销用；丁联为运输凭证，随同运单和货物递至到站，由到站存查。铁路局货票的式样如表 2-48 所示。

表 2-48　铁路货物运输的货票（甲联）

××铁路局

计划号码或运输号码			货票			甲联	
货物运到期限　　　日			发站存查			A00001	
发站		到站（局）		车种车号	货车标重	承运人/托运人装车	
托运人	名称			施封号码		承运人/托运人施封	
	住址		电话	铁路货车篷布号码			
收货人	名称			集装箱号码			
	住址		电话	经由		运价里程	
货物名称	件数	包装	货物重量（千克）	计量重量	运价号	运价率	现付
			托运人确定	承运人确定				费别	金额
							运费	
							装费	
							取送车费	
							过秤费	
合计							
记事						合计	

发站承运日期戳

六、途中作业

在货物运输途中进行的各项作业，主要包括货物的交接检查、货物运输变更以及货物的换装和整理等业务活动。

为了保证货物运输的安全和质量，划清运输责任，运输中的货物（车）应由车站人员和列车乘务员之间或列车乘务员相互之间，在铁路局或分局指定的地点、时间办理货物的交接检查。

货物运输变更是指发货人或收货人由于特殊原因，对铁路车站承运后的货物，按批向货物所在的中途站或到站提出变更到站、变更收货人，以及发货人在货物发送前向发站提出取消托运。铁路车站不办理：违反政令限制、违反货物流向、运输限制的变更；按规定重新计算的货物运到期限大于容许运输期限的变更；到站的重复变更。托运人或收货人要求变更时，应提出领货凭证和货物运输变更要求书。

在货物运输过程中,如发现装载偏重、超重、发生撒漏;货车因技术状态不良,经车辆部门扣留不能继续运行;货物装载状态有异状,加固材料折断、损坏;货车违反乘务区段的通行限制等情况,发现车站(或指定站)应进行换装或整理。

七、到达交付作业

(一) 货物到达查询

托运人在将货物托运后,将"领货凭证"寄交收货人。收货人接到"领货凭证"后,及时向到站联系货物的到达情况。

承运人组织卸车的货物,到站应不迟于卸车结束的次日内,用电话或书信向收货人发出催领通知并在货票内记明通知的时间和方法。有条件的车站可采用电报、挂号信、长途电话等通知方法,收货人也可以与到站商定其他通知方法。采用电报等或者商定的方法通知的,车站应当按实际支出向收货人核收催领通知费用。

收货人在到站查询所领取的货物未到时,到站应该在领货凭证背面加盖车站日期戳证明货物未到。

(二) 到货领取

领取货物必须凭"领货凭证"和相关证件到货运室办理货物领取手续。收货人为个人的,还应有本人证件(户口簿或身份证);收货人为单位的,应有单位出具所领货物和领货人姓名的证明文件及领货人本人身份证。

对于不宜长期保管的货物,承运人应根据具体情况可缩短通知和处理期限。

如果收货人不能提供"领货凭证",收货人必须持收货人所在单位开具提货证明和收货人的证件;单位持本单位证明文件,证明文件上必须详细说明发站、票号、托运人、品名、件数、重量并附有本单位营业执照副本复印件。当委托他人代领时,代领人必须携带"领货凭证"、证明委托的介绍信及代领人本人身份证。

(三) 免费保管期

到达铁路车站的货物,可以在铁路车站免费存放 24 小时。免费存放期限自铁路车站发出到货催领通知的次日(或卸车的次日)零点起计算。当收货人领取货物超过免费暂存期限时,应按规定支付货物暂存费。

(四) 无主货的处理

无主货是指从承运人发出催领通知次日起(不能实行催领通知时,从卸车完了的次日起),经过查找,满 30 日(搬家货物满 60 日)仍无人领取的或者收货人拒领的货物,托运人又未按规定期限提出处理意见的货物,可按"关于港口、车站无法交付货物的处理办法"的有关规定处理。无主货应及时收集和整理,集中专库保管,不准以货车或集装箱代库;应指定专人负责,账物相符,妥善保管。

(五) 整车货物的交接

1. 卸车工作

(1) 卸车前,认真检查车辆、篷布苫盖、货物装载状态有无异状,施封是否完好。

(2) 卸车时，必须核对运单、货票、实际货物，保证运单、货票、货物"三统一"。要认真监卸，根据货物运单清点件数，核对标记，检查货物状态。对集装箱货物应检查箱体，核对箱号和封印。严格按照《铁路装卸作业技术管理规则》及有关规定作业，合理使用货位，按规定堆码货物。发现货物有异状，要及时按章处理。

(3) 卸车后，应将车辆清扫干净，关好车门、车窗、阀、盖，检查卸后货物安全距离，清好线路，将篷布按规定折叠整齐，送到指定地点存放。对托运人自备的货车装备物品和加固材料，应妥善保管。

卸下的货物登记"卸货簿"(格式四)、"集装箱到发登记簿"或具有相同内容的卸货卡片、集装箱号卡片。在货票丁联左下角记明卸车日期。

2. 收货人到站交接货物

(1) 施封的货车，凭封印交接。

(2) 不施封的货车、棚车和冷藏车凭车门窗关闭状态交接，敞车、平车、砂石车不苫盖篷布的，凭货物装载状态或规定标记交接，苫盖篷布的凭篷布现状交接。

2.5 提升与拓展

拓展学习

【例题 1】 沈阳发到大连的原煤一车，使用一辆 60 吨的棚车装运。计算此次货物的运输费用。

1. 分析

由于货物使用一辆 60 吨的棚车装运，故此批货物应按整车运输计算运费。计算运费的关键是确定计费里程、整车货物运价、计费重量和其他费用。

2. 操作

第一步：经查铁道部核发的《铁路货物运价里程表》，沈阳至大连的营运里程为 397 千米。

第二步：经查《铁路货物运输品名分类与代码表》，原煤的运价号为 4，对应的整车发到基价为 9.6 元/吨，运行基价为 0.0484 元/(吨·千米)。

第三步：由于整车货物每吨运价＝发到基价＋运行基价×运价里程，

所以，此次运输的运价为：9.6 元/吨＋0.0484 元/(吨·千米)×397 千米＝28.8148 元/吨

第四步：整车货物运输时，一般按货车的标重计算运费，故本批货物的计费重量为 60 吨，运费为：(9.6＋0.0484×397)元/吨×60 吨＝1728.9 元

第五步：经查证，本次运输未经过电气化区段和新路区段，所以只收取铁路建设基金，具体为：0.033 元/(吨·千米)×60 吨×397 千米＝786.06 元

由此，可以得出本次货物的运输费用总额为：(1728.9＋786.06＝2514.96)元≈2515 元

【例题 2】 有一批纺织品总重为 56 吨，从上海火车站发往广州站。其中 48 吨百货，用

标重 50 吨棚车以整车运输,剩余 8 吨以零担运输。请计算此批纺织品的运费。其中有关数据见下表:

上海至广州的运价里程/km	铁路运价分号表	铁路运价分号表
1816	整车 5 号	零担 22 号
	运价率 92.55 元/吨	运价率 1.335 元/10 千克

计算过程及步骤如下:
1. 确定运价里程:1 816 km。
2. 确定运价分类:整车 5 号,零担 22 号。
3. 确定运价率:整车 92.55 元/吨,零担为 1.335 元/10 千克。
4. 确定计量数值:整车按标重为 50 t,零担实重 8 t 即 8 000 千克。
5. 计算运费。
(1) 整车运费=计费重量×整车运价率=50 吨×92.55 元/吨=4627.5 元
(2) 零担运费=计费重量÷10×零担运价率=8 000 千克÷10 千克×1.335 元=1 068 元
(3) 总运费=整车运费+零担运费=4627.5 元+1068 元=5695.5 元

案例分析

丰田整车对流物流

丰田公司虽然一直致力于控制成本,但是整车物流成本目前仍是居高不下,存在着车辆空驶率高,单程运输却要支付往返价格的问题,这是造成丰田汽车整车物流成本居高不下的原因之一;此外,丰田在中国的两大汽车企业,一汽丰田和广汽丰田各自建立仓库及运输网络,企业间缺乏有效合作,出现了重复建设,相互竞争的局面。

丰田公司在中国合资建立的一汽丰田和广汽丰田现有的整车物流运作模式:(1)主机厂既是整车物流活动的组织者,又是整车物流活动的管理者。物流公司在整个活动中基本上只是进行将商品车运送到销售店的搬运作业,主机厂作为物流公司与销售店沟通的信息桥梁,进行统一的组织和协调,物流公司与销售店仅有简单的单项运输作业。(2)介于完全的自主物流模式和完全外包的物流模式之间的一种物流模式。

这种业务关系模式在运作初期取得了较好的效果:主机厂对于整车物流作业拥有完全的控制权,在整车物流活动中可以进行整体的控制和把握,使得主机厂具有较大的自主权,不像第三方那样的被动,也不是完全自主那样的劳神费力。主机厂作为物流运输商和销售店沟通的桥梁,可以及时获取信息,把握运输过程。

一、国内现阶段整车物流模式的弊端

各主机厂仅从自身的利益出发,建设运输与仓储网络,加重了主机厂的资金负担。对于物流运输商来说,必须按照主机厂的组织来安排整车物流作业,无法与其他企业进行有效合作,实现对流运输,因此制约了物流运输商对于整车物流整体资源的利用率,从而使得空驶率较高。主机厂作为物流运输商和销售店沟通的桥梁,可以及时获取信息,把握运输过程。

但是物流运输商与销售店之间缺乏直接有效的沟通,必须要经过主机厂这一环节,延迟了信息的传递,降低了物流服务质量。

整车物流对流系统既包含有物流设施、设备和信息资源,也包括物流客户,服务网络,涉及公路、铁路、码头等建设。

整车物流对流系统的实现,首先依赖于一汽丰田和广汽丰田,改变双方利益竞争的传统观念,在整个物流范围内建立起共同协作的伙伴关系,通过联合、规划和运作,优化企业内部资源和社会资源,形成高度整合的整车物流网络体系,合理配置资源,降低运输的空驶率,提高效率。

二、整车物流运输方式分析

1. 公路运输

目前丰田主机厂最主要的运输方式,这种运输方式将商品车直接开上拖挂车,分层摆放。

这种模式的特点是:可以实现门到门的服务;按照丰田现在的运输要求,以6台商品车为一台拖车的运输量,只要达到6台,就可以进行运输作业;现有的运输网络已经形成了一定的格局,对于资源的互换可以进行较好的控制;运输的过程比较容易控制。发展的时间比较久,技术管理水平比较高。公路运输也面临着很多的问题:油价一直不断的上涨;过路过桥费的高涨;拖车因三超问题罚款严重。

2. 水运运输

除了公路整车运输外,丰田还采用了水运方式,水运整车物流方式分为集装箱物流与滚装船物流两种模式。集装箱模式基本上与公路运输模式相似,区别是将商品车开进集装箱封闭运输。丰田在国内采用的水运方式为滚装船模式,滚装船模式是最为经济的一种运输方式,由轮船公司打造具有滚装作业功能的船舶,停靠码头后通过后艇伸出的桥板,商品车可以直接开上船,进行分层、分位摆放的水路运输方式,它具有装卸方便,运输量大,成本低等特点。

在丰田实际的整车物流运输过程中,公路运输和水运这两种方式各自具有其优缺点。采用水运与公路短驳运输相结合的方式,对于物流成本有较好的控制,但是因为船运受天气等因素影响较大,对于商品车的运输时间不能很好地控制,同时装载和卸车次数都有所增加,发生事故的概率较大,对于商品车的安全品质保证率较低。

3. 铁路运输

目前丰田在国内的整车物流运输主要还是以公路运输为主,部分运输采用水运,铁路运输方式尚未运用。铁路运输安全性较高,在长距离运输中具有很大的优势,可是铁路整车物流中存在的以下几个问题:市场化程度不高,传统的运输观念相对滞后;要修建运输专线到达主机厂,基础设施建造成本高;需要进行短驳运输,多次的装卸,安全品质方面存在的隐患较大;运输火车受节假日的影响,不能对运力进行保证。

丰田暂时还未采用此种方式,但是随着整车物流发展,此种方式也得到了快速的发展。

铁路运输即采用整车物流的火车专列来进行铁路运输的模式,这种模式下商品车可以直接开到特制的多层车厢上,火车一般采用专列模式运行,整列列车的运输量相当可观,具有较大的规模经济效应。我国铁路拥有基本覆盖全国的设施网络、信息网络和经营网络,对于大批量、远距离的物流运输具有明显的技术经济优势,在各主要货流方向能提供强大的通道运输能力。

综上分析,现代整车物流在效率、成本、服务三个方面提出了更高的要求。因此,丰田对于整车物流的运作过程中应该根据不同的运输对象、不同的运输距离采取不同的运输方式。综合利用陆运,水运,铁路运输这几种方式,进行有效的组合,从而提高使用效率,降低物流成本,成为整车运输中的一个重要环节。公路、水路、铁路三种运输方式,虽然各行业间存在着激烈的竞争,但由于不同的特性和分属不同空间领域,又有着天然的合作互补性。在丰田整车物流对流系统中,现行水路运输就对公路运输做了很好的补充,虽然铁路运输方式还没有在该系统中使用,但随着中国铁路的发展,相信这种方式很快也会进入到丰田整车物流对流系统中,合理利用公路、水路、铁路三种运输方式,相互补充,合理规划,提高物流效率,降低物流成本。

三、构建整车物流对流系统网络

丰田之所以携手一汽和广汽,主导完成组建合资物流公司,正是出于提高物流效率的考虑。从地缘分布上可以发现,一汽丰田现有的天津、长春和成都3个生产基地,都处于中国的北部和西部内陆地区,而广汽丰田所处的广州却在中国南端,二者距离遥远,正好具有地理互补性。

从当前实际看,丰田的整车运输方式中,大部分还是采用公路运输,部分采用水路运输的物流模式。根据丰田现有情况,可将整车物流网络划分为公路运输网络和水路运输网络。

公路运输南北对流的实现,首先是以两个主机厂为基点,根据地理位置确定可以实施对流的运输路线,短途运输一般采用拖车将商品车运送到销售店后直接空车返回主机厂,长途运输中,没有条件进行对流运输的路线,拖车将商品车运送到销售店后直接返回主机厂,对有条件的设计运输路线,实施对流运输。

这样无论是北方到南方,还是南方到北方,通过运输路线的合理规划,就可以实现来回都是载重运输,减少了空驶的距离,从而降低了物流成本。

丰田整车物流的运输网络是根据销售网络建立的。丰田的销售模式是丰田主机厂根据销售和服务规模,在全国各地以丰田模式建立汽车特约销售服务店网络,通过该网络,开展广州丰田汽车的销售和售后服务。整车物流网络根据销售店的地理位置,设计丰田整车物流对流系统的网络,将运输区域划分为东北、华北、华东、华南、西南、西北六个地区。

在一汽丰田的物流网络中,华东和华南两个区域为水路运输模式,东北、华北、西南、西北采用公路运输。而在广汽丰田的运输区域里,采用水路运输的区域为华北和东北,采用公路运输的为华南、西南、西北,华东作为一个特殊区域,同时使用公路和水路运输两种模式。

丰田对流系统中的水运主要依靠上海港、天津港、南沙港三个实现对流。一汽丰田的商品车从天津港出发后,分为两条航线,一条直接到达上海港,然后由一汽丰田管理下的物流公司进行华东区域销售店商品车的公路短驳运输,另一条是直接到达南沙港,然后由广汽丰田管理下的物流公司进行华南区域的公路短驳运输。广汽丰田的商品车从南沙港出发后,先到达上海港,卸下华东区域的商品车后,继续驶向天津港,然后从天津港开始华北和东北区域的公路短驳运输。

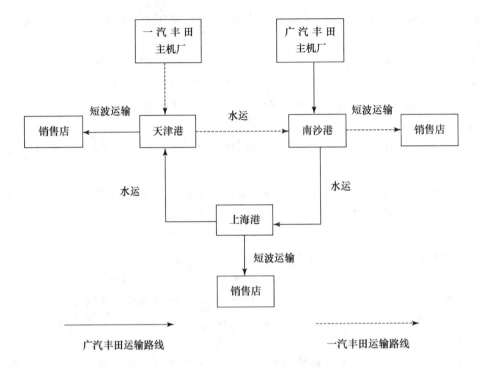

对流运输系统的设施条件

丰田在公路运输形成一定的物流网络后,水运的规模和数量也在逐渐地扩大,需要进一步加强港口基础设施建设,进一步提升港口功能,提高服务水平。码头和仓储是水运的主要配套设施。码头是联系水路和陆路的纽带,没有码头靠泊,车辆的装卸、车船的对接,水路的一体化运输就不可能实现。仓储则扮演着商品车集散中心、中转中心和配送中心的角色。

丰田公司、从在中国开始组建合资公司开始,就将水运作为其运输方式中的一种,并一直处于持续的建设和发展中。现在丰田国内商品车的运输航线主要为上海,天津,广州三点之间的运输,港口基础设施不断的兴建和完善,使得这种运输模式得以实现和发展。

四、物流信息平台的建立

一汽丰田和广汽丰田共同使用G-YNS系统,因此在信息平台的建立上,已经具有了先天的优势,可依据现有的系统,进一步开发研究信息共享平台。为了丰田整车物流对流系统的实施,基于G.YNS系统平台上所要开发的功能主要包含四个方面。

1. 运营管理

仓库管理:对入库车辆停车定制管理。实施入库车辆登记,分类统计商品车状态,如仓库各区域的可存放量、库存总量、各区域利用率等。

配车计划管理:对商品车出库、装船港口、到达港口、公路运输、水路运输、铁路运输进行计划管理,输出运输指令。

在途监控管理:移动过程中GPS配合监控,如行驶路线、时间等。

交付认证管理:到达日以后进行时间、数量确认,回收发运信息,实施交车确认。

2. 支付请求

公路、水路运费支付管理。根据设定条件对公路、水路运输费用分别进行统计与支付显示。对公路运输支付请求确认,根据不同区域、数量分类合计支付金额。

3. 各种文档登记及管理

将系统内信息根据功能进行分类,主要分为客户管理文档、业务员管理文档、驻外办事处管理文档、承运商管理文档、费用支付管理文档。

4. 报表处理功能

将系统内信息自动生成各类报表,方便使用,主要为入库车辆日报、月报数据汇总,仓库收发报表管理。通过信息平台的建立,提供物流需求的双方信息,开展合作业务,促进整车资源的有效整合。

(资料来源:http://wenku.baidu.com)

请分析

请你为丰田提出一套"如何构建整车物流对流系统网络"的方案。

2.6 自我测试

理论测试题

一、单选题

1. 托运批量大小可分为整车运输、(　　)、集装箱运输和包车运输。
   A. 分散运输　　B. 零担运输　　C. 单边运输　　D. 短途运输
2. (　　)是车辆设计的最大重量,一般在车辆铭牌或显示牌上标明。
   A. 组合总重　　B. 车轴重量　　C. 最大限重　　D. 装货重量
3. 普通货物运价实行分等计价,以一等货物为基础,二等货物加成(　　)。
   A. 15%　　　　B. 20%　　　　C. 30%　　　　D. 50%
4. 普通货物运价实行分等计价,以一等货物为基础,三等货物加成(　　)。
   A. 15%　　　　B. 20%　　　　C. 30%　　　　D. 50%
5. 整车货物的运输变更通常是货物托运人或收货人对运输中的货物因特殊原因对运输提出的变更要求,其中(　　)即已开始装车或正在装车,但尚未起运。
   A. 取消运输要求　　B. 停止装运　　C. 中途停运30%　　D. 变更到达站
6. 整车货物的运输变更通常是货物托运人或收货人对运输中的货物因特殊原因对运输提出的变更要求,其中(　　)即货物已经申请托运,但尚未装车。
   A. 取消运输要求　　B. 停止装运　　C. 中途停运30%　　D. 变更到达站
7. 整车货物的运输变更通常是货物托运人或收货人对运输中的货物因特殊原因对运输提出的变更要求,其中(　　)即在车辆运输所经过的站别范围内或在原运程内变更。
   A. 取消运输要求　　B. 停止装运　　C. 中途停运30%　　D. 变更到达站

8. (　　)是发货人托运货物的原始单据。
   A. 发票　　　　　B. 货票　　　　　C. 货物托运单　　　　D. 保险单
9. 货物交付作业不包括(　　)。
   A. 清点监卸　　　　　　　　　　　B. 检查货票
   C. 收货人开具证明、签收　　　　　D. 押运
10. 指挥汽车整车运输运行的命令和口头指示,只能由(　　)发布。
    A. 老板　　　　　B. 驾驶员　　　　C. 调度员　　　　　D. 任何人
11. 整车货物运输业务流程的第一步是(　　)。
    A. 受理托运　　　B. 调度员调度车辆　C. 验货　　　　　D. 押运
12. 货运合同的当事人有(　　)。
    A. 承运方、代理方、收货方　　　　B. 承运方、托运方、收货方
    C. 承运方、托运方、装卸公司　　　D. 承运方、代理方、装卸公司
13. 需要次月集中审定的"铁路货物运输服务订单",托运人应于每月(　　)日前向铁路提报。
    A. 5　　　　　　B. 15　　　　　　C. 19　　　　　　D. 25
14. 铁路整车货物与以整车形式运输的集装箱货物使用(　　)作为的货运合同。
    A. 经审定的订单和运单　　　　　　B. 订单
    C. 货票　　　　　　　　　　　　　D. 运单
15. 铁路运输中,必须按整车托运的货物是(　　)。
    A. 电视机　　　　B. 服装　　　　　C. 汽车　　　　　D. 煤碳

二、多选题

1. 下列属于公路运输杂费的是(　　)。
   A. 调车费　　　　B. 延滞费　　　　C. 检验费
   D. 装卸费　　　　E. 保管费
2. 铁路整车发送作业流程环节需要的凭证包括(　　)。
   A. 货运单　　　　B. 货车调送单　　C. 装车工作单　　D. 货物承运簿
3. 整车货物运输的过程由(　　)组成。
   A. 运输准备过程　　　　　　　　　B. 基本运输过程
   C. 辅助运输过程　　　　　　　　　D. 运输服务过程
4. 整车货运过程一般包括以下哪些环节?(　　)
   A. 装车　　　　　B. 运送　　　　　C. 保管　　　　　D. 交付
5. 下列哪些货物是不予受理的?(　　)
   A. 危险货物　　　　　　　　　　　B. 未取得检疫合格证明的动植物
   C. 未取得准运证明的超长、超高、超宽货物　　D. 文物
6. 铁路货物装车前的检查包括(　　)。
   A. 检查运单　　　B. 检查货物　　　C. 检查货车　　　D. 检查货位
7. 铁路货物装车后的检查包括(　　)。
   A. 检查运单　　　B. 检查装载情况　C. 检查货车　　　D. 检查货位

8. （　　　）情况下铁路承运人不受理货运合同的变更。
   A. 违反国家法律、行政法规
   B. 违反运输限制
   C. 变更到站后的货物运到期限大于货物容许运到期限
   D. 变更一批货物中的一部分

三、判断题

1. 收货人不明或者收货人无正当理由拒绝受领货物的，依照《中华人民共和国合同法》的相关规定，承运人可以提存货物。（　　）
2. 普通货物办理的货物运输有铁路阔大货物运输、铁路危险货物运输、铁路灌装货物运输和铁路鲜活货物运输。（　　）
3. 按一批货物的重量、体积、性质、形状分为整车运输、零担运输和集装箱运输。（　　）
4. 按一批托运的货物，其托运人、收货人、发站、到站和装卸地点必须相同。（　　）
5. 不能按一批运输的货物，在特殊情况下，如不致影响货物安全、运输组织和赔偿责任的确定，经铁路有关部门承认也可按一批运输。（　　）
6. 有些货物，虽然其重量、体积不够一车，但按性质与形状需要单独使用一辆货车时，应按整车运输。（　　）
7. 不易计算件数的货物可以不按整车运输。（　　）
8. 凡不够整车运输条件的货物，即重量、体积和形状都不需要单独使用一辆货车运输的一批货物，除可使用集装箱运输外，应按零担货物托运。（　　）
9. 托运人按快运办理的货物应在"铁路货物运输服务订单"内用红色戳记或红笔注明"快运"字样。（　　）
10. 货运五定班列（简称班列）是指定点、定线、定车次、定时、定价的货物列车。（　　）
11. 整车运输是指一批货物至少需要一列货车的运输。（　　）
12. 未装容器的活动物需按整车运输办理。（　　）
13. 必须按整车运输办理的货物不能申请快运列车运输。（　　）
14. 五定班列是指定点、定线、定车次、定时、定价的货物列车。（　　）
15. 铁路货物运到期限是指由发站运至到站而规定的最长运输限定小时。（　　）
16. 货物运到期限的起码日数为3天，其中到、发各一天。（　　）
17. 整车货物与以整车形式运输的集装箱货物的货运合同是经审定的订单。（　　）
18. 凡一次托运批量货物的质量在5 t（含5 t）以上或虽不足5 t，但其性质、体积、形状需要一辆5 t位以上汽车运输的，称为整车货物。反之，称为零担货物。（　　）
19. 货物运输合同中没有运输质量这一内容。（　　）
20. 货物运达后无人收货或拒绝收货，而造成承运人车辆放空损失托运人应负赔偿责任。（　　）

技能测试题

北京金祥顺商贸有限公司（海淀区增光路345号，电话：010-67683421，邮编100019）自

北京东站发送一批货物到成都东站。收货人为四川省商祺商贸有限公司（成都市泰森南路37号，电话：028-84114321，邮编6205611）。

货物将从北京东站07号仓库装车，采用棚车装运，到站卸入成都东站11号仓库。

货品信息：电烤箱（代码9205）3 500箱（单箱体积900 mm×500 mm×700 mm，单件重量20 kg），每箱价值1350元。

需要提供：发送综合服务、到达综合服务和仓储保管服务，采取货到付款的方式。

由于铁路车辆由铁路相关部分统一集中管理，因为为了保证整车运输客户及时安排运输装车，通常都需要先填写一份铁路运输服务订单，请根据上述内容将铁路货物运输服务订单填写完整。

铁路货物运输服务订单

××铁路局　　　　　　　　　　　　编号：

托运人：		收货人：		
地址：		地址：		
电话：	邮编：	电话：	邮编：	
发站	到站（局）	车种/车数	箱型/箱数	
装货地点		卸货地点		
货物品名	品名代码	货物价值	件数	货物重量	体积

要求发站装车期限　　月　　日前或班列车次　　日期：　月　日　　付款方式

供用户自愿选择的服务项目（由用户填写，需要的项目打√）
　□1. 发送综合服务　　　　　□5. 清运、消纳垃圾
　□2. 到达综合服务　　　　　□6. 代购、代加工装载加固材料
　□3. 仓储保管　　　　　　　□7. 代对货物进行包装
　□4. 篷布服务　　　　　　　□8. 代办一关三检手续

说明或其他要求事项

承运人报价（包括运费、杂费、服务费）　　　　元，具体项目、金额列后：

序号	项目名称	单位	数量	收费标准	金额（元）	序号	项目名称	单位	数量	收费标准	金额（元）

申请人签章　　　　　　　承运人签章
　　　　年　月　日　　　　　　　年　月　日　　　车站指定装车日期及货位：

说明：
1. 涉及承运人与托运人、收货人的责任和权利，按《铁路货物运输规程》办理。
2. 实施货物运输，托运人还应递交货物运单，承运人应按报价核收费用，装卸等需发生后确定的费用，应先列出费目，金额按实际发生核收。
3. 用户发现超出国家计委、铁道部、省级物价部门公告的铁路货运价格及收费项目、标准收费的行为，和强制服务、强行收费的行为，有权举报。

处理零担货物运输业务

3.1 学习目标

1. 能够执行零担货物的运输业务,并能够与运输部门和客户进行业务沟通;
2. 能够按照零担货物运输流程准确无误地进行订单处理、单证填写及业务操作处理;
3. 能够签订零担货物运输合同;
4. 能够处理与零担相关的运输事故和运输纠纷;
5. 能够正确核算零担货物运输费用;
6. 能够初步设计零担货物运输方案;
7. 培养初步的设计和创新能力;
8. 培养认真、严谨的工作态度和责任感,培养团队合作和沟通的职业道德素质。

3.2 学习任务

(一)任务描述

上海鑫达物流有限公司是一家第三方物流公司,该公司在上海和北京均有自己的仓库,上海某食品厂、某日用品制造厂和某饮料供销商均为该公司的合作客户。该公司每隔2天发一趟车,采用保价运输,保价费为3‰。某天该公司接到的货品信息如下所示。

1. 货物信息

	康师傅方便面	旺旺雪饼	心相印纸巾	长城干红葡萄酒	罐装王老吉	哇哈哈矿纯水
单位重量	5 kg	3 kg	3 kg	8 kg	10 kg	15 kg
单位体积	0.040 m³	0.040 m³	0.040 m³	0.035 m³	0.030 m³	0.035 m³
件数	150 件	90 件	180 件	100 件	250 件	200 件
单位价值	48 元	76 元	40 元	750 元	72 元	48 元
发货人	上海某食品厂		上海某日用品制造厂	上海某饮料供销商		
收货人	北京 A 超市		北京 B 超市	北京 C 超市		

2. 该公司车辆信息

车型	载重	货箱尺寸
A	15 t	15600 cm×2300 cm×2500 cm
B	8 t	9600 cm×2300 cm×2500 cm
C	5 t	5600 cm×2200 cm×230 cm

3. 已知该公司到北京里程为1400 km，到达时间为2～3天，收费标准如下所示。

零担	2～5 t	6～15 t	16 t以上	1～5立方米	6～15立方米	16立方米以上
0.8元/千克	480元/吨	430元/吨	400元/吨	170/立方米	160/立方米	150/立方米

注：本公司能够提供门到门服务（要收取提货、送货费）15立方米或10吨以上不收提货费。

（二）学生要完成的具体任务和要求

1. 根据上述工作情境，各小组成员合理分工模拟完成该批货物的零担运输业务处理过程，具体工作任务为：

（1）完成相关单据的填写；

（2）模拟完成并记录从受理托运到收票交货的完整过程；

（3）计算该批零担货物的运费；

（4）协商确定具体零担运输方案，要求确定运输路线、运输工具、装车方案、货物配载方案、运输途中管理方案、卸车方案等。

2. 撰写小组和个人项目总结报告。

3. 编制零担货物运输业务处理报告。

3.3 学习档案

一、完成任务的步骤和时间

步　　骤	具体操作方法（学生活动）	参考学时
1. 学生获知项目任务，完成分组，制订项目计划	① 学生听取教师布置任务，全班分组 ② 4～6个学生一组，小组成员分工，明确任务 ③ 学生起草撰写各小组项目工作计划	1
2. 学生为实施零担货物运输业务处理做准备	学生获取零担货物运输业务流程、零担货物运单填写要求、零担货物运费的计算方法、零担运输货票的填写要求、零担货物运输方案的确定等相关的知识要点	2
3. 学生在教师指导下完成零担货物运输业务处理	学生根据学习情景，完成零担货物运输中运单及物品清单的填写与审核、运费的计算以及货票的填写，零担运输方案的选择，完成工作页的内容（6学时） ① 签订零担货物运输合同（即：填写运单及物品清单），承托双方协商相关事宜 ② 零担运输货物的承运（即：审核运单） ③ 计算零担运输运费 ④ 填写零担货物运输货票 ⑤ 确定零担运输方案 ⑥ 记录零担货物运输业务处理过程	6

任务三 处理零担货物运输业务

(续表)

步骤	具体操作方法（学生活动）	参考学时
4. 项目汇报与评价	① 听教师说明汇报工作成果的方法 ② 分组陈述本组项目总结报告 ③ 小组内成员互相评分，小组间互相评分 ④ 教师总结学生报告成果	2
5. 学生听取教师总结及对重点内容的补充讲解	① 学生听并领会本章知识点 ② 学生听取教师评价与总结 ③ 学生撰写小组和个人项目总结报告、编制零担货物运输业务处理报告（课下完成） ④ 学生在教师指导下独立完成本章综合练习题（课下完成）	1

二、学习工作页

学习工作页

步骤一：各小组学习项目任务，通过讨论，合理分工，制订处理零担货物运输的计划。

请各个小组通过书籍和网络等途径，根据项目任务确定组员分工和小组工作计划，做好处理业务前的准备工作。

小组编号		项目名称		
小组成员				
组员分工情况				
小组工作计划	(1) 零担运输过程中角色分配计划（托运人，收货人，开单员，受理员，司磅员，配货员，定价员，收款员司机，理货员，装车员，调度员）：			
	工作内容	负责人（角色）	完成时间	
	托运受理			
	验货司磅			
	仓库保管			
	开票收费			
	配载装车			
	车辆运行			
	货物中转			
	到站卸货			
	货物交付			
	(2) 零担运输单证填写分工计划 (3) 零担运费核算分工计划 (4) 零担运输方案设计分工计划 (5) 汇报资料撰写分工计划 (6) 汇报分工计划			

步骤二：获取处理零担货物运输业务相关知识。

请认真听讲，然后回答以下问题：

1. 什么是公路零担货物运输？哪些货物不能按零担运输办理？
2. 什么是铁路零担货物运输？
3. 你认为零担运输和整车运输分别有什么优点和缺点？
4. 公路零担货物运输的开办条件有哪些？
5. 处理公路零担货物运输业务的步骤有哪些？
6. 处理铁路零担货物运输业务的步骤有哪些？
7. 画出直达式零担班车、中转式零担班车、沿途式零担班车的示意图？
8. 公路和铁路零担货物运输应具备的两个条件分别是什么？
9. 你认为相对于整车货物运输而言，零担货物运输在哪些环节比较复杂？

步骤三：处理零担货物运输业务。

（一）画出零担货物运输的工作流程（以公路运输为例）

（二）零担货物运输业务工作情况记录

1. 请结合案例情景，完成运单的填写与审核（注：每个托运人填写一份运单，运单见表3-1），并根据需要决定是否需要填写货物清单见表3-2。

表 3-1
零担货物运单（1）

托运日期： 年 月 日　　　　　　　　　　　　　　　　编号：

起运站：		到达站：		经由：		全程		公里				
托运人		地址			电话		邮编					
收货人		地址			电话		邮编					
货物名称及规格	包装形式	体积(长×宽×高)/厘米³	件数	实际重量/吨	计费重量/吨	计费里程/吨	运价率/(元/(千克·公里))	运费/元	站务费/元	装车费/元	中转费/元	仓理费/元	路桥费/元	保险、保价费/元	货位
保险、保价价格：元	合计														
货物运单签定地			起运日期：年 月 日			运杂费合计		万 千 百 拾 元 角 分							
特约事项	承运人签章： 年 月 日			托运人签章： 年 月 日				货运站收货人签章： 年 月 日							

第一联　存根

任务三 处理零担货物运输业务

零担货物运单(2)

托运日期： 年 月 日　　　　　　　　　　　　　　　　　　编号：

起运站：	到达站：	经由：	全程	公里

托运人		地址		电话		邮编	
收货人		地址		电话		邮编	

货物名称及规格	包装形式	体积(长×宽×高)/厘米³	件数	实际重量/吨	计费重量/吨	计费里程/吨	运价率/(元/(千克·公里))	运费/元	站务费/元	装车费/元	中转费/元	仓理费/元	路桥费/元	保险、保价费/元	货位
保险、保价价格：元	合计														

货物运单签定地		起运日期： 年 月 日	运杂费合计	万 千 百 拾 元 角 分

特约事项		承运人签章： 年　月　日	托运人签章： 年　月　日	货运站收货人签章： 年　月　日

第一联　存根

零担货物运单(3)

托运日期： 年 月 日　　　　　　　　　　　　　　　　　　编号：

起运站：	到达站：	经由：	全程	公里

托运人		地址		电话		邮编	
收货人		地址		电话		邮编	

货物名称及规格	包装形式	体积(长×宽×高)/厘米³	件数	实际重量/吨	计费重量/吨	计费里程/吨	运价率/(元/(千克·公里))	运费/元	站务费/元	装车费/元	中转费/元	仓理费/元	路桥费/元	保险、保价费/元	货位
保险、保价价格：元	合计														

货物运单签定地		起运日期： 年 月 日	运杂费合计	万 千 百 拾 元 角 分

特约事项		承运人签章： 年　月　日	托运人签章： 年　月　日	货运站收货人签章： 年　月　日

第一联　存根

表 3-2 物品清单

物品清单(参考文本)

装货日期:						运单号	
起运地点:						封志号	
装货人名称:							

编号	货物名称及规格型号	包装方式	件数	体积(长×宽×高)/m³	重量/kg	保险、保价价格

托运人签章:　　　　　　承运人签章:　　　　　　年　月　日

规格：长×宽=220 mm×170 mm

货物的类别:

说明：凡不属于同品名、同规格、同包装的以及搬家货物，在一张货物运单上不能逐一填写的，可填交本物品清单

2. 请详细记录下该批零担运输货物运费的计算过程

注：(1)计费里程的确定可参考任务二中主要城市间公路里程表，如果选择的线路有所不同，应当以实际里程计算。

(2)运费率的确定请参考表 3-3 和表 3-4，其他相关费用也可参考互联网上相关报价，但要求提供所依据的报价表，如果双方有特殊规定，按照相关规定执行。

表 3-3 公路运价表(参考)　　　　　　　　　　　　　　　　　　　单位：元/(吨·公里)

货物分等	一等货物	二等货物	三等货物	特等危险货物
运价	0.40	0.44	0.48	0.52

表 3-4 装卸费表(参考标准)　　　　　　　　　　　　　　　　　　　　单位：吨

项目	货物分等	一等货物	二等货物	三等货物	特等危险货物
短途运输	装	1.50	1.70	1.90	2.10
	卸	0.00	1.50	1.70	1.90
	装卸	1.50	3.20	3.60	4.00
长途运输	装	2.00	2.30	2.60	3.10
	卸	0.00	1.60	1.90	2.40
	装卸	2.00	3.90	4.50	5.50

3. 请按照要求，任意选择其中一个客户填，填写零担货物运输货票(见表 3-5)

表 3-5 零担货物运输货票

××省汽车运输货票　　　　　　　　　　　　　　　　　自编号：

托运人：　　　　　　　　　　车属单位：　　　　　　　　　牌照号：

装货地点			发货人			地址		电话	
卸货地点			收货人			地址		电话	
运单或货签号码		计费里程			付款人		地址	电话	
货物名称	包装形式	件数	实际重量/吨	计费运输量		吨公里价		运费金额	其他费收		运杂费小计
				吨	吨公里	货物等级	道路等级	运价率		费目	金额	
										装卸费		
										提货费		
										送货费		

(续表)

运杂费合计金额(大写):			
备注		收货人签收盖章	

开票单位(盖章):　　　　开票人:　　　　承运驾驶员:　　　　年　月　日

说明：1. 本货票适用于所有从事营业性运输的单位和个人的货物运输费结算；
　　　2. 本货票共分四联：第一联(黑色)存根；第二联(红色)运输收据；第三联(浅灰色)报单；第四联(黄色)收货回单经收货人盖章后送车队统计；
　　　3. 省含自治区、直辖市；
　　　4. 票面尺寸为 220 mm×130 mm；
　　　5. 货票第四联右下端设"收货人签证盖章"栏，在其他联中不设。

4. 写出本次零担货物运输方案的具体内容，要求简单说明选择方案的理由，完成运输方案设计单(包括运输线路、运输工具、装车方案、卸车方案等)。

(1) 运输路线的确定(写出经过的 10 个以上的主要城市)

(2) 货物配载方案的确定(必须通过计算重量和体积后确定——配载货物)

(3) 运输工具的确定(根据配载方案来选择运输工具)

(4) 装车方案的确定

(5) 运输途中的管理方案

(6) 卸车交付方案

(7) 其他

5. 记录下本次零担货物(一车多票)运输业务各个环节的作业人员、作业内容和作业原则。

(1) 托运受理

作业人员：

作业内容：

作业原则：

(2) 验货司磅

作业人员：

作业内容：

作业原则：

(3) 仓库保管

作业人员：

作业内容：

作业原则：

(4) 开票收费

作业人员：

作业内容：

作业原则：

(5) 配载装车

作业人员：

作业内容：

作业原则：

(6) 车辆运行

作业人员：

作业内容：

作业原则：

(7) 货物中转

作业人员：

作业内容：

作业原则：

(8) 到站卸货

作业人员：

作业内容：

作业原则：

(9) 货物交付

作业人员：

作业内容：

作业原则：

步骤四：学生汇报项目成果、教师点评总结。

（注：汇报要求语言简洁流利、内容全面、重点突出，框架清晰，思路清晰；汇报的 ppt 制作新颖，有吸引力，有分工情况；汇报中尽量脱稿，有自己的看法;）

1. 请写出本小组汇报的提纲。

2. 学生听取教师点评，作总结。

(1) 请写出本小组项目任务的优点和缺点（可以参考其他小组评价和改进建议）。

(2) 请同学们针对本任务的学习目标，写出您的收获和困惑。

3. 请同学们进行团队互评、个人互评和教学效果评价，并认真填写任务评价表（具体评价表可以根据实际情况自行设计）

步骤五：学生听取教师总结及对重点内容的补充讲解。

1. 总结出本任务的知识框架。

2. 通过任务三的学习，你对自己的职业生涯规划有何认识？（例如：通过本项目的学习，你认为自己可以从事哪些相关岗位的工作?）

3. 撰写小组项目总结报告（1000字左右，一个小组提交一份 word 版总结报告）。

4. 撰写个人项目总结报告（500字以上，每人提交一份 word 版总结报告）。

5. 编制零担货物运输业务处理报告。

说明：该报告需要以个人形式完成，相当于一个文件夹用以证明本项目个人学习成果。该成果作为教师评价个人项目总成绩的主要依据。内容和形式同学们可以灵活选择，注意内容的完整性。提倡创新性和独特性。但至少应该包含以下内容。

(1) 记录下该项目从"获取项目任务、项目分工——项目任务准备——项目任务实施——项目任务总结与评价"的完整过程。可以做成电子版，也可以把学习工作页的内容通过照片形式直接记录下来。

(2) 包含小组项目总结报告和个人项目总结报告。

(3) 提交电子版和纸质版均可,注意字体大小、行间距等排版格式。

3.4 学习任务涉及的知识点

知识点一 公路零担货物运输业务相关知识

一、公路零担货物运输概述

(一) 零担货物运输的概念及满足条件

零担货物运输是指重量、体积或形状不够整车运输条件的货物运输形式(公路运输是指同一托运人一次托运货物质量不足 3t 的货物运输)。按照零担托运的货物还需要具备另两个条件:一是单件货物体积最小不得小于 $0.02\ m^3$,二是每批货物的件数不得超过 300 件。不得按照零担货物运输托运的货物有:

(1) 需要冷藏或加温运输的货物;

(2) 规定按整车办理的危险货物;

(3) 易于污染其他货物的污秽品;

(4) 蜜蜂;

(5) 不易计算件数的货物;

(6) 未装入容器的活动物。

(7) 一件重量超过 2 t、体积超过 $3\ m^3$ 或者长度超过 9 m 的货物(发站认为不至于影响中转站或到站卸车作业者除外)。

(二) 公路零担货物运输的特点

零担货物运输是公路货物运输中相对独立的一个部分,相对于其他公路运输,零担货物运输有其独有的特点,如表 3-6 所示。

表 3-6 公路零担货物运输的特点

特点		内容
优点	安全	零担货物运输商务作业有比较严格、细致的货物交接规程,减少了货损货差,一般都使用厢式货车,运行时厢门封闭严紧,能够有效地防止货物失落、损失,减少货损事故的发生。
	方便	零担货物托运,随交随收,手续简便。
	迅速及时	在许多情况下,公路零担货物运输运送速度较之铁路、水路等运输方式快捷。
	车辆运用效率高	零担货物运输车辆,一般都有较高的行程利用率(往返有载),吨位利用率也较高。这都有利于提高车辆生产率和运输经济效益。

(续表)

特点		内容
缺点	货源不确定，计划困难	零担货物运输的货物流量、货物流向具有一定的不确定性，并且多为随机性发生，难以通过运输合同方式将其纳入计划管理范围。货物的来源涉及社会的方方面面，计划性较差。
	货运组织工作比较复杂	零担货物运输货物来源、货物种类繁杂，这样就使得零担货物运输货运环节多，作业工序细致，设备条件繁杂，对货物配载和装载要求较高。
	单位运输成本比较高	为了适应零担货物运输的需求，货运站要配备一定的仓库、货棚、站台，以及相应的装卸、搬运、堆置的机具和专用厢式车辆。此外，相对于整车货物运输而言，零担货物周转环节多，更易于出现货损、货差，赔偿费用较高，因此，导致零担货物运输成本较高。

（三）公路零担货物运输的意义

随着国民经济的发展和人民物质文化生活范围的扩大，特别是现代物流理念和技术的飞速发展，货物的流动无论从时间还是从空间上都发生了根本的变化，当前，零星用户、零星货物、零星整车的"三零"货物急剧增加，使得零担运输正呈现日益繁荣的景象，普通零担货物运输作为货物运输的重要形式之一，越发显现出它的重要性。

（1）公路零担货运非常适合商品流通中品种繁杂、量小批多、价高贵重、时间紧迫、到达站点分散等特殊要求，补充了整车运输的不足。同时，零担运输还可以有力地配合客运工作，承担行李、包裹的运输，及时解决积压待运的行包，便利了旅客的出行。

（2）公路零担货运机动灵活，可以面向社会各个角落，而且批量不限，可以多至几吨，少到几公斤，又可就地托运，手续简便，运送快速。可以缩短货物的送达时间，有利于加速资金周转。这对于竞争性、时令性和急需的零星货物运输尤为重要。

（3）随着我国社会主义市场经济的发展，国民经济呈现持续、健康发展的格局，市场日益繁荣兴旺，生产资料中的成品、半成品和消费资料中的中、高档商品越来越多地进入流通领域，使零星货物的运量出现猛增的局面。在新形势下，发展公路零担运输，对于促进市场经济发展，满足日益增长的运输需要，具有极为重要的意义。

二、公路零担运输业务的开办条件

物流运输企业要开办和发展零担货运业务，必须具备一定的前提条件，这些前提条件一方面包括宏观经济社会发展的大环境，另一方面就是零担货运的微观物质条件。从物流运输企业开办和发展零担货运的实际工作来看，零担货运的基础工作主要是指其物质条件，物流运输企业开办和发展零担运输就必须做好下述基础工作。

（一）建立零担货物仓库

货物仓库是开办零担货运的首要条件。由于零担货物具有品种繁多、小批量、多批次、时间紧迫、到站分散的特点，这就决定了多数零担货物不可能在业务受理后即行装车，也不可能在货物运达卸车后即行交付，它有一个"集零为整""化整为零"的过程。同时有些货物还需要中转，必须在货运站作短期堆存保管。所以，必须根据吞吐量的大小，建设一定面积的零担货物仓库。

（二）开办零担货运站

货运站是开办零担货运业务的中介。货运站是货源货流的直接组织者，它一方面起着为社会集结和疏散货物的作用，另一方面为运载工具包揽运输业务，是建立在运载工具和货物之间的纽带。货运站一般开在人口量比较大的地方，或专业市场（比如服装批发市场）的附近。可以采用加盟中介，也可以开设直营网点。

（三）开辟班车和建立零担货运网络

班车和货运网络是开办和发展零担货运的基础。零担货运网络是指由若干站点和运行线路组成的具有循回功能的运输系统。班车是零担货运网络的基本组成部分。班车的开辟应以适应货流需要，尽量减少中转环节为原则，并在调查好货源、货流的基础上确定和制订车辆运行方案。

（四）零担货车配备

零担货车是开办和发展零担货运的保证。零担货车是公路运输零担货物的工具，没有它，即使其他条件都已成熟也不能实现零担货物的运输。

（五）组织零担货物联运

联运是增强零担货运活力的关键。联运是指通过两种以上不同的运输方式或虽属同种运输方式但须经中转换装的接力运输。由于零担货物运距长短不一，货车不可能每点都到，各线都跑，因此，必须与铁路、水路、航空搞好联运，才能满足托运人多方面的需要。

三、组建零担货运网络

商品经济的发展，为零担货物运输业的发展提供了充足的货源，零担货物运输业要持续、良好地发展，必须依据零担货物运输运量小、批量多、流向分散、品种繁多的特点，建立零担货物运输网络，充分发挥零担货物运输网络化规模经营的优势，取得最大的经济效益与社会效益。

根据我国情况，发展零担货运网络应根据地区经济发展状况、产业构成、公路网状况等确定零担货运站数量、分布状况、货运班线等，依托行政区域，建立相应的各层次零担货运网，进而形成全国范围内的零担货运网络。零担货物运输网络如表3-7所示。

表3-7 零担货物运输网络

形　式	特　征
县内网络	县内网络是指以县城为中心，以乡（镇）村零担货运站为网点的网络，对区域内企业产品、日用消费品进行集结和疏散。
城市（地区）网络	城市（地区）网络是以中心城市为中心，以县内网络为基础，以市县、县城间交通干线为脉络，形成城市（地区）内的网络系统。它对发挥中心城市的作用，加快流通速度具有一定作用。
省（自治区）网络	省（自治区）网络是指以省（自治区）、直辖市或经济中心城市为中心，依托公路干道，形成省（自治区）内的完整循环系统。
片区（经济）网络	片区网络是指跨越数省（市、自治区），以片区内的经济中心城市为连接点，以沟通城市之间干线为脉络组成的网络。片区网络的建立为发展远距离的零担货物运输创造了必要条件。

(续表)

形 式	特 征
全国网络	全国网络是指以大城市为中心、以干线为骨干形成的全国范围内零担货物运输网。只有建立全国零担货运网络,才能最大程度地方便货主,使零担货物在全国范围内流通,实现零担货物运输的现代化。

四、零担货源的组织

(一)零担货物货源组织的意义

在完成好零担货物运输的基础工作以后,零担货物运输便进入货源组织阶段。零担货物货源组织工作,开始于货源调查,终止于货物受理托运。其主要目的是寻找、落实货源。

获得货源货流信息并进行有效处理,开展零担货运货源的市场调查,是零担货物运输经营管理的基础性工作。由于零担货物运输是货物运输的组成部分,两者市场调查的内容、方式、方法基本相同。零担货运货源的调查,其实质就是通过有效的市场调查方法,获取货源货流的基本信息,并对获取的信息作进一步分析,指导零担货运的过程。

(二)零担货源调查

物流企业要经常开展货源调查工作,以发现新的商机,及时为社会潜在客户提供服务,增强企业的经营能力。

1. 货源货流

货源即货物的来源。货流是指一定时间、一定区段内货物流动的情况。它包括货物的流量、流向、流时、流程四个要素。公路货物在一定时间、一定区段内流动的数量称为货物流量;公路货物流动的方向称为货物流向。货物流向分为顺向货流和反向货流。路段上货流量大的方向的货流称为顺向货流,路段上货流量小的方向的货流称为反向货流。零担货物运输的货源货流信息是指与零担货物的发生地、流量、流向、流时、流程及其变化有关的各种情报的总称。

获取零担货运的货源货流信息不仅是零担货运经营决策的重要依据,而且是提高零担货运应变能力的重要手段。

2. 零担货运中货源货流信息的收集方法

零担货运中货源货流信息的收集方法如表3-8所示。

表3-8 零担货运中货源货流信息的收集方法

方 法	内 容
开展零担货运的市场调查	零担货运的市场调查按调查方式可分为全面调查、典型调查和专题调查。
整理分析资料	整理分析零担货运企业近期承托运资料、地区发出运量统计资料等,从中分析货源货流信息。
实时情报的收集	指在定点的货运站点,在代办业务、取货送货等承运业务活动中,通过询问、交谈获取货源货流信息。

(三)零担货源的组织方法

零担运输货源组织工作始于货源调查,直至货物受托为止。即为寻求、落实货源而进行的全部组织工作。

除配备专职货运人员组货外,常用的零担货源组织方法如表3-9所示。

表3-9 零担货源组织方法

方　　法	特　　征
实行合同运输	实行合同运输是多年来公路运输部门行之有效的货源组织方式之一。 优点:有利于加强市场管理,稳定一定数量的货源;有利于计划运输,合理运输;有利于加强运输企业责任感,提高运输服务质量;有利于简化运输手续,节约人力和时间;有利于改进产、运、销的关系,促进国民经济发展。
设立零担货运代办点（站）	借鉴客运站点设置的经验,利用代办单位或个人的闲置资源开办零担货物代办站(点),是组织零担货源的较好方法,这种站(点)特别适合于农村地区。 优点:既可以弥补运输企业在发展业务中资金、仓储以及人力的不足,又可以调动代办站点工作人员的积极性,从而在客观上为运输企业扩大了组货能力。 零担代办站一般只负责零担货物的受理、中转和到达业务,不负责营运。
寻找合作	委托货物联运公司、日杂、百货、打包公司以及邮局等单位,代理零担货运受理业务。这些单位社会联系面广,有较稳定的货源,委托货位办理零担货运受理业务,是一种较为有效的零担货源组织方法。他们一般向托运人收取一定的业务手续费,有的同时向零担站(点)收取一定的劳务费。打包公司一般都与大百货公司、日杂商店挂钩,代外地人办理零星商品打包和托收业务,既扩大了这些商品的营业额,又深受购物者欢迎。
建立货源情报制度	在物资单位发展货运信息联络员,建立货源情报制度。此时,货源联络员实质上充当了运输企业的业余组货人员。在有较稳定零担货源的物资单位发展货运联络员,可随时得到准确的货源消息。采取这种办法还可以零带整,组织整车货源。零担站(点)按组货的数量,给予货运联络员一定的报酬。
设立电话受理业务和网上接单业务	利用现代信息技术,创建数字化的零担货运受理平台,形成虚拟的零担货运业务网络,进行网上业务受理和接单工作。

(四) 零担货源组织的实施

对物流运输企业来说,研究组货渠道问题是企业整体市场营销的重要组成部分。它包括合理设置组货网点,有效配置货运代理商,选择最佳组货策略,使企业货运服务项目能适时、适地、方便、经济、高效地提供给货主,以满足货主的需要,提高企业市场营销的经济效益。

零担货源组织的实施可按以下几个步骤进行:

(1) 确定市场调查方法,准备市场调查;

(2) 进行货源货流信息的搜集,即零担货物的发生地、流量、流向、流时、流程及其变化有关的各种情报;

(3) 了解同行竞争者的组货策略和具体做法;

(4) 本企业的组货策略和具体做法;

(5) 提出有效的揽货方式,即货源组织方案。

五、零担货物运输的组织形式

按照零担车发送时间的不同可分为固定式零担车和非固定式零担车。固定式零担车常称为零担货运班车,它是以厢式专用车为主要载运工具,定期、定线、定车运行的一种零担班车。非固定式零担车一般是按零担货流情况,临时组织的零担货物运输,多为新开辟或者货源很不稳定的线路采用的运输方式。

下面主要介绍三种常见的固定式零担车。

(一) 直达式零担班车

直达式零担班车(如图 3-1 所示)是指各发货人托运的货物起讫点相同、适宜配载、并直达目的地的货物运输组织形式,它是零担班车地基本形式。其优点有以下几个。

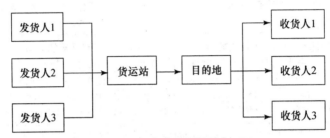

图 3-1 直达式零担班车

(1) 避免了不必要的换装作业,节省了中转费用,减轻了中转站的作业负担;
(2) 减少了在途时间,提高了零担货物运送速度,有利于加快车辆周转和物资调拨;
(3) 减少了货物在中转站的作业,有利于运输安全和货物完好,减少事故的发生,确保了运输质量;
(4) 在仓库内集结待运的时间少,由此可以充分发挥仓库货位的利用程度。

(二) 中转式零担班车

中转式零担班车(如图 3-2 所示)是指将各发货人托运同一方向不同到站且可以配装的各种零担货物,同车装运至规定的中转站,以便另行配载继续运往到达站的一种货运组织形式。其特点为:与直达式零担班车相比,增加了零担中转站的任务,组织难度大。但是零担货源还不是很充沛,在组织直达零担班车条件不完全具备的情况下,组织中转零担班车具有很大的现实意义。

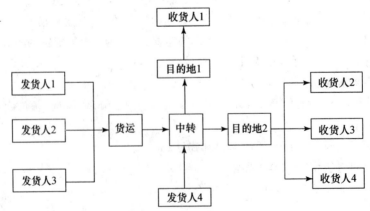

图 3-2 中转式零担班车

(三) 沿途式零担班车

沿途式零担班车(如图 3-3 所示)是指在起运站将各发货人托运同一线路不同到站且可

以配装的各种零担货物同车装载,在沿途各站停靠装卸货物并继续运送至最终到达站的一种货运组织形式。其特点为:沿途式零担班车在组织工作上更为复杂,车辆途中运行时间也较长,但它能更好地满足沿途各物资部门和货主的需要,是前两种固定式零担车不可缺少的补充形式。

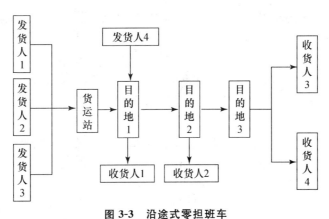

图 3-3　沿途式零担班车

知识点二　公路零担货物运输业务流程

公路零担货物运输企业承托、仓储、配装、发送、交接零担货物,按照相关规定办理业务手续,统称零担货物运输作业。零担货物运输作业是根据零担货物运输工作的特点,过磅起票,验收入库、开票收费,配运装车,卸车保管,提货交付。公路零担货物运输作业流程如图3-4所示。

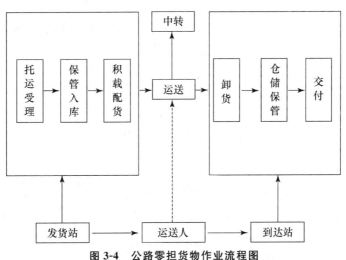

图 3-4　公路零担货物作业流程图

一、托运受理

托运受理,是指零担货物承运人根据运营范围内的路线、站点、运距、中转车站、各车站的装卸能力、货物的性质及受运限制等业务规则和有关规定接受零担货物,办理托运手续。

受理托运是零担货物运输作业中的首要环节。由于零担货物运输站点多、货物品类繁杂,包装形状各异,性质不一,因此受理人必须熟知营运范围内的路线、站点、运距、中转范围、车站装卸能力、货物的理化性质及受运限制等一系列业务规则及有关规定。

1. 受理托运的必备条件

(1) 公布办理零担的路线、站点(包括联运、中转站点)、班期及里程运价。

(2) 张贴托运须知、包装要求和限运规定。

2. 办理托运的程序

(1) 办理零担货物运输,由托运人填写"公路零担货物运输运单"。运单填写必须字迹清楚。托运人对货物自愿投保汽车运输险、保价运输的,应在运单中注明。托运人注明的特约事项,经承运人同意后,承托双方签章生效。

(2) 零担货物运输的包装必须符合国家和交通运输部门的规定和要求。对不符合包装标准和要求的货物,应由托运人改善包装。对不会造成运输设备及其他货物污染和货损的货物,如果托运人坚持原包装,托运人应在"特约事项"栏内注明自行承担由此可能造成的货损。

(3) 托运危险物品时,其包装应严格遵守交通部颁发的《公路危险货物运输规则》;承托双方协议办理运输易污染、易破损、易腐烂和鲜活的物品,其包装必须严格遵守双方协议的规定。

(4) 托运普通零担货物中,不得夹带危险、禁运、限运和贵重物品。

(5) 托运政府法令禁运、限运以及需要办理公安、卫生检疫或者其他准运证明的零担货物,托运人应同时提交有关证明。

(6) 托运时,托运人应在每件货物两端分别栓帖统一规定注有运输号码的货物标签。需要特殊装卸、堆码、储存的货物,应在货物明显处加贴储运指示标志,并在运单"特约事项"内注明。

3. 托运单的填写与审核

(1) 托运单的填写。零担货物托运单一式两份,一份由起运站仓库查存,一份开票后随货同行。

(2) 托运单审核。对托运人填写的托运单还必须认真审核,审核有下面几点要求。

① 检查核对托运单的各栏有无涂改,有涂改不清楚的地方应重新填写。

② 审核到站与收货人地址是否相符,以免误运。

③ 对货物的品名和属性进行鉴别。注意区分零担的类别,如普通零担货物和特殊零担货物,普通物品和危险品等。

④ 对一批货物多种包装的应认真核对、详细记载,以免错提错交。

⑤ 对托运人在记载事项栏内填写的内容应特别注意货主的要求是否符合有关规定,能否承担。如果要求不合理或者无法承担,应向托运人做出解释,并在记录栏内做出相应记录。对负责事项也应在记录栏内注明。

托运受理时,承运人必须审核无误方可承运。

4. 受理托运的方法

在受理托运时,可根据受理零担货物数量、运距以及车站作业能力采用不同的受理制度和方法,如随时受理制、预先审批制、日历承运制等,或者站点受理、上门受理、预约受理等。各种受理方法的特征如表 3-10 所示。

表 3-10 零担货物受理托运的方法

受理方法	特 征
随时受理制	这种受理制度对托运日期无具体的规定,在营业时间内发货人均可随时将货物送到托运站办理托运。这一制度为货主提供了很大的方便,但是不能事先组织货源,计划性较差,因此货物在库时间长,设备利用率低。这一受理制度一般被作业量小的货运站、急运货运站,以及始发量小、中转量大的中转货运站采用。
预先审批制	预先审批要求发货人事先向货运站提出申请,车站再根据各个发货方向及站别的运量,结合站内设备和作业能力加以平衡,分别指定日期进货集结,组成零担班车。
日历承运制	日历承运制是指货运站根据零担货物流量和流向规律,编写承运日期表,事先公布,发货人则按照规定日期来站办理托运手续。采用日历承运制可以有计划、有组织地开展零担货物运输,便于将去向和到站比较分散的零担货流合理集中,组织直达零担班车,可以均衡安排货运站每日承运零担货物的数量,合理使用货运设备,便于物资部门安排生产和物资调拨计划,提前做好货物托运的准备工作。

二、验货司磅

零担货物受理人员在收到托运单后,审核托运单填写的内容与货物实际情况是否相符,检查包装,并认真点件交接,做好记录。零担货物过磅后,连同托运单交给仓库保管员按托运单编号填写标签及有关标志。

1. 核对运单

核对货物品名、件数、包装标志,是否与托运单相符。注意是否夹带限制运输货物或危险货物,做到逐件清点件数,防止发生差错。对于一些长大笨重货物,还要注意检查起运、中转和到站的能力是否胜任等。

2. 检查货物包装

货物包装是货物在运输、装卸、仓储、中转过程中保护货物质量必须具备的物质条件,货物包装的优劣直接关系到货物运输的质量和安全。在检查货物包装的时候通常可以采取以下几个步骤。

(1) 看。包装是否符合相关规定要求,有无破损、异迹。笨重货物外包装上面是否用醒目标记表明重心点和机械装卸作业的起吊位置。

(2) 听。有无异常声音。

(3) 闻。有无不正常的气味。

(4) 摇。包装内的衬垫是否充实,货物在包装内是否晃动。

检查货物虽然是一些十分琐碎的工作,但也是非常重要的工作。如果在接受货物时,检查疏忽,就会使原来已经残破短少或者变质的货物进入运送环节,不仅加剧了货物的损坏程度,也不能保证承运期间的安全,而且会转化成运输部门的责任事故,影响企业信誉,造成不应有的损失。

3. 过磅量方

货物的重量是正确装载,凭以核算运费和发生事故后正确处理赔偿费用的主要依据。因此必须随票过磅(量方),准确无误。货物的重量分为实际重量、计费重量和标定重量。

4. 扣、贴标签、标志

零担标签、标志是建立货物本身与其运输票据间的联系,是表明货物本身性质,也是理

货、装卸、中转、交付货物的重要识别凭证。标签的各栏必须认真详细地填写,在每件货物的两端或正侧两面明显处各贴一张。

三、仓库保管

1. 验收入库

零担货物验收入库是车站对货物履行责任运输、保管的开始,把好验收关就能有效地杜绝差错。验收入库时必须做到以下几点。

(1) 凡未办理托运手续的货物,一律不准进入仓库。

(2) 认真核对运单、货物,坚持照单验收入库。

(3) 货物必须按流向堆码在指定的货位上。

(4) 一批货物不要堆放在两处,库内要做到层次分明、留有通道、互不搭肩、标签向外、箭头向上。

2. 仓库保管

(1) 仓库要具备良好的通风能力和防潮能力。

(2) 仓库要具备防火设施和灯光设备以及安全保卫能力。

(3) 露天堆放的货物要注意下垫上盖。

(4) 经常检查仓库四周,清除安全隐患,保持仓库内外整洁。

(5) 货物在仓库待运期间,要经常进行检视核对,以票对货、票票不漏。

四、开票收费

零担货物的开票收费作业,是在零担货物托运收货后,根据司磅人员和仓库保管人员签字的零担货物托运单进行的。其运杂费的计算方法按照本书前面介绍的方法来计算。

五、配载装车

零担货物装车是起运的开始。装车前必须根据车辆吨位、体积,货物性质,货物运送方向,是中转还是直达等,做好货物配载工作。

1. 货物配载

(1) 整理各随货同行的单据,包括提货联、随货联、托运单、零担货票及其他附送单据,按中转或直达理开。在组织中转时应考虑发送到中转次数最少的中转站进行中转,不得任意中转,更不能迂回中转。凡中转货物一律不得分批运送。

(2) 根据车辆核定吨位、车辆容积和起运货物的重量、理化性质、长度、大小、形状等合理配载,编制货物交接清单。

2. 组织装车

(1) 备货。货运仓库接到"货物装卸交接清单"后,应逐批核对货物台账、货位、货物品名、到站,点清件数,检查包装标志、票签或贴票。

(2) 交代装车任务。货物装车前,仓库保管人员要将待装货物按货位、批量向承运车辆的随车理货员或驾驶员和装车工人交代货物品名、件数、性能及具体装车次序、装车要求、防护要领、消防方法等。

(3) 监督装车。零担货物配运员和随车理货员(或驾驶员)根据零担货物配运计划监装,并以随货同行的托运单及附件为凭证按批点交。

中途站装卸零担货物,应先卸后装,依次进行,避免货物混乱,产生差错。无论卸货进仓或装货上车均按起点站装卸作业程序办理。在装车前还应将车上的货物按到达远近合理调整,以减少下一站的卸货困难。中转站应积极组织车辆发运、减少货物在中转站的滞留时间。对于破散受潮、包装污染的货物,除在卸车交接时如实编制记录外,还应先进行整理加固,然后再换装,严禁破来破去。如遇有货票不齐或串件,除在交接清单中签注外,应立即通知起运站查找和纠正,待货票完全相符后再转运,严禁错来错转。

3. 站车交接

起运站与承运车辆,依据"零担货物交接清单"办理交接手续,按交接清单有关栏目,在监装时逐批点交、逐批接受。交接完毕后,由随车理货员或驾驶员在交接清单上签收。交接清单应一站一单,以便点收点交和运杂费的结算。

六、车辆运行

零担车必须按期发车,不得误班。如果属于有意或者过失责任造成误班的,必须按规定对责任人给于处罚。

定期零担班车应按照规定路线行驶。凡按规定停靠的中途站,车站必须进站,并由中途站值班人员在行车路单上签证。

行车途中,驾驶员(或随车理货员)应经常检查车辆装载情况,如发现异常情况,应及时处理或报就近车站协助处理。

七、货物中转

零担货物运输班车必须严格按期发车,按规定路线行驶,在中转站要由值班人员在行车路单上签证。对于需要中转的货物需以中转零担班车或沿途零担班车的形式运到规定的中转站进行中转。中转作业主要是将来自各个方向仍需继续运输的零担货物卸车后重新集结待运,继续运至终点站。

零担货物中转站需要根据零担货物的流量、流向和中转货物货源情况,按照"先直达、后中转"和"能装一站,不装两站"等配装原则,采取坐车、过车、落地等方法,组织好零担货物的中转作业。

零担货物中转站除了承担货物的保管工作外,还需要进行一些与中转环节有关的理货、堆码、整理、倒载等作业,因此,中转站应配备有一定的仓库或货棚等设施。

八、到站卸货

零担班车到站后,对普通到货零担及中转联运零担应分别理卸。根据仓库的实际情况,除将普通到货按流向卸入货位外,对需要中转的公公联运货物,应办理驳仓手续,填制"货物驳运、拼装、分运交移凭证",分别移送有关货组,其他公转铁、公转水、公转航空的货物,接托后分送有关仓库,办理仓储及中转换装作业。应注意以下几项内容。

(1) 要认真办好承运车与车站的交接工作。班车到站时,车站货运人员应向随车理货员或者驾驶员索阅货物交接清单以及随附的有关单证,两者要注意核对,如有不符,应在交接清单上注明不符情况。

(2) 要检查车门、车窗、敞车的蓬布覆盖、绳索捆扎有无松劲、漏雨等情况,确认货物在

运送过程中的状态和完整性,以便在发生货损货差时划清责任并防止误卸。

(3) 如果发生异常情况,应按照下列情况分别处理:

① 有单无货时,双方签注情况后,在交接单上销号,原单返回;

② 有货无单时,经查验标签,确系运到车站,应予收货,并填写收件内容,签章后,交起运站查补票据;

③ 货物到站错误时,由原车带回起运站或带至货物应到站;

(4) 货物短缺、破损、受潮、污染和腐坏时,由到达站会同驾驶员(或随车理货员)验货,复磅签章后,填写商务事故记录单,按商务事故处理程序办理。

九、货物交付

1. 到货通知

零担到货卸理验收完毕后,到达本站的货物,应登入"零担货物到货登记表",并迅速以"到货布告"形式和"到货通知单"或电话发出通知,催促收货人提货,一面将通知的方式和日期计入到货登记簿内备查。预期提取的按有关规定办理。对于预定"送货上门"的货物,则由送货人按件点交完毕后,及时在提货单上加盖"货物交讫",应及时组织送货上门。

2. 交货

收票交货是零担货物运输的最后一道工序。零担货物运输通常由多个运输企业(或站、点)连续作业才能完成,因此,在零担货物运输作业的全过程中,每个环节都必须严格办理交接手续,否则,就会产生手续不清、责任不明的问题,甚至无法查明原因,形成混乱状况。货物交付完毕,收回货票提货联,公路汽车的运输责任才告结束。它包括内交付(随货同行单证交付)和外交付(现货交付)。为了防止误交,应做到下面几点事项。

(1) 不得白条提货,信用交付。

(2) 凭货票提货联交付的,由提货人在提货联上加盖与收货人名称相同的印章,并提出有效身份证件交付。

(3) 凭到货通知单交付的,由收货人在到货通知单上加盖与收货人名称相同的印章并查验提货经办人的有效身份证件,在货票提取联签字交付。

(4) 凭电话通知交付的,凭收货单位提货介绍信,经车站认可后由提货经办人在货票提货联上签字交付。

(5) 委托其他单位代提的,应有收货人盖具相同印章向车站提出的委托书,经车站认可后,由代提单位在货票提货联上签字交付。

(6) 零担货物交接时,应认真核对货物品名、件数和票签号码。如件数较多,要取货后集中点交,以免发生差错。

知识点三 铁路零担货物运输业务相关知识

一、铁路零担货物运输概述

铁路零担货物运输的概念及满足条件与公路零担货物运输相同。一批货物的重量、体积、性质或形状不需要一辆铁路货车装运（用集装箱装运除外）即属于零担运输，简称为零担。

（一）铁路零担运输的条件

为了便于装卸、交接和保管，有利于提高作业效率和货物安全，除应按整车办理的货物外，一件体积最小不得小于0.02立方米（一件重量在10公斤以上的除外），每批件数不超过300件的货物，均可按零担运输办理。

（二）铁路零担货物的种类

根据零担货物的性质和作业特点，零担货物分为普通零担货物、危险零担货物、笨重零担货物和零担易腐货物，零担货物的种类如表3-11所示。

表3-11　零担货物的种类

类　　型	含　　义
普通零担货物	简称普零货物或普零，即按零担办理的普通货物。
危险零担货物	简称危零货物或危零，即按零担办理的危险货物。
笨重零担货物	简称笨零货物或笨零，是指：(1) 一件货物重量在1吨以上，体积在2立方米以上或长度在5米以上，需以敞车装运的货物。(2) 货物的性质适宜用敞车装运和吊装吊卸的货物。
零担易腐货物	简称鲜零货物或鲜零，即按零担办理的鲜活易腐货物。

（三）铁路零担车的种类

装运零担货物的车辆称为零担货物车，简称为零担车。零担车的到站必须是两个（普零）或三个（危零或笨零）以内的零担车，称为整装零担车（简称为整零车）。整零车按车内所装货物是否需要中转分为直达整零车和中转整零车。按其到站个数分为一站整零车、两站整零车和三站整零车。由上述两种方法的组合，则有一站（两站或三站）直达整零车和一站（两站或三站）中转整零车六种。铁路零担车的种类如表3-12所示。

表3-12　铁路零担车的种类

特　点	名　称	特点（组织条件）
按车内所装货物是否需要中转分	直达整零车	所装的货物不经过中转站中转，可以直接运到货物到站。
	中转整零车	所装的货物为同一去向，但到站分散。组织中转整零车应尽可能装运到距离货物到站最近的中转站，以减少中转次数。
按其到站个数分	一站整零车	车内所装货物不得少于货车标重的50%或容积的90%。两站整零车第一，到站的货物不得少于货车标重的20%或容积的30%；第二，到站的货物不得少于货车标重的40%或容积的60%。两个到站必须在同一最短径路上，且距离不得超过250千米。但符合下列条件之一时，可不受距离限制： (1) 第二到站货物的重量达到货车标重的50%或容积的70%； (2) 两个到站为相邻的中转站； (3) 第一到站是中转站，装至第二到站的货物符合第一到站的自然中转范围。
	三站整零车	危零、笨零货物不够条件组织一站或两站整零车时可以组织同一径路上三个到站的整零车，但第一到站与第三到站的距离不得超过500千米。

二、铁路零担货物运输组织的相关规定

第一,零担货物运输组织工作应贯彻"多装直达,合理中转,巧装满载,安全迅速"的原则。车站应有计划的受理零担货物。有组织整零车条件的车站,应编制承运日期表,据以受理运单,组织进货;或者预先受理运单,根据承运日期表指定日期组织进货。编制承运日期表的原则是:最大限度地组织直达整零车运输,消除不合理中转;充分利用货场能力,组织均衡运输;便利托运人,组织货物及时运输。

承运日期表对同一中转范围或同一到站货物的最大承运间期间,普零货物不得超过7天,笨零货物和危零货物以及普零货物组织超越前方中转站的中转整零车时,均不得超过10天。组织超越前方中转站的直达整零车时,承运问隔期间可适当延长,但最长不得超过15天。

第二,铁路局和分局对零担货物所需的月度计划和请求车,要合理安排,及时调配。经过限制口运输的货物,要满足零担货物运输的需要。中转站零担货物增加使用车不受日计划限制。

第三,车站装运零担货物时,必须符合《全路零担车组织计划》的规定。已纳入《全路零担车组织计划》的车站,按规定的范围组织装运。对未规定的到站或中转范围,可将货物装至前方最近中转站中转。未纳入《全路零担车组织计划》的车站,有条件时应组织超越前方中转站的直达或中转整零车,无条件时可将货物装至前方最近中转站中转。

第四,组织超越前方中转站的中转整零车时,应比照该中转站的装运范围组织装运,如该中转站的装运范围不包括所装货物的中转范围时,应依次向其前方的中转站比照。中转组织站本站发送的货物,对其未规定的中转范围,比照本站中转货物的中转范围组织装运。始发站对某一中转站的自然中转范围,均比照前方最近中转站对该中转站的自然中转范围办理。

第五,零担货物始发站在同一日内、中转站在同一次作业中,均不得向同一卸车站组织两辆以上的两站或三站整零车(由于货物性质不能配装一车时除外)。车站对到达同一到站或同一中转站两辆以上的两、三站整零车可以组织合并。如被合并的货物不符合该合并站装至第二(或第三)到站的中转范围时,只要在"货车装载清单"记事栏内注明"合并货物"字样,即可认为合理中转。

第六,零担易腐货物以两、三站整零车装运时,只准配装至第一到站,不得经由中转站(包括全路辅助中转站)中转。两、三站整零车的第一或第二到站办理危险货物的发送,到达或中转时,方可将危险货物配装至第二(或第三)到站。

第七,组织整零车时,装车站要为卸车站创造方便条件,除应执行有关规定外,还应做到:货物装载紧密、稳固;棚车装运的货物不堵门,到中间站的重件货物不上高;按批装车,按卸车站顺码放,不混批,不压装;货签、标志齐全,破件、散捆不上车。

第八,配装中转整零车时,应将卸车站到达和中转的货物分开装载,中转货物应装在货车的两端或下部。以棚车装运的两站整零车,第二到站的货物应装在货车两端码成梯形,装运三站整零车须从车内两端开始,按第三、第二和第一到站的顺序装车。以敞车装运的两、三站整零车,除应按到站顺序装载外,还须考虑分卸站卸后无货加装也能保证车内货物稳固、均衡。

第九,两、三站整零车的第一第、二到站卸车后要对车内货物进行检查和整理,防止倒塌。加装货物时应遵守规定为:加装货物不得妨碍次一分卸站的卸车作业;加装中转货物时要符合《全路零担车组织计划》规定的中转范围;对《全路零担车组织计划》规定直达到站的货物,不得加装至中转站中转;不得增加新到站。

第十,零担货物中转站要根据零担货物的流量、流向及中转货物的货源情况,按照"先直达、后中转"和"能装一站、不装两站"等配装原则,采取坐车、过车、落地等方法,组织好零担货物的中转作业。零担中转站中转计划货运员,应根据零担货物的配装原则及有关规定,统一组织好中转作业,不断提高使用车的装载量、整零直达比重、一站整零比重和零担货物的安全质量,保持中转站台的畅通。零担中转站对其中转的每批零担货物,均应于卸车的当日在货物运单上加盖卸车日期戳记,以考核中转零担货物的积压情况。

最后,为搞好零担货物中转作业,零担中转站应建立以下管理制度:取送车作业制度;零担车计划配装制度;中转零担货物及其票据的交接、保管制度;货物堆码制度;货区、货位分工制度;货区、货位、货车的清扫制度;安全检查和质量验收制度;中转零担货物的统计分析制度;各工种岗位责任制度。

知识点四 铁路零担货物运输业务流程

铁路零担货物运输业务流程与铁路整车货物运输业务流程相比有很多相通之处,只是相关活动略有差别,不再详细介绍。铁路零担货物运输服务流程如表3-13所示。

表3-13 铁路零担货物运输服务程序流程表

环节	过程	活动	记录(单证)
零担货物发送流程	1. 受理	① 评审货物运单 ② 进行过程能力认可	运单
	2. 接收货物	① 检查现货与运单记载 ② 检查货物包装 ③ 检查货物标识	
	3. 承运	① 检斤 ② 入库填记运单	
	4. 核算	① 核算制票 ② 收款 ③ 结缴款	货票 缴款单
	5. 装车	① 编制配装车计划 ② 检查待装车货,认可核对货物 ③ 装车前对装车能力进行认可 ④ 监装 ⑤ 装车后检查	装卸工作单
	6. 货运票据交接	① 编制货车装载清单 ② 票据装封套并填记 ③ 票据、坏车交接	货车装载清单 票据封套 票据交接簿

(续表)

环节	过程	活动	记录(单证)
零担货物到达流程	1. 卸车前准备	① 按照货位情况制订调车计划,并接车,设备检查 ② 现车、票据交换	
	2. 卸车作业	① 卸车前装卸设备认可 ② 监卸 ③ 卸车后检查 ④ 填记卸货簿和货签 ⑤ 移交货运票据	有问题编制货运记录 卸货簿、货签票据 交接簿
	3. 到货通知	① 发出到货通知 ② 填记货票	
	4. 货物保管	① 货物储存保管防护 ② 交接班交接	
	5. 收取领货凭证	① 确认领货凭证及证件 ② 计算核收运杂费 ③ 结缴款	运杂费收据缴款单
	6. 现货交付	① 清点货物 ② 核对运杂费 ③ 交付货物 ④ 收货人签收	卸货簿

3.5 提升与拓展

拓展学习

物流方案设计(最优运输路线决策——节约里程法)

已知配送中心 P_0 向 5 个用户 P_1,P_2,P_3,P_4,P_5 配送货物,其配送路线网络、配送中心与用户的距离以及用户之间的距离如图 3-5 所示:图中括号内的数字表示客户的需求量(单位:吨),线路上的数字表示两结点之间的距离,配送中心有 3 台 2 t 卡车和 2 台 4 t 卡车两种车辆可供使用。

1. 试利用节约里程法制定最优的配送方案。
2. 设卡车行驶的速度平均为 40 km/h,试比较优化后的方案比单独向各用户分送可节约多少时间?

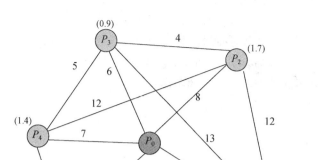

图 3-5

一、节约里程法的原理

1. 节约里程法的基本规定

利用节约法确定配送路线的主要出发点是,根据配送中心的运输能力和配送中心到各个用户以及各个用户之间的距离来制定使总的车辆运输的吨公里数最小的配送方案。另还需满足以下条件:① 所有用户的要求,② 不使任何一辆车超载,③ 每辆车每天的总运行时间或行驶里程不超过规定的上限,④ 用户到货时间要求。

2. 节约里程法的原理

当一个配送中心往多个用户送货时,同一条线路上所有客户的需求总和不大于一辆车的额定载重量,由这样一辆车装着所有客户的货物,沿着一条精心挑选的最佳路线依次将货物送到各个客户手中,这样既保证按时按量将用户需要的货物即时送到,又节约了车辆,节省了费用,缓解了交通压力,减少了运输对环境造成的污染。节约里程法就是通过循环配送来产生节约值。

节约里程法的原理实际就是:三角形一边之长必定小于另外两边之和。

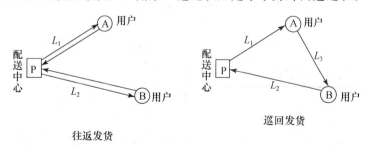

图 3-6

在图 3-6 中,在汽车载重量允许的情况下,采用巡回发货比采用往返发货可节约汽车走行里程为:$\Delta L = [2(L_1+L_2)] - (L_1+L_2+L_3) = L_1+L_2-L_3 > 0$。同理可以得出节约里程的计算公式为:

$$S_{ij}=D_i+D_j-D_{ij}$$

其中：S_{ij}——表示 i、j 两点巡回送货的节约里程数；

D_i——表示配送中心到 i 点的距离；

D_j——表示配送中心到 j 点的距离；

D_{ij}——表示 i 点到 j 点的距离。

二、运输线路决策过程

1. 作运输里程表，列出配送中心到用户及用户间的最短距离，如表 3-14 所示。

表 3-14

需要量	P_0					
1.5	8	P_1				
1.7	8	12	P_2			
0.9	6	13	4	P_3		
1.4	7	15	12	5	P_4	
2.4	10	16	18	16	12	P_5

2. 由运输里程表、按节约里程公式，求得相应的节约里程数，填写在表 3-15（　　）内。

表 3-15

需要量	P_0					
1.5	8	P_1				
1.7	8	(4)12	P_2			
0.9	6	(1)13	(10)4	P_3		
1.4	7	(0)15	(6)9	(8)5	P_4	
2.4	10	(2)16	(0)18	(0)16	(5)12	P_5

3. 将节约里程 S_{ij} 进行分类，按从大到小顺序排列，如表 3-16 所示。

表 3-16

序号	路线	节约里程/km	序号	路线	节约里程/km
1	P_2P_3	10	6	P_1P_5	2
2	P_3P_4	8	7	P_1P_3	1
3	P_2P_4	6	8	P_2P_5	0
4	P_4P_5	5	9	P_3P_5	0
5	P_1P_2	4	10	P_1P_4	0

4. 确定单独送货的配送线路，如图 3-7 所示。

得初始方案配送距离 = 39 km/h × 2 h = 78 km

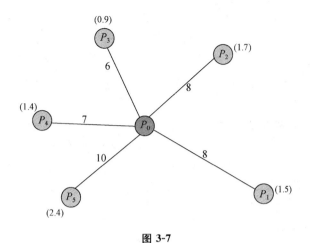

图 3-7

5. 根据载重量约束与节约里程大小,将各客户结点连接起来,形成两个配送路线,即A、B两配送方案,如图3-8所示。

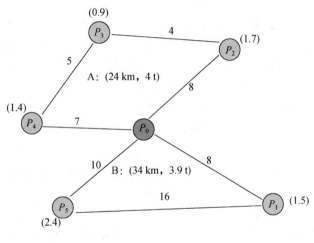

图 3-8

(1) 配送线路 A：$P_0-P_2-P_3-P_4-P_0$

运量 $q_A=q_2+q_3+q_4=1.7\ t+0.9\ t+1.4\ t=4\ t$

所以,用一辆 4 t 车运送。

节约距离 $s_A=10\ km+8\ km=18\ km$

(2) 配送线路 B：$P_0-P_5-P_1-P_0$

运量 $q_B=q_5+q_1=2.4\ t+1.5\ t=3.9\ t<4\ t$ 车

所以,用一辆 4 t 车运送。

节约距离 $s_B=2\ km$

6. 与初始单独送货方案相比,计算总节约里程与节约时间。

总节约里程：$\Delta s=s_A+s_B=20\ km$

与初始单独送货方案相比,可节约时间：$\Delta t=\dfrac{\Delta s}{v}=\dfrac{20\ km}{40\ km/h}=0.5\ h$

运输管理实务

案例分析

传统道路运输企业向现代物流转型成功案例
——佛山市汽运集团物流分公司

佛山市汽运集团物流分公司的前身是一个零担货运站,在20世纪90年代初期,和省内其他国有货运企业一样惨淡经营。当时营运货车从过去几十辆减至八辆,车辆工作率只有30%,年营业收入100多万元,企业严重亏损。1994年以来,公司通过发展零担货运业务、组建货运中心、开展货物配载业务等举措,延伸传统货运的服务领域,大力发展第三方物流,将一个陷入困境的传统货运站发展为现代物流企业。公司现有员工300人,其中物流专业管理人才45人,拥有高标准物流仓库4万多平方米和先进的物流信息管理系统,去年的货运量近30万吨,营业额7 831多万元,是佛山市规模较大的物流企业。现在是中国物流联盟企业和国家交通部物流协会理事,佛山市政府拟将其列为本市的综合物流基地。

该公司从传统货运向现代物流转型的过程中的主要经验有以下几点。

(一)把握机遇,转换机制,建立货运中心

随着改革开放和道路运输业的蓬勃发展,货运市场出现了跨行业、跨区域经营,国营、集体、个体多种经济成分并存的新格局,竞争日趋激烈。许多国有运输企业由于未能及时转换经营机制,无法适应市场的竞争,大部分企业经营陷入困境。该公司也经历了与其他国有运输公司同样的痛苦。

1994年初,佛山市汽运集团进行了经营机制改革,将原来的货运站进行重组,并调整了领导班子。当时摆在新领导班子面前的重要课题是如何发展货运。围绕这个问题,该公司对佛山市的货源及其运力情况进行了广泛的市场调查。调查结果表明:全市总营运货车2 000多辆(其中个体车辆占25%),外省货车每天进出佛山近1 000辆,共有运力3 000多辆、2.5万吨位;而全市每天有公路货源1.5万吨,其中5 000吨由各大型厂矿企业自备车辆运输,外省车每天从佛山运走货物近2 800吨,共300多台次。这组数字说明佛山市货运市场货源充足,潜力很大。调查同时发现,由于外省车辆在市内自行配货、乱停乱放、阻碍交通、乱收费等行为冲击了货运市场;此外,有相当一部分外省车辆回程空驶,运力浪费。据测算,每年因车辆空驶造成社会运力和能源浪费近千万元。

针对货运市场存在的问题,市政府主管部门为加强货运市场的宏观调控,提出了要建立一个统一、开放、公平、竞争、有序的货运市场,并着手大力开展货运市场的整顿。这为公司提供了一个很好的发展机遇,面对这样的机遇,建立一个体制健全、机制合理、功能完善、竞争公平的货运配载市场,让社会各种运力、货源进入市场配货、找车,便显得很有必要。于是,公司决定适应市场的变化,发挥本企业场地大、基础设施好、装卸能力强、业务基础好等优势,转换企业经营机制,开展货运配载业务。

在佛山市交通局的大力支持下,该公司于1994年5月,将原来零担货运站重组为货运中心(货运分公司)。该中心投资500万元,总面积2万多平方米,其中停车场1万多平方米、货仓2200平方米,集配载、出租铺位、汽车修理、加油、旅业于一体,在货运业务上以配载为重点,以零担和整车运输为补充,三者联为一体、互相促进。货运中心很快成为佛山市唯一的公路货车、货物的集散地,为公司发展现代物流打下了扎实的基础。

(二)建立物流配送中心,加强基础设施建设

传统货运企业的经营范围局限于运输、仓储、装卸等,服务功能狭窄,无法满足社会化大生产和客户的多元化服务要求,而物流才能适应社会化大生产的要求,且市场巨大,有着广阔的发展空间。面对新形势,要振兴货运业,将货运业做大做强,就必须转变观念,重新选择市场。基于这种认识,公司决定在原有货运输的基础上,进一步拓宽业务,逐步形成运输、仓储、配送、搬运、包装、流通加工等一体化服务体系,开始向物流方向发展。1999年年底,公司提出了由传统货运向现代物流转变的战略构想,并将货运分公司更名为物流分公司,定位为提供全方位物流服务的第三方物流服务供应商。由于原有货运中心设备陈旧,管理模式落后,现代科技含量低,运作效率低,不能满足客户及货运经营者的要求,公司首先投资了1 500万元,将原来总面积两万多平方米的货运配载中心改造为总面积近6万平方米的物流配送中心,拥有大型仓储配送平台、综合办公大楼、经营铺位、停车场、加油站、招待所等一整套适应物流发展的硬件设施。

为加强基础管理和规范化运作,提高经营管理水平,公司于2001年通过ISO9001质量管理体系认证,学习国内外成功物流企业的业务运作模式、规范服务标准和业务流程,业务操作实现了"五个统一",即统一的经营理念、统一的操作平台、统一的服务标准、统一的业务流程以及统一的单据表格。在此基础上于2001年按照现代企业制度的要求,成立了佛山鸿运贸易公司,发展国际运输业务。

短短几年间,公司的仓储面积从2 000多平方米发展到目前的近4万平方米,并且配套了完善的仓储配送设施,采用世界最先进的林德叉车进行装卸作业。2003年6月,公司又投资1 300多万元兴建了11 000平方米的高标准物流仓库,采用钢筋混凝土结构建设,仓库设有自动升降平台、高台装卸区、停车场等。整个仓库利用电子监控器进行24小时监控管理,并配备自动智能消防系统,完全符合仓储管理消防安全条件。此外,新建仓库共有二层,按照食品、医药等特殊物品的要求,仓库分为恒温区、货架区和平面仓,是本地区最先进、功能最齐全的物流仓库。为满足公司仓储配送业务快速增长的需求,发展了多项异地仓储业务,如在北京设立了仓储配送中心,延伸了物流服务领域,在原有的业务功能基础上拓展第三方物流服务的能力。

(三)应用物流信息技术,提高企业物流质量

物流信息化是物流企业发展到一定阶段的必然选择。为加快向现代物流转变的步伐,公司一直很注重物流信息化的改造,早在1999年就拥有互联网站,建立了公司内部的局域网络;2002年6月,公司在物流运作逐步规范的基础上,基于互联网新技术,又开发了B/S(浏览器/服务器)结构的物流信息系统。这套系统的功能包括了客户端电子商务系统、业务管理信息系统、系统管理维护三大主模块。由于任何信息系统都离不开数据,物流企业的信息化也同样离不开大量的物流数据,所以公司在开发信息系统时,首要考虑的问题是要采用什么样的技术手段实现对大量数据进行采集、分类、识读和传递,以避免出现"重流程,轻技术"的现象。建立物流信息系统,其核心作用在于:通过系统可以全面观察及控制整个物流系统的运行情况,即使客户在异地下单,在其发出收发货指令直至货物送达终端用户手中,客户也可通过物流信息系统掌握货物在物流链中的相关信息,甚至在完成物流业务后系统能自动产生各种费用、配载和库存等报表,从而实现实时信息共享,大大提高物流系统运作的效率,降低运作成本。他们总结的经验是:物流企业在开发信息系统时,应客观准确地根

据企业自身的运作特点进行设计,不可盲从,应采取局部的、分阶段的、循序渐进的方式进行开发。

企业发展物流,人才是关键。公司比较重视向社会吸纳物流相关专业的管理和技术人才。近年来,公司共吸收了30多名大专、本科层次的大学生,与此同时加强对企业员工的培养。采取了各种针对性、灵活性很强的培训方式,除了必要的岗前培训外,经常送一些业务骨干或管理人员到外地交流、学习。不仅加强了对员工物流领域知识与技能培训,培养物流管理、营销以及IT方面的人才,还侧重对员工的职业化素质的培养,从而建立起一支适应物流发展需要的高素质员工队伍。

(四)与大型生产、流通企业共建,拓展现代物流

物流企业所追求的是和客户结成战略伙伴关系,而不是竞争关系。由于企业的"诚信度"是许多物流需求者在选择物流企业时首要评价的项目,所以要与客户建立长期的合作伙伴关系,就必须取得客户的信任和支持,必须持之以恒地向客户提供卓越的服务,并表现出企业的诚信品质。经过几年的努力,公司现已与超过100家知名企业建立了长期合作关系,其中有部分是国际的著名品牌企业,如丹麦新的宝食品(佛山)公司、日本江琦格力高食品(上海)公司、瑞典利乐华新包装(佛山)公司、深圳嘉景裕公司等。在长期服务中,围绕客户的需求,以多批次、高时效、高附加值、小批量的物品为主,为客户群中60%的客户提供(从产品下生产线—运输—仓储—配送—用户)全过程的物流服务。如利乐华新产品下生产线后直接运送佛山物流仓库,由公司负责仓储管理,并配送到终端客户。又如深圳嘉景裕公司产品从入境报关开始,经过仓储管理并最终配送到用户,都由公司负责。公司在北京设立了仓储配送中心,为日本江崎格力高食品(上海)公司提供仓储配送服务。格力高食品公司是日本著名的品牌企业,主要生产销售饼干糖果,其生产基地和销售中心设在上海,产品分别通过上海、佛山及北京的仓储配送中心进行配送。格力高的产品下生产线后从上海通过汽车运输到公司在佛山或北京的仓储配送中心,由公司承担其货物的仓储管理和配送工作。目前,国内客户服务业务网络遍及全国各省40多个大中城市,对外运输可直达香港、东南亚、越南、美洲、欧洲等地,已形成以枢纽城市为中心,覆盖全国的网络体系。

近年来,公司在探索传统货运向现代物流转变中做了一些工作,并取得一定成绩,但与先进的现代物流企业相比还有较大的差距,在前进的道路上,还有不少问题需要探索与研究,还有不少困难要去克服。公司决心加大科技投入,提高服务质量,努力创建企业品牌,不断拓展现代物流,把企业做大做强,为实现经济强省作出自己的贡献。

1992年开始发展零担运输业务;

1994年建立货物配载中心,开拓仓储配载业务,成为佛山市唯一的公路货车、货物的集散地;

1998年被国家交通部授予"文明汽车货运站(场)"称号;

2000年参与组建中国物流企业联盟,成为国家交通部物流协会理事;

2001年通过了ISO9001国际质量体系认证;

2001年注册成立佛山鸿运贸易公司,开拓国际运输业务及进出口贸易,为现代物流配套;

2002年进一步投建物流配送中心,建立高档次仓库;

2003年启用基于互联网新技术,采用B/S结构的物流信息管理系统;

2003年10月被广东省物流企业诚信调委会、《信息时报》、《深圳商报》、物流产业、广州物流协会评为省内第一批：广东省物流诚信企业。

2004年被中国交通运输协会、中国铁道学会、中国货代协会等单位联合评选为中国物流百强企业。

(资料来源：http://www.100xuexi.com)

请分析

从佛山市汽运集团物流分公司转型成功的案例中，结合本任务所学知识，谈谈你的认识和体会。

3.6 自我测试

理论测试题

一、单选题

1. 一次托运时，下列属于零担货物运输的是（　　）。
   A. 重量不足 2 t　　B. 重量不足 3 t　　C. 重量不足 4 t　　D. 重量不足 5 t
2. 按件托运时，下列属于零担货物运输的是（　　）。
   A. 单件重量不超过 100 kg　　　　B. 单件重量不超过 150 kg
   C. 单件重量不超过 200 kg　　　　D. 单件重量不超过 300 kg
3. 下列物品，不能作为零担运输的是（　　）。
   A. 活鱼　　　B. 计算机　　　C. 书籍　　　D. 棉被
4. （　　）是公路零担货物运输的特点。
   A. 货源确定　　　　　　　　B. 组织工作简单
   C. 单位运输成本较高　　　　D. 利润高
5. （　　）不是公路零担货物运输的优点。
   A. 方便　　　B. 快捷　　　C. 经济　　　D. 安全
6. 公路零担货物运输的组织形式有（　　）。
   A. 固定式　　B. 直达式　　C. 中转式　　D. 沿途式
7. （　　）不是托运受理的形式。
   A. 随时受理制　　B. 预先审批制　　C. 日历承运制　　D. 合作制
8. 下列情况，属于间接组货的是（　　）。
   A. 人员上门组货　　　　　　　B. 设立组货网点
   C. 运输企业与货主间加中间商　　D. 就近就地组货

9. 受理托运是零担货物运输作业中的（　　）。
   A. 重要　　　　B. 最后　　　　C. 首要　　　　D. 中间

10. （　　）是指在起运站将各个发货人托运的同一线路、不同到达站且性质允许配载的各种零担货物，同车装运至规定的中转站，卸后复装，重新组成新的零担班车运往目的地的一种货运班车。
    A. 直达式零担班车　　　　　　B. 中转式零担班车
    C. 沿途式零担班车　　　　　　D. 往返式零担班车

11. 当几辆零担车同时到站进行中转作业时，将车内部分中转货物由一辆车直接换装到另一辆车上。以上描述的是（　　）。
    A. 落地法　　　B. 坐车法　　　C. 行走法　　　D. 过车法

12. 铁路货物运输中，一批零担货物的件数不得超过（　　）。
    A. 200 件　　　B. 250 件　　　C. 300 件　　　D. 400 件

13. 铁路零担货物一件体积最小不得小于（　　）（一件重量在 10 kg 以上的除外）。
    A. 0.01 m³　　B. 0.02 m³　　C. 0.03 m³　　D. 0.05 m³

14. 零担货物和集装箱运输的货物，铁路车站从（　　）时即负保管责任。
    A. 货物进站　　　　　　　　　B. 收货完毕
    C. 货物装车完毕　　　　　　　D. 发站在运单上加盖日期戳

15. 铁路零担货物和以零担形式运输的集装箱货物使用（　　）作为货运合同。
    A. 铁路货物运输服务订单　　　B. 订单
    C. 货票　　　　　　　　　　　D. 运单

16. 下列不属于零担货物的承运方式的是（　　）。
    A. 随到随承运　　B. 计划受理　　C. 承运日期表　　D. 集装化

二、多选题

1. 开办和发展零担货物运输的基础是（　　）。
   A. 班车开辟　　　　　　　　　B. 零担货运站
   C. 组织零担货物联运　　　　　D. 建立零担货运网络

2. 影响组货渠道选择的因素包括（　　）。
   A. 运输人员的素质　　　　　　B. 运输劳务的特点
   C. 运输市场状况　　　　　　　D. 企业自身条件

3. 受理托运的方法包括（　　）。
   A. 随时受理制　　B. 预先受理制　　C. 日历承运制　　D. 事后审批制

4. （　　）是车站对货物履行责任运输、保管的开始。
   A. 受理托运　　B. 过磅量方　　C. 验收入库　　D. 配载装车

5. 货流的要素包括（　　）。
   A. 流量　　　　B. 流向　　　　C. 流程　　　　D. 流时

6. 固定式零担车是指车辆运行采取（　　）的一种零担车。
   A. 定线路　　　B. 定班期　　　C. 定车辆
   D. 定时间　　　E. 定货物

7. 整零车的到站必须是(　　　　)。
   A. 两个普零　　　　　　　　　B. 两个危零
   C. 两个笨零　　　　　　　　　D. 三个危零或笨零
8. 铁路零担发送作业流程环节票据交接时需要的凭证包括(　　　　)。
   A. 货车装载清单　B. 货车调送单　C. 票据封套　D. 票据交接簿
9. 零担货运的市场调查按调查方式可分为(　　　　)。
   A. 全面调查　　B. 典型调查　　C. 专题调查　　D. 随机调查
10. 下列哪些货物便于配载(　　　　)。
    A. 长大货物　　B. 笨重货物　　C. 大批量货物　　D. 方形货物
    E. 形状古怪的货物
11. 下列物品不能作为零担运输的是(　　　　)。
    A. 危险货物　　B. 易破损货物　　C. 易污染货物　　D. 鲜活货物
12. 公路零担货物运输的优点有(　　　　)。
    A. 方便　　　　B. 快捷　　　　C. 安全　　　　D. 经济
13. 零担货物运输非常适合商品流通中品种繁多、小批量、(　　　　)的货物。
    A. 多批次　　　B. 价高贵重　　C. 时间紧迫　　D. 到站分散
14. 组成零担货运网的三要素是(　　　　)。
    A. 零担站(点)　B. 零担货运班车　C. 零担货物　D. 零担货运班线
15. 零担运输托运受理的形式有(　　　　)。
    A. 随时受理制　B. 预先审批制　C. 日历承运制　D. 合作制
16. 固定式零担车是指车辆运行采取(　　　　)的一种零担车。
    A. 定线路　　　B. 定班期　　　C. 定车辆
    D. 定时间　　　E. 定货物
17. 铁路零担发送作业流程环节票据交接时需要的凭证包括(　　　　)。
    A. 货车装载清单　B. 货车调送单　C. 票据封套　D. 票据交接簿
18. 零担货运的市场调查按调查方式可分为(　　　　)。
    A. 全面调查　　B. 典型调查　　C. 专题调查　　D. 随机调查

三、判断题

1. 货物包装是货物在运输、装卸、仓储、中转过程中保护货物质量必须具备的物质条件。　　　　　　　　　　　　　　　　　　　　　　　　　　　　　　　　(　　)
2. 交接清单应一站一单,以利于点收点交和运杂费结算。　　　　　　(　　)
3. 零担货物不需要中转,所以也不需要建货物仓库。　　　　　　　　(　　)
4. 汽车运输的零担货物在其总运量中所占比重较小。　　　　　　　　(　　)
5. 零担货物运输对货物配载和装载要求较高。　　　　　　　　　　　(　　)
6. 零担货物一件体积不得小于 $0.02\ m^3$(一件重量在 10 kg 以上的除外)。每批件数不得超过 300 件。　　　　　　　　　　　　　　　　　　　　　　　　　(　　)
7. 零担货物和以零担形式运输的集装箱货物便用运单作为货运合同。　(　　)
8. 根据零担站年货物吞吐量,将零担站划分为一、二、三级。年货物吞吐量在 6 万吨以

上者为一级站；2万吨及以上，但不足6万吨者为二级站；2万吨以下者为三级站。（   ）

9. 一张运单托运的货物可以不是同一托运人、收货人。（   ）

10. 对拼装分卸货物，应将每一拼装或分卸情况在运单记事栏内注明。（   ）

11. 货物交接时承托双方对货物的质量和内容有质疑均可提出查验与复磅，查验和复磅的费用由提出方负担。（   ）

12. 提高了车辆运用效率和经济效益是公路零担货物运输的优点。（   ）

13. 固定式零担运输组织形式有利于货主合理地安排生产和生活。（   ）

14. 直达式有利于降低运输成本和提高运输服务质量。（   ）

技能测试题

托运人：北京凤翔伟业有限公司（地址：北京丰台区正阳大街28号，电话010-83407129）于2010年5月9日托运一批货品：

A：纸箱包装雅芳化妆品38箱，单价3 500元/箱，重量60千克/箱。

B：纸箱包装沙宣洗发水19箱，单价8 500元/箱，重量80千克/箱。

C：纸箱包装雅诗兰黛化妆品21箱，单价13 200元/箱，重量50千克/箱。

自北京丰台西站发往四川省成都市成都东站（里程总计2 042公里），采用棚车（车号P632697号60 t）运载，施封号码为：0276，运到期限12天。

收货人：四川好邻居超市集团（地址：成都市泰森南路27号，电话028-67893785）

注意：由于该批货物不够铁路整车运输的条件，只能按零担运输办理，化妆品的货价号为24，其发到基价格15元/吨，运行基价格为0.063 1元/(吨·公里)；其他费用不计。

请据此将该批零担货物运输相关内容填写到下方货票中。

铁路货物运输的货票甲联

××铁路局

计划号码或运输号码　　　　　　　　货票　　　　　　　　甲联
货物运到期限　　日　　　　　　　发站存查　　　　　A00001

发站		到站（局）		车种车号		货车标重		承运人/托运人装车	
托运人	名称			施封号码				承运人/托运人施封	
	住址		电话		铁路货车篷布号码				
收货人	名称			集装箱号码					
	住址		电话		经由			运价里程	
货物名称	件数	包装	货物重量/千克		计量重量	运价号	运价率	现付	
			托运人确定	承运人确定				费别	金额
								运费	
								装费	
								取送车费	
								过秤费	
合计									
记事								合计	

发站承运日期戳

处理特种货物运输业务

4.1 学习目标

1. 能够执行特种货物的运输业务,并能够与运输部门和客户进行业务沟通;
2. 按照特种货物运输流程准确无误地进行订单处理、单证填写及业务操作处理;
3. 能够签订特种货物运输合同;
4. 能够处理与特种货物运输相关的运输事故和运输纠纷;
5. 能够正确核算特种货物运输费用;
6. 能够运用常见的调研方法;
7. 培养学生安全意识和团队合作意识。

4.2 学习任务

(一)任务描述

【案例一】 河北省石家庄华康伟业医药化工有限公司崔先生运送30 t化工原料要从石家庄市南石环308国道栾城口运到福建泉州。应如何来完成此次运输任务?并如何开展工作?要解决崔先生的运输问题,我们首先要知道什么是危险货物?如何组织危险货物的运输?

【案例二】 某锅炉制造公司为客户制造一大型锅炉,需要从北京运往郑州,卧放长12 m、宽4 m、高3.5 m,重7 t。现要委托一汽车运输公司运输,请为运输公司设计运输方案。

【案例三】 大冷风库诉重庆铁路东站易腐货物逾期运到变质损失赔偿案。

原告:河北省藁城市小常安正大冷风库(以下简称冷风库)。

被告:重庆铁路分局重庆东站(以下简称重庆东站)。

1997年4月25日,冷风库委托藁城市果品供销社综合服务社与藁城站签订了第81715号铁路货物运输合同(即货物运单)。约定由藁城站承运雪梨一整车2400件(重40 t,价值96200元),发往重庆东站,收货人第三军医大学;在货物运单托运人记事栏中言明"运输十五天不烂",付运费6816.14元,并向保险公司不足额投保货物运输险3万元。藁城站在货物运单上注明"易腐货物",当日将雪梨装入P3100916号栅车承运,货物运到期限九天。

5月14日,该车雪梨到达重庆东站。5月15日卸车时,发现腐烂变质2293件,完好货物107件,重庆东站即编制了货物记录载明:"藁城发重庆东整车雪梨,卸检后未施封,二侧车门螺栓拧紧,开门车内有腐臭味,全批纸箱外有不同程度湿迹,开检见内货腐烂变质严重,卸后清点整理,完好货物107件,其余全部腐烂变质,车底有长9 m、宽2.1 m的湿迹。"重庆东站并附货运事故查复书载明:"货物腐烂变质属铁路责任,请中保公司核赔,联系收货人与保险公司接洽处理。"收货人将雪梨损失的情况告知冷风库,向保险公司索赔。保险公司查勘后以铁路责任为理由,拒不赔偿。重庆东站以保险公司已接洽处理,冷风库又不是货物运单上的合同单位为理由,未予赔偿。藁城市供销社果品生产综合服务社出具证明,其是受冷风库委托托运雪梨,一切事宜由冷风库全权处理。冷风库遂起诉至石家庄铁路运输法院。

原告冷风库诉称:因承运人在运输中违反了《铁路鲜活货物运输规则》的有关规定,造成货物腐烂变质,货物损失达96200元,运杂费、差旅费损失29400元,利息损失10248.30元,总计135994.30元,请求法院判令被告重庆东站予以赔偿上述损失并支付违约金。

被告重庆东站答辩称:1997年4月25日,托运人藁城市果品供销社综合服务社由藁城站发往我站雪梨2400件,5月14日车到卸货发现腐烂变质2293件,托运人投保运输险3万元。我站编制货物记录、货运事故查复书,联系保险公司与收货人接洽处理。原告称货物价值96200元,但该货保额不足,应由托运人负责。原告冷风库既不是货物运单上的托运人,也不是收货人,不符合本案主体资格。故我站不负赔偿责任。

审判石家庄铁路运输法院经审理认为:冷风库委托藁城市果品供销社综合服务社与藁城站签订的铁路货物运输合同合法有效,冷风库可作为当事人参与本案诉讼。铁路运输企业(包括发站、到站及中途各站)应对所承运的货物负有安全、完整、及时运输的义务。货物逾期运到或发生灭失、变质、损坏等,除不可抗力、货物本身的自然属性及托运人、收货人的过错可以免责外,铁路运输企业应承担逾期违约的赔偿责任。雪梨腐烂变质2293件的原因,是在运输途中对易腐的雪梨逾期十天运到造成的,重庆东站的货运记录、货运事故查复书能予认定。保险公司对货物运输现场作出查勘报告,以属铁路责任不予赔偿,原告冷风库要求货物的到达站重庆东站赔偿货物损失、支付违约金的诉讼请求符合法律规定,应予支持。但根据《铁路货物运输规程》的有关规定,该车货物未办保价运输,且按件数和重量承运,每吨货物实际损失最高赔偿2000元;对完好107件雪梨及运费不应赔偿。购梨贷款利息、差旅费因证据不足,不予支持。依照《中华人民共和国经济合同法》第三十六条第一项二、三目,《中华人民共和国铁路法》第十七条第一款第二项及最高人民法院《关于审理铁路运输损害赔偿案件若干问题的解释》第四条的规定,该院于1997年12月24日判决:

1. 被告重庆东站赔偿原告正大冷风库货物损失76433.33元,并支付逾期违约金614.40元。

2. 驳回原告正大冷风库的其他诉讼请求。

判决生效后已履行。

【评析】

1. 代办运输的代运人,以自己的名义与承运人签订铁路货物运输合同,代运人为运输合同中的托运人,因此代运人可基于运输合同向承运人主张权利。如果代运人将债权转让与货主(原委托人),则货主可直接依运输合同向承运人主张债权,代运人不再作为债权人参加诉讼。所以,本案冷风库身为货主,代运人已将债权转让货主,冷风库提起本案诉讼,主张债权是正确的。

2. 法院认为雪梨腐烂变质的原因,是在运输途中,超过规定运输期限逾期十天造成的,是正确的。因《铁路鲜活货物运输规则》第二十九条明确规定,易腐货物在运输途中不得保留积压。雪梨用棚车运输,一般平均气温要在 1～6℃。藁城市四月下旬平均气温在 16℃左右,重庆市五月上旬平均气温在 20℃左右,运输本身就有风险。《铁路鲜活货物运输规则》中虽规定,易腐货物容许运输规定期限内大于三日,但过高的温度,逾期的运输条件,必然使易腐的雪梨腐烂变质。

3. 铁路运输企业(包括发站、到站及中途各站)应对所承运的货物负有安全、完整、及时运输的义务。对铁路逾期运到或发生灭失、变质、损坏等,除不可抗力、货物本身的自然属性及托运人、收货人的过错可以免责外,铁路运输企业应承担逾期违约的赔偿责任。该车雪梨腐烂变质不是铁路运输企业故意或重大过失造成,也不是货物本身自然属性等因素所致,而是逾期十天运到造成雪梨腐烂变质。根据最高人民法院《关于审理铁路运输损害赔偿案件若干问题的解释》第四条一款"投保货物运输险的货物,在运输中发生损失,对不属于铁路运输企业免责范围的,适用《铁路法》第十七条第一款二项的规定,由铁路运输企业承担责任"的规定,本案托运人虽不足额投保货物运输险,可向保险公司索赔,但雪梨腐烂责任明确,将铁路运输企业作为被告,要求货物到达站重庆东站赔偿货物损失等,并无不当。

4. 《铁路法》第十七条第一款(二)项规定:"未按保价运输承运的,按照实际损失赔偿,但最高不超过国务院铁路主管部门规定的赔偿限额。"据《铁路货物运输规程》有关规定,因该车货物未办理保价运输,且按件数和重量承运,每吨货物实际损失最高赔偿额为 2000 元。所以,腐烂变质的 2293 件雪梨,只能赔偿 76433.33 元。按运输合同的约定,因承运的 2400 件雪梨均逾期到达,其违约责任应由铁路运输企业重庆东站承担,支付违约金 614.40 元。对完好货物及运杂费等不予赔偿。

5. 保险公司是否应承担赔偿责任,应当依据保险合同保险范围来确定,而不是依据铁路方面是否有责任。如果货物损失属于保险范围,保险公司就应予赔偿,然后再依取得的代位求偿权,根据铁路运输合同向负有责任的铁路承运人追偿。

(二) 学生要完成的具体任务和要求

1. 请各小组根据上述任务描述,通过调研分析掌握特种货物运输业务处理过程及注意事项,具体工作任务为以下几个。

(1) 完成危险货物运输运输业务处理过程及注意事项(例如运输合同签订、运输线路、运输工具、运费核收、运输资质、运输方案设计、运输纠纷处理等),调研并撰写调研报告,要求格式正确、内容真实全面,重点突出,有个人分析;并对结合相关知识对案例一进行分析。

(2) 完成超限货物运输运输业务处理过程及注意事项(例如运输合同签订、运输线路、运输工具、运费核收、运输资质、运输方案设计、运输纠纷处理等),调研并撰写调研报告,要求格式正确、内容真实全面,重点突出,有个人分析;并对结合相关知识对案例二进行分析。

(3) 完成鲜活易腐货物运输运输业务处理过程及注意事项(例如运输合同签订、运输线路、运输工具、运费核收、运输资质、运输方案设计、运输纠纷处理等)调研并撰写调研报告,

要求格式正确、内容真实全面,重点突出,有个人分析;并对结合相关知识对案例三进行分析。

2. 撰写小组和个人项目总结报告。

4.3 学习档案

一、完成任务的步骤和时间

步骤	具体操作方法(学生活动)	参考学时
1. 学生获知项目任务,完成分组,制订项目计划	① 学生听取教师布置任务,全班分组。 ② 4~6个学生一组,小组成员分工,明确任务。 ③ 学生起草撰写各小组项目工作计划。	1
2. 学生为获取实施特种货物运输业务的相关知识	学生听老师讲解,获取危险货物运输、大件货物运输和鲜活易腐货物运输的业务流程和注意事项等调研相关的知识要点。	2
3. 学生完成特种货物运输业务调研分析	① 学生在网上查找相关调研信息。 ② 学生课下深入特种货物运输企业、货运站、港口、机场等实地调查(课下完成)。 ③ 学生撰写调查报告(课下完成)。	4
4. 项目汇报与评价	① 听教师说明汇报工作成果的方法。 ② 分组陈述本组项目总结报告。 ③ 小组内成员互相评分,小组间互相评分。 ④ 教师总结学生报告成果。	2
5. 学生听取教师总结及对重点内容的补充讲解	① 学生听并领会本章知识点。 ② 学生听取教师评价与总结。 ③ 学生撰写小组和个人项目总结报告(课下完成)。 ④ 学生在教师指导下独立完成本章综合练习题(课下完成)。	1

二、学习工作页

步骤一:各小组学习项目任务,通过讨论,合理分工,制订调研计划。

1. 请各个小组通过书籍和网络等途径,根据项目任务确定组员分工和小组工作计划,做好调研准备工作。

小组编号		项目名称	
小组成员			
组员分工情况			
小组工作计划	(1) 危险货物、超限货物、鲜活易腐货物调研分工计划 (2) 撰写调研报告分工计划 (3) 汇报资料撰写分工计划 (4) 汇报分工计划		

2. 经过小组讨论,您所在的小组采取何种途径获取资料和信息?请简单写出本小组的调研计划。

步骤二:获取特种货物运输相关知识。

请认真听讲,然后回答以下问题:

1. 什么是危险货物?危险货物应具备的要素有哪些?常见的危险货物包括哪些?
2. 你认为从事危险货物运输的单位应具备哪些条件?
3. 危险货物运输的作业流程有哪些?每个环节应该注意哪些问题?
4. 你认为应该如何保证易燃液体(如汽油)的运输安全?
5. 什么是超限货物?超限货物的特点有哪些?
6. 超限货物运输的作业流程有哪些?
7. 公路超限货物的等级是如何划分的?
8. 铁路超限货物的等级是如何划分的?
9. 针对超限货物的承运人(运输企业)在受理托运时有哪些规定?
10. 什么是冷藏货物?常见的冷藏货物有哪些(至少写出 10 种以上)?
11. 冷藏货物可以分为哪些类型?
12. 在冷藏货物运输的组织和管理中应该注意哪些问题?
13. 货物运输纠纷的类型有哪些?案例三中的情景属于哪种运输纠纷?

步骤三:请各小组完成运输总体情况调研,撰写调研报告,和 PPT 汇报材料。

(注:每个小组提交一份字数在 6000 字左右的调研报告,报告格式正确,内容全面简洁真实,重点突出,对问题分析到位,切合实际,有自己的个人看法)

写出本小组调研报告的结构。

步骤四:学生汇报调研成果、教师点评总结。

(注:汇报要求语言简洁流利、内容全面、重点突出,框架清晰,思路清晰;汇报的 PPT 制作新颖,有吸引力,有分工情况;汇报中尽量脱稿,有自己的看法;)

1. 列出本小组汇报的提纲。
2. 学生听取教师点评,作总结。

(1)请写出本小组调研报告的优点和缺点(可以参考其他小组评价和改进建议)。

(2)请同学们针对本任务的学习目标,写出您的收获和困惑。

3. 请同学们进行团队互评、个人互评和教学效果评价,并认真填写任务评价表(具体评价表可以根据实际情况自行设计)

步骤五:学生听取教师总结及对重点内容的补充讲解。

1. 总结出本任务的知识框架。
2. 通过任务四的学习,你对自己的职业生涯规划有何认识?(例如:通过本项目的学习,你认为自己可以从事哪些相关岗位的工作?)
3. 撰写小组项目总结报告(1000 字左右,一个小组提交一份 word 版总结报告)。
4. 撰写个人项目总结报告(500 字以上,每人提交一份 word 版总结报告)。

4.4 学习任务涉及的知识点

知识点一 危险货物及其运输组织

一、危险货物概述

（一）危险货物的概念

危险货物是指具有爆炸、易燃、毒害、腐蚀、放射性等性质，容易造成人身伤亡和财产损毁而在运输、装卸和储存保管过程中，需要特别防护的货物。

危险货物具有以下三个要素。

（1）物理化学性质不稳定。具有爆炸、易燃、毒害、腐蚀、放射性等性质，易造成火灾、中毒、灼伤、辐射伤害与污染等事故。

（2）潜在性危害大。危险货物在运输、装卸和储存保管过程中，在受热、明火、摩擦、振动、撞击、洒漏以及与性质相抵触物品接触等外界因素作用下，发生化学变化产生危险效应，容易造成人身伤亡和财产损毁。

（3）防护措施特殊。为保证危险货物安全运输，必须针对各类危险货物本身的物理化学性质采取特殊的防护措施，对有机过氧化物必须控制环境温度，对爆炸品必须添加抑制剂等。

（二）危险货物的分类与编号

1. 危险货物分类

危险货物物品种类繁多，根据我国1987年7月1日颁布实施的国家标准GB6944-1986《危险货物分类和品名编号》，危险货物分成九类。

第一类：爆炸品。

第二类：压缩气体和液化气体。

第三类：易燃液体。

第四类：易燃固体、自燃物品和遇湿易燃物品。

第五类：氧化剂和有机过氧化物。

第六类：毒害品和感染性物品。

第七类：放射性物品。

第八类：腐蚀品。

第九类：其他危险物品（此类适用于民航运输中的磁性物品和另行规定的物品，即具有麻醉、毒害或其他类似性质，能造成飞行机组人员情绪烦躁或不适，以致影响飞行任务的正确执行，危及飞行安全的物品）。

2. 危险货物编号

根据GB6944-1986的规定，危险货物品名编号由五位阿拉伯数字组成，表明其所属类别、项号和顺序号。编号的表示方法如图4-1所示。

图 4-1 危险货物编号方法

每一种危险货物指定一个编号,但对性质基本相同以及运输条件和灭火、急救方法相同的危险物资,也可使用同一编号。例如,装有炸药的武器,如定装式全备炮弹、定装式全备火箭,其品名的编号为 11113,表示该种危险物资属于第 1 类第 1 项、顺序号为 113 的具有整体爆炸危险的物资,必须固定于包装容器内,以防剧烈滚动。

(三)危险货物的确认

为保证客运和普通货物运输的安全,确认某一货物是否为危险货物就成了关键。为了方便确认,国家发布了国家标准 GB12268-1990《危险货物品名表》,列举了危险货物的具体品名表。同时,各种运输方式都采取了列举原则来确认危险货物,并都颁布了本运输方式的《危险货物运输规则》(简称《危规》),各《危规》都在所附的《危险货物品名表》中收集列举了本规则范围内具体危险货物的名称。因此,危险货物必须是本运输方式《危险货物品名表》所列明的方予确认、运输。

二、危险货物运输的限制条件及特殊规定

(一)危险货物运输单位应具备的条件

以公路运输为例,凡从事公路危险货物运输的单位,必须拥有保证安全运输危险货物的相应设施设备。从事营业性公路危险货物运输的单位,必须具有 10 辆以上专用车辆的经营规模,五年以上从事运输经营的管理经验,配有相应的专业技术管理人员,并已建立健全安全操作规程、岗位责任制、车辆设备保养维修和安全质量教育等规章制度。直接从事公路危险货物运输、装卸、维修作业和业务管理的人员,必须掌握危险货物运输的有关知识,经当地地(市)级以上公路运政管理机关考核合格,取得《道路危险货物操作证》方可上岗作业。运输危险货物的车辆、容器、装卸机械及工具,必须符合交通部 JT3130《汽车危险货物运输规则》规定的条件,经公路运输管理机关审验合格。

(二)危险货物运输必备的条件

(1)凡装运危险货物的车辆,必须按国家标准 GB13392-1992《道路运输危险货物车辆标志》悬挂规定的标志和标志灯。

公路危险货物运输车辆标志,按国家规定是印有黑色"危险品"字样的三角型小黄旗;有的地方法规规定是印有黑色"危险品"字样的黄色三角灯。公路危险货物运输车辆标志的功能是为了加强安全警戒和安全避让,在装运危险货物车辆运行和存放时向人们示警,对保障安全生产具有重要作用。

(2)全挂汽车列车、拖拉机、三轮机动车、非机动车(含畜力车)和摩托车不准装运爆炸品、一级氧化剂、有机过氧化物;拖拉机还不准装运压缩气体和液化气体、一级易燃物品;自

卸车辆不准装运除二级固体危险货物(指散装硫磺、萘饼、粗蒽、煤焦沥青等)之外的危险货物。未经公路运政管理机关检验合格的常压容器,不得装运危险货物。

(3) 营业性危险货物运输必须使用交通部统一规定的运输单证和票据,并加盖危险货物运输专用章。

(4) 凡运输危险货物的单位,必须按月向当地公路运政管理机关报送危险货物运输统计报表。

(5) 专门从事危险货物运输的单位,要加强基础设施建设,逐步设置危险货物专用停车场及专用仓库,向专业化、专用化的方向发展。

(三) 公路危险货物运输的资质凭证

公路危险货物运输的资质凭证,是证明公路危险货物运输者、作业者的基本条件符合规定要求,并经过办理申报批准手续,有资格从事公路危验货物运输、作业的凭证。

公路危险货物运输的资质凭证有:

(1)《道路运输经营许可证》,由公路运政管理部门审批、发放并加盖"危险货物运输"字样。

(2)《道路营业运输证》或《道路非营业运输证》。

(3)《危险货物作业证》、公路危险货物运输车辆标志和消防工作合格文件等。

(4)《工商营业执照》。从业者凭《道路运输经营许可证》,向当地工商行政管理部门办理。

做好资质凭证的颁发工作,正确贯彻执行危险货物运输法律、规章制度以及进行必要的管理和监督,是保障公路危险货物运输行业素质,保证运输安全的基本条件。

(四) 公路危险货物运输设施管理

公路危险货物运输设施,主要包括供危险货物运输使用的汽车场、汽车站、停车场、专用仓库等建筑物、场地及其他从事公路危险货物运输生产作业、经营活动的场所。

1. 公路危险货物运输设施的建设要求

公路危险货物运输设施,一般应建设在人口稀少的郊区,远离工厂企业、机关团体、商业网点密集及居民密集地区。其在选址、布局、结构、功能等方面,既要适应危险货物运输的技术条件、生产安全的要求,又必须符合环境保护、消防安全、劳动保护、交通管理等方面的规定。建筑设计中,应充分考虑危险货物作业场所对安全防护、消防措施、三废处理、生态环境的特殊要求及万一发生事故的应急措施等问题。

各个储存危险货物的仓库之间,要保持一定的防火安全距离,一般要保持防火间距 20～30 m。如果是储存爆炸物品和放射性物品,则必须按国家有关规定办理。

储存危险货物的仓库,面积不要太大,一般不超过 400～600 m^2;仓库区必须与行政管理、生活区分开;每间库房应设有两个或不少于两个的安全出入口,库门应朝外开启;同时还应有通风、防潮、防汛和避雷设施。仓库的电源装置必须采用防爆、隔离、密封式的安全设置。

公路危险货物运输的主管机关及运输企业都应当分别制定和实施各层次的运输设施管理制度,并按照制度的要求,切实加强运输设施的使用监督和技术状况的检查、维护工作,保证运输设施技术状况的完好。

2. 公路危险货物运输生产现场的安全管理

公路危险货物运输生产现场的安全管理主要是指对公路危险货物运输的重点干线、车站、港口、仓库、工厂,以及其他有关物资单位相关场所的安全设备、环境条件、车辆进出程序、货物装卸、储存保管货物、生产组织及其他生产作业中的安全管理工作。

公路危险货物运输企业应建立健全运输现场安全管理网。现场安全管理网,是在企业调度部门统一负责下,由调度、安全、质量机构及现场管理人员共同组成的管理体系。现场管理人员在人事关系上分属调度机构及有关车队领导;在业务工作上,由调度、安全、质量部门负责指导、安排具体工作任务。

各网点现场人员应掌握危险货物运输有关的政策、法规、制度和操作规程,建立联系制度,做好安全、质量的监督、检查工作,及时处理现场发生的问题。

三、危险货物运输作业流程

危险货物运输,要经过托运受理、调度和运送、交接保管、装卸等环节。

(一) 托运

危险货物托运人应当委托具有危险货物运输资质的企业承运,严格按照国家有关规定包装,并向承运人说明危险货物的品名、数量、危害、应急措施等情况。需要添加抑制剂或者稳定剂的,应当按照规定添加。托运危险化学品的还应提交与托运的危险化学品完全一致的安全技术说明书和安全标签。

(二) 受理

(1) 受理前必须对货物名称、性能、形态、包装、单件重量、安全措施等情况进行详细地了解并注明。

(2) 及时弄清包装、规格和标志是否符合国家规定要求,必要时到现场进行了解。

(3) 对新产品应检查随附的《技术鉴定书》是否有效。

(4) 按规定检查需要的"准运证件"是否齐全。

(5) 做好运输前的准备工作,使装卸现场、环境符合安全运输条件,必要时赴现场勘察。

(6) 到达车站、码头的爆炸品、剧毒品、一级氧化剂、放射性物品(天然铀、钍类除外),在受理前应赴现场检查包装等情况。对不符合安全运输要求的,应请托运人改善后再受理。

(三) 调度,运送

(1) 详细审核托运单内容,发现问题要及时弄清情况,再安排运行作业。

(2) 必须按照货物性质和托运人的要求安排车班、车次,如无法按要求安排作业时,应及时与托运人联系进行协商处理。

(3) 运输大批量烈性易燃、易爆、剧毒和放射性物资,须作重点安排,必要时召开专门会议,制订运输方案。

(4) 安排大批量爆炸物品与剧毒物品跨省市运输时,应安排有关负责人员带队指导装卸和运行,确保安全生产。

(5) 要注意气象预报,掌握天气和气温的变化。

(6) 遇有特殊注意事项,应在行车单上注明。

（四）交接保管

（1）自货物交付承运起至运达止，承运单位及驾驶、装卸人员应负保管责任。托运人派有押运人员的应明确各自应负的责任。

（2）严格货物交接，危险货物必须点收点交、签证手续完善。

（3）装货时发现包装不良或不符安全要求，应拒绝装运，待改善后再运。卸货时发生货损货差，收货人不得拒收，并应及时采取安全措施，以免损失扩大，同时在运输单证上批注清楚。驾驶员、装卸工返回后，应及时汇报，及时处理。

（4）因故不能及时卸货，在待卸期间行车人员应负责对所运危险货物的看管，同时应及时与托运人取得联系，恰当处理。

（5）如所装货物危及安全时，承运人应立即报请当地运管部门会同有关部门进行处理。

（五）装卸

危险货物的装卸一定要小心、谨慎。托运人应在包装上标注装卸注意事项。

四、危险货物运输管理

（一）危险货物托运管理

危险货物托运人在办理托运时必须做到：

（1）向已取得公路危险货物运输经营资格的运输单位办理托运；

（2）在托运单上填写危险货物品名、规格、件重、件数、包装方法、起运日期、收发货人详细地址及运输过程中的注意事项；

（3）货物性质或灭火方法相抵触的危险货物，必须分别托运；

（4）对有特殊要求或凭证运输的危险货物，必须附有相关单证，并在托运单备注栏内注明。

凡未按以上规定办理危险货物托运，由此发生运输事故，由托运人承担全部责任。

（二）危险货物承运管理

危险货物承运人在受理托运和承运时必须做到：

（1）根据托运人填写的托运单和提供的有关资料予以查对核实，必要时应组织承托双方到货物现场和运输线路进行实地勘察，其费用由托运人负担。

（2）承运爆炸品、剧毒品、放射性物品及需控温的有机过氧化物，使用受压容器罐（槽）运输烈性危险品，以及危险货物月运量超过 100 t，均应于起运前 10 天向当地公路运政管理机关报送危险货物运输计划，包括货物品名、数量、运输线路、运输日期等。

（3）在装运危险货物时，要按相关规定的包装要求严格检查。凡不符合规定要求的，不得装运。危险货物性质或灭火方法相抵触的货物严禁混装。

（4）运输危险货物的车辆严禁搭乘无关人员，运行中司乘人员严禁吸烟，停车时不准靠近明火和高温场所。

（5）运输结束后，必须清扫车辆，消除污染，其费用由货主负担。

凡未按以上规定受理托运和承运，由此发生运输事故，由承运人承担全部责任。

【注】 铁路危险货物运输的相关知识见《铁路货物运输管理规则》。

知识点二　超限货物及其运输组织

一、超限货物概述

（一）超限货物的概念

超限货物是指货物外形尺寸和重量超过常规（指超长、超宽、超重、超高）车辆、船舶装载规定的大型货物。超限货物也称大件货物。

超限货物运输是指使用超重型汽车列车（车组）载运外形尺寸和重量超过常规车辆装载规定的大型物件的公路运输。

公路货运和铁路货运对超限货物应满足的条件所有不同，具体如表4-1所示。

表4-1　公路和铁路对超限货物应满足的条件对比

运输方式	应满足的条件
公路货运	① 货物外形尺寸长度在14 m以上或宽度在3.5 m以上或高度在3 m以上的货物。 ② 重量在20 t以上的单体货物或不可解体的成组（捆）货物。
铁路货运	① 单件货物装车后，在平直线路上停留时，货物的高度和宽度有任何部位超过机车车辆限界或特定区段装载限界。 ② 在平直线路上停留虽不超限，但行经半径为300 m的曲线线路时，货物的内侧或外侧的计算宽度（已经减去曲线水平加宽量36 mm）仍然超限。 ③ 一件货物装车后，虽然在平直线路或行经在半径为300 m的曲线线路上均未超出货物装载限界，但当货车行经在特定区段时，货物的高度或宽度超出特定区段的装载限界。

（二）超限货物的特点

一般来说，超限货物有如下特点。

（1）装载后车与货的总重量超过所经路线桥涵、地下通道的限载标准。

（2）货物宽度超过车辆界限。

（3）载货车辆最小转弯半径大于所经路线设计弯道半径。

（4）装载总高度超过5 m；通过电气化铁路平交道口时，装载总高度超过4.2 m；通过无轨电车线路时，装载总高度超过4 m；通过立交桥和人行过街天桥时，装载总高度超过桥下净空限制高度。

（三）超限货物的类型

超限货物同样是一个总称，包括不同种类，如超高货物、超长货物、超重货物、超宽货物，这些货物对运输工具、运输组织的要求各异。为了保证运输安全和管理的需要，一些运输方式有必要根据超限货物的主要特性进行分类。

根据我国公路运输主管部门现行规定，公路超限货物按其外形尺寸和重量分成四级，如表4-2所示。

表 4-2 超限货物分组表

大型物件级别	重量/t	长度/m	宽度/m	高度/m
一	40～(100)	14～(20)	3.5～(4)	3～(3.5)
二	100～(180)	20～(25)	4～(4.5)	3.5～(4)
三	180～(300)	25～(40)	4.5～(5.5)	4.0～(5)
四	300 以上	40 以上	5.5 以上	5 以上

注：1. "括号数"表示该项参数不包括括号内的数值。
   2. 货物的重量和外廓尺寸中，有一项达到表列参数，即为该级别的超限货物，货物同时在外廓尺寸和重量达到两种以上等级时，按高限级别确定超限等级。

【注意】 超限货物重量是指货物的毛重，即货物的净重加上包装和支撑材料后的总重，一般以生产厂家提供的货物技术资料所标明的重量为参考数据，它是配备运输车辆的重要依据。

二、超限货物运输作业流程

依据超限货物运输的特殊性，其作业流程主要包括以下7个环节。

1. 办理托运

由大型物件托运人（单位）向已取得大型物件运输经营资格的运输业户或其代理人办理托运，托运人必须在（托）运单上如实填写大型物件的名称、规格、件数、件重、起运日期、收发货人详细地址及运输过程中的注意事项。凡未按上述要求办理托运或运单填写不明确，由此发生的运输事故，由托运人承担全部责任。

2. 理货

理货是超限运输企业事先取得关于货物几何形状、重量、重心位置等可靠数据和图样资料的工作过程。通过理货工作分析，可为确定超限货物级别及运输形式、查验道路以及制定运输方案提供依据。

理货工作的主要内容有：调查大型构件的几何形状、重量，调查大型物件的重心位置和质量分布情况，查明货物承载位置及装卸方式，查看特殊大型物件的有关技术经济资料，以及完成书面形式的理货报告。

3. 验道

验道工作的主要内容包括：了解沿线地理环境及气候情况，查验运输沿线全部道路的路面、路基、横向坡度、纵向坡度及弯道超高处的横坡坡度、道路的竖曲线半径、通道宽度及弯道半径，查验沿线桥梁涵洞、高空障碍，查看装卸货现场、倒载转运现场。根据上述查验结果预测作业时间、编制运行路线图，完成验道报告。

4. 制订运输方案

在充分研究、分析理货报告及验道报告的基础上，制定安全可靠、可行的运输方案。其主要内容包括：配备牵引车、挂车组及附件，配备动力机组及压载块，确定限定最高车速，制定运行技术措施，配备辅助车辆，制定货物装卸与捆扎加固方案，制定和验算运输技术方案，完成运输方案书面文件。

5. 签订运输合同

根据托运方填写的委托运输文件及承运方进行理货分析、验道、制定运输方案的结果，承托双方签订书面形式的运输合同,其主要内容包括:明确托运与承运甲乙方、大型物件数据及运输车辆数据、运输起讫地点、运距与运输时间,明确合同生效时间,承托双方应负责任,有关法律手续及运费结算方式、付款方式等。

6. 线路运输工作组织

线路运输工作组织包括:建立临时性的超限运输工作领导小组,具体负责实施运输方案、执行运输合同和相应对外联系。领导小组下设行车、机务、后勤生活、安全、材料供应等工作小组及工作岗位,并制定相关工作岗位责任制,组织大型物件运输工作所需的牵引车驾驶员、挂车操作员、装卸工、修理工、工具材料员、技术人员及安全员等。依照运输工作岗位责任制及整体要求认真操作、协调工作,保证超限运输工作全面、准确完成。

7. 运输统计与结算

运输统计是指完成运输工作各项技术经济指标统计,运输结算即完成运输工作后按运输合同有关规定结算运费及相关费用。

三、超限货物运输管理

(一) 超限货物运输的特点

基于超限货物的特点,其运输组织与一般货物运输应有所不同。

1. 特殊装载要求

超限货物运输对车辆和装载有特殊要求,一般情况下,超重货物装载在超重型挂车上,用超重型牵引车牵引,而这种超重型车组是非常规的特种车组,车组装上超限货物后,往往重量和外形尺寸大大超过普通汽车、列车,因此,超重型挂车和牵引车都是用高强度钢材和大负荷轮胎制成,价格昂贵。

2. 特殊运输条件

超限货物运输条件有特殊要求,途经道路和空中设施必须满足所运货物外形的通行需要。道路要有足够的宽度、净空以及良好的曲度,桥涵要有足够的承载能力。这些要求在一般公路上往往难以满足,必须事先进行勘测,运前要对公路相关设施进行改造,如排除地空障碍、加固桥涵等,运输中采取一定的组织技术措施,采取分段封闭交通,超限车组才能顺利通行。

3. 特殊安全要求

超限货物一般均为国家重点工程的关键设备,因此超限货物运输必须确保安全,万无一失。其运输可说是一项系统工程,要根据有关运输企业的申请报告,组织有关部门、单位对运输路线进行勘察筛选;对地空障碍进行排除;对超过设计荷载的桥涵进行加固;指定运输护送方案;在运输中,进行现场的调度,搞好全程护送,协调处理发生的问题;所运超限价值高、运输难度大,牵涉面广,所以受到各级政府和领导、有关部门、有关单位和企业的高度重视。

(二) 运输超限货物的管理规定

以公路超限货物运输为例:

1. 超限货物运输的主管机构

国务院交通主管部门主管全国超限运输车辆行驶公路的管理工作。县级以上地方人民

政府交通主管部门主管本行政区域内超限运输车辆行驶公路的管理工作。超限运输车辆行驶公路的具体行政管理工作,由县级以上地方人民政府交通主管部门设置的公路管理机构负责。

2. 承运规定

超限物件承运人在受理托运时,必须做到以下几点。

(1) 根据托运人填写的运单和提供的有关资料,予以查对核实。

(2) 承运大型物件的级别必须与批准经营的类别相符,不准受理经营类别范围以外的大型物件。

(3) 承运人应根据大型物件的外形尺寸和车货重量,在起运前会同托运人勘察作业现场和运行路线,了解沿途公路线形和桥涵通过能力,并制定运输组织方案。涉及其他部门的应事先向有关部门申报并征得同意,方可起运。

(4) 超限货物运输的装卸作业,由承运人负责的,应根据托运人的要求、货物的特点和装卸操作规程进行作业。由托运人负责的,承运人应按约定的时间将车开到装卸地点,并监装、监卸。在货物的装卸过程中,由于操作不当或违反操作规程,造成车货损失或第三者损失的,由承担装卸的一方负责赔偿。

(5) 运输超限货物,应按有关部门核定的路线行车。白天行车时,悬挂标志旗;夜间行车和停车休息时装设标志灯。

(三) 超限货物运输的装卸技术

运输长大笨重的货物时,通常都要采取相应的技术措施和组织措施。鉴于长大笨重货物的特点,对装运车辆的性能和结构,货物的装载和加固技术等都有一定的特殊要求。

实践中进行超限货物的装卸经验如下所示。

(1) 为了保证货物和车辆的完好,保证车辆运行安全,必须满足一定的基本技术条件。即货物的装卸应尽可能选用适宜的装卸机械,装车时应使货物的全部支承面均匀地、平衡地放置在车辆底板上,以免损坏大梁;载运货物的车辆,应尽可能选用大型平板等专用车辆。

(2) 除有特殊规定外,装载货物的质量不得超过车辆的核定吨位,其装载的长度、高度、宽度不得超过规定的装载界限。

(3) 支承面不大的笨重货物,为使其质量能均匀地分布在车辆底板上,必须将货物安置在纵横垫木上,或相当于起垫木作用的设备上。

(4) 货物的重心尽量置于车底板纵、横中心线交叉点的垂直线上,如无可能时,则对其横向位移严格限制。纵向位移在任何情况下必须保证负荷较重一端轮对或转向架的承载质量不超过车辆设计标准。

(5) 重车重心高度应有一定限制,重车重心如偏高,除应认真进行装载加固外,还应采取配重措施以降低其重心高度。车辆应限速行驶。在超限货物中,一些货物的支承面小,其质量集中于装载车辆底板上某一小部分,使货物的质量大于所装车辆底板负重面最大允许载质量。所以在确定集重货物的装载方案时,应采取措施避免使车底架受力过于集中,造成工作压力超过设计的许用限度。

(6) 长大笨重的货物装车后,载于车辆上运输时,比普通货物更易受到包括纵向惯性力、横向惯性力、垂直惯性力、风力以及货物支承面与车底板之间的摩擦力等各种外力的作用,这些外力综合作用往往会使货物发生水平移动,滚动甚至倾覆。因此,运送长大笨重货物时,除应考虑它们合理装载的技术条件外,还应视货物质量、形状、大小、重心刻度、车辆和道路条件、运送速度等具体情况,采取相应的加固捆绑措施。

注:铁路超限货物运输的相关知识见《铁路货物运输管理规则》。

知识点三　冷藏货物及其运输组织

一、冷藏运输货物概述

(一) 冷藏运输货物的含义和分类

冷藏运输货物是指在运输过程中,对外界高温或低温需要采取制冷措施,以防止死亡和腐烂变质的货物,或托运人认为须按冷藏货物运输条件办理的货物。

道路常运的冷藏货物主要有:鲜鱼虾、鲜肉、瓜果、蔬菜、牲畜、观赏野生动物、花木秧苗、冷冻食品、药品、蜜蜂等。

冷藏运输的优点是能很好地保持食物原有的品质,包括色、味、香、营养物质和维生素;保藏时间长,能进行大量保藏及运输。冷藏货物的分类如表 4-3 所示。

表 4-3　冷藏货物的分类

分类标准	类　　型	
按其自然属性分	易腐货物	易腐货物包括肉、鱼、蛋、奶、鲜水果、鲜蔬菜、冰、鲜活植物等。
	活动物	活动物包括禽、畜、兽、蜜蜂、活鱼以及鱼苗等。
按冷藏运输时的温度需求	冷冻货	是指货物在冻结状态下进行运输的货物,运输温度的范围一般在 $-200 \sim -10$℃之间。
	低温货	是指货物在还未冻结或货物表面有一层薄薄的冻结层的状态下进行运输的货物,一般允许的温度范围为 $-16 \sim 1$℃之间。

(二) 冷藏货物的温度要求

货物要求低温运输的目的,主要是为了维持货物的呼吸,以保持货物的鲜度。

冷藏货在运输过程中为了防止货物变质需要保持一定的温度。该温度一般称作运输温度。温度的高低应根据具体的货种而定,即使是同一货物,由于运输时间、冻结状态和货物成熟度的不同,对运输温度的要求也不一样。一些具有代表性的冷冻货和低温货的运输温度如表 4-4 和表 4-5 所示。

表 4-4　冷冻货物的运输温度

货　　名	运输温度/℃	货　　名	运输温度/℃
鱼	$-17.8 \sim -15.0$	虾	$-17.8 \sim -15.0$
肉	$-15.0 \sim -13.3$	黄油	$-12.2 \sim -11.1$
蛋	$-15.0 \sim -13.3$	浓缩果汁	-20

表 4-5　低温货物的运输温度

货　名	运输温度/℃	货　名	运输温度/℃
肉	−5～−1	葡萄	+6.0～+8.0
腊肠	−5～−1	菠萝	+11.0 以内
黄油	−0.6～+0.6	橘子	+2.0～+10.0
带壳鸡蛋	−1.7～+15.0	柚子	+8.0～+15.0
苹果	−1.1～+16.0	红葱	−1.0～+15.0
白兰瓜	+1.1～+2.2	土豆	+3.3～+15.0
梨	+0.0～+5.0		

温度固然是保藏和运输鲜活易腐货物的主要条件,但通风的强弱和卫生条件的好坏也直接影响货物的质量。只有妥善处理好温度、湿度、通风、卫生四个条件之间的关系,才能保证鲜活易腐货物的运输质量。

连续冷藏是用冷藏方法来保藏和运输鲜活易腐货物的一个突出特点。若储运中某个环节不能保证连续冷藏的条件,微生物活动和呼吸作用都将随着温度的升高而加强,货物就可能在这个环节中开始腐烂变质,因此要求协调组织好物流的各个环节,为冷藏运输提供必要的物质条件。就运输环节来讲,应尽可能配备一定数量的冷藏车或保温车,尽量组织"门到门"的直达运输,提高运输速度,确保鲜活易腐货物的完好。

(三) 冷藏车

运输车是冷藏运输中最重要的因素。一部冷藏车主要由以下几个部分组成。

1. 货车

一般来说,目前市场上的冷藏车都是通过车辆改装厂改装的,也就是在普通货车的基础上改装而成。一般的货车都可以改装成冷藏车。货车的大小和型号可以根据用户的要求进行选择。

2. 制冷机组

制冷机组是冷藏车的制冷来源。制冷效果完全取决于制冷机的功率和质量。目前比较常见的制冷机大多是进口的,有开利、MD、美国冷王(Thermo King)等品牌。

3. 保温箱

冷藏车都需要有保温箱。保温箱需要由专业的生产厂家提供。一般来说,目前国内的冷藏汽车制造厂实质上就是专业制造保温箱的厂家。冷藏汽车制造厂购买(也可以由用户自行购买)货车和制冷机组后安装一个保温箱就是一部冷藏车。如果是温度要求不高,也可以不需要制冷机组,这是保温车。目前国内比较有名的冷藏车品牌有河南的冰熊和济南的考格尔。

二、冷藏运输组织与管理

(一) 冷藏货物运输的特点

(1) 季节性强、运量变化大。水果蔬菜大量上市的季节、沿海渔场的渔汛期,运量会随着季节的变化而变化。

(2) 运送时间要求紧迫。大部分鲜活易腐货物极易变质,要求以最快的速度、最短的时间运到。

(3) 运输途中需要特殊照料。如牲畜、家禽、蜜蜂、花木秧苗等的运输,需配备专用车辆和设备,沿途进行专门的照料。

(二) 冷藏货物运输的组织与管理

良好的运输组织工作是保证鲜活易腐货物质量的前提,冷藏货物运输组织需要注意以下事项。

(1) 注意运输时限。托运人托运冷藏货物时,应当提供最长允许运输时限和运输注意事项,并在合同或运单中注明。

(2) 做好装车工作。鲜活易腐货物在装车前,必须认真检查车辆及设备的完好状态,注意清洗和消毒。装车时应根据不同货物的特点,确定其装载方法。如,为保持冷冻货物的冷藏温度,可紧密堆码;水果、蔬菜等需要通风散热的货物,必须在货件之间保留一定空隙;怕压的货物必须在车内加隔板,分层装载。

(3) 要合理配载。配载运送时,应对货物的质量、包装和温度要求进行认真检查,要求包装合乎规范,温度符合规定,装卸合乎要求。应根据货物的种类、运送距离、运送地方和运送季节确定相应的运输服务方法,及时地组织适宜车辆进行装运。

(4) 要及时运输。及时运输是鲜活易腐货物的特殊要求。应充分发挥公路运输快速、直达的特点,协调好仓储、配载、运送各环节,及时送达。

(5) 要认真负责。运输过程中要严格要求驾驶员或押运人员对冷藏机温度进行控制和记录。出发前要告知温度要求,并进行设定。如果出现事故(包括交通事故、机械事故、冷藏机故障等),要及时报告并修复。

三、冷藏货物运输作业流程

冷藏货物运输指需要使用专门的运输工具或采用特殊措施,以便保持一定的温度、湿度或供应一定的饲料、上水、换水,以防止其腐烂变质或死亡的货物运输。

(一) 托运

托运鲜活易腐货物,先要填写货物运单。填写的到站应符合营业办理范围,收、发货人的名称及到、发地点要填写清楚、准确。此外,还要注意以下几点。

(1) 填写货物的具体名称和热状态。物品温度是承运冷却和冻结货物的依据。

(2) 写明易腐商品的容许运输期限。最大运输期限取决于货物的种类、性质、状态、产地、季节和运输工具等因素。

(3) 填写所要求的运输方法。根据实际需要,注明"途中加冰"、"途中制冷"、"途中加温"、"不加冰运输"或"途中不加温"等字样。

(4) 持有检疫证明书。托运需要检疫运输的禽畜产品和鲜活植物,要有"检疫证明书"(并在运单内注明),对有运输期限的鲜活商品还需持有必要的运输证明文件。

(二) 装车

装车前必须认真检查车辆及设备的完好状态,应注意清洗和消毒。装运易腐货物前,最好将其预冷到货物所要求的运输温度。实践经验证明,水果蔬菜发生腐烂事故,与未经预冷及装车后没有及时降温有关。

装车时应对货物的质量、包装和温度要求进行认真的检查。已开始腐烂或有可能腐烂变质的货物应就地加工处理，必要时可会同交通部门抽查货物质量。包装要符合货物的性质，保证其质量完好，同时要便于装卸堆码。温度要适合所装运货物要求，货物在途要有必要的温控措施。

易腐货物运输的装车方法有两种：一种是紧密的堆垛方法，主要适用于冻结货物，这样冻结货物本身的冷量不易散失，有利于保持货物质量，并能提高装载能力；另一种是留有间隙的堆码方法，适用于冷却和未冷却的水果、蔬菜、鲜蛋等的运输，其目的是使车内空气流通，排出物品散发出来的热量，使车内温度比较均衡。此外，对不加包装的水果、蔬菜，可采用加隔板分层装载的方法；对比较坚实的瓜菜类物品，如萝卜、冬瓜等也可堆装运输。

（三）运送

易腐货物的储运必须连续冷藏。因为微生物的活动和呼吸作用都随着温度的升高而加强，若运送过程中某个环节不能保证连续冷藏的条件，那么货物就可能在这个环节开始腐烂变质。这就要求协调组织好物流的各个环节，为冷藏运输提供必要的物质条件。就运输环节来讲应尽可能配备一定数量的冷藏车或保温车，尽量组织"门到门"的直达运输，提高运输速度，确保鲜活易腐货物的完好。

（四）到达

收货人应根据到货预报通知，准备好冷藏仓库或冷藏车。需要过载时实行车车或车船直接过载，货不落地，直接运到冷库或销售部门。冷却货物一般按现状交付，不检查温度，如发现有腐烂变质情况，经检验后，确认腐损程度，做好货运记录。

良好的运输组织工作，对保证鲜活易腐货物的质量十分重要。应根据货物的种类、运送季节、运送距离和运送目的地等确定相应的运输服务方法，协调好仓储、配载、运送各环节，及时地组织适宜车辆予以装运送达。

四、主要冷藏货物的运输

现对几类主要鲜活易腐商品的运送要求，进行简单的介绍。

（一）冻结商品的运输

这主要指冻肉、冻鱼、冻家禽的运输，调运目的主要是为了到达地在短期供给消费者。因为调运中多次忽高忽低发生温度浮动，故不再适宜长期保存。下面以冻肉为例，说明托运注意事项。

冻肉是指经过天然冷冻或人工冷冻后，肌肉深处的温度为$-8℃$以下的肉。冻肉托运温度要求$-10℃$以下，出库温度应该更低些，以备装车过程中肉温回升。机械保温车运输的温度应保持在$-12\sim-9℃$。

托运前要进行质量鉴定，质量优良的冻肉，应是肉体坚硬，色泽鲜艳，敲击时能发出清脆的声响；割开部分呈玫瑰色，用手指或较高温物体接触时，由玫瑰色转为艳红色；油脂部分呈白色。如有发软、霉斑、气味杂腥等现象，均不符合质量标准。

冻肉可用白布套包装或不包装，采用紧密堆码方法，不留空隙，装车时要"头尾交错、复背相连、长短对弯、码紧码平"，底层应将内皮紧贴底格板，最上层应使肉皮朝上，以免车顶上的冷凝水珠落在精肉上。装车完毕,上层也可加盖一层草席。

冻鱼、冻虾的运输可参照冻肉的运输进行。

(二) 夹冰鱼的运输

我国鱼类运输特点是:季节性强,春秋两个汛期运量和产量集中;货源集中,货位分散,海产主要集中在沿海运往内地;产量浮动性大。由于以上特点,鲜鱼出水,必须迅速冷却。所以,在鱼汛前,应对运力和冰源做好充分的准备。

托运前的鲜鱼,应是质量新鲜,一般的特征是眼珠凸出、透明,鳃呈鲜红色,鳞片完整、有光泽,鱼身结实而富有弹性,整个鱼身不软弯,并有少量透明黏液,气味新鲜。鲜鱼装车一般采用鱼、冰紧密堆码,不留空隙。如用木桶(箱)包装,装完一层鱼,撒上一层碎冰,最上层还应多撒一些碎冰,这样能更好地保证质量。

夹冰的数量与外界温度和运距有关,一般约为鱼的30%~50%。碎冰的尺寸最好不大于2 cm,采用小冰块可以增加与鱼体的接触面,加速冷却,并防止将鱼体挤压损伤。运输当中,温度应保持在-1℃左右,如果温度过低,碎冰不会融化,鱼体形成慢冻状态,破坏了肉体的组织结构,会损伤鱼的原有风味和品质。

(三) 水果、蔬菜的运输

水果既怕冷又怕热,有时要冷藏运输,有时又要加温或保温运输,多数水果在运输中要求温度保持在-4℃左右,但香蕉要求在11~13℃,菠萝要求在8~10℃。运输的水果一般以七八成熟的为好,凡是干瘪、腐烂、压坏、过熟、泥污、水湿的水果均不应投入运输。

不同水果的包装应符合水果各自的特点,如葡萄、枇杷、荔枝等娇嫩水果,容器不宜过大,内部必须平整光滑,并加入适当的充填材料,避免擦伤或压坏。为便于水果发散呼吸作用产生的热量及二氧化碳等气体,包装均须留有缝隙。水果的堆码,视季节不同,应适当地在货件之间留有通风道,以利于空气循环。

蔬菜主要是由南往北运,南方蔬菜含水量高,组织细嫩,呼吸热大,易于腐烂,要求的技术条件高。托运前要求质量良好,凡发现有干缩、压坏、泥污、霉斑等现象时均不适宜发运。

对于番茄等怕压的蔬菜,应用板条箱、柳条筐、竹筐等包装,每件质量最好不超过20~30 kg。在包装内安放竹编的风筒,以使内部通风。菠菜、芹菜、青蒜等蔬菜,为使其迅速降温,可在包装内分2~3层夹入碎冰。大萝卜、晚土豆、晚白菜等坚实的蔬菜可以堆装,堆高应根据蔬菜的坚实程度而定。

(四) 生猪的运输

生猪多为由农村经短途运输,运往各大、中城市加工,然后供应市场。同时,还有部分活猪由快运列车运往港澳。

生猪运输的基本要求是不死亡、不伤残、不掉膘。为此,托运时需押运人沿途喂饲料、饮水,采取防寒、防暑措施。应防止猪群挤在一堆,使生猪体温不易散发而受暑生病或挤伤。也可用冷水冲洗猪体,驱除热气。

装运生猪应选用经过清洗、消毒的车辆,凡装过腐蚀性强烈的药物、化学物品、农业杀虫药液的车辆,均不得使用。

采用固定运输车辆,运用双层和二层装载法,可提高和发挥运力,且降低运输成本。

运输中喂食要定时定量,宜选用青菜、瓜类等多汁饲料,途中注意多饮水。饮水不足会

使生猪体重消耗,易生病和死亡。

【注】 铁路冷藏货物运输的相关知识见《铁路货物运输管理规则》。

4.5 提升与拓展

拓展学习

常见危险货物运输

(一)爆炸品的运输

爆炸品是指化学性质活泼,对机械力、电热等很敏感,在受热、撞击等外界作用下能发生剧烈化学反应,瞬时产生大量气体和热量,使周围压力急剧上升,发生爆炸,对周围环境造成破坏的物品。爆炸品也包括有燃烧、抛射及较小爆炸危险但无整体爆炸危险,或仅产生热、光、音响或烟雾等一种或几种作用的烟火物品。

爆炸品的运输安全要求有以下几点。

(1)慎重选择运输工具。爆炸品货物运输对运输工具要求很高,公路运输时禁止使用以柴油或煤气做燃料的机动车、自卸车、三轮车、自行车以及畜力车。这些对安全运输爆炸品具有潜在危险性:柴油车容易飞出火星,煤气车容易失火;三轮车和自行车容易翻倒,畜力车有时因牲口受惊不易控制。

(2)装车前应排除异物,将货厢清扫干净,装载量不得超过额定负荷。押运人应认真监装、监卸,数量点收点交清楚,所装超出部分货物高度不得超过货厢高的1/3;封闭式车厢货物总高度不得超过1.5 m;没有外包装的金属桶(一般装的是硝化棉或发射药)只能单层摆放,防止压力过大或撞击摩擦引起爆炸;雷管和炸药在任何情况下都不得同车装运,或两车在同时、同一场所进行装卸。

(3)运输路线应事先报请当地公安部门批准。公路长途运输爆炸品时,必须按公安部门指定的路线行驶,不得擅自改变行驶路线,以利于加强运输安全管理,万一发生事故也可及时采取措施进行处置。押运人员必须熟悉所装货物的性质、作业注意事项等,无押运人员禁止单独行驶。严禁捎带无关人员和危及安全的其他物资。

(4)驾驶员必须集中精力,严格遵守交通法令和操作规程。多辆车列队运输时,车与车之间至少保持50 m以上的安全距离。行驶中要注意观察,保持行车平稳。一般情况下不得强行会车、超车,非特殊情况下不准紧急刹车。

(5)注意保密规定。运输及装卸工作人员,不准向无关人员泄露有关弹药储运情况,必须严格遵守有关库、场的规章制度,听从现场指挥人员或随车押运人员的指导。

(二)压缩、液化、加压溶解气体货物的运输

压缩、液化、加压溶解气体货物是将常温常条件下的气体物质,经压缩或降温加压后,储存于耐压容器、特制的高强度耐压容器或装有特殊溶剂的耐压容器中的气体货物。常见

气体货物有氧气、氢气、乙炔、石油气、氯气、氨气等。

压缩、液化、加压溶解气体运输的安全要求有以下几点：

（1）运输可燃、有毒气体时，车上必须备有相应的灭火和防毒器具。

（2）运输大型气瓶，为防止气瓶的惯性冲击车厢平台而造成事故，行车时应尽量避免紧急制动。运输一般气瓶转弯时，为防止急转弯或车速过快时，所装气瓶因离心力作用而被抛出车厢外，车辆应减速，尤其是市区短途运输没有两道防振橡皮圈的气瓶更应注意转弯时的车速。

（3）夏季运输除另有限运规定外，车上还必须置有遮阳设施，防止暴晒。液化石油气槽车应有导静电拖地带。

（三）易燃液体货物的运输

易燃液体货物是指易燃的液体、液体混合物或含有固体物质（如粉末沉积或悬浮物等）的液体，但不包括因其危险性已列入其他类别危险货物的液体，如乙醇（酒精）、苯、乙醚、二硫化碳、油漆类以及石油制品和含有机溶剂制品等，其主要危险是燃烧和爆炸。

易燃液体货物运输的安全要求有以下几点：

（1）装运易燃液体的车辆，严禁搭乘无关人员，途中应经常检查车上货物的装载情况，如包装件是否渗漏，捆扎是否松动等。发现异常应及时采取有效措施。

（2）装运易燃液体的罐（槽）车行驶时，导除静电装置应接地良好，车上人员不准吸烟，车辆不得接近明火及高温场所。

（3）当天气温在30℃以上的夏天高温季节，应根据当地公安消防部门的限运规定在指定时间内运输，如公安部门无具体品名限制的，对一级易燃液体（即闪点低于23℃）应安排在早、晚运输。如必须运输时，车上应具有有效的遮阳措施，封闭式车厢应保持通风良好。

（4）不溶于水的易燃液体货物原则上不能通过越江隧道，或按当地管理部门的规定进行运输。

（四）易燃固体、自燃物品和遇湿易燃物品货物的运输

易燃固体是指对热、撞击、摩擦敏感，且燃点低，易被外部火源点燃，燃烧迅速，并可能散出有毒烟雾或有毒气体的固体货物，如赤磷及磷的硫化物、硫磺、萘、硝化纤维塑料等。

自燃物品是指自燃点低，在空气中易发生氧化反应、放出热量而自行燃烧的物品，如黄磷和油浸的麻、棉、纸及其制品等。

遇湿易燃物品是指遇潮或遇水时，发生剧烈的化学反应，放出大量热量和易燃气体的物品，有些不需明火即能燃烧或爆炸，如钠、钾等碱金属，电石（碳化钙）等。

易燃固体、自燃物品和遇湿易燃物品运输的安全要求有以下几点：

（1）行车时，要避开明火高温区域场所，防止外来明火飞到货物中。

（2）定时停车检查货物的堆码、捆扎和包装情况，尤其要注意防止包装渗漏留有隐患。

（五）氧化剂和有机过氧化物货物的运输

氧化剂指处于高氧化态，具有强氧化性，易分解并放出氧和热量的物质，包括含过氧基的无机物。这些物质本身不一定可燃，但能导致可燃物燃烧，与松软的粉末状可燃物能组成爆炸性混合物，对摩擦、热、振动较敏感，如硝酸钾、氯酸钾、过氧化钠、过氧化氢（俗称双氧水）等。

有机过氧化物指分子组成中含有过氧基的有机物，其本身易爆易燃、极易分解，对摩擦、

热、振动极为敏感,如过氧化二苯甲酰、过氧化乙基甲基酮等。

氧化剂和有机过氧化物运输的安全要求有以下几点:

(1) 根据所装货物的特性和道路情况,严格控制车速,防止货物剧烈振动、摩擦。

(2) 控温货物在运输途中应定时检查制冷设备的运转情况,发现故障应及时排除。

(3) 中途停车时,也应远离热源、火种场所,临时停靠或途中住宿过夜,车辆应有专人看管,并注意周围环境是否安全。

(4) 重载时发生车辆故障维修,人不准离车,严格控制明火作业,注意周围环境是否安全,发现问题应及时采取措施。

(六) 毒害品和感染性物品货物的运输

毒害品是指进入肌体后,累积达一定的量,能与体液和组织发生生物、化学作用或生物、物理变化,扰乱或破坏肌体的正常生理功能,引起暂时性或持久性的病理状态,甚至危及生命的物品,如四乙基铅、氢氰酸及其盐、苯胺、硫酸二甲酯、砷及其化合物以及生漆等。

感染性物品是指含有致病的微生物,能引起病态甚至死亡的物质。

毒害品和感染性物品运输的安全要求有以下几点:

(1) 严防货物丢失。毒害品落到没有毒害品知识的群众或犯罪分子手里,就可能酿成重大事故。万一丢失却又无法找回,必须紧急向当地公安部门报案。

(2) 要平稳驾车,勤加观望,定时停车检查包装件的捆扎情况,谨防捆扎松动、货物丢失。

(3) 行车要避开高温、明火场所。

(4) 防止袋装、箱装毒害品淋雨受潮。

(5) 用过的苫布,或被毒害品污染的工具及运输车辆,未清洗消毒前不能继续使用,特别是装运过毒害品的车辆未清洗前严禁装运食品或活动物。

(七) 放射性物品的运输

放射性物品是指根据国家标准规定,放射性比活度大于 7.4×10^4 Bq/kg[①] 的物品。

放射性物质有块状固体、粉末、晶粒、液态、气态等各种物理形态,如铀、钍的矿石及其浓缩物,未经辐照的固体天然铀、贫化铀和天然钍以及表面污染物体(SCO)等。

放射性物品的配载应注意以下几点:

(1) 不同种类的放射性货包(包括可裂变物质货包)可以混合装运、储存,但必须遵守总指数和间隔距离的规定(特殊安排装运的货包除外)。

(2) 放射性物品不能与其他各种危险品配载或混合储存,以防危险货物发生事故,造成对放射性物品包装的破坏,也避免辐射诱发其他危险品发生事故。

(3) 放射性货物应与未感光的胶片隔离。

(4) 不受放射线影响的非危险货物可以与放射性物品混合配载。

(八) 腐蚀品货物的运输

腐蚀品是指凡接触人体或其他货物,在短时间内即会在被接触表面发生化学反应或电化学反应,造成明显破坏现象的物品,如硝酸、硫酸、氯磺酸、盐酸、甲酸、冰醋酸、氢氧化钠、

---

① Bq 为贝可[勒尔],1 Bq＝1 s^{-1}。

肼和水合肼、甲醛等。

腐蚀品的配载应注意以下几点：
(1) 无机酸性腐蚀品和有机酸性腐蚀品不能配载。
(2) 无机酸性腐蚀品不得与可燃品配载。
(3) 有机腐蚀品不得与氧化剂配载。
(4) 酸性腐蚀品和碱性腐蚀品不能配载。
(5) 硫酸不得与氧化剂配载。
(6) 腐蚀品不得与普通货物配载，以免对普通货物造成损害。

腐蚀品货物运输的安全要求有以下几点：
(1) 驾驶员要平稳驾驶车辆，在路面条件差、颠簸振动大而不能确保易碎品完好时，不得冒险将载有易碎容器包装的腐蚀品的车辆通过。
(2) 每隔一定时间要停车检查车上货物的情况，发现包装破漏要及时处理或丢弃，防止漏出物损坏其他包装酿成重大事故。

德国如何发展大件货物运输

大件运输是长期困扰我国大件运输物流企业的一个难题。难在哪里？难在统筹管理，难在运输标准，难在行业门槛等。去年中国物流与采购联合会综合行业意见，提出的《关于交通管理有关问题的政策建议》，也特别提出发展大件运输的建议。我们除了需探索本土解决之道外，也需学习发达国家的经验。

一、德国大件货物运输发展情况

德国物流业总产值接近 3000 亿欧元，排在汽车、医药健康产业之后，超过机械制造业位列第三。德国现有物流企业 6 万多家，大部分是中小型企业。大件货物运输是综合物流项目的重要组成部分，具有自身的行业特点和管理体系。

(一) 德国大件货物运输的基本情况

德国将大型和重型货物运输的范围界定为，少于四轴的车载重 28 t，四轴车载重 36 t，四轴以上车载重 40 t，联运的重载货车载重量可以达到 44 t。此外，车辆载货后长度超过 16.50 m（牵引车为 18.75 m），宽度超过 2.55 m 或者高度超过 4 m，也属于大件运输范围，都必须申请特别的运输许可。

德国对于大件货物运输实施准入许可制度，统一由联邦货运管理局 (BAG) 管理。有大件运输资格的物流企业约 3000 家，占物流企业总数的 5%。其中，主要是中小型企业，雇员人数在 5～200 人。大件运输每年承运的货量约 50 万辆次，业务主要集中在农机、建筑机械、工业及电力设备等方面。随着新能源技术在德国的广泛应用，大型风机设备的运输成为增长较快的领域。

(二) 德国大件货物运输的管理机制

德国大件货物运输的主要管理部门是联邦货运管理局。它是联邦交通、建设与住房部领导下的直属专业管理局。联邦货运交通法中规定，联邦货运管理局的任务是监督和控制，

其主要任务是为保障货物运输安全和保护环境、制定货物运输管理规定、检查货物运输车辆、审核运输企业并管理经营许可证、监督货物运输市场（跨交通方式的货运市场监控）、专业统计、养路费征收等。

德国从1995年起，对高速公路上的货车采取收费管理。12 t以上的货车需要收费，平均是15欧分/千米，采取电子计费系统。BAG一年收费约44亿欧元，主要用于公路养护。对于超过40 t的大件运输，需要根据具体情况征收特别费用。

（三）德国大件货物运输的网上许可制度

德国对大件货物运输实行准入许可制度。BAG开发了VEMAGS系统，在16个州和联邦政府实现针对大件运输的网上审批程序。它取代了以前的传真程序，实现了实时传输和决策透明，大大节省了等待时间，节约了文书往来成本。

（四）德国大件运输联盟的发展

由于从20世纪80年代中期到20世纪90年代德国货物运输市场的自由化，加上燃料价格提高，运输成本上升，以及欧洲东扩，因而德国货物运输竞争日益激烈。为拓宽运输服务网络、有效利用资源、降低物流成本、提高客户满意度和市场竞争力，越来越多的货运公司走向了联合发展。

德国有两家大件运输联盟。一家是"BIGMOVE"，成立于2003年，是由11家中小型大件运输企业组成的网络联盟，主要是德国和奥地利企业。联盟拥有220辆车头，400台挂车，400多名员工，业务覆盖整个欧洲大陆。另一家是于最近成立的"大力神联盟"（Hercules Aliance），囊括了保险公司、大件运输企业、集装箱码头、海运包装、航运公司、公路运输与项目物流等多家企业。联盟关系较为松散，业务覆盖全面，网络更加国际化，能够提供一体化的大件运输物流服务。

（五）大件运输行业协会提供的服务

德国重型设备搬运和起重机提供者协会（BSK e.V.）成立于1963年。现有会员350家，其中220家为大件运输企业，其余100多家为大件设备提供企业。协会能够为会员提供政策制定、法律咨询、人员培训、行业保险、质量标准修订、车辆陪护等服务。协会为行业设计了大件运输的格式合同样本，并在全行业统一使用。协会还协助企业进行线路检测，提供基础数据和经验分享。作为行业企业的代表，协会能够积极与政府部门沟通，解决具体问题，争取优惠政策，提高行业的社会影响力。协会下设工业、检测、保险、航运、起重等专业委员会。各专业委员会由企业中相关领域的专家组成，开展相关的业务活动。协会会员会费按照自身设备的数量收取。

（六）德国大件运输装备和技术状况

德国拥有世界一流的大件运输设备生产企业。如生产车头的MAN、奔驰，生产拖车的哥德浩夫、索埃勒等。这些企业生产的车辆车种齐全，全挂车、半挂车、自行式平板车等车型能够实现系列化生产；产品技术过硬，在一些超大超重型货物运输领域，德国运输设备的耐用性在世界上享有较高声誉；具备多种组合方式，能够适应不同条件下大件运输的负载需要。在服务能力方面，通过各种设备的综合运用，单件大件运输重量的记录已经突破万吨大关。

德国政府高度重视推广应用先进的理论和技术，积极推进信息化和标准化发展。政府对物流研究和咨询给予扶持，资助重大研究项目，支持企业、科研院所研发适用的物流技术和装备。如联合奥地利政府,对火车重载滚装运输进行研究和扶持。同时,政府还积极推进物流设施的标准化。针对基础设施、装备制定基础性和通用性标准。例如统一托盘标准、车辆承载标准、物品条形码标准等,保证物流活动顺利进行;针对安全和环境制定的强制性标准,如清洁空气法、综合环境责任法等;支持行业协会对各种物流作业和服务制定相关行业标准,制定物流用语标准、物流从业人员资格标准等。

（七）德国大件运输的安全管理

德国对大件运输有严格的负载保护要求。大件运输在出发前,要提供详细的负载设计方案,并进行科学捆绑和吊装,以减少由于货物装载不当造成的交通事故。BAG和高速警察的一项重要工作任务就是检查车辆负载保护情况,对于不符合规定的车辆,可以要求其停驶,重新调整或加固符合规定后准予放行。

德国注意发挥行车记录仪（"黑匣子"）的作用。德国货运车辆出厂时即安装有行车记录仪,可以记录并连续更新汽车的加速度、旋转和方向信息数据,甚至连转向灯或刹车的使用情况也会被记录下来。一旦发生事故,保险专家和法院的调查员可以从记录的数据中再现这个交通事故。车辆安装行车记录仪后,事故显著下降,乘车人变得更有安全感。装有数字式行车记录仪的车辆,索赔处理的成本平均降低了20%。

德国对货车司机的休息时间有强制性规定。为保证司机休息时间,防止出现疲劳驾驶,德国规定运输司机每天工作时间为9小时,最长不得超过10.5小时。每次最长驾车时间不能超过4.5小时,并须休息45分钟。司机连续工作5天,需要强制休息1天。工作时间的检查依托行车记录仪,BAG和高速警察不定期检查,车辆年检时也要检查相关信息。

二、德国大件物流发展给我们的启示

德国大件运输的经验对中国大件运输市场的发展有多方面的启示。

1. 一体化管理成为行业的新要求

大件运输不仅仅限于大型和重型货物的运送,它已经成为综合物流项目必不可少的一部分。德国客户对物流外包的要求比较普遍,随着客户对自身产品生命周期的关注,缩短供应周期、提高运作效率仍然是客户对物流的主要需求。德国大件运输企业凭借自身在电力、化工、机械等专业领域的资质优势,提供从方案设计、包装、通关到运输装卸的一条龙物流服务,加快向第三方物流过渡。大件运输普遍采用项目管理制度,由项目经理统一制定方案和组织管理,针对行业特点,从大件货物提供方为起点,全面负责大件货物的运输装卸,直至货物运达指定位置,进行全过程一体化管理。通过这种方式,既保证了项目的针对性,又实现了资源的整合,为大件运输的安全和时效奠定了基础。

2. 合作共赢成为大件运输发展的新方向

大件运输企业普遍是中小型企业,合作共赢正在形成一种新的趋势。联盟合作的基础是基于相互之间的信任和尊重,这在德国有较强的商业文化基础。联盟合作优化了企业间的竞争,形成了联盟利益共同体,弥补了各自企业的不足。联盟实现了资源的充分整合,通过业务优化,大大减少了车辆空驶数量。

3. 运作安全是大件运输的先决条件

德国通过完善的法律体系和严格的监管措施保证大件运输的安全。德国政府制定的相关法律法规体系,是物流市场规范经营、有序竞争的重要保障。为保证运输安全,德国对大件运输司机要求具备从业资格证书,并明确规定职业驾驶员工作时间,实行驾驶员培训和继

续教育制度。

道路货运监督检查较为严格,由联邦货物运输管理局的分支机构来执行。其监督检查有以下特点:

(1) 检查内容广泛。检查项目包括运输执照、运输单证、保险、车辆行驶记录仪、驾驶员工作时间、车辆技术、养路费征收等。

(2) 检查力度大。检查人员可以拦截正常行驶的车辆,并对其进行检查。对一般性违规可以警告或者罚款,对严重违规的车辆可以禁止其继续行驶。

(3) 检查密度高。德国是欧洲对道路运输车辆检查密度最高的国家,每年检查车辆超过60万辆次,处罚车辆超过12万辆次。

4. 专业化发展仍然是企业竞争的基础

大件运输由于运输对象的特殊性,对于运输准备、负载保护、车辆配置、线路安排、吊装设备、信息化管理等方面有较高的要求。德国大件运输企业有的已经有上百年的历史,成功的关键是不断地寻求专业化发展。通过专注于单一或某些业务领域,不断提升自身专有技能储备,来保证大件运输的安全性、及时性。同时,帮助客户降低成本,提供客户真正满意的物流服务,实现与客户一起成长。对于整个供应链来说,单个企业专业化水平的提升,不仅增强了企业自身的核心竞争力,而且也保证了所在供应链的综合竞争优势。

5. 环境保护深刻影响行业发展

随着世界各国对环境保护从理念认同向实践执行发展,各项环保措施对大件运输产生深远影响。德国政府宣布到2020年,二氧化碳排放要比1990年减少40%。尾气排放一直是二氧化碳排放和大气污染的重要来源。今年9月份欧洲新产汽车开始实行"欧5"尾气排放标准,而德国研究人员目前已研制出一种几乎能完全达到更严格的"欧6"排放标准的卡车内燃柴油发动机样机,其尾气污染物排放已降到几乎测不出的水平。

6. 行业管理要统一、科学、透明、高效

大件运输作为国家大型重点工程的重要保障,要求统一、科学、透明、高效的管理制度。德国实行"大交通"管理体制,联邦交通、建设与住房部是联邦交通运输事业的主管机关。它在交通运输方面的业务范围覆盖铁路、公路建设与公路运输、内河航运和航道建设、海运、航空以及气象服务等各个领域。大件运输作为其中一个领域,受其全权管理。针对大件运输的特殊性,政府采用网上办公的方式,提供了行业审批管理的平台。通过多方参与、公开透明的流程,大大提升了审批的效率,降低了不必要的等待时间。特别是对跨地区的大件运输实现了联邦、州、地区的三级统一管理,很好地协调了跨地区业务的开展。

(来源:中国物流产业网 http://www.xd56b.com)

请分析

1. 结合案例,你认为我国应该如何发展大件货物运输?
2. 我国大件货物运输和德国相比还存在哪些差距?

4.6 自我测试

一、单选题

1. 下列不属于危险货物所具有的要素是（　　）。
   A. 物理化学性质不稳定　　　　B. 潜在性危害大
   C. 防护措施特殊　　　　　　　D. 运送时间紧迫
2. 下列哪项属于爆炸品的运输安全要求（　　）。
   A. 慎重选择运输工具　　　　　B. 严格搭乘无关人员
   C. 严防货物丢失　　　　　　　D. 行车要避开高温
3. 根据 GB6944-1986 的规定，危险货物品名编号由（　　）位阿拉伯数字构成。
   A. 三　　　　B. 四　　　　C. 五　　　　D. 六
4. 根据我国公路运输主管部门现行规定，公路超限货物按其外形尺寸和重量分为（　　）级。
   A. 一　　　　B. 二　　　　C. 三　　　　D. 四
5. 配备运输车辆的重要依据是（　　）。
   A. 车辆保险　　B. 车型　　C. 超限货物重量　　D. 货物净重
6. 满足超限货物的大型物件应符合的条件有（　　）。
   A. 货物外形尺寸长度在 14 m 以上
   B. 重量在 2 t 以下的单体或不可解体的货物
   C. 宽度在 3 m 以下的货物
   D. 重量在 3 t 以下
7. 下列哪项不是冷藏运输货物的优点？（　　）
   A. 保藏时间长
   B. 在冷藏途中可以不考虑湿度、通风等条件
   C. 能很好地保持食物原有的品质
   D. 能进行大量的保藏及运输
8. 在运输鲜活易腐货物时，下列（　　）项操作是错误的。
   A. 为保持冷冻货物的冷藏温度，所有货物都要紧密码放
   B. 怕压的货物必须在车内加隔板，分层装载
   C. 应根据货物的种类、运输距离、运送地方和运送季节确定相应的运输服务方法
   D. 应充分发挥公路运输快速、直达的特点，协调好仓储、配载、运送各环节，及时送达
9. 危险品中的易燃液体属于（　　）。
   A. 第一类　　B. 第二类　　C. 第三类　　D. 第四类

二、多选题

1. 危险货物运输业务流程包括（　　）。
   A. 受理托运　　B. 货物装卸　　C. 运送　　D. 交接保管

E. 制订运输方案

2. 下列条件中,哪些是保障公路危险货物运输行业素质,保证运输安全的基本条件?( )
   A. 做好资质凭证的颁发工作
   B. 正确贯彻执行危险货物运输法律、规章制度
   C. 进行必要的管理和监督
   D. 按相关规定的包装要求严格检查

3. 下面的管理中,不属于危险货物运输管理项目的是( )。
   A. 危险货物托运管理   B. 危险货物运输必备条件管理
   C. 公路危险货物运输的资质凭证管理   D. 实行合同运输

4. 对易燃固体、自燃物品和遇湿易燃物品运输的安全要求描述正确的是( )。
   A. 避免明火   B. 运输车辆不能通过
   C. 装车前清扫货箱   D. 注意保密规定

5. 下列说法中,正确的是( )。
   A. 装有易燃易爆危险品的车辆,不得使用明火修理或采用明火照明,不得用易产生火花的工具敲击
   B. 装运危险品的车辆应具备良好的避震性能的结构和装置
   C. 拖拉机不得装运爆炸物品、一级氧化剂、有机过氧化物、一级易燃品
   D. 畜力车能驮运起爆器材、炸药或爆炸物品

6. 理货可为( )提供依据。
   A. 超限货物级别   B. 运输形式
   C. 查验道路   D. 制订运输方案

7. 根据验道工作查验结果可进行( )。
   A. 预测作业时间   B. 编制运行路线图
   C. 完成运输方案书面文件   D. 完成验道报告

8. 鲜活易腐货物运输的特点有( )。
   A. 季节性强   B. 运量变化大
   C. 运送时间要求紧迫   D. 途中需特殊照料

9. 下列货物中,不属于公路运输的鲜活易腐货物的是( )。
   A. 蔬菜   B. 花木秧苗   C. 蜜蜂   D. 木材

10. 危险货物应具备的要素包括( )。
    A. 物理化学性质不稳定   B. 潜在性危害大
    C. 防护措施特殊   D. 具有爆炸性

11. 冷藏货物按其自然属性分为( )。
    A. 易腐货物   B. 活动物   C. 冷冻货   D. 低温货

12. 冷藏货物按照冷藏运输时的温度需求分( )。
    A. 易腐货物   B. 活动物   C. 冷冻货   D. 低温货

三、判断题

1. 每一危险货物指定一个编号,任何情况下都不可以多个危险货物使用同一编号。
( )
2. 编号"11113"表示该种危险物资属于第1类,第1项,顺序号为113的具有整体爆炸危险的物资,必须固定于包装容器内,以防剧烈滚动。( )
3. 详细审核托运单的内容,发现问题要及时弄清情况,再安排运行作业的属于危险货物运输业务流程中的交接保管流程。( )
4. 冷藏方法是保藏和运输鲜活易腐货物的最常用和最有效的方法。( )
5. 货物只有外形尺寸长度在14 m以上或宽度在3.5 m以上或高度在3 m以上的货物,才能称为大件货物。( )

技能测试题

1. 物流公司接到一批28 m建筑用钢材的运输任务。运输部门经理考虑到钢材总量超过3000 t,而且收货方强调钢材的成品保护,要求保证钢材的平直度,于是带领运输物流员勘察运输线路,主要是掌握路面宽度,拐弯半径大小,各种桥的承重和宽度等。经过一番仔细测量和规划,运输部门提出夜间运输,根据生产情况分批运输的方案。

试分析本案例,并做出合理的操作方法与步骤。

2. 特种货物运输由于其物品的特殊性,其业务处理流程与普通货物有一些不同之处。请根据你所学的知识,将下列特种货物运输的流程进行排序。

(1) 化学危险品安全装卸搬运的安全操作流程是怎样的?请将下列流程进行正确的排序。

A. 在现场储放清水、苏打水或冰醋酸等,以备急救应用。
B. 搬运物品,轻拿轻放。
C. 堆码物品,防止倒置、倾斜、震荡。
D. 检查货品包装是否已被腐蚀,以防发生危险。
E. 了解物品性质,检查清洗装卸搬运的工具。
F. 及时扫除,根据工作情况和危险品的性质,及时清洗手、脸、漱口或淋浴。
G. 穿戴相应合适的防护用具,由专人检查用具是否妥善。

正确顺序为:( )( )( )( )( )( )( )

(2) 超限与大件货物运输作业的作业流程是怎样的?请将下列流程进行正确的排序。

A. 制订运输方案　　B. 签订运输合同　　C. 验道　　D. 理货
E. 运输统计与结算　　F. 线路运输工作组织　　G. 办理托运

正确顺序为:( )( )( )( )( )( )( )

任务五

处理多式联运业务

5.1 学习目标

1. 能够执行多式联运业务,并能够与运输部门、运输参与者和客户进行业务沟通;
2. 能够按照多式联运流程准确无误地进行订单处理、单证填写及其他业务操作处理;
3. 能够签订多式联运合同;
4. 能够处理与多式联运相关的运输事故和运输纠纷;
5. 能够正确核算多式联运的运输费用;
6. 培养认真、严谨的责任意识和安全意识;
7. 培养团队合作意识。

5.2 学习任务

(一) 任务描述

北京阳光贸易有限公司的销售员王娟(位于北京市朝阳区芳园西路 25 号)向德国汉堡光辉制衣厂的凯蒂(位于德国汉堡德雷斯街 29 号)出售一批 5 t 的纺织品,共需装 300 箱,每箱毛重 20 kg,每箱体积为 20 cm×20 cm×25 cm。北京阳光贸易有限公司的王娟按照经理的要求委托中国对外贸易运输总公司办理运输手续(由业务员张军负责),双方约定采取海铁联运的方式,先从北京(丰台西站)通过铁路运输运至上海,然后海运至德国汉堡港。装货港为上海港(交货地点为上海港码头 1 号仓库),目的港为德国汉堡港(交货地点为汉堡港 A 区 01 仓库)。已知该货物海运段对应的上海到汉堡航线的运价为 100 美元/吨运费,计费标准为 W/M,另加收燃油附加费 10%,港口附加费 10%。国内段运费根据《铁路货物运输规程》,按照铁路部统一规定进行核算。核算运费后,由中国对外贸易运输总公司统一向北京阳光贸易有限公司收取。

【注】 其他事宜由运输各方协商确定。

(二) 学生要完成的具体任务和要求

1. 根据案例所提供的资料,请各小组成员合理分工,共同完成整个国际多式联运的业务过程,具体要求如下:

(1) 签订国际多式联运合同；
(2) 完成国际多式联运的相关单证的填写与审核；
(3) 正确计算该批货物的运费；
(4) 完成该批货物的国际多式联运的整个业务处理过程，要求记录托运人、分承运人、货运代理人、船公司和收货人的操作过程。
(5) 承托双方协商确定具体的运输方案，要求确定运输路线、运输工具、分承运人的选择、装卸作业、运输保险与风险防范等事宜。

2. 撰写小组和个人项目总结报告。
3. 编制多式联运业务处理报告。

5.3 学习档案

一、完成任务的步骤和时间

步骤	具体操作方法（学生活动）	参考学时
1. 学生获知项目任务，完成分组，制定项目计划	① 学生听取教师布置任务，全班分组。 ② 5~7个学生一组，小组成员分工，明确任务。 ③ 学生起草撰写各小组项目工作计划。	1
2. 学生为实施多式联运业务处理做准备	学生获取多式联运业务流程、多式联运单据的填写要求、多式联运运费的计算方法、多式联运运输方案的确定等相关的知识要点。	5
3. 学生在教师指导下完成多式联运业务处理	学生根据学习情景，模拟完成多式联运的业务流程，完成工作页的内容。 ① 签订国际多式联运合同； ② 完成国际多式联运相关单证的填写与审核； ③ 正确计算该批货物的运费； ④ 完成该批货物国际多式联运的整个业务处理过程，要求记录托运人、分承运人、货运代理人、船公司和收货人的操作过程。 ⑤ 承托双方协商确定具体运输方案，要求确定运输路线、运输工具、分承运人的选择、装卸作业、运输保险与风险防范等事宜。	6
4. 项目汇报与评价	① 听教师说明汇报工作成果的方法。 ② 分组陈述本组项目总结报告。 ③ 小组内成员互相评分，小组间互相评分。 ④ 教师总结学生报告成果。	2
5. 学生听取教师总结及对重点内容的补充讲解	① 学生听并领会本章知识点。 ② 学生听取教师评价与总结。 ③ 学生撰写小组和个人项目总结报告、编制多式联运业务处理报告（课下完成）。 ④ 学生在教师指导下独立完成本章综合练习题（课下完成）。	2

二、学习工作页

步骤一：各小组学习项目任务，通过讨论，合理分工，制订处理多式联运业务的计划。

请各个小组通过书籍和网络等途径，根据项目任务确定组员分工和小组工作计划，做好处理业务前的准备工作。

小组编号		项目名称	
小组成员			
组员分工情况			
小组工作计划	① 多式联运过程中角色分配计划（托运人，收货人，第一承运人，第二承运人，船公司，货运代理等，至少10个以上的角色） ② 多式联运合同、多式联运单证的填写、多式联运运费核算及多式联运运输方案设计分工计划 ③ 汇报资料撰写分工计划 ④ 汇报分工计划		

步骤二：获取处理多式联运业务的相关知识。

请认真听讲，然后回答以下问题：

1. 什么是国际多式联运？国际多式联运有哪些特点？
2. 国际多式联运的优势有哪些？
3. 你认为国际多式联运经营人应该具备哪些条件？
4. 国际多式联运的组织形式有哪些？
5. 国际多式联运的责任是如何划分的？
6. 你认为国际多式联运的业务流程应该包括哪些？
7. 铁路运费的计算步骤有哪些？
8. 如何确定铁路货物运到期限？
9. 水路货物运输出口流程包括哪些环节？
10. 水路运输进口流程包括哪些环节？
11. 水路运输的相关单证有哪些？每个单证的编制依据是什么？（写出10种以上单据）
12. 水运提单的种类的哪些？提单的性质和作用是什么？
13. 你认为多式联运合同通常应包含哪些内容？

步骤三：处理多式联运业务。

（一）认真理解多式联运业务的工作流程

1. 写出国际铁路联运出口货物运输流程或画出流程图。
2. 写出杂货班轮运输的作业流程或画出流程图。
3. 请大致描述出该批多式联运业务的完整作业过程（写出主要环节和步骤）。

（二）处理多式联运业务工作情况记录

1. 请结合案例情景，按照要求签订一份多式联运合同，合同样本可以参考本书样本或者网上样本，要求内容完整，提交word版和纸质版各一份。
2. 填写出口货物订舱委托书。

出口货物订舱委托书

公司编号　　　　　　　　　　　　　　　　　　日期

发货人	信用证号码		
	开证银行		
	合同号码	成交金额	
	装运口岸	目的港	
收货人	转船运输	分批装运	
	信用证有效期	装船期限	
	运费	成交条件	
	公司联系人	电话/传真	
通知人	公司开户行	银行账号	
	特别要求		

标记唛码	货号规格	包装件数	毛重	净重	数量	单价	总价
		总件数	总毛重	总净重	总尺码	总金额	

备注：

3. 处理国内段货物运输业务（铁路部分）。

本部分的相关参考资料需要涉及：铁路运输服务程序流程表、铁路货物运价里程表、铁路货物品名检查表、铁路货物运价率表、电气化区段里程表、新路新价均摊运费费率表、铁路建设基金费率表、铁路货运营运杂费费率表、铁路电气化附加费费率表。请参见本书相关部分。

（1）根据学习情境，正确填写和审核铁路运单及物品清单，完成国内段（铁路）托运受理业务。

铁路货物运单

货物指定于　月　日搬入　　　　北京铁路局　　承运人/托运人装车　　　领货凭证
货　位：　　　　　　　　　　　　货物运单　　承运人/托运人施封

　　　　　　　　　　　　　　　　　　　　　　　　　　　　　　　　　　车种及车号

计划号码或运输号码：　　　　　　　　　货票第　号　　　　　　货票第　　号
运到期限：　　　　日　　　托运人发站→到站→收货人　　　运到期限　　　日

				发站
				到站
托运人填写		承运人填写		托运人
发站	到站（局）	车种车号	货车标重	收货人
到站所属省（市）自治区		施封号码		
托运人 名称		经由	铁路货车棚车号码	货物名称 | 件数 | 重量
住址	电话			
收货人 名称		运价里程	集装箱号码	
住址	电话			

货物名称	件数	包装	货物价格	托运人确定重量/kg	承运人确定重量/kg	计费重量	运价号	运价率	运费
合计									

托运人记载事项	承运人记载事项	托运人盖章或签字（已盖章）
注：本单不作为收款凭证。托运人签约须知见背面。	托运人盖章或签字（已盖章） | 到站交付日期戳 | 发站承运日期戳	发站承运日期戳 注：收货人领货须知见背面

(2) 正确计算该批货物国内段(铁路)的运费,写出运费计算公式和计算过程。

(3) 正确计算该批货物国内段(铁路)的运到期限,并注明计算理由。

(4) 请正确填写下列货票(共四联)。

铁路货物运输的货票甲联
××铁路局

计划号码或运输号码　　　　　　　　货票　　　　　　　　甲联
货物运到期限　　日　　　　　　　发站存查　　　　　　　A00001

发站		到站(局)		车种车号		货车标重		承运人/托运人装车	
托运人	名称			施封号码				承运人/托运人施封	
	住址		电话		铁路货车篷布号码				
收货人	名称			集装箱号码					
	住址		电话		经由			运价里程	
货物名称	件数	包装	货物重量/kg		计量重量	运价号	运价率	现付	
			托运人确定	承运人确定				费别	金额
								运费	
								装费	
								取送车费	
								过秤费	
合计									
记事								合计	

发站承运日期戳

(5) 设计该批货物国内段的运输方案,要求简单说明选择方案的理由,完成运输方案设计单(包括运输线路、运输工具、装车方案、运输途中的管理方案、卸车方案等)。

4. 处理国际段货物运输业务(海运部分)。

(1) 根据案例情景的相关内容,填写海运货物运单。

海运货物运单

交接清单号码　　　　　运单号码　　　　　　　　年　月

船名航次		起运港		到达港				到达日期承运人章		收货人(章)		
托运人	全称			收货人	全称							
	地址、电话				地址、电话							
	银行、账号				银行、账号							
发货符号	货品名称	件数	包装	价值	托运人确定		计费重量		等级	费率	金额	应收费用
					重量/t	体积(长×宽×高)/m³	重量/t	体积/m³				项目 费率 金额
												运费
												装船费

(续表)

发货符号	货品名称	件数	包装	价值	托运人确定		计费重量		等级	费率	金额	应收费用		
					重量/t	体积(长×宽×高)/m³	重量/t	体积/m³				项目	费率	金额
合计												运费		

运到期限（或约定）	托运人（公章）月　日	总计	
		核算员	
物约事项	承运日期起运港承运人章	复核员	

（2）填写装货单和收货单。

装货单
SHIPPING ORDER

托运人＿＿＿＿＿＿＿＿＿＿＿＿
Shipper

编号＿＿＿＿＿＿＿＿＿＿　　　船名＿＿＿＿＿＿＿＿＿＿＿＿
No.　　　　　　　　　　　　　　S/S

目的港＿＿＿＿＿＿＿＿＿＿＿＿
For

兹将下列完好状况之货物装船后希签署收货单
Receive on board the undementioned goods apparent in good order and condition and sign the accompanying receipt for the same

标记及号码 Marks & Nos.	件数 Quantity	货名 Description of goods	重量/kg Weight Kilos	
			净 Net	毛 Gross
共计件数（大写） Total Number of Packages in Writing				

日期＿＿＿＿＿＿＿＿＿　　　时间＿＿＿＿＿＿＿＿＿
Date　　　　　　　　　　　　Time

装入何舱＿＿＿＿＿＿＿＿＿＿＿＿
Stowed

实收＿＿＿＿＿＿＿＿＿＿＿＿
Received

埋货员签名＿＿＿＿＿＿＿＿＿＿　　经办员

收货单
MATE'S RECEIPT

托运人_____
Shipper

编号_____   船名_____
No.   S/S

目的港_____
For

兹将下列完好状况之货物装船后希签署收货单
Receive on board the goods apparent in good order and condition

标记及号码 Marks & Nos.	件数 Quantity	货名 Description of goods	重量/kg Weight Kilos	
			净 Net	毛 Gross
共计件数（大写） Total Number of Packages in Writing				

日期_____   时间_____
Date   Time

装入何舱_____
Stowed

实收_____
Received

理货员签名_____   大副_____
Tallied By   Chief Officer

（3）填写海运提单。

托运人 Shipper	中国对外贸易运输总公司 CHINA NATIONAL FOREIGN TRADE TRANSPORTATION CORP GA		
收货人或指示 Consignee or order	联运提单 COMBINED TRANSPORT BILL OF LADING RECEIVED the goods in apparent good order and condition as specified below unless otherwise stated herein. The Carrier, in accordance with the provisions contained in this documnent. ① unertaks to perform or to procure the performance of the entire transport from the place at which the goods are tskec in charge th the place designated for delibery in this document, and ② assumes liability as prescribed in this document for such transport. One of the Bills of Lading must be surrendered duly indorsed inexchange for the goods or delivery order.		
通知地址 Notify address			
前段运输 Pre-carriage by	收货地点 Place of receipt		
海运船只 Ocean vessel	装货港 Port of loading		
卸货港 Port of discharge	交货地点 Place of delivery	运费支付地 Freight payable at	正本提单份数 Number of original Bs/L
标志和号码 Marks and Nos.	件数和包装种类 Number and kind of packages	货名 Description of goods	毛重/kg Grossweight	尺码/m³ Measurement
以上细目由托运人提供 ABOVE PARTICCLARS FURNSHED BY SHIPER				
运费和费用 Freight and charges	IN WITNESS wherof the number of original Bills of Lading stated above have been signed, one of which being accomplished, the other(s) to be void.			
	签单地点和日期 Place and date of issue			
	代表承运人签字 Signed for or on behalf of the Carrier 代理 as Agents			

（4）填写海运货运记录。

海运货运记录

编号：

交货方		接货方		
运/提单号码	作业合同号码		船名	航次
交接时间	交接地点		车号	
起运港	中转港		到达港	
货物名称	包装方法	识别标志		集装箱号
记录内容				

交货方（签章） 接货方（签章）

年 月 日 年 月 日

(5) 正确计算该批货物海运段的运费,写出计算过程。

(6) 写出该批货物国际段(海运)运输方案的具体内容,要求简单说明选择方案的理由,完成运输方案设计单。

① 运输路线的确定(写出所选择的航线);

② 运输工具的确定;

③ 报关报检业务的确定;

④ 装船方案的确定;

⑤ 运输途中的管理方案;

⑥ 卸船交付方案的确定;

⑦ 货运保险及风险防范;

⑧ 其他。

5. 确定中国对外贸易运输总公司向北京阳光贸易有限公司收取的总费用,并计算该批货物的多式联运报价。

6. 记录下本次多式联运业务各个环节的作业人员、作业内容和作业原则。

(1) 托运受理(托运人向货运代理)

作业人员:

作业内容:

作业原则:

(2) 国内段运输(第一承运人)

作业人员:

作业内容:

作业原则:

(3) 国际段运输(第二承运人)

作业人员:

作业内容:

作业原则:

(4) 货物交付

作业人员:

作业内容:

作业原则:

7. 总结出该批多式联运业务的作业过程(至少写出10个以上环节)。

步骤四:学生汇报项目成果、教师点评总结。

(注:汇报要求语言简洁流利、内容全面、重点突出,框架清晰,思路清晰;汇报的PPT制作新颖,有吸引力,有分工情况;汇报中尽量脱稿,有自己的看法。)

1. 请列出汇报的提纲。

2. 学生听取教师点评,作总结。

(1) 请写出本小组项目任务的优点和缺点(可以参考其他小组评价和改进建议)。

(2) 请同学们针对本任务的学习目标,写出您的收获和困惑。

3. 请同学们进行团队互评、个人互评和教学效果评价,并认真填写任务评价表(具体评价表可以根据实际情况自行设计)。

步骤五:学生听取教师总结及对重点内容的补充讲解。

1. 总结出本任务的知识框架。
2. 通过任务五的学习,你对自己的职业生涯规划有何认识?(例如:通过本项目的学习,你认为自己可以从事哪些相关岗位的工作?)
3. 撰写小组项目总结报告(1000字左右,一个小组提交一份word版总结报告)。
4. 撰写个人项目总结报告(500字以上,每人提交一份word版总结报告)。
5. 编制多式联运业务处理报告。

说明:该报告需要以个人形式完成,相当于一个文件夹用以证明本项目个人学习成果。该成果作为教师评价个人项目总成绩的主要依据。内容和形式同学们可以灵活选择,注意内容的完整性。提倡创新性和独特性。但至少应该包含以下内容。

(1) 记录下该项目从"获取项目任务、项目分工——项目任务准备——项目任务实施——项目任务总结与评价"的完整过程。可以做成电子版,也可以把学习工作页的内容通过照片形式直接记录下来。

(2) 包含小组项目总结报告和个人项目总结报告。

(3) 提交电子版和纸质版均可,注意字体大小、行间距等排版格式。

5.4 学习任务涉及的知识点

知识点一 国际多式联运概述

一、国际多式联运的概念

(一) 国际多式联运的定义

国际多式联运(Multimodal Transport)是一种利用集装箱进行联运的新的运输组织方式,它通过采用海、陆、空等两种以上的运输手段,完成国际的连贯货物运输,从而打破了过去海、铁、公、空等单一运输方式互不连贯的传统做法,根据1980年《联合国国际货物多式联合公约》(简称"多式联运公约")以及1997年我国交通部和铁道部共同颁布的《国际集装箱多式联运管理规则》的定义,国际多式联运是指"按照多式联运合同,以至少两种不同的运输方式,由多式联运经营人将货物从一国境内接管货物的地点运至另一国境内指定地点交付的货物运输"。

(二) 国际多式联运的特点

国际多式联运是将不同的运输方式组合成综合性的一体化运输,通过一次托运、一次计

费、一张单证、一次保险，有各运输区段的承运人共同完成货物的全运输，即将全程运输作为一个完整的单一运输过程来安排。根据《联合国国际货物多式联运公约》的规定以及现行的多式联运业务特点，国际多式联运具有以下特点。

(1) 货物在全程运输过程中，无论使用多少种运输方式，作为负责全程运输的多式联运经营人必须与发货人订立多式联运合同。该合同明确规定多式联运经营人与发货人之间的权利、义务、责任豁免的合同关系和多式联运的性质。

(2) 多式联运经营人必须对全程运输负责。因为多式联运经营人不仅是订立多式联运合同的当事人，也是多式联运单证的签发人。在业务中，多式联运经营人作为总承运人对发货人负有履行合同的义务，并承担自接管起到交付货物时止的全程运输责任，以及对货物在全程运输中因灭失、损坏或延迟交付造成的损失负责赔偿。一般情况下，多式联运经营人为了履行多式联运合同规定的运输责任，可以自己办理全程中的一部分实际运输，而把其他部分的运输以自己的名义委托给有关区段的承运人办理；也可以自己不办理任何部分的实际运输，而把全程各段运输分别委托有关区段分承运人办理，分承运人与原发货人不发生任何关系。

(3) 多式联运经营人接管的货物必须是国际运输的货物，即在国际多式联运方式下，货物运输必须是跨越国境的一种国际运输方式。这导致在多式联运经营人的法律责任划分上面临国际货物运输法规的适用问题。

(4) 多式联运不仅仅是使用两种不同的运输方式，而且必须是不同运输方式下的连续运输。

(5) 多式联运的费率为全程单一运费费率。多式联运经营人在对发货人负责全程运输的基础上，制定一个货物从发运地至目的地全程单一的费率，并一次性向货主收取。这种全程单一费率通常包括运输成本、经营管理费用以及合理利润。

(6) 货物全程运输由多式联运经营人签发一份全程多式联运单据。全程多式联运单据是指证明多式联运合同以及证明多式联运经营人已经接管货物并负责按照合同条款交付货物所签发的一种证据。它与传统的提单具有相同的作用，是一种物权证书和有价证券。根据国际商会《联合运输单据统一规则》的规定，如果信用证无特殊约定，银行可接受多式联运经营人签发的多式联运单据。

(三) 国际多式联运的优势

国际多式联运通常以集装箱为运输媒介，将不同的运输方式有机地结合在一起，构成连贯的综合性的一体化货物运输，它与传统单一的运输方式相比具有无可比拟的优越性。

1. 责任统一，手续简单

在国际多式联运方式下，货物运程不论多远，不论由几种运输方式共同完成货物运输，且不论途中货物经过多少次转运，一切运输事项均由多式联运经营人负责办理。而货主只需要办理一次托运、订立一份运输合同、支付一次运费、办理一次保险，并取得一份运输单据。由于责任统一，一旦在运输过程中发生货物灭失或损坏时，由多式联运经营人对全程运输负责，而每一运输区段的分承运人仅对自己运输区段的货物损失承担责任。与单一运输方式的分段托运，多头负责相比，不仅手续简单，而且责任更加明确。

2. 减环节,降货损,提质量

多式联运通常是以集装箱为媒介的连贯运输,货物中途无须拆箱掏载,减少很多中间环节,即使经过多次换装,也只是使用机械装卸,而不触及箱内货物,货损货差和偷窃丢失事故大为减少,从而较好地保证了货物安全和货运质量。同时,由于连贯运输,各个运输环节和各种运输工具之间,密切配合,衔接紧凑,货物所到之处,中转迅速及时,减少了在途停留时间。因此能够保证安全、迅速、准确、及时地将货物运抵目的地。

3. 节省运杂费用降低成本

国际多式联运使用集装箱运输,这样可以减少货物外包装材料和费用及某些保险费用。货物装箱或装上第一程运输工具后即可取得联运提单进行结汇,有利于加快货物资金周转,减少利息损失。同时,多式联运全程使用一份联运提单和单一费率,这就大大简化了制单和结算手续,节省了大量的人、财、物,从而降低了运输成本。

4. 实现门到门运输

国际多式联运综合了各种运输方式,组成连贯运输,可以把货物从发货人仓库或工厂运至收货人的内地仓库或工厂,为实现门到门运输提供了有效途径。

5. 提高运输组织水平

国际多式联运可以提高运输的组织水平,改善不同运输方式间的衔接工作,实现合理运输。未开展多式联运前,各种运输方式的经营人各自为政,自成体系,因而其经营的业务范围受到限制。而由不同的运输业者共同参与的多式联运,其经营的业务范围大大扩展,并且可以最大程度地发挥其各自优势,选择最佳运输路线,实现合理运输。

二、国际多式联运经营人

(一) 多式联运经营人的定义

1980年《联合国国际货物多式联运公约》对"多式联运经营人"定义为:"指本人或通过其代表订立多式联运合同的任何人,他是事主,而不是发货人的代理人或代表或参加多式联运的承运人的代理人或代表,并且负有履行合同的责任。"由此可见,多式联运经营人是指其本人或通过其代表订立多式联运合同的任何人,他是当事人,而不是托运人的代理人或代表或参加多式联运的承运人的代理人或代表,并且负有履行合同的责任。

(二) 多式联运经营人应具备的条件

作为多式联运经营人,他必须具备以下基本条件。

1. 多式联运经营人本人或其代表就多式联运的货物必须与发货人本人或其代表订立多式联运合同,而且合同至少使用两种运输方式完成全程货物运输,合同中的货物系国际货物。

2. 从发货人或其代表那里接管货物时起即签发多式联运单证,并对接管的货物开始负有责任。

3. 承担多式联运合同规定的与运输和其他服务有关的责任,并保证将货物交给多式联运单证的持有人或单证中指定的收货人。

4. 对运输全过程所发生的货物灭失或损害,多式联运经营人首先对货物受损人负责,

并应具有足够的赔偿能力。

5. 多式联运经营人应具备与多式联运所需相适应的技术能力,对自己签发的多式联运单证确保其流通性,并作为有价证券在经济上有令人信服的担保程度。

《国际集装箱多式联运管理规则》中规定我国多式联运经营人应当具备以下条件:

(1) 具有中华人民共和国企业法人资格。

(2) 具有与从事多式联运业务相适应的组织机构、固定的营业场所、必要的经营设施和相应的专业管理人员。

(3) 该企业具有3年以上国际货物运输或代理经历,有相应的国内、外代理。

(4) 注册资金不低于人民币1000万元,并有良好的资信。每增设一个经营性的分支机构,应当增加注册资金人民币100万元。

(5) 符合国家法律、法规规定的其他条件。

(三) 无船承运人

1. 无船承运人的概念

与多式联运经营人密切相关的一个概念是无船承运人。无船承运人是指不拥有船舶,不经营船舶运输,但以本人的名义或委托他人以本人的名义与托运人订立运输合同的人。对托运货物的真正的货主而言,他是承运人,并对货物运输合同的履行承担责任。而对于真正的船公司而言,他又是托运人。

2. 无船承运人的业务范围

由于经济、技术实务不同,无论在国内还是在国外,无船承运人经营业务的范围有较大的区别,有的无船承运人兼办货物报关、货物交接、短程拖运,货物转运和分拨、订舱及各种不同运输方式代理业务,有的只办理其中的一项或几项业务。但一般来讲,无船承运人的主要业务有以下几项。

(1) 作为承运人与货物托运人订立运输合同,签发货运单据(提单、运单),并对从接受货物地点到目的地交付货物地点的运输负责。

(2) 作为总承运人组织货物全程运输,制订全程运输计划,并组织各项活动的实施。

(3) 根据托运人要求及货物的具体情况,与实际承运人洽定运输工具(订舱)。

(4) 从托运人手中接受货物,组织安排或代办到出口港的运输,订立运输合同(以本人的名义),并把货物交给已订舱的海运承运人。在上述交接过程中,代货主办理报关、检验、理货等手续。

(5) 如有必要,办理货物储存和出库业务。

(6) 在目的港从海运承运人手中接受货物后,向收货人交付货物。

对于货主来讲,将货物交给无船承运人运输,比交给传统意义上的承运人运输在手续上要简便得多,而且可省去委托货运代理人这一环节。

3. 无船承运人的分类

根据经营业务范围及性质的不同,无船承运人可分为以下3类,如表5-1所示。

表 5-1　无船承运人的类型

类　型	特　征
承运人型	这类无船承运人是在自己确定的运输路线上开展运输活动,接受托运人的货物并签发提单,对运输过程中货物的灭失、损害承担责任。在实际业务中,他是契约承运人,并非由自己完成运输,只能将货物交给实际承运人运输,并在目的地接受货物后,向收货人交付货物。
转运人型	这类无船承运人专门从事转运,他们在主要的货物中转地和目的地,设有自己的分支机构(办事处)或代理,从托运人或陆上运输承运人手中接受货物,签发提单,然后办理接续运输、中转、发货,将货物交给海上承运人,由海上承运人完成海上运输,在目的港接受货物后,再向收货人交付。该类型与承运人型的主要区别,是它并不限定运输路线,不仅可选择合适的承运人,也可选择最合适的运输路线。 目前,许多船公司在揽货方面,对转运无船承运人有较大的依赖性,因此,转运人在为自己揽货,经营转运业务的同时,积极地作为承运人的代理人,代表承运人办理接受、交付货物,装、拆箱,托办、代收运费等业务,并从中获得收益及运费差额。
经纪人型	该类无船承运人在揽取不同货主货物后,原则上不直接对货主提供运输服务,而是采用"批发"的方法,按运输方式和流向,成批交给转运人型或承运人型的无船承运人,并由他们签发提单。由于这种做法具有明显的经纪人特点,所以称为经纪人型。 无船承运人充当经纪人是近些年来出现的一种运输服务形式,这种类型的无船承运人一般不从事具体经营活动以及实际服务业务,只从事运输的组织、货物的分拨、运输方式和运输路线的选择及服务的改善,而其收入主要是中介费和由于"批发"而产生的运费差额。

4. 无船承运集运过程

无船承运的集运业务流转过程如图 5-1 所示。

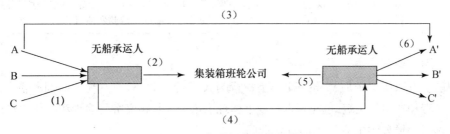

图 5-1　无船承运集运过程图

(1) A、B、C 等各个小批量货物的货主(发货人)将货物交无船承运人,无船承运人签发自己的提单(house B/L)交各个发货人。

(2) 无船承运人将小批量货物拼装入一个集装箱的整箱货交集装箱班轮公司运输,班轮公司签发海运提单后交无船承运人。

(3) house B/L 流转至收货人 A′、B′、C′等的手中。

(4) 海运提单流转至目的港无船承运人手中。

(5) 无船承运人凭海运提单提取整箱货后拆箱。

(6) 各收货人凭 house B/L 提取拼箱货。

三、国际多式联运责任的划分

(一) 国际多式联运责任制的类型

对多式联运经营人赔偿责任的分析,首先必须确定责任制(Liability Regime),即其应承

担的责任范围。国际多式联运经营人责任形式的类型如表 5-2 所示。

表 5-2　国际多式联运经营人责任形式

责任类型	含　义
责任分担制	又称为分段责任制,是多式联运经营人对货主并不承担全程运输责任,仅对自己完成的区段货物运输负责,各区段的责任原则按该区段适用的法律予以确定。由于这种责任形式与多式联运的基本特征相矛盾,因此,只要多式联运经营人签发全程多式联运单据,即使在多式联运单据中声称采取这种形式,也可能会被法院判定此种约定无效而要求多式联运经营人承担全程运输责任。该责任制目前应用较少。
网状责任制	是指多式联运经营人尽管对全程运输负责,但对货运事故的赔偿原则仍按不同运输区段所适用的法律规定,当无法确定货运事故发生的区段时,则按海运法规或双方约定原则加以赔偿。目前,几乎所有的多式联运单据均采取这种赔偿责任形式。
统一责任制	是指多式联运经营人对货主赔偿时不考虑各区段运输方式的种类及其所适用的法律,而是对全程运输按一个统一的原则并一律按一个约定的责任限额进行赔偿。由于现阶段各种运输方式采用不同的责任基础和责任限额,因而目前多式联运经营人签发的提单均未能采取此种责任形式。
经修订的统一责任制	这是介于统一责任制与网状责任制之间的责任制,也称混合责任制。它在责任基础方面与统一责任制相同,在赔偿限额方面则与网状责任制相同,即:多式联运经营人对全程运输负责,各区段的实际承运人仅对自己完成区段的运输负责。无论货损发生在哪一区段,多式联运经营人和实际承运人都按公约规定的统一责任限额承担责任。但如果货物的灭失、损坏发生于多式联运的某一特定区域,而对这一区段适用的一项国际公约或强制性国家法律规定的赔偿责任限额高于多式联运公约规定的赔偿责任限额时,多式联运经营人对这种灭失、损坏的赔偿应按照适用的国际公约或强制性国际法律予以确定。目前,《联合国国际货物多式联运公约》基本采取这种责任形式。

(二) 国际多式联运经营人的责任期间

责任期间(Period of Responsibility)是指行为人履行义务、承担责任的时间范围。不言而喻,承运人责任期间的长短,也在一定程度上体现了承运人承担义务的多少和责任的轻重。

1. 单一运输公约下承运人的责任期间

对于海上承运人的责任期间,根据《海牙规则》的规定,承运人的责任期间是"自货物装上船时起至卸下船时止"这一段时间。就是说货物的灭失或损坏系在该期间产生的,才适用《海牙规则》。然而,由于人们对"装上船"和"卸下船"的理解存在差异,因而《海牙规则》的这一规定不是很明确的。

例如,在使用船上起重机的情况下,货物装上船至少可以有以下四种理解:货物被吊离地面、货物被吊过船舷、货物被吊至甲板上或与舱口围垂直的舱底、货物被放妥在预定的积载位置上。从中可以发现,根据每一种理解,承运人责任期间开始的时间是不同的。至于卸货,也不同程度地存在一些不同的理解。

基于上述情况,提单条款必须定出一个精确的时间,作为承运人责任期间的开始与结束,而大多数船公司的提单,都以"钩到钩"作为承运人的责任期间。

"钩到钩原则"(Tackle to Tackle)规定,在使用装运船舶起重机起吊货物时,对于货物的风险,承运人只在货物被吊离地面时起至货物被吊离船落地时止这一段时间内负责。由于"钩到钩原则"所表示的责任期间在《海牙规则》规定的范围内,因此这样的规定是有效的。

当然，在不使用船上起重机时，就可不以此原则来确定承运人的责任期间。一般规定，在使用岸上起重机的情况下，承运人的责任期间为船舷至船舷。在使用驳船装卸时，承运人的责任期间为货物被吊上钩起至全部货物被卸至驳船上止。石油和散货运输如使用管道和输送带，承运人的责任期间为：货物被输送至管道或输送带的入舱口起至货物被送到船舶与管道或输送带的最后一个接点止。

对于责任期间以外发生的货损货差，可由承托双方在合同上自由约定。因此，《海牙规则》又进一步规定："对货物没有装上船或货物已从船上卸下后，承运人的权利、义务不受本规则的限制，承托双方自由协商，即使其责任或权利大于本规则，也为法律所许可"。

值得注意的是，《海牙规则》中所规定的承运人的责任期间并非绝对的，还要受有些国家国内法的规定和港口惯例的约束。这是因为《海牙规则》对于承运人责任期间的规定是较为有利于承运人的，因而有些国家为了保护货主的利益，以法律、港口规章或惯例的形式，要求承运人负更多的责任。鉴于港口所在国法律对提单的强制适用，承运人就不得不承担这种责任。当然，承运人可以与港口、仓储经营人订立合同，对于他们的过失造成的货物损失保留追偿的权利。

1978年通过的《汉堡规则》则延长了承运人的责任期间，规定："承运人对货物的负责时间包括货物在装船港、运输途中和卸船港承运人掌握的整个期间"。也就是说，从收到货物时起到交付货物时止。当然，收货和交货都有区域限制，在港口以外收交货物的，就不能以此收交为责任期间的开始和结束。《汉堡规则》的这一规定，突破了《海牙规则》对承运人的最低责任期间，向装卸前后两个方向发展，在一定程度上加重了承运人的责任。

对于承运人接受和交付货物的方式，《汉堡规则》规定，承运人可以按通常的方式从托运人或其代表处接受货物，也可依照法律或规章，从海关或港口当局处接受货物；在交付货物方面，承运人可以把货物交给收货人，也可依照法律或规章，把货物交给有关当局或第三人。如果收货人提货延迟，承运人将货物置于收货人的支配之下便无责任。通常，在将货物交给港口当局、并向收货人发出通知后，货物即可被认为已处于收货人的支配之下。

根据《汉堡规则》的规定，无论货物的灭失或损坏发生在哪一个区域，只要是在承运人掌管期间发生的，收货人均可向承运人提出赔偿要求，即使是实际上的货物灭失或损坏并非属于承运人的责任。当然，这并不排除承运人向有关责任人行使追偿的权利。

至于其他国际货物运输公约，如《国际公路货物运输公约》(CMR)、《国际铁路货物运输公约》(CIM)、《国际航空货物运输公约》(《华沙公约》)等对承运人责任期间的规定，与《汉堡规则》的规定大体相同，即承运人的责任期间为：从承运人接管货物时起至交付货物后止，差别主要在于接管和交付货物的方式与地点。由于在货物运输实务中，接管和交付货物的方式涉及实际责任期间的长短和风险的大小，因此各货运公司通常都在其章程、运输条件中予以明确。

2. 国际多式联运公约对承运人责任期间的规定

联合国国际货物多式联运公约根据集装箱运输下，货物在货主仓库、工厂以及集装箱货运站、码头堆场进行交接的特点，仿照《汉堡规则》，对多式联运经营人规定的责任期间是："多式联运经营人对于货物的责任期间，自其接管货物之时起至交付货物时止"。

依照多式联运公约条款的规定，多式联运经营人接管货物有两种形式：

(1) 从托运人或其代表处接管货物，这是最常用、最普遍的规定方式；

（2）根据接管货物地点适用的法律或规章，货物必须交其运输的管理当局或其他第三方，这是一种特殊的规定。

在第二种接管货物的方式中，有一点应予以注意，即使多式联运公约规定多式联运经营人的责任从接管货物时开始，但在从港口当局手中接受货物的情况下，如货物的灭失或损坏系在当局保管期间发生的，多式联运经营人可以不负责任。

多式联运公约对交付货物规定的形式有以下三种：

（1）将货物交给收货人；

（2）如果收货人不向多式联运经营人提取货物，则按多式联运的合同或按照交货地点适用的法律或特定行业惯例，将货物置于收货人支配之下；

（3）将货物交给根据交货地点适用法律或规章必须向其交付的当局或其他第三方。

在收货人不向多式联运经营人提取货物的情况下，多式联运经营人可按上述第二、三种交货形式交货，责任即告终止。在实践中，经常会发生这种情况，如收货人并不急需该批货物，为了节省仓储费用；又如市场价格下跌，在运费到付的情况下，都有可能造成收货人延迟提货。因此，多式联运公约的这种规定不仅是必要的，也是合理的。

四、国际多式联运的组织形式

国际多式联运是采用两种或两种以上不同运输方式进行联运的运输组织形式。这里所指的至少两种运输方式可以是：海陆、陆空、海空等。这与一般的海海、陆陆、空空等形式的联运有着本质的区别。后者虽也是联运，但仍是同一种运输工具之间的运输方式。众所周知，各种运输方式均有自身的优点与不足。由于国际多式联运严格规定必须采用两种或两种以上的运输方式进行联运，因此这种运输组织形式可综合利用各种运输方式的优点，充分体现社会化大生产大交通的特点。由于国际多式联运具有其他运输组织形式无可比拟的优越性，因而这种国际运输新技术已在世界各主要国家和地区得到广泛的推广和应用。目前，有代表性的国家多式联运主要有远东—欧洲、远东—北美等海陆空联运，其组织形式如下：

（一）海陆联运

海陆联运是国际多式联运的主要组织形式，也是远东—欧洲多式联运的主要组织形式之一。目前组织和经营远东—欧洲海陆联运业务的主要有班轮公会的三联集团、北荷、冠航和丹麦的马士基等国际航运公司，以及非班轮公会的中国远洋运输公司、台湾长荣航运公司和德国那亚航运公司等。这种组织形式以航运公司为主体，签发联运提单，与航线两端的内陆运输部门开展联运业务，与大陆桥运输展开竞争。

（二）陆桥运输

在国际多式联运中，陆桥运输起着非常重要的作用。它是远东—欧洲国际多式联运的主要形式。所谓陆桥运输是指采用集装箱专用列车或卡车，把横贯大陆的铁路或公路作为中间的"桥梁"，使大陆两端的集装箱海运航线与专用列车或卡车连接起来的一种连贯运输方式。严格地讲，陆桥运输也是一种海陆联运形式。只是因为其在国际多式联运中的独特地位，故在此将其单独作为一种运输组织形式。目前，远东—欧洲的陆桥运输线路有西伯利亚大陆桥和北美大陆桥。

1. 西伯利亚大陆桥

西伯利亚大陆桥(SLB)是指使用国际标准集装箱,将货物由远东海运到俄罗斯东部港口,再经跨越欧亚大陆的西伯利亚铁路运至波罗的海沿岸等港口,然后再采用铁路、公路或海运运到欧洲各地的国际多式联运的运输线路。西伯利亚大陆桥运输包括"海铁铁"、"海铁海"、"海铁公"和"海公空"等四种运输方式。西伯利亚大陆桥是目前世界上最长的一条陆桥运输线。它大大缩短了从日本、远东、东南亚及大洋洲到欧洲的运输距离,并因此而节省了运输时间。由于西伯利亚大陆桥所具有的优势,因而随着它的声望与日俱增,也吸引了不少远东、东南亚以及大洋洲地区到欧洲的运输,使西伯利亚大陆桥在短短的几年时间中就有了迅速发展。尤其是随着我国兰新铁路与中哈边境的土西铁路的接轨,一条新的"欧亚大陆桥"形成,为远东至欧洲的国际集装箱多式联运提供了又一条便捷路线,使西伯利亚大陆桥面临严峻的竞争形势。

2. 北美大陆桥

北美大陆桥是指利用北美的大铁路从远东到欧洲的"海陆海"联运。该陆桥运输包括美国大陆桥运输和加拿大大陆桥运输。美国大陆桥有两条运输线路:一条是从西部太平洋沿岸至东部大西洋沿岸的铁路和公路运输线,另一条是从西部太平洋沿岸至东南部墨西哥湾沿岸的铁路和公路运输线。目前,主要有四个集团经营远东经美国大陆桥至欧洲的国际多式联运业务。这些集团均以经营人的身份,签发多式联运单证,对全程运输负责。加拿大大陆桥与美国大陆桥相似,由船公司把货物海运至温哥华,经铁路运到蒙特利尔或哈利法克斯,再与大西洋海运相接。北美大陆桥是世界上历史最悠久、影响最大、服务范围最广的陆桥运输线。

3. 其他陆桥运输形式

北美地区的陆桥运输不仅包括上述大陆桥运输,而且还包括小陆桥运输(Minibridge)和微桥运输(Microbridge)等运输组织形式。

(1)小陆桥运输。小陆桥运输从运输组织方式上看与大陆桥运输并无大的区别,只是其运送的货物的目的地为沿海港口。目前,北美小陆桥运送的主要是日本经北美太平洋沿岸到大西洋沿岸和墨西哥湾地区港口的集装箱货物;也承运从欧洲到美西及海湾地区各港的大西洋航线的转运货物。北美小陆桥在缩短运输距离、节省运输时间上的效果是显著的。

(2)微桥运输。微桥运输与小陆桥运输基本相似,只是其交货地点在内陆地区。北美微桥运输是指经北美东、西海岸及墨西哥湾沿岸港口到美国、加拿大内陆地区的联运服务。进出美、加内陆城市的货物采用微桥运输既可节省运输时间,也可避免双重港口收费,从而节省费用。

(三)海空联运

海空联运又被称为空桥运输(Airbridge Service)。在运输组织方式上,空桥运输与陆桥运输有所不同:陆桥运输在整个货运过程中使用的是同一个集装箱,不用换装,而空桥运输的货物通常要在航空港换入航空集装箱。不过两者的目标是一致的,即以低费率提供快捷、可靠的运输服务。目前,国际海空联运线主要有以下几条。

(1)远东—欧洲。目前,远东与欧洲间的航线有以温哥华、西雅图、洛杉矶为中转地,也有以中国香港、曼谷、海参崴为中转地。此外还有以旧金山、新加坡为中转地。

(2)远东—中南美。近年来,远东至中南美的海空联运发展较快,因为此处港口和内陆

运输不稳定,所以对海空运输的需求很大。该联运线以迈阿密、洛杉矶、温哥华为中转地。

(3) 远东—中近东、非洲、澳洲。这是以中国香港、曼谷为中转地至中近东、非洲的运输服务。在特殊情况下,还有经马赛至非洲、经曼谷至印度、经中国香港至澳洲等联运线,但这些线路货运量较小。

总的来讲,运输距离越远,采用海空联运的优越性就越大。因为同完全采用海运相比,其运输时间更短;同直接采用空运相比,其费率更低。因此,从远东出发将欧洲、中南美以及非洲作为海空联运的主要市场是合适的。

知识点二　国际多式联运业务流程

一、托运申请,签订多式联运合同

多式联运经营人根据货主提出的托运申请和自己的运输线路等情况,判决是否接受该托运申请,发货人或其代理人根据双方就货物的交接方式、时间、地点、付费方式等达成协议,并填写场站收据,把其送至多式联运经营人进行编号,编号后留下货物托运联,将其他联交还给发货人或其代理人。

(一) 客户提出托运申请

客户把自己所要托运的货物的重量、性质、发货地、目的地等信息告知多式联运经营人或者货运代理人,向其申请托运。

(二) 多式联运方案设计

多式联运经营人在接到客户的托运申请后,需要进行多式联运方案的设计。

1. 国际多式联运方案设计的概念

国际多式联运方案设计是指国际多式联运企业针对客户的运输需求,运用系统理论和运输管理的原理和方法,合理地选择运输方式、运输工具与设备、运输路线以及货物包装与装卸等过程。

在实际业务中,一个国际多式联运方案的形成主要源于以下三种情况:

(1) 客户发起形成的方案:客户发现并确认需求,国际多式联运企业针对客户的需求形成的国际多式联运方案,获得客户同意后,双方签署国际多式联运合同。

(2) 企业发起形成的方案:国际多式联运企业通过国际货运市场机会分析与研究,形成一个具体的国际多式联运方案,并以此主动地向目标客户提交国际多式联运需求建议书,获得客户同意后,双方签署国际多式联运合同。

(3) 运输中间商发起形成的方案:运输中间商帮助客户发现并确认需求,同时运输中间商帮助客户寻找国际多式联运企业,并指导国际多式联运企业编制国际多式联运方案,从而使双方达成共识,并签署国际多式联运合同。

2. 国际多式联运方案设计的影响因素

国际多式联运方案设计的最终目的在于满足客户的需求,因此,下面几个客户的需求特征应该成为国际多式联运方案设计时应考虑的主要因素,如表5-3所示。

表 5-3　国际多式联运方案设计的影响因素

因　素	特　征
货物特征	主要包括货物的种类、单件体重与毛重,外包装规格与性能,可堆码高度,货物价值,是否是贵重、冷藏、危险品等特殊商品。
运输与装卸搬运特征	主要包括每次发运货物的数量(数量有无增减)、装运时间、发运频率、到达时间、可否拼装及分批装运与转运、装货与卸货地点是否拥挤或罢工、运输距离的长短等。
储运保管特征	主要是指货物的物理与化学性质对储运与保管的要求等。
客户其他要求	例如,对运输价格、运输方式、运输工具、运输线路、装卸搬运设备、运输时间、运输单证等有无具体要求。

3. 国际多式联运方案设计的内容

国际多式联运方案设计主要包括运输模式、运输工具与设备、运输路线和自营与分包等四个方面的决策。多式联运方案的设计应该在对客户的运输需求进行分析的基础上做好以下四个方面的决策,如表 5-4 所示。

表 5-4　国际多式联运方案设计的内容

内　容	含　义
运输方式的选择	应当在综合考虑铁路、公路、水路、航空、管道五种基本运输方式的优缺点及适用范围的基础上,同时结合运输成本、运行速度、货物的特点及性质、货物的数量、运输基础设施条件等选择合理的联运方式。
运输工具与设备的选择	主要包括:运输工具的选择,装卸搬运设备的选择,集装箱的选择,运输包装的设计。
运输路线的选择	运输路线的选择应注意以下三点:运输线路选择与运输方式选择的协同;注重装卸地点的选择;注重不同装货量的拼装,以实现集运、拼装模式,从而影响运输路线选择。
自营与分包的选择	实际上,任何一个国际多式联运企业都不可能具备最完备、最经济的海、陆、空运输资源和最合适的仓储资源,每个多式联运企业都不同程度地建立了使用自有运力和对外采购运力相结合的双重能力。在采购外部运输运作资源时,各个企业基本都是运用市场机制,但在使用自有运输运作资源时,则根据管理模式的不同,有不同的价格采购标准。

多式联运方案的设计是一个复杂的系统工程,最佳的设计方案往往是通过各种方案的多次修正和调整后获取的。

(三) 签订多式联运合同

1. 多式联运合同的概念与特征

(1) 多式联运合同的概念

《海商法》所称的多式联运合同是指"多式联运经营人以两种以上的不同运输方式,其中一种是海上运输方式,负责将货物从接收地运至目的地交付收货人,并收取全程运费的合同。"多式联运是在集装箱运输的基础上发展起来的,这种运输方式并没有新的通道和工具,而是利用现代化的组织手段,将各种单一的运输方式有机地结合起来,打破了各个运输区域的界限,是现代管理在运输业中运用的结果。

多式联运合同的经营人可以参加多式联运的各区段承运人就多式联运合同的各区段运

输约定相互之间的义务,但不影响多式联营人对全程运输承担义务,否则,不构成多式联运。

多式联运人收到托运人交付的货物,应当签发多式联运单据,该单据按照托运人的要求,可以转让,也可以不转让。

多式联运单据经托运人同意转让后,货物的损失是由托运人的过错造成的,尽管多式联运单据已转让,仍应承担赔偿责任。

多式联运货物由第一承运人转交第二承运人时,不需要另行办理托运手续,可以减少中间环节,有利于货物的快速运输,提高运输效率。

(2) 多式联运合同的特征

除具有一般运输合同的特征外,多式联运合同还具有以下法律特征。

第一,联运合同的承运人一方为两人以上。联运合同的承运人必须为两人以上,若仅为一人,则不为联运。联运合同的承运人虽为两人以上,但联运合同只是一个合同,而不是数个运输合同的组合。

第二,联运合同的各承运人以相互衔接的不同的运输方式承运。承运人虽为两人以上,但各承运人是以同一运输工具完成运输任务的,也不属于联运。联运合同的承运人一方须以不同的运输工具承运,例如铁路与公路联运、铁路与水路联运、公路与水路联运、铁路与航空联运,以及三种或三种以上运输方式的联运。如果拥有同一运输工具的数个承运人运输同一货物或旅客,则属于单式联运,不属于多式联运。

第三,托运人或旅客一次交费并使用同一运输凭证。在多式联运中,货物由一承运人转交另一承运人运输或者旅客由一种运输工具换乘另一种运输工具时,不需另行交费和办理托运手续或购票。

由上可见,多式联运可以减少运输的中间环节,有利于加快运输速度,提高运输效率。多式联运一般实行"一次托运,一次收费,一票到底,全程负责"的"一条龙"服务的综合性运输,有独特的优越性,极大地方便了旅客和货主,对发展运输横向联系和促进社会主义市场经济建设起着越来越重要的作用。

2. 多式联运合同的订立

(1) 合同订立的方式。

实践中,多式联运合同的订立主要有两种方式,如表 5-5 所示。

表 5-5 多式联运合同的订立方式

订立合同的方式	相 关 规 定
托运人与经营多式联运业务的经营人订立合同	在此情况下,先是由托运人与经营多式联运业务的经营人订立承揽运输合同,联运经营人为合同的承揽运输人(也即多式联运承运人)一方,托运人为合同的另一方。然后,联运经营人与各承运人签订运输协议。在这种情形下,联运经营人以自己的名义与托运人或旅客签订运输合同,承担全程运输,而实际上经营人于承揽运输任务后再将运输任务交由其他承运人完成。但托运人仅与联运经营人直接发生运输合同关系,而与实际承运人并不直接发生合同关系。因此,联运经营人处一般运输合同的承运人的地位,享受相应的权利,并承担相应的责任。至于联运经营人与实际承运人之间的关系,则依其相互间的协议而定。
托运人与第一承运人订立运输合同	在此种情况下,各个承运人为合同的一方当事人,而托运人为另一方当事人。各个承运人虽均为联运合同的当事人,但只有第一承运人代表其他承运人与托运人签订运输合同,其他承运人并不参与订立合同。第一承运人则为联运承运人。

(2) 多式联运合同中承运人之间责任的约定

《合同法》规定："多式联运经营人可以与参加多式联运的各区段承运人就多式联运合同的各区段运输约定相互之间的责任，但该约定不影响多式联运经营人对全程运输承担的义务。"多式联运合同在签订时，一般应明确各个换装港（站）及货物交接办法或各区段承运人的责任。至于承运人之间的责任，一般先出多式联运承运人与各区段承运人来协议约定，然后在运输合同中加以明确。但是，联运承运人与各区段承运人之间就其责任的约定，不得影响或者减少联运经营人对全程运输所承担的义务。如果约定联运承运人仅对某一区段运输负责，而不对全程运输负责的，该约定应为无效。

(3) 多式联运合同的特殊效力

多式联运合同的特殊效力表现为以下三个方面：

第一，多式联运合同经营人的地位及区段承运人的关系。多式联运合同的一方是托运人，一方是多式联运经营人。多式联运经营人与区段承运人不同，区段承运人与多式联运经营人存在合同关系，区段承运人只对自己负责运送的过程承担责任。而根据《合同法》第317条的规定："多式联运人负责履行或者组织履行多式联运合同，对全程运输享有承运人的权利，承担承运人的义务。"《合同法》第318条规定："多式联运经营人可以与参加多式联运的各区段承运人就多式联运合同的各区段运输约定相互之间的责任，但该约定不影响多式联运经营人对全程运输承担责任的义务。"多式联运经营人与区段承运人的约定，不能对抗承运人。

第二，多式联运单据。《合同法》第319条规定："多式联运经营人收到托运人交付的货物时，应当签发多式联运单据。按照托运人的要求，多式联运单据可以是可转让单据，也可以是不可转让单据。"单据是否可以转让，托运人有选择权，经营人应当根据托运人的要求签发。《合同法》第320条规定："因托运人托运货物时的过错造成多式联运经营人损失的，即使托运人已经转让多式联运单据，托运人仍然应当承担损害赔偿责任。"该条的要点是：因托运人的过错造成联运经营人损失的（如将危险品当作普通物品运输等），即使转让多式联运单据，其仍应承担责任。因为托运人构成了侵权责任。

第三，赔偿的法律特别适用。按照《合同法》和有关法律的规定，联运经营人对运输的全过程承担义务。货物的毁损、灭失无论发生在哪一个运输区段，其都要承担赔偿责任。《合同法》第321条规定："货物的毁损、灭失发生于多式联运的某一运输区段的，多式联运经营人的赔偿责任和责任限额，适用调整该区段运输方式的有关法律规定。货物毁损、灭失发生的运输区段不能确定的，依照本章规定承担损害赔偿责任"。

(4) 签订多式联运合同应注意的问题

第一，多式联运经营人负责履行或者组织履行多式联运合同，对全程运输享有承运人的权利，承担承运人的义务。

第二，多式联运经营人可以与参加多式联运的各区段承运人就多式联运合同的各区段运输约定相互之间的责任，但该约定不影响多式联运的承运人对全程运输承担的义务。

第三，多式联运经营人收到托运人交付的货物时，应当签发多式联运单据。按照托运人的要求，多式联运单据可以是可转让的，也可以是不可转让单据。

第四，因托运人托运货物时的过错造成多式联运经营人损失的，即使托运人已经转让多式联运单据，托运人仍然应当承担损害赔偿责任。

第五,货物的毁损、灭失发生于多式联运的某一运输区段的,多式联运经营人的赔偿责任和责任限额,适用调整该区段运输方式的有关法律规定。

3. 多式联运合同的内容

多式联运合同的主要内容有托运人、收货人、多式联运经营人,货物的名称、包装、数量、重量等情况,接货的地点和时间,交货的地点和约定的时间,运输方式和运输线路,关系方的责任和义务,解决争议的途径和方法等。多式联运合同样本如表5-6所示。

表5-6 多式联运合同

多式联运合同	
甲方(托运人):_____	乙方承运人:_____
法定代表人:_____	法定代表人:_____
法定地址:_____	法定地址:_____
邮编:_____	邮编:_____
经办人:_____	经办人:_____
联系电话:_____	联系电话:_____
传真:_____	传真:_____
银行账户:_____	银行账户:_____

甲乙双方经过友好协商,就办理甲方货物多式联运事宜达成如下合同:

1. 甲方应保证如实提供货物的名称、种类、包装、件数、重量、尺码等货物状况,由于甲方虚报给乙方或者第三方造成损失的,甲方应承担损失。

2. 甲方应按双方商定的费率在交付货物_____天之内将运费和相关费用付至乙方账户。甲方若未按约定支付费用,乙方有权滞留提单或者留置货物,进而依法处理货物以补偿损失。

3. 托运货物为特种货或者危险货时,甲方有义务向乙方做详细说明。未作说明或者说明不清的,由此造成乙方的损失由甲方承担。

4. 乙方应按约定将甲方委托的货物承运到指定地点,并应甲方的要求,签发联运提单。

5. 乙方自接货开始至交货为止,负责全程运输,对全程运输中乙方及其代理或者区段承运人的故意或者过失行为而给甲方造成的损失负赔偿责任。

6. 乙方对下列原因所造成的货物灭失和损坏不负责任:

(1) 货物由甲方或者代理人装箱、计数或者封箱的,或者装于甲方的自备箱中;

(2) 货物的自然特性和固有缺陷;

(3) 海关、商检、承运人行使检查权所引起的货物损耗;

(4) 天灾,包括自然灾害,例如但不限于雷电、台风、地震、洪水等,以及意外事故,例如但不限于火灾、爆炸、由于偶然因素造成的运输工具的碰撞等;

(5) 战争或者武装冲突;

(6) 抢劫、盗窃等人为因素造成的货物灭失或者损坏;

(7) 甲方的过失造成的货物灭失或者损坏;

(8) 罢工、停工或者乙方雇佣的工人劳动受到限制;

(9) 检疫限制或者司法扣押;

(10) 非由于乙方或者乙方的受雇人、代理人的过失造成的其他原因导致的货物灭失或者损坏。对于第7项免除责任以外的原因,乙方不负举证责任。

7. 货物的灭失或者损坏发生于多式联运的某一区段,乙方的责任和赔偿限额,应该适用该区段的法律规定。如果不能确定损坏发生区段的,应当使用调整海运区段的法律规定,不论是根据国际公约还是根据国内法。

8. 对于逾期支付的款项,甲方应按每日万分之五的比例向乙方支付违约金。

9. 由于甲方的原因(如未及时付清运费及其他费用而被乙方留置货物或滞留单据或提供单据迟延而造成货物运输延迟)所产生的损失由甲方自行承担。

(续表)

> 10. 合同双方可以依据《合同法》的有关规定解除合同。
> 11. 乙方在运输甲方货物的过程中应尽心尽责,对于因乙方的过失而导致甲方遭受的损失和发生的费用承担责任,以上损失不包括货物因延迟等原因造成的经济损失。在任何情况下,乙方的赔偿责任都不应超出每件_____元人民币或每公斤_____元人民币的责任限额,两者以较低的限额为准。
> 12. 本合同项下发生的任何纠纷或者争议,应提交中国海事仲裁委员会,根据该会的仲裁规则进行仲裁。仲裁裁决是终局的,对双方都有约束力。本合同的订立、效力、解释、履行、争议的解决均适用中华人民共和国法律。
> 13. 本合同从甲乙双方签字盖章之日起生效,合同有效期为_____天,合同期满之日前,甲乙双方可以协商将合同延长_____天。合同期满前,如果双方中任何一方欲终止合同,应提前_____天,以书面的形式通知另一方。
> 14. 本合同经双方协商一致可以进行修改和补充,修改及补充的内容经双方签字盖章后,视为本合同的一部分。本合同正本一式_____份。
>
> 甲方(盖章):_____　　　　乙方(盖章):_____
> 法定代表人(签字):_____　　法定代签人(签字):_____
> ____年____月____日　　　　　　____年____月____日
> 签订地点:_____　　　　　　签订地点:_____

二、空箱的发放、提取及运送

多式联运中使用的集装箱一般由多式联运经营人提供。这些集装箱的来源有三种情况:一种是多式联运经营人自己购置使用的集装箱,二是向借箱公司租用的集装箱,三是由全程运输中的某一分运人提供。如果双方协议由发货人自行装箱,则多式联运经营人应签发提箱单,也可以是租箱公司或分运人签发提箱单交给发货人或其代理人,由他们在规定日期到指定的堆场提箱并自行将空箱拖运到货物装箱地点,准备装货。

三、出口报关

若多式联运从港口开始,则在港口报关;若从内陆地区开始,则应在附近内陆地海关办理出口报关事宜。一般由发货人或其代理人办理,也可委托多式联运经营人代为办理,报关时应提供场站收据、装箱单、出口许可证等有关单据和文件。

四、货物装箱及接受货物

若是发货人自行装箱,发货人或其代理人提取空箱后在自己的工厂和仓库组织装箱,装箱工作一般要在报关后进行,并需海关派员到装箱地点监装和办理加封事宜。如需理货,还应请理货人员现场理货并与其共同制作装箱单。

对于由货主自行装箱的整箱货物,发货人应负责将货物运至双方协议规定的地点,多式联运经营人或其代表在指定地点接受货物,如果是拼箱货,则由多式联运经营人在指定的货运站接收货物,验收货物后,代表多式联运经营人接收货物的人应在场站收据正本上签章并将其交给发货人或其代理人。

五、订舱及安排货物运送

多式联运经营人在合同订立后,应立即制订该合同涉及的集装箱货物的运输计划,该计划应包括货物的运输路线,区段的划分,各区段实际承运人的选择及确定各区间衔接地点的到达,起运时间等内容。

这里所说的订舱泛指多式联运经营人要按照运输计划安排洽定各区段的运输工具,与选定的各实际承运人订立各区段的分运合同,这些合同的订立由多式联运经营人本人或委托的代理人办理,也可请前一区段的实际承运人作为向后一区段的实际承运人订舱。出口货物订舱委托书如表5-7所示。

货物运输计划的安排必须科学并留有余地,工作中应相互联系,根据实际情况调整计划,避免彼此脱节。

表5-7 出口货物订舱委托书

公司编号　　　　　　　　　　　　　　　　　　日期

发货人	信用证号码	
	开证银行	
	合同号码	成交金额
	装运口岸	目的港
收货人	转船运输	分批装运
	信用证有效期	装船期限
	运费	成交条件
	公司联系人	电话/传真
通知人	公司开户行	银行账号
	特别要求	

标记唛码	货号规格	包装件数	毛重	净重	数量	单价	总价

总件数　　总毛重　　总净重　　总尺码　　总金额

备注:

六、办理保险

在发货人方面,应投保货物运输保险,该保险由发货人自行办理,或由发货人承担费用而由多式联运经营人代为办理,货物运输保险可以是全程投保,也可以为分段投保,在多式联运经营人方面,应投保货物责任险和集装箱保险,由多式联运经营人或其代理人向保险公司或以其他形式办理。

货物运输保险属于财产保险。根据涉及的国家和地区、运输方式、承保的风险范围不同,货物运输保险分为以下多种形式。

（一）海洋运输货物保险

1. 海洋运输保险的种类及责任范围

在国际货物买卖业务中，海上保险是一个不可缺少的条件和环节。其中业务量最大，涉及面最广的海上保险是海洋运输货物保险。

海洋运输货物保险条款所承保的险别，分为基本险别和附加险别两类。

（1）基本险别。海洋运输货物保险的基本险别及责任范围如表5-8所示。

表5-8　海洋运输货物保险的基本险别及责任范围

险　　别	责任范围
平安险	① 被保货物在运输过程中，由于自然灾害造成整批货物的全部损失或推定全损。被保货物用驳船运往或远离海轮的，每一驳船所装货物可视为一整批。 ② 由于运输工具遭受意外事故造成货物全部或部分损失。 ③ 在运输工具已经发生意外的情况下，货物在此前后又在海上遭受自然灾害落海造成的全部分损失。 ④ 在装卸或转运时，由于一件或数件货物落海造成的全部或部分损失。 ⑤ 被保人对遭受承保范围内的货物采取抢救、防止或减少货损的措施而支付的合理费用，但以不超过该批被救货物的保险金额为限。 ⑥ 运输工具遭难后，在避难港由于卸货所引起的损失以及在中途港、避难港由于卸货、存仓以及运送货物所产生的特别费用。 ⑦ 共同海损的牺牲、分摊和救助费用。 ⑧ 运输合同订有"船舶互撞责任条款"，根据该条款规定应由货方偿还船方的损失。
水渍险	除平安险的各项责任外，还负责被保货物由于自然灾害造成的部分损失。
一切险	除平安险和水渍险的各项责任外，还负责被保货物在运输途中由于一般外来原因所造成的全部或部分损失。

（2）附加险别。附加险别是基本险别责任的扩大和补充，它不能单独投保，附加险分别有一般附加险、特别附加险和特殊附加险，具体内容如表5-9所示。

表5-9　海洋运输货物附加险别

一般附加险	包括：偷窃、提货不着险，淡水雨淋险，短量险，渗漏险，混杂、沾污险，碰损、破碎险，串味险，受潮受热险，钩损险，包装破裂险，锈损险。
特别附加险	包括：交货不到险，进口关税险，舱面险，拒收险，黄曲霉素险，出口货物到香港（包括九龙在内）或澳门存仓火险责任扩展条款。
特殊附加险	包括：罢工险，海运战争险等。

2. 海运保险的保险责任期限

按照国际保险业的习惯，海运保险基本险采用的是"仓至仓条款"（Warehouse to Warehouse Clause，WWClause），即保险责任自被保险货物远保险单所载明的起运地发货人仓库或储存处所开始生效，包括正常运输过程中的海上、陆上、内河和驳船运输在内，直至该项货物到达保险单所载明目的地收货人的仓库为止，但最长不超过被保险货物卸离海轮后60天。

一般附加险均已包括在一切险的责任范围内，凡已投保海运保险一切险的就无须加保任何一般附加险，但应当说明海运保险一切险并非一切风险造成的损失均予负责。特殊附加险的海运战争险的承保责任范围，包括由于战争、类似战争行为和敌对行为、武装冲突或海盗行为，以及由此引起的捕获、拘留、扣留、禁制、扣押所造成的损失；或者各种常规武器

（包括水雷、鱼雷、炸弹）所造成的损失；以及由于上述原因引起的共同海损牺牲、分摊和救助费用。但对原子弹、氢弹等热核武器所造成的损失不负赔偿责任。战争险的保险责任期限以水面危险为限，即自货物在起运港装上海轮或驳船时开始，直到保险单所载明的目的港卸离海轮或驳船时为止；如不卸离海轮或驳船，则从海轮到达到目的港的当天午夜起算满15天，保险责任自行终止。保险条款还规定，在投保战争险的前提下，加保罢工险不另收费。

3．基本险别的除外责任

除外责任指保险不予负责的损失或费用，一般都有属非意外的、非偶然性的或须特约承保的风险。为了明确保险人承保海运保险的责任范围，中国人民保险公司《海洋运输货物保险条款》中对海运基本险别的除外责任有下列五项：

① 被保险人的故意行为或过失所造成的损失；

② 属于发货人责任所引起的损失；

③ 在保险责任开始前，被保险货物已存在的品质不良或数量短差所造成的损失；

④ 被保险货物的自然损耗、本质缺陷、特性以及市场跌落、运输延迟所引起的损失和费用；

⑤ 战争险和罢工险条款规定的责任及其险外责任。空运、陆运、邮运保险的除外责任与海运基本险别的险外责任基本相同。

4．海洋货物运输保险索赔期限

海洋货物运输保险索赔时效，从被保险货物在最后卸载港全部卸离海轮后起算，最多不超过两年。

（二）陆上货物运输保险

1．陆上货物运输保险的种类及责任范围

本保险分为陆运险和陆运一切险两种。被保险货物遭受损失时，本保险按保险单上订明承保险别的条款规定，负赔偿责任。其责任范围如表5-10所示。

表5-10　陆上货物运输保险的责任范围

险别	责任范围
陆运险	① 被保险货物在运输途中遭受暴风、雷电、洪水、地震等自然灾害，或由于运输工具遭受碰撞、倾覆、出轨，或在驳运过程中因驳运工具遭受搁浅、触礁、沉没、碰撞，或由于遭受隧道坍塌、崖崩，或失火、爆炸等意外事故所造成的全部或部分损失。 ② 被保险人对遭受承保责任内危险的货物采取抢救，防止或减少货损的措施而支付的合理费用，但以不超过该批被救货物的保险金额为限。
陆运一切险	除包括上列陆运险的责任外，本保险还负责被保险货物在运输途中由于外来原因所导致的全部或部分损失。

2．陆上货物运输保险的除外责任

本保险对下列损失，不负赔偿责任：

（1）被保险人的故意行为或过失所造成的损失；

（2）属于发货人责任所引起的损失；

（3）在保险责任开始前，被保险货物已存在的品质不良或数量短差所造成的损失；

（4）被保险货物的自然损耗、本质缺陷、特性以及市价跌落、运输延迟所引起的损失或费用；

(5) 陆上运输货物战争险条款和货物运输罢工险条款规定的责任范围和除外责任。

3. 陆上货物运输保险的责任期间

本保险负"仓至仓"责任,自被保险货物运离保险单所载明的起运地仓库或储存处所开始运输时生效,包括正常运输过程中的陆上和与其有关的水上驳运在内,直至该货物运达保险单所载目的地收货人的最后仓库或储存处所或被保险人用作分配、分派的其他储存处所为止。如未运抵上述仓库或储存处所,则以被保险货物运抵最后卸载的车站满60天为止。

4. 陆上货物运输保险被保险人义务

被保险人应按照以下规定的应尽义务办理有关事项。如因未履行规定的义务而影响保险人利益时,保险人对有关损失有权拒绝赔偿。

(1) 当被保险货物运抵保险单所载目的地以后,被保险人应及时提货,当发现被保险货物遭受任何损失,应立即向保险单上所载明的检验、理赔代理人申请检验。如发现被保险货物整件短少或有明显残损痕迹,应立即向承运人、受托人或有关当局索取货损货差证明。如果货损货差是由于承运人、受托人或其他有关方面的责任所造成,应以书面方式向他们提出索赔,必要时还需取得延长时效的认证。

(2) 对遭受承保责任内危险的货物,应迅速采取合理的抢救措施,防止或减少货物损失。

(3) 在向保险人索赔时,必须提供下列单证:保险单正本、提单、发票、装箱单、磅码单、货损货差证明、检验报告及索赔清单。如涉及第三者责任还须提供向责任方追偿的有关函电及其他必要单证或文件。

5. 陆上货物运输保险的索赔期限

本保险索赔时效,从被保险货物在最后目的地车站全部卸离车辆后计算,最多不超过两年。

(三) 航空货物运输保险

1. 航空货物运输保险种类及责任范围

本保险分为航空运输险和航空运输一切险两种。被保险货物遭受损失时,本保险按保险单上订明承保险别的条款负赔偿责任,具体内容如表5-11所示。

表5-11 航空货物运输保险种类及责任范围

险 别	责任范围
航空运输险	① 被保险货物在运输途中遭受雷电、火灾、爆炸或由于飞机遭受恶劣气候或其他危难事故而被抛弃,或由于飞机遭受碰撞、倾覆、坠落或失踪意外事故所造成的全部或部分损失。 ② 被保险人对遭受承保责任内危险的货物采取抢救、防止或减少货损的措施而支付的合理费用,但以不超过该批被救货物的保险金额为限。
航空运输一切险	除包括上述航空运输险的责任外,本保险还负责被保险货物由于外来原因所导致的全部或部分损失。

2. 航空货物运输保险除外责任

本保险对下列损失不负赔偿责任:

(1) 被保险人的故意行为或过失所造成的损失;

(2) 属于发货责任所引起的损失;

(3) 保险责任开始前，被保险货物已存在的品质不良或数量短差所造成的损失；

(4) 被保险货物的自然损耗、本质缺陷、特性以及市价跌落，运输延迟所引起的损失或费用；

(5) 航空货物运输战争险条款和货物及罢工险条款规定的责任范围和除外责任。

3. 航空货物运输保险的责任期间

(1) 本保险负"仓至仓"责任，自被保险货物运离保险单所载明的起运地仓库或储存处所开始运输时生效，包括正常运输过程中的运输工具在内，直至该项货物运达保险单所载明目的地收货人的最后仓库或储存处所或被保险人用作分配、分派或非正常运输的其他储存处所为止。如未运抵上述仓库或储存处所，则以被保险货物在最后卸载地卸离飞机后满30天为止。如在上述30天内被保险的货物需转送到非保险单所载明的目的地时，则以该项货物开始转运时终止。

(2) 由于被保险人无法控制的运输延迟、绕道、被迫卸货、重新装载、转载或承运人运用运输契约赋予的权限所作的任何航行上的变更或终止运输契约，致使被保险货物运到非保险单所载目的地时，在被保险人及时将获知的情况通知保险人，并在必要时加缴保险费的情况下，本保险仍继续有效。

保险责任按下述规定终止：第一，被保险货物如在非保险单所载目的地出售，保险责任至交货时为止，但不论任何情况均以被保险的货物在卸载地离飞机后满30天为止。第二，被保险货物在上述30天期限内继续运往保险单所载原目的地或其他目的地时，保险责任仍按上述第一款的规定终止。

4. 航空货物运输保险被保险人的义务

被保险人应按照以下规定的应尽义务办理有关事项，如因未履行规定而影响保险人利益时，保险人对有关损失有权拒绝赔偿。

(1) 当被保险货物运抵保险单所载目的地以后，被保险人应及时提货，当发现被保险货物遭受任何损失，应立即向保险单上所载明的检验、理赔代理人申请检验，如发现被保险货物整件短少或有明显残损痕迹应立即向承运人、受托人或有关当局索取货损货差证明，如果货损货差是由于承运人、受托人或其他有关方面的责任所造成，并应以书面方式向他们提出索赔。必要时还须取得延长时效的认证。

(2) 对遭受承保责任内危险的货物，应迅速采取合理的抢救措施，防止或减少货物损失。

(3) 在向保险人索赔时，必须提供下列单证：保险单正本、提单、发票、装箱单、磅码单、货损货差证明、检验报告及索赔清单，如涉及第三者责任还须提供向责任方追偿的有关函电及其他必要单证或文件。

5. 航空货物运输保险索赔期限

本保险索赔时效，从被保险货物在最后卸载地卸离飞机后起计算，最多不超过两年。

(四) 邮政包裹运输保险

我国邮政包裹的运输保险险别及责任范围如下：

1. 邮政包裹运输保险的责任范围

本保险分为邮包险和邮包一切险两种。被保险货物遭受损失时，本保险按保险单上订明承保险别的条款规定，负赔偿责任。邮政包裹运输保险的责任范围如表5-12所示。

表 5-12　邮政包裹运输保险的责任范围

险　　别	责任范围
邮包险	① 被保险邮包在运输途中由于恶劣气候、雷电、海啸、地震、洪水等自然灾害或由于运输工具遭受搁浅、触礁、沉没、碰撞、倾覆、出轨、坠落、失踪，或由于失火、爆炸等意外事故所造成的全部或部分损失。 ② 被保险人对遭受保责任内危险的货物采取抢救、防止或减少货损的措施而支付的合理费用，但以不超过该批货物的保险金额为限。
邮包一切险	除包括上述邮包险的各项责任外，本保险还负责被保险邮包在运输途中由于外来原因所导致的全部或部分损失。

2．邮政包裹运输保险的除外责任

本保险对下列损失不负赔偿责任：

（1）被保险人的故意行为或过失所造成的损失；

（2）属于发货人责任所引起的损失；

（3）在保险责任开始前，被保险邮包已存在的品质不良或数量短差所造成的损失；

（4）被保险邮包的自然损耗、本质缺陷、特性以及市价跌落、运输延迟所引起的损失或费用；

（5）邮包战争险条款和货物运输罢工险条款规定的责任范围和除外责任。

3．邮政包裹运输保险的责任期间

本保险责任自被保险邮包离开保险单所载起运地点寄件人的处所运往邮局时开始生效，直至该项邮包运达本保险单所载目的地邮局，自邮局签发到货通知书当日午夜起算满 15 天终止。但在此期限内邮包一经递交至收件人的处所时，保险责任即行终止。

4．邮政包裹运输保险被保险人的义务

被保险人应按照以下规定的应尽义务办理有关事项，如因未履行规定的义务而影响保险人利益时，保险人对有关损失有权拒绝赔偿：

（1）当被保险邮包运抵保险单所载明的目的地以后，被保险人应及时提取包裹，当发现被保险邮包遭受任何损失，应立即向保险单上所载明的检验、理赔代理人申请检验。如发现被保险邮包整件短少或有明显残损痕迹，应立即向邮局索取短、残证明，并应以书面方式向他们提出索赔，必要时还须取得延长时效的认证。

（2）对遭受承保责任内危险的邮包，应迅速采取合理的抢救措施，防止或减少邮包的损失，被保险人采取此项措施，不应视为放弃委付的表示，保险人采取此项措施，也不得视为接受委付的表示。

（3）在向保险人索赔时，必须提供下列单证：保险单正本、邮包收据、发票、装箱单、磅码单、货损货差证明、检验报告及索赔清单。如涉及第三者责任，还须提供向责任方追偿的有关函电及其他必要单证或文件。

5．邮政包裹运输保险的索赔期限

本保险索赔时效，从被保险邮包递交收件人时起算，最多不超过两年。

（五）国际贸易货物运输保险程序

在国际货物买卖过程中，由哪一方负责办理投保，应根据买卖双方商订的价格条件来确定。例如按 FOB 条件和 CFR 条件成交，保险应由买方办理；如按 CIF 条件成，保险就应由卖方办理。办理货运保险的一般程序如下所示。

1. 确定投保的金额

投保金额是诸保险费的依据,又是货物发生损失后计算赔偿的依据。投保金额按照发票的 CIF 价值加上一定的加成,如果发票价为 FOB 或者 CFR,应将运费、保险费相应加上,再加成计算保险金额。但是,各国市场情况不尽相同,对进出口贸易的管理办法也各有异。向中国人民保险公司办理进出口货物运输保险,有两种办法:一种是逐笔投保,另一种是按签订预约保险总合同办理。

2. 填写投保单

保险单是投保人向保险人提出投保的书面申请,其主要内容包括被保险人的姓名、被保险货物的品名、标记、数量及包装、保险金额、运输工具名称、开航日期及起讫地点、投保险别、投保日期及签章等。中国人民保险公司运输险投保单如表 5-13 所示,海洋运输保险单如表 5-14 所示。

表 5-13　中国人民保险公司运输险投保单

中国人民保险公司
THE PEOPLE'S INURENCE COMPANY OF CHINA
运输险投保单
APPLICATION FOR TRANSPORTATION INSURANCE

被保险人:
Issured's Name
兹有下列货物拟向中国人民保险公司投保:
Insurance is required on the following commodities:

标记金额 Marks & Nos. Insured	包装及数量 Quantity	保险货物项目 Description of goods	保险 Amount

装载运输工具
Per conveyance
开航日期　　　　　　　　　　　　　　　　提单号码
Per conveyance _____　B/L No. _____
自　　　　　　　　　　　　　　　　　　　至
From _____　To _____

请将要保的险别标明 Please indicate the condition or special coverage	
备注 Remarks	
投保人(签名盖章) Name/seal of proposer	电话 Telephone No.
地址 Address	日期 Date

本公司自用　FOR OFFICE USE ONLY
费率　　　　　　　　　　保费　　　　　　　　　　经办人
Rate _____　Premium _____　By _____

表 5-14　海洋货物运输保险单(样本)

中保财产保险有限公司
The People's Insurance (Property) Company of China, Ltd

发票号码　　　　　　　　　　　　　　　　　　　　　　　保险单号次
Invoice No.　　　　　　　　　　　　　　　　　　　　　　Policy No.

海洋货物运输保险单
MARINE CARGO TRANSPORTATION INSURANCE POLICY

被保险人：
Insured：

中保财产保险有限公司(以下简称本公司)根据被保险人的要求，及其所缴付约定的保险费，按照本保险单承担险别和背面所载条款与下列特别条款承保下列货物运输保险，特签发本保险单。

This policy of Insurance witnesses that the People's Insurance (Property) Company of China, Ltd. (hereinafter called "The Company"), at the request of the Insured and in consideration of the agreed premium paid by the Insured, undertakes to insure the undermentioned goods in transportation subject to conditions of the Policy as per the Clauses printed overleaf and other special clauses attached hereon.

保险货物项目 Descriptions of Goods	包装 Packing	单位 Unit	数量 Quantity	保险金额 Amount Insured

承保险别　　　　　　　　　　　　　　　　　　　　　　　货物标记
Conditions　　　　　　　　　　　　　　　　　　　　　　Marks of Goods

总保险金额
Total Amount Insured：_____

保费　　　　　　　　载运输工具　　　　　　　　　　　开航日期
Premium _____　Per conveyance S.S _____　　Slg. on or abt _____

起运港　　　　　　　　　　　　　　　　　　　　　目的港
Form _____　To _____

所保货物，如发生本保险单项下可能引起索赔的损失或损坏，应立即通知本公司下述代理人查勘。如有索赔，应向本公司提交保险单正本(本保险单共有__份正本)及有关文件。如一份正本已用于索赔，其余正本则自动失效。

In the event of loss or damage which may result in acclaim under this Policy, immediate notice must be given to the Company's Agent as mentioned hereunder. Claims, if any, one of the Original Policy which has been issued in original(s) together with the relevant documents shall be surrendered to the Company. If one of the Original Policy has been accomplished, the others to be void.

赔款偿付地点
Claim payable at

日期　　　　　　　　　　　　　　　　　　在
Date _____　at _____

地址
Address _____

3. 支付保险费，取得保险单

保险费按投保险别的保险费率计算。保险费率是根据不同的险别、不同的商品、不同的运输方式、不同的目的地，并参照国际上的费率水平而制定的。它分为"一般货物费率"和"指明货物加费费率"两种。前者是一般商品的费率，后者系指特别列明的货物（如某些易碎、易损商品）在一般费率的基础上另行加收的费率。

交付保险费后，投保人即可取得保险单（insurance policy）。保险单实际上已构成保险人与被保险人之间的保险契约，是保险人对被保险人的承保证明。在发生保险范围内的损失或灭失时，投保人可向保险人要求赔偿。

4. 提出索赔手续

当被保险的货物发生属于保险责任范围内的损失时，投保人可以向保险人提出赔偿要求。被保险货物运抵目的地后，收货人如发现整件短少或有明显残损，应立即向承运人或有关方面索取货损或货差证明，并联系保险公司指定的检验理赔代理人申请检验，提出检验报告，确定损失程度；同时向承运人或有关责任方提出索赔。属于保险责任的，可填写索赔清单，连同提单副本、装箱单、保险单正本、磅码单、修理配置费凭证、第三者责任方的签证或商务记录以及向第三者责任方索赔的来往函件等向保险公司索赔。

索赔应当在保险有效期内提出并办理，否则保险公司可以不予办理。

七、签发多式联运提单，组织完成货物的全程运输

多式联运经营人的代表收取货物后，多式联运经营人应向发货人签发多式联运提单，在把提单交给发货人之前，应注意按双方议定的付费方式及内容、数量向发货人收取全部应付费用。

多式联运经营人有完成和组织完成全程运输的责任和义务，在接受货物后，要组织各区段实际承运人，各派出机构及代表人共同协调工作，完成全程中各区段的运输和各区段之间的衔接工作，并做好运输过程中所涉及的各种服务性工作和运输单据，文件及有关信息等组织和协调工作。

（一）国际多式联运单证的定义

国际多式联运单证是指证明多式联运合同以及证明多式联运经营人接管货物并负责按合同条款交付货物的单证。该单证包括双方确认的取代纸张单证的电子数据交换信息。国际多式联运单证不是多式联运合同，只是多式联运合同的证明，同时是多式联运经营人收到货物的收据和凭其交货的凭证。在实践中一般称为国际多式联运提单（Multimodel Transport B/L）。

（二）多式联运单证的主要内容

多式联运单证是各当事人之间进行国际多式联运业务活动的凭证。因此，要求单据的内容必须正确、清楚、完整，该单证的主要内容包括以下几个。

（1）货物的外表状况、数量、名称、包装、标志等；

（2）多式联运经营人的名称和主要营业所；

（3）发货人、收货人的名称、地址；

（4）多式联运经营人接管货物的日期、地点；

(5) 经双方明确议定的交付货物的时间、地点；
(6) 表示多式联运单证可转让或不可转让的声明；
(7) 多式联运单证的签发时间、地点；
(8) 多式联运经营人或经其授权的代理人的签字；
(9) 有关运费支付的说明；
(10) 有关运输方式、运输路线、运输要求的说明等。

(三) 多式联运单证的签发

多式联运经营人在接收托运的货物时，必须与接货单位（集装箱货运站或码头堆场）出具的货物收据进行核对无误后，方可签发多式联运单证。多式联运单证由多式联运经营人或其授权的人签发，在不违背多式联运单证签发国法律规定的情况下，多式联运单证可以是手签的、手签笔迹复印的、打透花字的、盖章或用任何其他机械或电子仪器打印的。

1. 多式联运单证的签发形式

多式联运单证的签发形式及相关规定如表 5-15 所示。

表 5-15　多式联运单证的签发形式

签发形式	相关规定
签发可转让的多式联运单证	① 应列明按指示交付，或向持票人交付； ② 如列明按指示交付，需经背书转让； ③ 如列明向持票人交付，无须背书即可转让； ④ 如签发一套一份以上的正本单证，则应注明正本份数； ⑤ 对于所签发的任何副本，应在每份副本上注明"不可转让"的字样。
不可转让的多式联运单证	如果货物托运人要求多式联运经营人签发不可转让的多式联运单证，多式联运经营人或其授权的人在多式联运单证的收货人一栏内载明收货人的具体名称，并打上"不可转让"的字样，货物在运抵目的地后，多式联运人只能向单证中载明的收货人交付货物。如果多式联运单证中载明的收货人以书面形式通知多式联运经营人将单证中所记载的货物交给其通知中指定的其他收货人，而在事实上多式联运经营人也这样做了，则可认为该多式联运经营人已履行了交货的义务。

2. 多式联运单证签发的时间、地点

在集装箱货物的国际多式联运中，多式联运经营人接收货物的地点有时不在装船港，而在某一内陆集装箱货运站，或装船港的集装箱码头堆场，甚至在发货人的工厂或仓库。

(四) 多式联运单据的证据效力与保留

除非多式联运经营人已在多式联运单证上做了保留，否则，多式联运单证一经签发，具有以下效力：

(1) 多式联运经营人收到货物的初步证据；
(2) 多式联运经营人对所接收的货物开始负有责任；
(3) 可转让的多式联运单证如已转让给善意的第三方，该单证在多式联运经营人与善意的第三方之间构成了最终证据，多式联运经营人必须按单证中的记载事项向单证持有人交付货物，任何提出的相反证据均无效。

八、运输过程中的海关业务

按惯例，国际多式联运的全程运输均应视为国际货物运输，因此，该环节工作主要包括货物及集装箱进口国的通关手续、进口国内陆段保税运输手续及结关等内容，如果陆上运输要通过其他国家的海关和内陆运输线路时，还应包括这些海关的通关及保税运输手续。

如果货物在目的地港交付，则结关应在港口所在地海关进行，如果在内陆地交货，则应在口岸办理保税运输手续，海关加封后方可运往内陆目的地，然后在内陆海关办理结关手续。

九、货物交付

当货物运往目的地后，由目的地代理通知收货人提货。按多式联运合同规定，多式联运经营人或其代理人将货物交多式联运单据指明的收货人或按指示交指定的收货人，即宣布完成全程运输任务。收货人需凭多式联运提单提货，多式联运经营人或其代理人需按合同规定，收取收货人应付的全部费用，收回提单签发提货单，提货人凭提货单到指定堆场和地点提取货物。

如果是整箱提货，则收货人要负责至掏箱地点的运输，并在货物掏出后将集装箱运回指定的堆场，此时，运输合同终止。

十、货运事故处理

如果全程运输中发生了货物灭失、损害和运输延误，无论能否确定损害发生的区段，发(收)货人均可向多式联运经营人提出索赔。多式联运经营人根据提单条款及双方协议确定责任并作出赔偿，如能确定事故发生的区段和实际责任者，可向其进一步索赔；如不能确定事故发生的区段，一般按在海运段发生处理。如果已对货物及责任投保，则存在要求保险公司赔偿和向保险公司进一步追索的问题，如果受损人和责任人之间不能取得一致，则需要通过在诉讼时效内提起诉讼和仲裁来解决。

知识点三 国际铁路货物联运

一、国际铁路联运概况

(一) 基本概念

国际铁路货物联运简称国际联运，它是这样一种运输方式：使用一份统一的国际联运票据，无需发、收货人参加，而由铁路部门负责办理两个或两个以上国家铁路全程运送的货物运输。

国际铁路联运的特点是：

(1) 参加国多；

(2) 要求高；

(3) 运输时间短、成本低。

(二) 国际联运相关规章

国际铁路联运相关规章有的适用于铁路和发、收货人，有的只适用于铁路，有的（多数）是由参加国铁路部门共同签订的……具体适用的规章有：

(1)《国际铁路货物运送公约》（简称《国际货约》）；
(2)《国际铁路货物联运协定》（简称《国际货协》）；
(3)《统一过境运价规程》（简称《统一货价》）和《关于统一过境运价规程的协约》；
(4)《国境铁路协定》。

二、联运出口货物运输流程

图 5-2 所示的是国际铁路联运出口货物运输的流程。

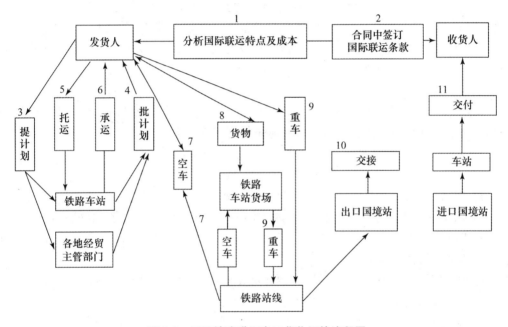

图 5-2　国际铁路联运出口货物运输流程图

1. 分析国际联运特点及成本

国际贸易的交易方（双方或多方）通过分析国际铁路联运的成本和特点，并结合本次贸易的运输、成本等要求以及收货人的地理位置等条件，准备选择国际铁路联运作为履行合同的运输方式。

2. 交易双方（或多方）在合同中签订国际铁路联运条款

为了顺利执行合同中规定的国际铁路联运条款，避免合同的当事人在执行合同时发生争执，在贸易合同中要注意以下几点。

(1) 交货条款要订得明确具体

① CPT。CPT 是 Carriage Paid to(…named place of destination)的缩写，意思是"运费付至（……指定目的地）"。它是指卖方支付货物运至指定目的地的运费。

②CIP。CIP 是 Carriage and Insurance Paid to(…named place of destination)的缩写，意思是"运费及保险费付至(……指定目的地)"。它是指卖方除负有与 CPT 条款相同的责任外，还须自行负担费用来办理在运输途中应由买方承担货物灭失或损坏风险的货物保险，并向买方提供保险单或其他保险凭证。

③FCA。FCA 是 Free Carrier(… named place)的缩写，意思是"货交承运人(……指定地点)"。它是指卖方办理货物出口结关，将货物交至指定的地点由买方指定的承运人照管，履行其交货义务。

（2）允许分批装运

（3）结汇条件

（4）避免信用证双到期

3．提计划

各地铁路局在汇总各发货单位的要车计划之后上报铁道部，各地经贸主管部门在汇总下属部门的计划后上报商务部，商务部在汇总要车计划后与铁道部协调平衡。发货人要根据当地铁路部门的规定，填制"国际铁路联运"月度要车计划表，并在规定的时间内，分别向当地的经贸主管部门和铁路局（分局、站）提出下月的要车计划。

4．批计划

国际联运月度要车计划批准后，各发货单位应根据铁路部门的规定，向发站提出旬要车计划，发站于每月开始前将承诺的旬计划通知各发货单位执行。

5．托运和承运

发货人向铁路托运货物时，应做好以下工作：

（1）货物的品质、规格、数量须符合合同的规定；

（2）托运时应认真过磅，仔细查点件数，并将重量和件数正确记载在运单上；

（3）货物的包装应能充分保证防止货物在运送中灭失或损坏，防止毁坏其他货物和运输工具、包装以及伤害人员。

（4）货物标记和表示牌是为运送货物提供方便，便于识别货物，以利于装卸和收货人提货，所以发货人应在货件上做字迹清晰、不易擦掉的标记，或拴挂货签。

（5）货物的声明价格。托运上述以外的货物，根据发货人的要求，也可声明价格。

6．请车和拨车

货物办理完托运和承运手续后，接下来是请车和拨车。由铁路负责装车的货物，请车和拨车均由铁路自行办理。由发货人负责装车时，不论是在车站的货场内装车或是在专用线装车，发货人应按铁路批准的日要车计划，根据货物的性质和交货数量，向车站请拨车辆。发货人要正确合理选择需要的车种和车辆吨位，尽量做到车种适合货种，车吨配合货吨，并在保证货物和车辆安全的前提下，充分利用车辆的载重吨和容积，以提高经济效益。

7．装车发运

货物的装车，应在保证货物和人身安全的前提下，做到快速进行，以缩短装车作业时间，加速车辆周转和货物运送。货物应按铁路规定的时间进站。进站时，发货人应组织专人在车站接货。

货物装车应具备以下 3 个基本条件：

(1) 货物包装完整、清洁、牢固,货物标志、标记清晰完整;
(2) 单证齐全,内容准确、完备;
(3) 车辆的车体完整、清洁,技术状态良好,具备装车的必备条件。

现场监装工作的内容有以下几个方面:
(1) 装车前,检查货位上的货物,复核点数,是否符合装车条件。
(2) 货车调到时,会同铁路货运员检查车辆是否符合装车要求。
(3) 合理装载,装车时对配载货物做到心中有数,计算准确,转载合理,保证货物全部装车。检查货物是否装载恰当,确保货物运输安全。
(4) 装车完毕,检查车辆是否封闭、加固、通风并检查相应的安全措施。
(5) 记录车号,做好发运登记,并在出口货物明细单上填写车号、运单号和装车日期,如实际车数与原单记载有出入,应及时做好修改和更正。
(6) 装车结束后,及时向车站交付运费,取回盖有发站承运戳记的运单副本和运单副本抄件。

8. 重车发运

货物装车完毕后,重车即根据发车计划及时发运。

9. 国境站交接

(1) 国际联运交接所。国际联运交接所简称交接所,它是国境站的下属机构。交接所执行下列任务:

① 办理货物、车辆、运送用具的交接和换装工作;
② 办理各种交接单据、运送票据、商务记录的编制、翻译和交接工作;
③ 计算国际联运货物运到期限、过境铁路运费和国内各项运杂费;
④ 对货物和票据进行检查,处理和解决货物交接中存在的问题和车、货、票、证方面存在的问题。

(2) 海关。海关是代表国家贯彻执行进出口政策、法律、法令,在口岸行使监督管理职权的机关。进出口货物要履行报关手续。

(3) 商品检验所(商检所)。它是负责商品检验工作的国家行政管理机关。进出口货物要按规定办理报验手续。

(4) 动、植物检疫所。它是实施动物、植物检疫的国家行政管理机关。对应实施检疫的商品和运输工具需有国境站动、植物检疫所签发的检疫证件。

(5) 食品卫生检疫所。它是国家实施对食品等进行卫生检验和监督的卫生行政管理机关。负责向发、收货人或其代理人签发"卫生检验报告",对外出具"卫生检验证书"。

(6) 边防检查站。它是公安部下属的国家公安部队,其职责是执行安全保卫工作,负责检验出入国境列车、机车及列车服务人员和随乘人员的进出境证件。

10. 到达取货

货物到达后,到站应通知运单中所记载的收货人领取货物。在收货人付清运单中所载的一切应付运送费用后,铁路须将货物连同运单正本和货物到达通知单交付收货人。收货人须支付运送费用并领取货物。

如果到达国国内有现行规章规定货物的领取可在收货人付清运送费用之前进行,则可按照该规定办理。

收货人只有在货物由于毁损、腐坏或其他原因而发生质量变化,以致部分或全部货物不能按原用途使用时,才可拒绝领取货物。

到站凭运杂费收据收费,运单不能作为收费和报销凭证。到站应在运单"货物交付收货人"栏内加盖本站日期戳,并注明交付时间,以确认货物交付收货人。在交付货物时,到站应要求收货人在运单"货物交付收货人"栏内加盖收货戳记或签字,并填写日期,以确认货物已经领取。

至此联运出口货物完成运输全过程。

三、联运进口货物运输流程

联运进口货物运输与联运出口货物运输在货物与单据的流转程序上基本相同,只是在流转方向上正好相反。

根据《国际铁路货物联运协定》(简称《国际货协》)规定,我国从参加《国际货协》的国家通过铁路联运进口货物,凡国外发货人向其所在国铁路办理托运,一切手续和规定均按《国际货协》和该国国内规章办理。

我国国内有关订货及运输部门对联运进口货物的运输工作,主要包括:联运进口货物在发运前编制运输标志,审核联运进口货物的运输条件,向国境站寄送合同资料,国境站的交接、分拨,进口货物交付给收货人以及运到逾期计算等。

(一) 联运进口货物运输标志的编制

运输标志又称唛头(Mark),一般印制在货物外包装上。我国规定,联运进口货物在订货工作开始前,由商务部统一编制向国外订货的代号,作为收货人的唛头,各进出口公司必须按照统一规定的收货人唛头对外签订合同。

(二) 审核联运进口货物的运输条件

联运进口货物的运输条件是合同不可缺少的重要内容,因此必须认真审核,使之符合国际联运和国内的有关规章。

审核联运进口货物运输条件的内容主要包括收货人唛头是否正确,商品品名是否准确具体,货物的性质和数量是否符合到站的办理种别,包装是否符合有关规定等。

(三) 向国境站寄送合同资料

合同资料是国境站核放货物的重要依据,各进出口公司在贸易合同签字以后,要及时将一份合同中文抄本寄给货物进口口岸的外运分公司。合同资料包括合同的中文抄本和它的附件、补充书、协议书、变更申请书、更改书和有关确认函电等。

(四) 联运进口货物在国境站的交接与分拨

1. 联运进口货物交接的一般程序

联运进口货物的交接程序与出口货物的交接程序基本相同。其做法是:进口国境站根据邻国国境站货物列车的预报和确报,通知交接所及海关做好到达列车的检查准备工作。进口货物列车到达后,铁路会同海关接车,由双方铁路进行票据交接,然后将车辆交接单及随车带交的货运票据呈给交接所。交接所根据交接单办理货物和车辆的现场交接。海关则对货物列车执行实际监管。

我国进口国境站交接所通过内部联合办公,开展单据核放、货物报关和验关工作,然后由铁路负责将货物调往换装线,进行换装作业,并按流向编组向国内发运。

2. 联运进口货物交接中的几个问题

(1) 进口合同资料

进口合同资料是国境站核放货物的唯一依据,也是纠正并处理进口货物在运输中出现错乱的重要资料,口岸外运分公司在收到合同资料后,如发现内容不齐全、有错误、字迹不清,应迅速联系有关进出口公司修改更正。

联运进口货物抵达国境站时,口岸外运分公司根据合同资料对各种货运单证进行审核,只有单、证、票、货完全相符,才可核放货物。

联运进口货物货运事故类型及处理原则如表5-16所示。

表5-16 联运进口货物货运事故类型及处理原则

联运进口货物货运事故类型	合同资料与随车单证不符;单证与货物不符,包括有票无货,有货无票;货物错经国境口岸;货物混装、短装或超过合同规定的数量;货物不符《国际货协》规定,铁路拒收等
处理原则	因铁路过失造成的,联系铁路处理;因发货人过失造成的,根据合同资料和有关规定认真细致地查验货物,确有可靠依据的可予以纠正,否则联系有关公司处理

(2) 联运进口货物变更到站和变更收货人的工作

第一,国际铁路联运货物,根据发货人和收货人的需要,可以提出运输变更。运输变更申请应由发货人或收货人提出。

第二,联运进口货物变更到站、变更收货人时,首先应通过有关进出口公司向国外发货人提出。在国外发货人不同意办理变更时,可向国境站外贸运输机构申请,在国境站办理变更。

第三,联运进口货物变更的受理,应在货物到达国境站前。如由收货人申请变更到站和收货人,则只可在货车开至到达国进口国境站且货物尚未从该站发出时提出变更。

(3) 联运进口货物的分拨与分运

对于小额订货(具有零星分散的特点)、合装货物和混装货物,通常以口岸外运分公司作为收货人。因此,在双方国境站办妥货物交接手续后,口岸外运分公司应及时向铁路提取货物,进行开箱分拨,并按照合同编制有关货运单证,向铁路重新办理托运手续。在分运货物时,必须做到货物包装牢固、单证与货物相符,并办好海关申报手续。

如发现货损货差,属于铁路责任的,必须由铁路出具商务记录。如属发货人责任,由各有关进出口公司向发货人提出赔偿。

(五) 运到逾期

1. 运到期限

铁路承运货物后,应在最短期限内将货物运送至最终到站。货物从发站至到站所允许的最大限度的运送时间,即为货物运到期限。

货物运到期限由发送期间、运送期间以及特殊作业时间三个部分组成。国际铁路联运货物运到期限的计算如表5-17所示。

表 5-17　国际铁路联运货物运到期限的计算

组成部分	计算标准	注意事项
发送期间	不论慢运、快运，随旅客列车挂运的整车或大吨位集装箱、由货物列车挂运的整车或大吨位集装箱以及零担一律为一天（昼夜），由发送站和到达站平分。	(1) 运送超限货物时，运到期限按算出的整天数延长百分之百。 (2) 以上货物运到期限，应从承运货物的次日零时起开始计算，不足一天按一天计算。如承运的货物在发送前需预先保管，运到期限则从货物指定装车的次日零时起开始计算。 (3) 在计算运到期限时，下列时间不计算在内： ① 为履行海关规定和其他规章所需要的滞留时间； ② 非因铁路过失而造成的暂时中断运输的时间； ③ 因变更运送契约而发生的滞留时间； ④ 因检查而发生的滞留时间（即检查货物同运单记载是否相符，或检查按特定条件运送的货物是否采取了预防措施，而在检查中确实发现不符时）； ⑤ 因牲畜饮水、溜放或兽医检查而造成的站内滞留时间； ⑥ 由于发货人的过失而造成多出重量的卸车，货物或其容器、包装的修整以及倒装或整理货物的装载所需的滞留时间； ⑦ 由于发货人或收货的过失而发生的其他滞留时间。
运送期间	按每一参加运送的铁路分别计算： (1) 慢运：整车或大吨位集装箱每 200 运价公里为一天（昼夜），零担每 150 运价公里为一天（昼夜）。 (2) 快运：整车或大吨位集装箱每 320 运价公里为一天（昼夜），零担每 200 运价公里为一天（昼夜）。 (3) 挂旅客列车运送的整车或大吨位集装箱：每 420 运价公里为一天（昼夜）。	
特殊作业时间	在国境站每次换装或更换轮对，或用轮渡运送车辆，不论慢运、快运、整车或大吨位集装箱、零担以及随旅客列车挂运的整车或大吨位集装箱，一律延长两天（昼夜）。	

2. 运到逾期

货物实际运到天数超过规定的运到期限天数，即为该批货物运到逾期。如果货物运期逾期，造成逾期的铁路则应按收取的运费的一定比例向收货人支付逾期罚款。

国际铁路联运逾期罚款的规定及计算方法如表 5-18 所示。

表 5-18　国际铁路联运逾期罚款的规定及计算方法

名　称	计算办法及相关规定
逾期罚款	逾期罚款＝运费×罚款率
逾期百分率	逾期百分率＝$\dfrac{实际运送天数－按规定计算运到期限天数}{按规定计算运到期限天数}×100\%$ 按《国际货协》规定，罚款率为： ① 逾期不超过总运到期限 1/10 时，为运费的 6%； ② 逾期超过总运到期限 1/10，但不超过 2/10 时，为运费的 12%； ③ 逾期超过总运到期限 2/10，但不超过 3/10 时，为运费的 18%； ④ 逾期超过总运到期限 3/10，但不超过 4/10 时，为运费的 24%； ⑤ 逾期超过总运到期限 4/10 时，为运费的 30%。

自铁路通知货物到达和可以将货物移交给收货人处理时起，一昼夜内如收货人未将货物领出，即失去领取运到逾期罚款的权利。

（六）货运事故的处理与赔偿

铁路对承运货物的责任范围

国际铁路联运对承运货物的责任范围分为铁路的责任和不属于铁路的责任两种，如表 5-19 所示。

表 5-19　铁路对承运货物的责任范围

责任范围	相关规定
铁路的责任	按国际货协运单承运货物的铁路,应负责完成货物的全程运送,直到在到站交付货物时为止。如向非国际货协参加路的国家办理货物转发送时,则直到按另一种国际协定的运单办完运送手续时为止。因此,发送路和每一继续运送的铁路,自接收附有运单的货物时起,即认为参加了这项运送契约,并由此承担义务。 参加运送国际联运货物的铁路,从承运货物时起至到站交付货物时为止,对货物运到逾期以及因货物全部或部分灭失、重量不足、毁损、腐坏或其他原因降低质量所发生的损失负责。如由于铁路过失而使发货人或海关在运单上已作记载的添附文件遗失,以及由于铁路过失未能执行运送契约变更申请书,则铁路应对其后果负责。
不属于铁路的责任	如承运的货物发生全部或部分灭失、重量不足、毁损、腐坏或由于其他原因降低质量,则铁路不负责任。这些后果可具体表述为: ① 由于铁路不能预防和不能消除的情况而造成的后果; ② 由于货物在发站承运时质量不符合要求或由于货物的特殊自然性质,以致引起自燃、损坏、生锈、内部腐坏和类似的后果; ③ 由于发货人或收货人的过失或由于其要求而造成的后果; ④ 由于发货人或收货人装车或卸车的原因而造成的后果; ⑤ 由于发送路规章允许使用敞车类货车运送货物而造成的后果; ⑥ 由于发货人或收货人或他们委派的货物押运人未采取保证货物完整的必要措施而造成的后果; ⑦ 由于容器或包装的缺陷,在承运货物时无法从其外表发现可能造成的后果; ⑧ 由于发货人用不正确、不确切或不完全的名称托运不准运送的物品而造成的后果; ⑨ 由于发货人在托运应按特定条件承运的货物时,使用不正确、不确切或不完全的名称,或未遵守《国际货协》的规定而造成的后果; ⑩ 由于《国际货协》规定的标准范围内的货物自然减量,以及由于运送中水分减少,或货物的其他自然性质,以致货物减量超过规定标准。

四、国际铁路货物联运单证

国际铁路货物联运单证主要有国际铁路联运运单和运单的添附文件。

1. 国际铁路联运运单

国际铁路联运运单(INTERNATIONAL THROUGH RAIL WAYBILL),是国际铁路联运的主要运输单据,它是参加联运的发送铁路与发货人之间订立的运输契约,其中规定了参加联运的各国铁路和收、发货人的权利和义务,对收、发货人和铁路都具有法律约束力。该运单从始发站随同货物附送至终点站并交给收货人,它不仅是铁路承运货物出具的凭证,也是铁路同货主交接货物、核收运杂费用和处理索赔与理赔的依据。国际铁路联运运单副本,在铁路加盖承运日期戳记后发还给发货人,它是卖方凭以向银行结算货款的主要单据之一。铁路运单一式五联:

第一联为运单正本,随货走到达终点站时连同第五联和货物一并交给收货人;

第二联为运行单,也随货走,是铁路办理货物交接、清算运费、统计运量和收入的原始伪证,由铁路留存;

第三联为运单副本,由始发站盖章后交发货人凭以办理货款结算和索赔用;

第四联为货物交付单,随货走,由终点站铁路留存;

第五联为到达通知单,由终点站随货物交收货人。

2. 运单的添附文件

我国出口货物必须添附出口货物明细单、出口货物报关单以及出口外汇核销单，另外根据规定和合同的要求还要添附出口许可证、品质证明书、商检证、卫生检疫证、动植物检查以及装箱单、磅码单、化验单、产地证及发运清单等有关单证。

知识点四 水路货物运输基础知识

一、水路货物运输的分类

水路运输有多种分类方法，可以按以下情况分类，具体如表 5-20 所示。

表 5-20 水路货物运输的分类

分类标准	内容
按航行区域分	① 远洋运输：是使用船舶跨大洋的长途运输形式，主要依靠运量大的大型船舶。 ② 沿海运输：是使用船舶通过大陆附近沿海航道运送客货的一种方式，一般使用中、小型船舶。 ③ 内河运输：是使用船舶在陆地内的江、河、湖、川等水道进行运输的一种方式，主要使用中、小型船舶。 ④ 近海运输：是使用船舶通过大陆邻近国家海上航道运送客货的一种运输形式，视航程可使用中型船舶，也可使用小型船舶。
按贸易种类分	包括外贸运输和内贸运输。
按运输对象	包括旅客运输和货物运输（本书特指货物运输）。
按运输工具分	包括船舶运输和排筏运输（包括木排和竹排）。
按船舶营运组织形式分	包括定期船运输（即班轮运输）和不定期船运输（即租船运输）。

二、水路运输运营方式的种类

水路运输的运营方式如表 5-21 所示。

表 5-21 水路运输的运营方式

经营方式	特征
自营	轮船公司本身购买或建筑船舶，自行经营航线业务。通常是规模较大的海运公司，才有能力自营。或者一些大规模的生产企业，为运送本身的货物，而自行购船或租船自行运营。
租船运营	公司本身并无船舶，而以租船的方式，自船东处取得船舶，从事货物船运或转租运营。
委托经营	小型轮船公司将船舶委托给大轮船公司或有经验的代理人代为经营。通常付给代理费、货运佣金或给付代营费作为委托人的报酬，而盈亏仍由船东自行负责。
联合运营	各轮船公司在某一航线组织海运联盟，采取联合运营，同一航线或数条航线的所有货运公平分配装运，或运费收入公平分配，但各个公司仍然保持其独立性。
船务代理	以船东或租船人的名义代办客货招揽、船务代理、装卸货物及进出口手续等，以收取佣金或手续费为报酬的业务为船务代理。
航业经纪	代办各项业务，以收取佣金为报酬，但其经营范围较广，包括船舶买卖、代理船方或货方办理租船业务以及从事海事案件的处理等。

三、定期船运输和不定期船运输

水路货物运输,无论是海洋运输还是内河运输,当前国际上普遍采用的航运经营方式可分为两大类,即定期船运输和不定期船运输。

(一)班轮运输(定期船运输)

1. 班轮运输的概念

班轮运输,又称为定期船运输,它是船舶按照规定的时间表(船期表),在一定的航线上以既定的挂靠港口顺序,定期地从事航线上各港间的船舶运输经营方式。班轮运输是适应批量小,收、发货人(单位)多,市场性强,要求以较高的运输速度和有规律地进行运输工业品、半制成品、生鲜食品以及各种高价值的货物对运输的需要而发展起来的一种经营方式。

班轮运输又可以分为两种形式。一种是定期班轮(即核心班轮)。就是船舶的运输严格按照预先公布的船期表运营,到、离港口的时间是不变的。另一种是定线不定期班轮。它虽有船期表,但船舶到、离港口的时间可以有伸缩性,它有固定的始发港和终点港,而中途的挂靠港则可以根据货源情况有所增加或减少。

2. 班轮运输的条件

组织班轮运输必须具备的条件有:

(1)要有技术性能较高、设备齐全的船舶;

(2)要有技术和业务水平较高的船员;

(3)要有一套适宜于小批量接受货物运输的货运程序。

3. 班轮运输的基本特点

(1)"四固定"是班轮运输的基本特点,即具有固定的航线、固定的港口、固定的船期和相对固定的费率。

(2)承运人与货主之间在货物装船之前不签订运输合同或租船合同,而是在装货之后,由船公司或其代理人签发的记有详细的有关承运人、托运人或收货人的责任、权利和义务条款的提单,并以此为依据处理运输中的有关问题。

(3)除承运批量较大的货物有时根据协议允许托运人在船边交货和收货人在船边提货外,通常都是要求托运人或收货人将货物送至仓库或从仓库提货。

(4)承运人负责包括装货、卸货和理舱作业在内的作业,并负担其全部费用。

(5)班轮运输的优点在于能及时、迅速将货物运至目的地港口,满足各种货物对运输的要求,同时较好地保证货运质量,特别适应零星小批量件杂货运输的需要。

4. 班轮运输各关系方

(1)承运人。承运人是指本人或者委托他人以本人名义与托运人订立海上货物运输合同的人。承运人可以是拥有船舶或经营船舶的船舶所有人,可以是用各种方式租用船舶的承租人(包括光船租船人、定期租船人和航次租船人),也可以是从事货运代理的运输组织者或者是无船承运人。

(2)托运人。托运人包括本人或者委托他人以本人名义或者委托他人为本人与承运人订立海上货物运输合同的人;本人或者委托他人以本人名义或者委托他人为本人将货物交

给与海上货物运输合同有关的承运人的人。前者所指托运人是与承运人订立海上货物运输合同的人,后者所指托运人是将货物交给承运人的发货人。

(3) 收货人。收货人是指有权提取货物的人。提单收货人栏内填明的人就是有权提取货物的人。由于提单的主要功能之一是物权凭证,因此提单可以转让,必须凭提单交付货物。提单收货人栏内填明记名的人,货物只能凭单交付给记名人;收货人栏内未填明人或空白,则货物可凭单交付给任何提单持有人;收货人栏内通常填明"凭指示"或"凭某人指示",则必须经托运人或某人背书后的被背书人持单提货。因此,收货人也可以说是合法的提单持有人。

(4) 船舶代理人。船舶代理是指船舶代理机构或代理人接受船舶所有人(船公司)、船舶经营人、承租人或货主的委托,在授权范围内代表委托人(被代理人)办理与在港船舶有关的业务、提供有关的服务或完成与在港船舶有关的其他经济法律行为的代理行为。而接受委托人的授权,代表委托人办理在港船舶有关业务和服务,并进行与在港船舶有关的其他经济法律行为的法人和公民,则是船舶代理人。一个船舶所有人,无论其资金有多么雄厚,也不可能在自己所拥有或经营的船舶可能停靠的港口普遍设置分支机构。因此,委托当地的代理人代办船舶在港的一切业务,就成为普遍采用的最经济和最有实效的办法。委托船舶代理人可以更有效地安排和处理船舶在港的各项业务,更经济地为船舶提供各项服务,从而加快船舶的周转,降低运输成本,提高船舶的经济效益。

(5) 货运代理人。货物运输代理简称货代,是指货运代理机构或个人接受货主或承运人的委托,在授权范围内,代表货主办理进出口货物的报关、交接、仓储、调拨、检验、包装、租船订舱等项业务,或代表承运人承揽货载的服务行为。从事这些业务,并在提供这类服务后收取佣金的机构或个人就是货运代理人。海上货运代理是随着国际贸易所涉及的国家和地区的不断扩大,海上货物运输量的日益增加而产生和发展的。海上货物运输环节多、业务范围广,任何一个货主或船公司都很难亲自处理好每一环节的具体业务;而且限于人力和物力,也不可能在世界范围广设分支机构。在这种情况下,如果将有关业务委托代理人办理,对货主来说,有利于贸易合同的履行,对承运人来说,则无疑扩大了揽货网络,增加了货源。而货运代理人则通过提供代理服务可获得一定数额的佣金。

(6) 海运经纪人。海运经纪人是以中间人的身份代办洽谈业务,促使交易成交的一种行业。在远洋运输中,有关货物的订舱和揽载,托运和承运,船舶的租赁和买卖等各项业务,虽然常由交易双方直接洽谈,但由海运经纪人作为媒介代办洽谈的作法已成为传统的习惯,尤其是在船舶的租赁和买卖业务的洽谈中都离不开海运经纪人的参与。

(二) 租船运输(不定期船运输)

1. 租船运输的概念和分类

所谓租船运输,又叫不定期船运输。它是相对于班轮运输而言的一种国际航运经营方式。它和班轮运输不同,没有预先制定的船期表、航线,停靠港口也不固定,具有漂泊流浪的特点。船舶的经营是根据船舶所有人与需要船运的货主或代理人双方事先签订租船合同来安排的。租船运输的营运组织工作比较简单,主要按照承租人的要求安排营运。根据承租人要求,分有不同的租船方式,具体如表5-22所示。

表 5-22　租船方式

租船方式	含　义	主要特点
航次租船	又叫程租。它是由船舶所有人提供船舶在指定的港口之间进行二个或几个航次运输承租人指定的货物。如果所租用的船舶方使用来完成几个航次,则称为连续航次租船。	① 船长及船员由船舶所有人指派并听从船舶所有人的指挥; ② 船舶所有人负责船舶的营运; ③ 以出租整船或部分舱位的形式从事货物运输; ④ 按实际装船的货物数量或整船包干计收运费。
定期租船	又叫期租。它是由船舶所有人提供船舶供承租人使用一个时期的租船形式。有关租期的长短,完全由船舶所有人和租船人根据实际情况洽商而定,少则几个月,多则几年或更长的时间。	① 船长和船员由船舶所有人指派,但应听从租船人的指挥; ② 租船人负责船舶的营运; ③ 以出租整船的形式从事货物运输; ④ 租金按船舶载重吨和租期计收。
包运租船（COA合同）	它是由船舶所有人提供给承租人一定的运力(船舶载重吨),在确定的港口之间,在事先约定的时间及约定的航次周期和每航次较均等的货运量完成合同规定的总运量的租船形式。这种形式适合量大的干散货或液体散装货。包运租船的有关费用和风险划分,基本上与航次租船形式相同。因此,国际航运界认为包运租船是航次租船派生出来的一种运输形式。	① 船舶出租年限的长短完全取决于货物的总运量及船舶航次周期所需的时间; ② 包运租船合同中不确定船名和船籍,一般仅规定船级、船龄和技术规范; ③ 船舶所运输的货物,主要是货运量大的干散货或液体散装货; ④ 以每吨货物的运费率作为基础(油船则按 World Scale 计算),运费按船舶实际装运的货物数量计收。
光船租船	也是一种定期租船形式,一般简称为光租。它是由船舶所有人提供没有配备船员的空船给承租人使用一个时期的租船形式。它实际上是属于一种财产租赁的范畴。	船长和全部船员由租船人指派并听从租船人的指挥;船舶所有人不负责船舶的运输,租船人以承运人的身份经营船舶。以整船出租并按船舶的载重吨和租期计算租金;船舶的一切时间损失风险完全由租船人承担,即使在船舶修理期间,租金仍连续计算;从船舶实际交给租船人使用时起,船舶的占有权从船舶所有人转给租船人。
航次期租	是介于期租与航次租船之间的一种混合的或是变形的形式。目前,此种租船形式应用渐趋广泛,尤其是在散杂货的不定期运输方面。	船舶按航次整船租赁,但租金按实际使用天数计算,故又称"日租船"。

2. 租船运输的特点

不同的租船运输方式有不同的特点,总体而言,租船运输的基本特点可以概括为以下几个方面。

（1）它是根据运输合同组织运输的,租赁双方的权利、义务和责任均在合同中规定,以作为处理争端的依据;

（2）运费或租金直接受国际航运市场行情波动影响;

（3）营运中的有关费用开支,取决于不同的租赁方式由船舶所有人和承租人承担,并在合同中订明;

（4）主要适宜于大宗货物运输,如谷物、油类、矿石、煤炭、木材、砂糖、化肥、磷灰土等,它们都是整船装运。

四、租船运输的程序

租船合同的洽订通常情况下是通过租船经纪人进行的。一项租船业务从发出询价到缔结租船合同的全过程称为租船程序(Chartering Procedure，Chartering Process)。通常情况下，租船程序大致经过租船询价、租船要约、租船还价、租船承诺、签订租船合同几个阶段。租船程序的整个过程实际上是船舶出租人和承租人通过经纪人或直接就各自的交易条件向对方进行说明、说服、协商的谈判过程。租船谈判要求当事人具有很强的专业知识，应关注全球政治、经济的变化，对航运市场的变化应非常的敏感，在谈判中要有预见性。

（一）租船询价

租船询价又称租船询盘(Chartering Inquiry)。询盘的目的和作用是让对方知道发盘人的意向和需求的概况，通常是指承租人根据自己对货物运输的需要或对船舶的特殊要求通过租船经纪人在租船市场上发出租用船舶的意向。询价也可以由船舶出租人为承揽货载而首先通过租船经纪人向租船市场发出。当然，询价也可以由船舶出租人或承租人直接发出。具体如表5-23所示。

表5-23 租船询价的主要内容

询价方	租船方式	租船询价的主要内容
承租人	航次租船	① 承租人的名称及营业地点； ② 货物种类、名称、数量、包装形式； ③ 装卸港口或地点名称； ④ 受载期和解约日； ⑤ 装卸时间和装卸费用条件； ⑥ 船舶类型、载重吨； ⑦ 希望采用的租船合同范本。
承租人	定期租船	① 承租人的名称及营业地点； ② 船舶类型、载重吨及特殊要求； ③ 租期和租金； ④ 交/还船地点； ⑤ 航行区域； ⑥ 交船日期和解约日； ⑦ 希望采用的租船合同范本。
出租人	航次租船	① 出租人的名称及营业地点； ② 船舶概况； ③ 装卸港口或地点名称； ④ 受载期和解约日； ⑤ 装卸时间和装卸费用条件； ⑥ 运费率及运费交付条件； ⑦ 希望采用的租船合同范本。
出租人	定期租船	① 出租人的名称及营业地点； ② 船舶概况及航区限制； ③ 租期和租金率； ④ 交/还船地点； ⑤ 交船日期和解约日； ⑥ 租金率及租金支付条件； ⑦ 希望采用的租船合同范本。

上述租船询价内容可以根据实际需要和不同的租船方式等作出一些改变，有时比较简单，有时比较全面。通常情况下，租船询价对于询价人没有法律约束力，从我国《合同法》的

角度上讲,租船询价相当于要约邀请,它是希望他人向自己发出租船要约的意思表示。要约邀请发出后,对于要约邀请人来说是没有法律上的意义的。

（二）租船要约

租船要约(offer)又称租船报价或租船发盘,承租人或船舶出租人围绕租船询价中的内容,就租船涉及的主要条件答复询价方即为租船要约。当船舶出租人从租船经纪人那里得到承租人的询价后,经过成本估算或者比较其他的询价条件,通过租船经纪人向承租人提出自己所能提供的船舶情况和运费率或租金率。

由于要约对于要约人有约束力,实务中往往在租船要约中附带某些保留条件,从而使得租船要约报价按不同的约束力分为绝对发盘和条件发盘两种情形。

1. 绝对发盘

绝对发盘是指具有绝对成交的意图,主要条款明确肯定、完整而无保留,具有法律效力。发盘方不能撤回或更改发盘中的任何条件。绝对发盘时,发盘人一般都规定对方接受并答复的期限。发盘人在期限内不得再向第三方作出相同内容的发盘;接受方要在期限结束前给予明确答复,否则无效。绝对发盘的发出意味着租船业务洽谈进入决定时刻。如果接受发盘方认可发盘中的条件,并在期限内予以同意的答复时,该项租船业务即告成交。如果接受发盘方不接受发盘中的条件,或明确表示不接受发盘中的条件,或在期限内不予答复,该项租船业务即告失败。

2. 条件发盘

条件发盘是指发盘方在发盘中对其内容附带某些"保留条件",所列各项条件仅供双方进行磋商,接受发盘方可对发盘中的条件提出更改建议的发盘方式。由于租船要约对于租船要约人有约束力,为了避免这种约束以及在谈判中掌握主动,租船要约人在实务中往往在租船要约中附带某些保留条件,在保留条件未成交前,条件发盘不构成一项具有约束力的合同,对租船业务谈判双方不具备限制力。

条件发盘中比较常见的保留条件有以下几种:

(1) 以细节内容为条件。以细节内容为条件(Subject to Details)是租船条件发盘中最常用的一种表示方法。基本含义是租约以合同细节谈定为准,谈妥细节是合同成立的先决条件。在主要条款基本达成一致后,如果细节未谈好,合同不成立,当事方就可以不受其约束。根据英国法律,合同是严格的,只有每一个细节都谈妥了,合同才算有效成立。如合同的细节没有谈妥,合同就没有成立。根据美国法律,在主要条款确定的情况下则合同确立,细节不影响合同的成立。

(2) 以发货人接受船舶受载期为条件。以发货人接受船舶受载期为条件(Subject to Stem)是指租约以发货人同意船舶受载期为前提条件。如果发货人认可承租双方约定的船舶受载期并确认接收后,租船合同成立。如果发货人不认可承租双方约定的船舶受载期时,则租船合同不成立。

(3) 以双方签订正式合同文本为条件。以双方签订正式合同文本为条件(Subject to Contract)是指以双方签订正式合同文本作为合同成立的条件,如果没有签订正式的合同文本,即使双方已就各项事宜达成协议,通常也会认为合同还未成立。但只要对方有履约的行为或作出确认该合同的意思表示,就可以认定合同已经成立。

(4) 以船舶未出租为条件。以船舶未出租为条件(subject to open)是指租约的成立以船舶尚未出租给他人为条件，如果发盘被接受时，船舶尚未出租出去，这个接受是有效的，合同成立。如果发盘被接受时，船舶已经出租给他人，这个接受是无效的，合同不成立。

(三) 租船还价

租船还价(counter offer)又称还盘，是接受发盘的一方对发盘中的一些条件提出修改，或提出自己的新条件，并向发盘人提出的过程。还价意味着询价人对报价人报价的拒绝和新的报价开始，我国《合同法》是将还盘认定为一种新要约的行为。因此，报价人对还价人的还价可能全部接受，也可能接受部分还价，对不同意部分提出再还价或新报价。这种对还价条件作出答复或再次作出新的报价被称为返还价或返还盘。

在一笔租船交易中，经过多次还价与返还价，如果双方对租船合同条款的意见一致，一方可以以报实盘的方式要求对方作出是否成交的决定。报实盘时，要列举租船合同中的必要条款，将双方已经同意的条款和尚未最后确定的条件在实盘中加以确定。同时还要在实盘中规定有效期限，要求对方答复是否接受实盘，并在规定的有效期限内作出答复。若在有效期限内未作出答复，所报实盘即告失效。同样，在有效期内，报实盘的一方对报出的实盘是不能撤销或修改的，也不能同时向其他第三方报实盘。

(四) 租船承诺

租船承诺(Acceptance)又称受盘或接受订租，即为明确接受或确认对方所报的各项租船条件。

原则上，接受订租是租船程序的最后阶段，一项租船业务即告成交，至此租船合同成立。

(五) 签订租确认书

租船实务中通常的做法是在达成租船承诺后，当事人之间还要签署一份"订租确认书"(Fix-ture Note)。双方签认的订租确认书实质上就是一份供双方履行的简式的租船合同，订租确认书经当事人双方签署后，各保存一份备查。

正式的租船合同是在合同主要条款被双方接受后开始拟制的。受盘后，双方共同承诺的实盘中的条款已产生约束双方的效力。按照国际惯例，在条件允许的情况下，双方应签署一份"确认备忘书(Fixture Note)"或称"订租确认书"，作为简式的租船合同。订租确认书一般包括以下主要内容：

(1) 订租确认书签订日期；
(2) 船名，或可替代船舶；
(3) 签约双方的名称和地址；
(4) 货物名称和数量；
(5) 装卸港名称及受载期；
(6) 装卸费用负担责任；
(7) 运费或租金率、支付方法；
(8) 有关费用的分担(港口使费、税收等)；
(9) 所采用标准租船合同的名称；
(10) 其他约定特殊事项；

(11) 双方当事人或其代表的签字。

五、水路运输合同

(一) 水路运输合同的种类

与水路运输相关的合同主要有以下几种。

1. 国际海上运输合同

国际海上运输合同主要有海上货物运输协议或总合同、班轮运输合同和航次租船合同三类,具体如表 5-24 所示。

表 5-24 国际海上运输合同

合同类型	含义及相关规定
国际海上运输合同或协议	国际海上运输合同或协议,是指承运人和托运人就在一定时间内运输的货物总吨位,使用的船舶、运价、装运条件、起运港和目的港等达成的协议或订立的货运总合同。为了保证总合同的实施,通常在分批装运时另签发提单,如双方当事人同意,也可以另行订立航次租船合同。此类合同适用于大宗货物运输。相应地在合同项下能保证托运人对舱位的需要,并享受优惠运价。
班轮运输合同	班轮运输合同,又称件杂货运输合同,往往是承运人接受多个托运人的货物,将属于不同托运人的多批货物装载于同一船舶,按规定的船期,在一定的航线上,以规定的港口顺序运输。负责将件杂货由一港运至另一港,而托运人支付运费的协议。这种合同大多是以提单的形式表现和证明的,因此,件杂货运输又被称做提单运输。目前,海运单作为件杂货运输的特别形式,在国际海运实践中已开始为人们所接受。
航次租船合同	航次租船合同,又称航程租船合同或程租合同,即由船舶出租人向承租人提供船舶或者船舶的部分舱位,装运约定的货物,从一港运至另一港,由承租人支付约定的运费的合同。航次租船合同主要用于不定期船运输,船舶出租人和承租人仅为某一特定航次使用船舶签订协议;承租人只要求出租人把货物运至目的港,并不希望占有和控制船舶。
定期租船合同	另一种租船合同是按一定期间由出租人租给承租人使用的定期租船合同。如果承租人以租用的船舶运输自己的货物,或者租期仅为一个航次,或者如果以租用的船舶作为承运人经营班轮,则也是一种货物运输合同。

由于以下几个原因,我们这里不讨论期租合同:第一,除上述情况外,定期租船合同属于财产租赁性质,而不属于货物运输合同;第二,若货运代理人作为承租人以期租船舶承运货物,他就成为承运人,而不再是货运代理人;第三,货主若以期租进行货物运输,需要具备航海知识和货物配载技术,对船舶需要有专人管理等。所以一般情况下,货主不愿采用期租方式租船,货运代理人涉及期租的机会不多。

2. 国内水路货物运输合同

沿海货物运输和内河货物运输统称国内水路货物运输。水路货物运输合同,是指国内沿海港口、沿海与内河港口,以及内河港口之间由承运人收取运费,负责将托运人托运的货物经水路由一港运至另一港的合同。几十年来,我国一直把国际海上货物运输与国内沿海与内河的货物运输区别对待,采用不同于国际海上运输的管理体制,主要表现在国内水路货物运输实行运费统一定价,船舶和货物按计划调配,运输单证采用不可转让的运单制,运单随船而行,不可转让,不能作为跟单信用证的单证,承运人实行完全过失责任制,对船长船员在驾驶和管理船舶上的过失所引起的货物损失承担赔偿责任等。我国《海商法》第二条第二

款规定:"本法第四章海上货物运输合同的规定,不适用于中华人民共和国港口之间的海上货物运输。沿海运输合同适用《中华人民共和国经济合同法》。"我国交通市根据该法规定,经国务院批准制定和发布了《水路货物运输合同实施细则》,自1987年7月1日起施行,并于2011年1月进行了部分修订;1995年9月1日起实施《水路货物运输管理规则》以及2001年1月1日起实施《国内水路货物运输规则》。我国《海商法》第四条还规定:"中华人民共和国港口之间的海上运输和拖航,由悬挂中华人民共和国国旗的船舶经营。但是,法律、行政法规另有规定的除外。"

运单是国内水路货物运输最基本的合同形式。《水路货物运输合同实施细则》规定:"大宗物资运输,可按月签订货物运输合同。对其他按规定必须提送月度托运计划的货物,经托运人和承运人协商同意,可以按月签订货物运输合同或以运单作为运输合同。零星货物运输和计划外整批货物运输,以货物运单作为运输合同。""如承、托运双方当事人无须商定特约事项的,可以用月度托运计划表代替运输合同。""在实际办理承托运手续时,托运人还应向承运人按批提出货物运单,作为运输合同的组成部分。"根据这一规定,水路货物运输形式有两种:一是月度货物运输合同,二是运单。前者适用于计划内大宗物资运输,后者适用于零星货物运输和计划外货物运输。在按月签订货物运输合同的情况下,也必须签发运单,作为运输合同的组成部分。实践中,还有按季度、半年、一年签订的运输合同,也存在航次租船合同形式。

以运单作为运输合同,托运人只需根据货物的基本情况以及承托双方商定的运输条件填写运单,承运人在运单上加盖承运日期戳,运输合同即告成立。运单首先是货物运输合同,赖以确定承托双方的权利义务关系。其次,运单也是承运人接收货物的收据。运单记载的货物数量或重量是承运人接收货物的初步证据,至卸货港发生货物灭失、短少或损坏,承运人应承担赔偿责任,除非承运人能够证明货物的灭失、短少或损坏是由于承运人可以免责的事由造成的。最后,运单还是承运人据以交付货物的主要凭证。承运人在目的港必须核对收货人的身份,将货物交给运单记载的收货人。

从上面的分析,我们可以看出,有的运输方式需要专门签订书面的运输合同,而有的运输方式,可以直接以运单或者提单作为运输合同,规定承运双方的责任。水路货物运输合同如表5-25所示。

表5-25 水运货物运输合同样本

根据经济合同法和××省海上运输管理规定的要求,××(简称甲方)向××交通海运局(简称乙方)计划托运货物,乙方同意承运,特签订本合同,共同遵守,互相制约,具体条款经双方协商如下。
一、运输方法
    乙方调派吨位船舶一艘(船舶吊货设备),应甲方要求由××港运至××港,按现行包船运输规定办理。
二、货物集中
    甲方应按乙方指定时间,将货物于××天内集中于××港,货物集齐后,乙方应在5天内派船装运。
三、装船时间
    甲方联系到达港同意安排卸装后,经乙方落实并准备接收集货(开集日期由乙方指定)。装船作业时间,自船舶抵港已靠好码头时起于××小时内装完货物。
四、运到期限
    船舶自装货完毕办好手续时起于××小时内将货物运到目的港。否则按《水路货运运输规则》第3条规定承担滞延费用。

（续表）

> 五、启航联系
> 　　乙方在船舶装货完毕启航后,即发报通知甲方做好卸货准备。如需领航时亦通知甲方按时派引航员领航,费用由乙方负担。
> 六、卸船时间
> 　　甲方保证乙方船舶抵港锚地,自下锚时起于××小时内将货卸完。否则甲方按超过时间向乙方交付滞延金每吨时 0.075 元/t。在装卸货过程中,因天气影响装卸作业的时间,经甲方与乙方船舶签证,可按实际影响时间扣除。
> 七、运输质量
> 　　乙方装船时,甲方应派员监装,指导工作照章操作,装完船封好舱,甲方可派押运员(免费一人)随船押运。乙方保证原装原运,除因船舶安全条件所发生的损失外,对于运送货物的数量和质量均由甲方自行负责。
> 八、运输费用
> 　　按国家规定水运货物一级运作率以船舶载重吨位计,货物运费××元,空驶费按运费的50%计,全船运费为××元,一次计收。
> 　　港口装船费用,按省港口收费规定有关费率计收。卸船等费用,由甲方直接与到达港办理。
> 九、费用结算
> 　　本合同经双方签字后,甲方应先付给乙方预付运输费用××元。乙方在船舶卸完后,以运输费用凭据与甲方一次结算,多退少补。
> 十、附则
> 　　本合同甲乙双方各执正本一份,副本×份,并向工商行政管理局登记备案,如有未尽事宜,按××省交通厅海上运输管理规定和经济合同法的有关规定协商办理。
> 　　甲方(盖章)　　　　　　　　乙方(盖章)
> 　　代表人：　　　　　　　　　　代表人：
> 　　开户银行：　　　　　　　　　开户银行：
> 　　账号：　　　　　　　　　　　账号：
> 　　　　年　月　日　　　　　　　　年　月　日

（二）货物运输合同的签订

1. 水路货物运输合同,除短途驳运和摆渡零星货物,双方当事人可以即时结清者外,应当采用书面的形式。大宗物资运输,可按月签订货物运输合同。零星货物运输和计划外的整批货物运输,以货物运单作为运输合同。

2. 按月度签订的货物运输合同,经双方在合同上签认后,合同即告成立。如承、托运双方当事人无需商定特约事项的,可以用月度托运计划表代替运输合同,经双方在计划表上签字后,合同即告成立。在实际办理货物承托运手续时,托运人还应向承运人按批提出货物运单,作为运输合同的组成部分。以货物运单作为运输合同的,经承、托运双方商定集中时间、地点,由双方认真验收、交接,并经承运人在托运人提出的货物运单上加盖承运日期戳后,合同即告成立。货物运单的格式,江海干线和跨省运输的由交通主管部门统一规定;省(自治区、直辖市)内运输的由省(自治区、直辖市)交通主管部门统一规定。

3. 按月度签订的货物运输合同,应具备下列基本内容：
（1）货物名称；
（2）托运人和收货人名称；
（3）起运港和到达港,海江河联运货物应载明换装港；
（4）货物重量,按体积计费的货物应载明体积；

(5) 违约责任；

(6) 特约条款。

按月度签订的水路运输合同如表 5-26 所示。

表 5-26 按月度签订的水路货物运输合同

水路货物运输合同（示范文本）

本表经承运人签盖运输合同专用章后，具有月度运输合同效力，有关承运人与托运人、收货人之间的权利、义务关系和责任界限，按《水路货物运输规则》及运杂费用的有关规定办理。

月度运输合同号码：				货物交接清单号码：				编号：			
船名：		航次：		起运港		到达港			约定装船日期：年 月 日		
托运人		全称		收货人	全称			约定运到期限：			
		地址、电话			地址、电话			费用结算方式：			
		银行、账号			银行、账号			应收费用：			
发货符号	货名	件数	包装	价值（元）	托运人确定		承运人确定		运费计算			费目	费率	金额
					重量	体积	重量	体积	等级	费率	金额	运费		
											合计			
											大写			
合计											核算员		收款章	
特约事项											复核员			
装船日期：月 日 时至 月 日 时 运到时间：月 日 时				收货人签章 船舶签章 年 月 日				托运人签章 年 月 日				承运人签章 年 月 日		

（三）货物运输合同的履行

水路货物运输合同的履行包括托运人和承运人应当承担的义务两部分，具体内容如表 5-27 所示。

表 5-27 托运人和承运人应当承担的义务对照表

托运人应当承担的义务	① 托运的货物必须与货物运单记载的品名相符。 ② 在货物运单上准确地填写货物的重量或体积。 ③ 需要包装的货物，必须按照国家或国家主管部门规定的标准包装；没有统一规定包装标准的，应在保证运输安全和货物质量的原则下进行包装。 ④ 正确制作货物的运输标志和必要的指示标志。 ⑤ 在托运货物的同时，按照合同规定的结算方式付清运输费用。 ⑥ 实行保价运输的个人生活用品，应提出货物清单逐项声明价格，并按声明价格支付规定的保价费。 ⑦ 国家规定必须投保的货物，托运人应在托运时投保货物运输险。 ⑧ 按规定必须凭证运输的货物，应当提供有关证件。 ⑨ 按照货物属性或双方商定需要押运的货物，应派人随船押运。 ⑩ 托运危险货物必须按危险货物运输的规定办理，不得匿报品名、隐瞒性质或在普通货物中夹带危险货物。

(续表)

承运人应当承担的义务	① 应按商定的时间和地点调派适航、适载条件的船舶装运,并备妥相应的护货垫、隔物料;但按规定应由托运人自行解决的特殊加固、苫垫材料及所需人工除外。 ② 对承运货物的配积载、运输、装卸、驳运、保管及交接工作,应谨慎处理,按章作业,保证货运质量。 ③ 对经由其他运输工具集中到港的散装运输、不计件数的货物,如具备计量手段的,应对托运人确定的重量进行抽查或复查;如不具备计量手段的,应在保证质量的前提下,负责原来、原转、原交。对按体积计收运输费用的货物,应对托运人确定的体积进行抽查或复查,准确计费。 ④ 对收集的地脚货物,应做到物归原主;对不能分清货主的地脚货物,应按无法交付货物的规定处理。 ⑤ 组织好安全及时运输,保证运到期限。 ⑥ 按照船舶甲板货物运输的规定,谨慎配装甲板货物。 ⑦ 按照规定的航线运输货物,到达后,应由到达港发出到货通知,并负责将货物交付。

(四) 货物运输合同的变更和解除

1. 凡发生下列情况之一者,允许变更或解除月度货物运输合同(水路货物运输变更要求书如表 5-28 所示)。

(1) 订立运输合同所依据的国家计划被变更或取消。
(2) 由于不可抗力使运输合同无法履行。
(3) 合同当事人一方由于关闭、停产、转产而确实无法履行合同。
(4) 由于合同当事人一方违约,使合同履行成为不必要或不可能。
(5) 在不损害国家利益和不影响国家计划的前提下,经当事人双方协商同意。

表 5-28 水路货物运输合同变更要求书

年　月　日

变更事项	到达港(地)		换装港(地)		收货人
原票据记载事项	起运港(地)	托运人	换装港(地)	到达港(地)	收货人
	货名	件数	包装	托运人确定	承运日期
				重量 | 体积	
记事					

提出变更单位:　　　　　　　　　　　　　公章:

注:托运人要求变更到达港、换装港和收货人时,可随附提货凭证及其他有效证件,向到达港或换装港承运人提出,同一运单的货物只能变更一次但不得变更其中一部分。

2. 以货物运单作为运输合同的,允许按下列规定变更或解除运输合同。

(1) 货物发运前,承运人或托运人征得对方同意,可以解除运输合同。承运人提出解除合同的,应退还已收的运输费用,并付给托运人已发生的货物进港短途搬运费用;托运人提出解除合同的,应付给承运人已发生的港口费用和船舶待时费用。

(2) 货物发运后,承运人或托运人征得对方同意,可以变更货物的到达港和收货人。同一运单的货物不得仅变更其中的一部分,并且只能变更一次。对指令性运输计划内的货物要求变更时,除必须征得对方同意外,还必须报下达该计划的主管部门核准。由于航道、船闸障碍、海损事故、自然灾害、执行政府命令或军事行动,货物不能运抵到达港时,承运人可以到就近港口卸货,并及时通知托运人或收货人提出处理意见。合同中订有特约变更条款的,应按双方商定的变更条款办理。

知识点五　水路货物运输作业流程

在水路运输的所有流程中,最复杂的就是杂货班轮货运的业务流程,本知识点将详细介绍杂货班轮运输从装货港到卸货港的所有环节及相关的单证。其他的流程相对都比较简单,可以参考杂货班轮货物运输的流程理解。班轮货运的流程一共有20个步骤,其货运流程如图5-3所示。

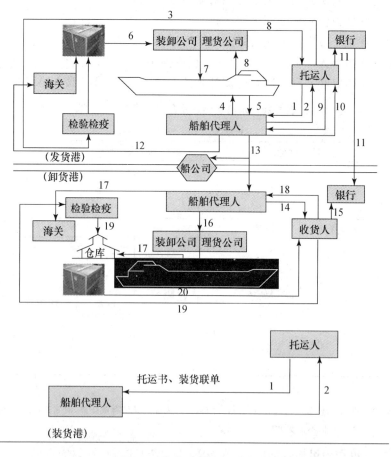

图 5-3　杂货班轮货运流程图

【步骤1】 托运人向船公司在装货港的代理人提交货物装运申请,递交托运单(Booking Note),填写装货联单。

发货人(货主、货运代理)在托运货物时,应按承运人的要求填写货物托运单,以此作为货物托运的书面申请。货物托运单是发货人托运货物的原始依据,也是承运人承运货物的原始凭证。

水路运单是承运人或其代理人在接受发货人或货物托运人的订舱时,根据发货人的口头或书面申请货物托运的情况,据以安排货物运输而制定的单证。该单证一经承运人确认,便作为承、托双方订舱的凭证。运单是运输合同的证明,是承运人已经接收货物的收据。

1. 托运单

托运单(Booking Note;B/N)(国内有时用"委托申请书"代替)是指由托运人根据买卖合同和信用证的有关内容向承运人或其代理人办理货物运输的书面凭证。

海运出口托运单是出口企业向外运公司提供出口货物的必要资料,是外运公司向船公司订舱配载的依据。海运出口托运单一式数份。一般有十联,我们又称之为"十联单"。主要内容有:托运人、目的港、标记及号码、件数、货名、毛净重、尺码、可否转运、可否分批、配货要求等。

第一联由船务代理公司留存。

第二、三联是运费通知。其中一联向出口单位收取运费,另一联外代(或外运)留底。

第四联装货单(Shipping Order;S/O)亦称关单,须经船代理盖章有效。海关完成验关手续后,在装货单上加盖海关放行章,船方能收货装船,并在收货后留存。

第五联收货单(Mate's Receipt)亦称大副收据。在货运单证流转过程中,它与装货单内容相同,形影不离,直到装货完毕后才告分离。收货单经船方大副签收后交货方,凭以向船代理换取装船提单。如果大副在此单上批注货物包装不良、有残损等事项,这些批注将全部转移到提单上,使之成为不清洁提单。不清洁提单将不被银行接受。据此按惯例货方只能出具保函请船代理签发清洁提单而承担其可能产生一切争议的后果。

第六联外运留底。

第七联配舱回单。外运公司订好舱,将船名、关单号填入后退回出口公司。出口公司凭此制作船卡、缮制提单预送外代(外运)公司。待货物装上船,大副收据签发后,外代(外运)即签发正本提单,供结汇用。

第八联是缴纳出口货物港务费申请书。在货进栈时作码头存仓记录,货上船后即凭以收取港务费用。

此外,再附空白格式的两联,由码头作桩脚标记和码头仓库存查之用。以上共为一式十联。水路货物托运单如表 5-29 所示。

表 5-29 水路货物托运单

托运人 Shipper _____	
编号 No. _____	船名 S/S _____
目的港 For _____	

（续表）

标记及号码 Marks & Nos.	件数 Quantity	货名 Description of Goods	重量(Weight Kilos)/kg	
			净 Net	毛 Gross
			运费付款方式 Method of Freight Payment	
共计件数(大写) Total Number of Packages Writing					
运费计算 Freight		尺码 Measurement		
备注 Remarks				
抬头 Order of		可否转船 Whether transshipment allowed		可否分批 Whether partial shipment allowed	
通知 Notice		装期 Period of shipment		效期 Period of validity	提单张数 No of B/L
收货人 Receiver		银行编号 Bank No		信用证号 L/C No.	

制单日期_____年_____月_____日
Date　　　　　year　　　　month　　　　day

2．装货联单

目前我国各个港口使用的装货联单的组成不尽相同，但主要都是由以下各联组成：

（1）托运单（Booking Note，B/N）及其留底（Counterfoil）。

（2）装货单（Shipping Order，S/O），又称下货纸、关单。它是托运人或货代填交船公司或船代，审核盖章后，据以要求船长将货物装船承运的凭证。装货单如表5-30所示。

表5-30　中国外轮代理公司装货单

中国外轮代理公司
CHINA OCEAN SHIPPING AGENCY

装货单
SHIPPING ORDER
S/O No._____

船名　　　　　　　　　　　　　　　　目的港
S/S _____　　　For _____
托运人
Shipper _____

兹将下列完好状况之货物装船后希签署收货单。

Receive on board the undermentioned goods apparent in good order and condition and sign the accompanying receipt for the same.

（续表）

标记及号码 Marks & Nos.	件　数 Quantity	货　名 Description of Goods	毛重/kg Gross Weight in Kilos	
			净 Net	毛 Gross

共计件数（大写）
Total Number of Packages in Writing _____

日期　　　　　　　　　　　　　　时间
Date _____ Time _____

装入何仓
Stowed _____

实收
Received _____

理货员签名　　　　　　　　　　　经办员
Tallied By _____ Approved By _____

（3）收货单（Mate Receipt，M/R），又称大副收据、大副收单。由大副签署给托运人，是用以证明船方已收到货物并装上船的凭证。收货单如表5-31所示。

表5-31　中国外轮代理公司收货单

中国外轮代理公司
CHINA OCEAN SHIPPING AGENCY

收货单
MATE'S RECEIPT
M/R No. _____

托运人
Shipper _____

编号　　　　　　　　　　　　　　船名
No. _____ S/S _____

目的港
For _____

下列完好状况之货物业已收妥无损：
Receive on board the following goods apparent in good order and condition：

标记及号码 Marks & Nos.	件　数 Quantity	货　名 Description of Goods	毛重/kg Gross Weight in Kilos	
			净 Net	毛 Gross

(续表)

共计件数(大写)
Total Number of Packages in Writing _____

日期   时间
Date _____   Time _____

装入何舱
Stowed _____

实收
Received _____

理货员签名   大副
Tallied By _____   Chief Officer _____

【步骤2】 船公司同意后,其代理人指定船名,核对装货单(S/O)与托运单无误后,签发S/O,将留底联留下后退还给托运人,要求其将货物及时送到指定码头。

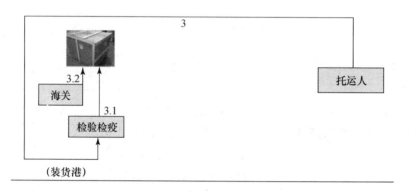

【步骤3】 托运人持S/O及有关单证向海关办理货物出口报关、验货放行手续,海关在S/O上加盖放行章,货物准予装船出口。

托运人必须凭检验检疫机构出具的"出境货物通关单"方可报关。一般报关程序分为申报、查验、缴税、放行四个环节。出口货物先报检,后报关;进口货物先报关,后报检。

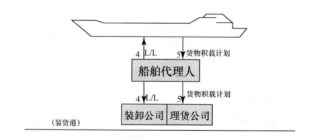

【步骤4】 船公司在装货港的代理人根据留底联编制装货清单(L/L)送船舶及理货公司、装卸公司。

装货清单(Loading List,L/L)如表5-32所示,是根据装货联单中的托运单留底联,将全船待运货物按目的港和货物性质分类,依航次靠港顺序排列编制的装货单的汇总单。装货清单的内容包括船名、装货单编号、件数、包装、货名、毛重、估计立方米及特种货物对运输的要求或注意事项的说明等。

表 5-32 装货清单   船名 页数_____
Loading list of s.s/m.v   S/S Page No.

关单号码 S/O No.	件数及包装 No. of Pkgs	货　　名 Description	重量/t Weight in Metric tons	估计尺寸/m³ Estimated Space in Cu M	备注 Remarks

【步骤 5】 大副根据 L/L 编制货物积载计划交代理人分别送理货、装卸公司等以便按计划装船。

货物积载图——出口货物在货物装船前,必须就货物装船顺序、货物在船上的装载位置等情况做出一个详细的计划,以指导有关方面安排泊位,货物出舱、下驳、搬运等工作。这个计划以一个图表的形式来表示,即用图表的形式表示货物在船舱内的装载情况,使每一票货物都能形象具体地显示其在船舱内的位置,该图表就是通常所称的积载图。

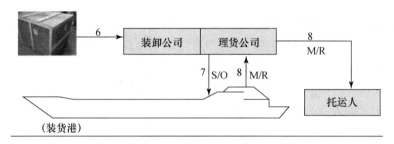

【步骤 6】 托运人将货物送至指定码头的仓库准备装船。

进行装船作业时应当符合以下要求:

1. 装船前,承运人应将船舱清扫干净,检查管系,准备好垫隔物品,港口经营人应准备好保障安全质量的防护措施。

2. 承运人与港口经营人在船边进行货物交接。对于按件承运的货物,港口经营人应为承运人创造计数的条件,工班作业结束后,承运人和港口经营人应办清当班交接手续。

3. 除承运人和港口经营人双方另有协议外,装船时应做到大票分隔、小票集中,每一大票货物应接单装船、一票一清,同一收货人的几票货物应集中在一起装船,每一大票货物或每一收货人的货物,装船开始及终了时,承运人应指导港口作业工作做好垫隔工作。

4. 装船作业时,承运人应派人看舱,指导港口作业人员按计划的装货顺序、部位装舱,堆码整齐。

5. 港口经营人应在每一票货物装完时,检查库场、舱口、作业线路有无漏装、掉件,发现漏装及时补装,发现掉件及时拣归原批。

6. 装船作业时,港口经营者要严格遵守操作规章和流程以及货运质量标准,合理使用装卸工具,轻搬轻放。做到不倒关、不浠舱、破包不装船、重不压轻、木箱不压纸箱、箭头向上、堆码整齐。散装货物应按承运人要求平舱。

7. 计划配装的货物,如因故必须退装时,按下列规定办理:

(1) 必须按运单、货名、件数退装,不得将几张运单的货物,不分货名、合并笼统退装若干件数;

(2) 一张运单的货物全部退装,应将运单抽出,并在货物交接清单内划去;

(3) 一张运单的货物退装一部分时,应将退装的件数、吨数,按运单、货名编制货运记录,并在货物交接清单内注明实装件数、吨数;退装货物另行装船,由造成退装的责任方会同托运人进行处理。

8. 货物装船时,如发生实装数量与运单记载数量不符时,承运人与港口经营人编制货运记录,港口经营人事后发现货物漏装,应另行办理托运手续,费用由责任方承担;并在运单特约事项中注明原承运船舶的船名、航次、原运单号码、原发货件数和重量等。

9. 装船完毕,通过港口库场装船的货物,由承运人和港站经营人在货物交接清单上签章;船边直接装船的货物,由承运人和托运人在货物交接清单上签章。未办妥交接手续,船舶不得开航。

10. 货运记录编制和事故处理。货运记录和普通记录的编制,按《水路货物运输规则》办理。编制记录要认真、准确、客观地反映真实情况,以便作为处理事故,查询货物的依据。编制记录应遵守下列规定:

(1) 在交接或交付货物的当时编制,任何一方不得拒编,也不得事后要求补编;

(2) 记录内各栏应逐项填写清楚,如有更改应由交接双方在更改处盖章;

(3) 一张运单或作业委托单有数种品名时,应分别写明情况;

(4) 内容应如实填写,不得凭想象或假设,不得用揣测、笼统的词句。情况要记录详细。

水运货运记录如表 5-33 所示。

表 5-33　水路货运记录

编号:

交货方:			接货方:	
运/提单号码:	作业合同号码:		船名:	航次:
交接时间:	交接地点:		车号:	
起运港:	中转港:		到达港:	
货物名称:	包装方法:		识别标志:	集装箱号:
记录内容:				

交货方(签章)　　　　　　　　　　　　　　　　　接货方(签章)

年　月　日　　　　　　　　　　　　　　　　　　年　月　日

【步骤7】 货物装船后,理货长将 S/O 交大副,大副核实无误后留下 S/O,签发收货单(M/R)。

【步骤8】 理货长将 M/R 转交给托运人。

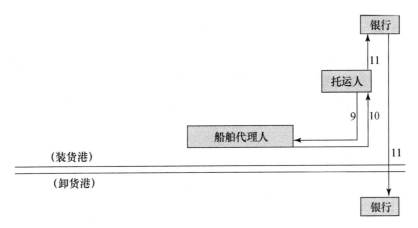

【步骤9】 托运人持 M/R 到船公司在装货港的代理人处付清运费换取已装船提单(B/L)正本。

(一) 提单

提单(Bill of Lading,简称 B/L)是货物的承运人或其代理人收到货物后,签发给托运人的一种证件。提单说明了货物运输有关当事人,如承运人、托运人和收货人之间的权利与义务。提单的合法持有人就是货物的主人,因此提单是各项货运单据中最重要的单据。

1. 提单的作用

提单的作用主要有三个方面:

(1) 提单是承运人或其代理人签发的货物收据(Receipt for the Goods),证明承运人已按提单所列内容收到货物。

(2) 提单是一种货物所有权的凭证(Documents of Title)。提单的合法持有人凭提单可在目的港向轮船公司提取货物,也可以在载货船舶到达目的港之前,通过转让提单而转移货物所有权,或凭以向银行办理抵押贷款。

(3) 提单是托运人与承运人之间所订立的运输契约的证明(Evidence of Contract of Carrier),是承运人与托运人处理双方在运输中的权利和义务问题的主要依据。另外,提单还可作为收取运费的证明,以及在运输过程中起到办理货物的装卸、发运和交付等方面的作用。

2. 提单的种类

提单的种类如表 5-34 所示。

表 5-34 提单的分类

分类标准		类型及特点
根据货物是否装船分类	已装提单	是指承运人已将货物装上指定的船只后签发的提单。这种提单的特点是提单上面有载货船舶名称和装货日期。在国际贸易中,一般都必须是已装船提单。
	备运提单	是指承运人收到托运人的货物待装船其间,签发给托运人的提单。这种提单上面没有装船日期,也无载货的具体船名。《跟单信用证统一惯例》规定,在信用证无特殊规定的情况下,要求卖方必须提供已装船提单,银行一般不接受备运提单。

(续表)

分类标准		类型及特点
根据货物表面状况有无不良批注分类	清洁提单	是指货物装船时，表面状况良好，承运人在签发提单时未加上任何货损、包装不良或其他有碍结汇批注的提单。
	不清洁提单	是指承运人收到货物之后，在提单上加注了货物外表状况不良或货物存在缺陷或包装破损的提单。 但须说明的是，并不是所有经批注的提单即为不清洁提单。国际航运公会于1951年规定下列三种内容的批注不能视为不清洁：第一，没有说明货物或包装不能令人满意，只是批注"旧包装"、"旧箱"、"旧桶"等；第二，强调承运人对于货物或包装性质所引起的风险不负责任；第三，否认承运人知悉货物内容、重量、容积、质量或技术规格。这三项内容已被大多数国家和船运组织所接受。
根据收货人抬头分类	记名提单	又称收货人抬头提单，它是指在提单的收货人栏内，具体写明了收货人的名称。由于这种提单只能由提单内指定的收货人提货，不能转让，记名提单虽避免了提单转让过程中可能带来的风险，使货物始终控制在货主手中，但也失去其代表货物转让流通的便利。同时，银行也不愿意接受记名提单作为议付的证件。由于这些原因，记名提单在国际贸易业务中很少使用，一般只有在运送价值较高的货物、展览品及援外物资时方才使用。
	不记名提单	又称空白提单，是指在提单收货人栏内不填明具体的收货人或指示人的名称而留空的提单。不记名提单的转让不须经任何背书手续，提单持有人仅凭提单交付即可提货。这种提单的转让或提货手续比较简便，但一旦遗失或被盗，货物也容易被人提走，即使货物未被提走，提单被转让到了第三者手里，也会引起纠纷。因此，这种提单在国际贸易中很少应用。
	指示提单	是在提单收货人栏中填"凭指示"（To order）。有的信用证要求填"凭×××的指示"或凭发货人指示，也属于指示提单。
按运输过程中是否转船分类	直达提单	货物从装运港装船后，中途不经换船而直接驶达目的港卸货，按照这种条件所签发的提单，称为直达提单或直运提单。在国际贸易中，信用证如规定货物不准转船，卖方就必须取得承运人签发的直达提单，银行才接受办理议付货款。
	转船提单	船舶从装运港装货后，不直接驶往目的港而在中途的港口换船把货物转往目的港。凡按此条件签发的包括运输全程的提单，称为"转船提单"。转船提单内一般注有"在××港转船"字样。由于货物在中途港转船，对进口人来讲，不仅会增加货物受损或其他风险，而且还因为等候换装船延误到货时间。所以买方通常争取直达运输，并在信用证内明确规定不许转船。但碍于运输的条件所限，有时转船也许会使货物更快驶达目的港。在这种情况下，买卖双方约定也可以使用"转船提单"。
	联运提单	须经两种或两种以上的运输方式（如海陆、海河、海空等）联合运输的货物，托运人在办理托运手续并交纳全程运费之后，由第一程承运人所签发的，包括运输全程并能凭以在目的港提取货物的提单，称为联运提单。采用这种提单时，如同采用转船提单一样，货物在运输途中的转换交通工具和交换工作，均由第一程承运人或其代理人负责向下段航程承运人办理，托运人不须自己办理。联运提单和转船提单虽然包括全程运输，但签发提单的承运人或其代理人，一般都在提单条款中规定：只担负货物在他负责运输的一段航程内所发生的损失责任，货物从他所有的运输工具卸下后，他的责任即告终止。

(续表)

分类标准		类型及特点
按提单内容的繁简分类	全式提单	亦称繁式提单,它是指通常应用的,既有正面内容又在提单背面列有承运人和托运人的权利、义务等详细条款的提单。
	略式提单	亦称简式提单,它是仅保留全式提单正面的必要项目,如船名、货名、标志、件数、重量或体积、装运港、目的港、托运人名称等记载,而略去提单背面全部条款的提单。
按提单签发时间为标准分类	过期提单	是指卖方向当地银行交单结汇的日期与装船开航的日期相距太久,以致银行按正常邮程寄单预计收货人不能在船到达目的港前收到的提单。
	倒签提单	指承运人应托运人的要求,签发提单的日期早于实际装船日期的提单,以符合信用证对装船日期的规定,便于在该信用证下结汇。装船日期的确定,主要是通过提单的签发日期证明的。在出口业务中,有时在信用证即将到期或不能按期装船时,为了不影响结汇,托运人只好采用倒签提单。当然根据国际贸易惯例,错填提单,是一种欺骗行为,是违法的。因此应尽量避免使用倒签提单。
	顺签提单	指在货物装船完毕后,承运人或其代理人应托运人的要求而签发的提单,但是该提单上记载的签发日期晚于货物实际装船完毕的日期。即托运人从承运人处得到的以晚于货物实际装船完毕的日期作为提单签发日期的提单。
	预借提单	又称无货提单,是指因信用证规定装运日期和议付日期已到,货物因故而未能及时装船,但已被承运人接管,或已经开装而未装毕,由托运人出具保函,要求承运人签发已装船提单。预借提单和倒签提单同属一种性质,一般都是出口公司出于无奈和应急时而采用的办法,为了防止意外,最好避免使用这两种提单。

3. 提单的内容

提单是托运人与承运人之间运输协议的证明,又是可以转让物权的证件,因此提单的内容涉及托运人、承运人、收货人或提单持有人等多方面关系人的权益和责任。提单的内容一般有正面和背面,具体如表5-35所示。

表5-35 提单的正面条款和背面条款

提单的正面条款	必要记载事项	① 货物的品名、标志、包数或者件数、重量或者体积,以及运输危险货物时对危险性质的说明; ② 承运人的名称和主营业所; ③ 船舶名称; ④ 托运人的名称、收货人的名称; ⑤ 装货港和在装货港接收货物的日期; ⑥ 卸货港; ⑦ 多式联运提单增列接收货物地点和交付货物地点; ⑧ 提单的签发日期、地点和份数; ⑨ 运费的支付; ⑩ 承运人或者其代表的签字。
	一般记载事项	提单的正面内容除必要记载事项外,还有一些以打印、手写或印章形式记载的事项,其内容一般不影响提单的法律效力,这是因承运人在业务上的需要,或为了进一步明确区分承运人与托运人之间的责任,或为了减轻或免除承运人的责任而加注的内容

(续表)

提单的 背面条款	提单背面的条款，作为承托双方权利义务的依据，多则三十余条，少则也有二十几条，这些条款一般分为强制性条款和任意性条款两类。强制性条款的内容不能违反有关国家的法律和国际公约、港口惯例的规定。 除强制性条款外，提单背面任意性条款，即上述法规、国际公约没有明确规定的，允许承运人自行拟定的条款，和承运人以另条印刷、刻制印章或打字、手写的形式在提单背面加列的条款，这些条款适用于某些特定港口或特种货物，或托运人要求加列的条款。所有这些条款都是表明承运人与托运人、收货人或提单持有人之间承运货物的权利、义务、责任与免责的条款，是解决他们之间争议的依据。虽然各种提单背面条款多少不一，内容不尽相同，但通常都有下列主要条款：定义条款，首要条款，管辖权条款，承运人责任条款，承运人的责任期间条款，装货、卸货和交货条款，运费和其他费用，自由转船条款，选港条款，赔偿责任限额条款，危险货物条款，舱面货条款等。

4. 提单的业务

(1) 提单的审核

提单是班轮运输中的重要单据，它不仅是运输合同的证明或是运输合同、货物收据、物权凭证，而且提单填写正确与否，既关系到货方的利益，又关系到船公司的信誉。因此所签发的提单必须清洁、完整、正确。所载项目必须齐全。因此，签单前的审核工作十分重要，应避免差错，尽可能把存在的差错消灭于提单签发之前。审核提单的注意事项如表5-36所示。

表5-36 审核提单的注意事项

注意事项	含　义
清洁	提单必须保证清洁，清洁才能保证正确。正本提单不能受沾污，即使是小小的笔痕也应避免。每套提单其正本上不得超过两个需更正的差错。而且唛头、件数、包装（包括大写一栏）绝对不能更改，一旦上列项目有差错应重制提单。
完整	填制在提单上的每个项目必须完整。特别是提单关系人（包括托运人、收货人、通知人）和联系方法要清楚；船名、航次、航向要明白；装卸港口要具体，最好标注国家名；唛头一栏一行要齐全，多个唛头要全部列在提单上；件数一栏必须有总数；重量、体积一栏要列明计量单位，如千克(kg)、立方米(m^3)；其他特殊条款要求列在提单上的，也必须清楚列明。
正确	① 提单上的每个词必须拼法准确，不准缩写（唛头上缩写和重量、体积除外）； ② 货名必须按商品名称分别列名，不能统称"杂货"、"易碎品"、"纺织品"、"电器"等； ③ 包装要按实际包装填写，如纸箱、木箱、小木箱、铁桶、纸桶、包、捆、坛等。 ④ 散装货，如粮食、矿砂等在包装件数一栏内应注明"散装"字样。

(2) 提单的签发

提单由承运人、船长或他们授权的代理人签发。签单时，除在承运人盖章一栏内签字或盖章外，如果是"贴唛提单"，应在所贴唛头与提单之间加盖章，以证明所贴上的唛头是承运人承认的，与货物唛头是一致的，而不是伪造的。也可避免日后将原唛头撕去，贴上其他唛头。如果有批注，也应在批注的文字上加盖章，以防篡改。

承运人签单的凭证是大副收据。其批注也是从大副收据上转移到提单上的。因此，签单时应认明提单上的批注是与大副收据上的一致。

如果提单上注有"On Board"字样，也应在上面加盖章，表明承运人已确认货物已装上船。

如果提单有更正的痕迹,须在更正处加盖更正章。

(3) 提单的签发日期

提单的签发日期,应该是提单上所列货物实际装船完毕的日期,其依据应该是由大副签发的收货单上的日期,即与收货单的签发日期一致。提单的日期有严格的规定:班轮运输中,已装船提单上的日期必须是实际收货日期,收讫待运提单上的日期必须是承运人接管货物的日期,如果违反这一规定,不论提前还是推迟,都会产生运输上提单当事人之间的责任和法律问题,特别是承运人,他必须对这种违背事实的行为负责。

装船期一般是信用证或合同规定的最后装船日期。在实际工作中有以下两种情况:一种是规定一个最后日期,如不迟于 12 月 20 日;第二种是规定一个时间,如 3 月 10 日至 20 日,8 月间等。提单是结汇时的必需单据。结汇时,特别是跟单信用证结汇时,银行要求所提供的单证必须是一致的,即单单相符,单证一致。因此提单上的日期必须是装期一致或先于装期。只有这样才能保证安全结汇。

但是,实际工作中往往出现不尽如人意的情况,如由于自然原因或船舶本身的原因,承载船舶不能按时抵港受载;或由于货源没有及时备妥;或由于码头拥挤不能及时装船等造成货物装上船的日期迟于信用证或合同规定的装船期。在这种情况下,如果提单日期仍是货物实际装上船的日期,势必会影响发货人安全结汇。为了发货人能安全结汇,使之利益不受损失,承运人在签发装船提单时,必须按照订舱单的装船期签发提单,即把提单日期提前到信用证或合同规定的日期。这种行为也称为"倒签提单"。但要有前面所述的防范风险措施才能签单。

(4) 提单的份数

提单有正本提单和副本提单之分。副本提单只用于日常业务,不具有法律效力。为了防止提单遗失、被窃或者在传递过程中发生意外事故造成灭失,各国海商法和航运习惯都允许签发数份正本提单,并且各份正本提单都具有同等效力,但以其中一份提货后,其余各份自动失效。

(5) 提单的背书转让

背书(Endorsement)是指转让人在提单的背面写明受让人或不写明受让人,并签名的转让手续。按照背书的方法区分,背书有记名背书、指示背书和空白背书等方式。提单的背书转让如表 5-37 所示。

表 5-37 提单的背书转让

背书方式	特　　点	转让规定
记名背书	是背书人(转让人)在提单背面写明被背书人(受让人)的姓名,并由背书人签名的背书形式。	① 不记名提单不需要背书即可转让。转让时,只需转让提单,不需要进行背书。 ② 记名提单一般是不能转让的。但是,如果经过一定的法律手续而允许转让时,应以提单正面指明的收货人为第一背书人。 ③ 采用指示背书的背书形式时,必须连续背书才能连续转让。而采用空白背书的背书形式时,则不需要连续背书即可转让。
指示背书	是指背书人在提单背面并不写明特定受让人,而是写明"×××指示"字样,并由背书人签名的背书形式。	
空白背书	是指在提单被书中不记载任何受让人,只由背书人签名的背书形式。	

(二)水运运费概述

1. 海运运价和运费的概念

航运企业在海上运输货物过程中,要利用船舶载货而发生诸如船员工资、伙食、燃油、润滑油、物料、港口使费、修理、保险、管理费等营运支出,为了维持生产和扩大再生产而提取折旧费和一定的利润,以及营业税等。航运企业(承运人)向托运人(货主)收取的运输劳务费,叫做"运费",而计算运费的单位价格,叫做运价。这种运价有叫做远洋运价的,也有叫做国际航运价格。

2. 水运运费的支付方式

(1)预付方式。这是普遍采用的一种运费支付方式。这是因为当前国际贸易中,一般均采用 CIF 或 C&F 价格条件,在签发提单前由卖方在装货港支付运费可以使交易双方尽早结汇,更为方便。特别是承运舱面货、冷藏货、散装油、散装胶浆、活牲畜、鲜货、行李、家具以及易腐物品等货物,都规定运费必须预付。

(2)到付运费。这种支付方式,使承运人要承担一定风险。尽管提单中订有关于不论是预付运费或到付运费,也不论在任何情况下,承运人都有权要求全额运费的规定。但是如果货物灭失,再想追回运费,是很困难的。

在国际贸易中,如果所采用的国际贸易术语不一样,承运双方的责任和风险差别也比较大。在确定水运运费的时候,要和相关的国际贸易术语结合起来,确定运费的支付方式。

3. 计费币种

通常是按自由外汇作为计费币种,即美元为币种。而且按签发提单当天的汇率计算,而在到付的情况下,则按船舶到达卸货港当天的汇率计算,从而避免因汇率变动而影响船公司的收入。

4. 水运运价的种类

国际航运运价,大体上分班轮运价和租船运价两种。集装箱运价从属于班轮运价范畴。

(三)班轮运费

1. 班轮运价的特点

班轮运价的特点与班轮运输的特点相一致的。它主要反映在以下几个方面:

(1)班轮运输成本较高,因而班轮运价水平也高;

(2)班轮运输的货物对运费的负担能力较强;

(3)班轮运价相对较稳定,在短期内不变动;

(4)班轮运输是一种垄断价格;

(5)班轮运价的制定是在运输成本的基础上实行高值货物高运价,低值货物低运价的政策。

2. 班轮运价种类

班轮运价的分类如表 5-38 所示。

表 5-38　班轮运价的分类

划分标准	类　型	
根据运价的制定者划分	班轮公会运价	由公会制定,公司调整或修改,公司成员只是执行。这种运价水平高,是一种垄断性的运价。
	班轮公司运价	它是由公司自己制定并调整的运价,虽然货方可以对此运价提出意见,但解释权和决定权属于公司。
	双边定价	是由船货双方共同商议制定,共同遵守。价格的调整、修改单方无权改变。
	货方运价	是货方定价,船方遵守,但对运价的调整与修改要在与船方协商的基础上进行,而货方却拥有较大的决定权,这种定价一般是大货主常年向船方提供货源。
根据运输形式划分	① 单项费率运价;② 等级运价;③ 航线运价。	

3. 班轮运费的有关名词

(1) 基本费率(Basic Rate)。是指每一记费单位(如一运费吨)货物收取的基本运费。基本费率有等级费率、货种费率、从价费率、特殊费率和均一费率之分。班轮运费是由基本运费和附加费两部分组成。

(2) 附加费(Surcharges)。为了保持在一定时期内基本费率的稳定,又能正确反映出各港的各种货物的航运成本,班轮公司在基本费率之外,又规定了各种费用。常见的附加费如表 5-39 所示。

表 5-39　班轮运费附加费

名　称	含　义
燃油附加费	由于国际市场燃油价格猛增,超过了船公司核定成本中燃油费的比例,为弥补这部分额外开支,船公司向所承运货物的发货人或收货人加收运价若干百分比例的燃油附加费。这种附加费一般由船公司或运输公会计定。 燃油附加费除从价货物及第三程周转的转船附加费外,均应加收。
货币附加费	国际金融市场变化无常,因货币贬值使实际收入减少,为弥补这部分损失,船方向托运人加收货币贬值附加费。货币贬值附加费是依据当时一段时间内货币兑换情况而制定的。
港口附加费	由于有些港口费用高,或由于有些港口装卸效率低而使船舶留港时间长,班轮公司为此增加了成本,就用加收港口附加费的办法来弥补这一损失。
转船附加费	班轮一般不直接停靠非基本港。对去非基本港的货物,班轮公司可以通过转船运至目的港。为此,班轮公司的货方加收转船附加费。转船附加费有的规定为绝对金额,有的按运费的百分比加收,其中包括转船费和二程运费。
拥挤附加费	某些港口泊位少,船只抵港后不能马上作业,为弥补船公司船舶待泊而造成的损失,船公司加收拥挤附加费。拥挤附加费按港口拥挤情况确定,随拥挤程度的变化而调整。如港口恢复正常,拥挤附加费可以取消。拥挤附加费随预付运费在装货港收取,收取后,不论卸货港拥挤情况如何,已收的拥挤费不补退。
超长、超重和超大附加费	一件货物的毛重或长度达到或超过一定的重量或长度时,该货物就被视为超重或超长,其限度视各国各港的设备而定。

(续表)

名称	含义
直航附加费	在某一航线上,运往某一非基本港的货物达到一定的量,班轮公司可以考虑安排航船直挂该港,并加收直航附加费。在这种情况下,即使班轮不直航而安排转航,也仅加收直航附加费,而不收转航附加费。
选港附加费	有时由于贸易上的需要,货方在托运时目的港仍未确定,或仅确定在一定的区域内,托运人可以在班轮当航次停靠港中,提出一个以上的卸港待选择。有时出于贸易需要,成交合同中订明若干个目的港作选择,班轮公司承运这种货物时,要向货方加收选港附加费,而且这种选择,货方必须在船舶抵达第一卸港48小时前,向船方代理宣布,否则船公司可以按船舶靠港顺序在第一个选卸港或任何一个船方认为方便的选卸港卸货,班轮公司的责任即告终止。
变更卸货港附加费	船舶离开装货港后,全套提单持有人提出要求,经过班轮公司同意,可以变更卸货港,但要向货方收取变更卸货港附加费按货物的每计费吨计收。变更卸货港后的运费,如属于延长运距,要加收延长运距的运费;如是缩短了运距,其原来运费不退。
冰冻附加费	为了保护船舶受流冰损坏和清除船上冰雪所发生的费用。
绕航附加费	由于战争等原因使正常航线不能航行,需要绕道航行,因而增加了开支,班轮公司为此而加收绕航附加费。
洗舱费	承运散装液体货物(如油类、胶浆、酒精等),为了保证货物重量,避免被污染变质,装货前对油轮必须进行清洗。因此,航方需向货方收取洗舱费。
苏伊士运河附加费	随运河费用的调整,额外战争险取消,这个附加费并入了基本费率或者取消。

4. 班轮运费的计费标准

运费计算标准(Basis/Unit for Freight Calculation):通常有按货物重量;按货物尺码或体积;按货物重量或尺码,选择其中收取运费较高者计算运费;按货物FOB价收取一定百分比作为运费,称为从价运费;按每件为一单位计收;由船货双方临时议定价格收取运费,称为议价。在集装箱运输中,又有按每一个集装箱计算收取运费的计费标准。

5. 班轮运费的计算步骤

(1) 选择相关的运价本;

(2) 根据货物名称,在货物分级表中查到运费计算标准(Basis)和等级(Class);

(3) 在等级费率表的基本费率部分,找到相应的航线、启运港、目的港,按等级查到基本运价。

(4) 再从附加费部分查出所有应收(付)的附加费项目和数额(或百分比)及货币种类;

(5) 根据基本运价和附加费算出实际运价;

(6) 运费=运价×吨运费。

6. 关于班轮运费的有关规定条款

(1) 运费支付条款。主要有预付运费、到付运费和第三地付费条款。

(2) 支付币种。通常国际航运的支付币种以美金为主,但有些船公司也接受当地的地方币种,兑换率以船公司的财务兑换率为准。

(3) 费率变更。班轮公司有权随时颁发有关费率调整、增减费率、变更计算标准或商品等级改动等的通知。根据目前的通用做法,如属调高应事先通知,一般是提前1~2个月通知,降低不受此限。

(4)意外条款。在班轮运价表上的意外条款是:不论有过正式的或临时的报价或订舱或签订本合同,在发生下列情况下,班轮公司可以不以事先通知提高费率及附加费、增列附加费或取消舱位预约:

① 任何战争的迫近或存在、法令的强制执行、承运人认为会干扰或可能干扰其正常履行义务的任何政府采取的任何措施;

② 货币兑换率的变化;

③ 装卸港的拥挤;

④ 燃油价格的上涨;

⑤ 苏伊士运河的通道关闭或受到威胁。

(5)运费更正。有些船公司对运费更正的时间和地点做了相应的限制。

(6)责任限额。即货物丢失、损坏等赔偿的限额。

(7)超限额提单责任条款。托运贵重货物(包括从货价在内),如要求承运人承担起超过提单规定的限额责任时,托运人须事先书面提出,除付规定运费外,并加付全部货物价值百分之几的附加费。这样,一旦货物全部或部分丢失或损坏,货方可按申报的货价获得全部或部分货物的赔偿,不受提单最高赔偿限额的限制。

(8)回运货物。如果退运货物由原船公司承运,通常船公司会对这部分退运货物采用优惠运价。

(9)免费样品。对于承运的某些特殊货物,如展品、样品等,由于往往要船公司原船再带回起运地,船公司往往也会对这部分货物采取优惠运价。

(10)包裹承运条款。有些班轮公司规定凡不超过 0.1 m^3,或 50 kg 或价值不超过 50 美元的货物,可作包裹托运,并按较便宜的包裹运价计费。托运人需在装船前宣布包裹价值,只签发一张正本记名提单,不发指示提单(Order B/L),承运人对其在运输途中发生的损坏或丢失不负赔偿责任。

(11)运价登记制度。根据美国《1916 年航运法》,营运于美国航线的班轮公司(在美国被称为公共承运人),必须将运价包括费率、规定和条款及提单样本向美国联邦海事委员会(FMC)登记,登记的费率在登记后方可生效。如果 FMC 认为登记的费率或经营做法不公平合理,对美国外贸运输构成不利条件,FMC 可以停止所登记的运价表或其中的费率。

(12)运费回扣。这是承运人根据客户的实际出货情况进行的一种运费返还行为。它主要分为延期回扣和货量回扣。延期回扣是指托运人将全部货物交由承运人运输,承运人定期按托运人前段规定期限内所付运费额,付给托运人一定的回扣,如果托运人在一定期限内未将所有货物交承运人承运,延期回扣便自动取消。货量回扣是指每票提单货量达到一定数量时,承运人给托运人一定回扣。

(13)佣金。它是承运人付给货方或揽货订舱人的一种劳务费,作为劳务的代价。

(四)集装箱海运运费

1. 集装箱运价种类

集装箱运价包括标准集装箱运价、非标准集装箱运价、特种箱运价,具体见表 5-40。

表 5-40 集装箱运价种类

集装箱运价	特 征
标准集装箱运价	标准集装箱重箱运价按照不同规格的箱型的基本运价执行,标准集装箱空箱运价是在标准集装箱重箱运价的基础上减成计算。

(续表)

集装箱运价	特 征
非标准箱运价	非标准箱重箱运价按照不同规格的箱型,在标准集装箱基本运价的基础上加成计算,非标准集装箱空箱运价在非标准集装箱重箱运价的基础上减成计算。
特种箱运价	特种箱运价在箱型基本运价的基础上按装载不同特种货物的加成幅度加成计算。

2. 与海运集装箱运输相关的概念

海运集装箱运输相关的概念如表 5-41 所示。

表 5-41　与海运集装箱运输相关的概念

名　称	种　类	含　义
件杂货基本费率加附加费	基本费率	参照传统件杂货运价,以运费吨为计算单位,多数航线上采用等级费率。
	附加费	除传统杂货所收的常规附加费外,还要加收一些与集装箱货物运输有关的附加费。
包箱费率	FAK 包箱费率	FAK 包箱费率(Freight for All Kinds)——即对每一集装箱不细分箱内货类,不计货量(在重要限额之内)统一收取的运价。
	FCS 包箱费率	FCS 包箱费率(Freight for Class)——按不同货物等级制定的包箱费率,集装箱普通货物的等级划分与杂货运输分法一样,仍是 1~20 级,但是集装箱货物的费率差级大大小于杂货费率级差,一般低级的集装箱收费高于传统运输,高价货集装箱低于传统运输;同一等级的货物,重货集装箱运价高于体积货运价。可见,船公司鼓励人们把高价货和体积货装箱运输。在这种费率下,拼箱货运费计算与传统运输一样,根据货物名称查得等级,计算标准,然后去套相应的费率,乘以运费吨,即得运费。
	FCB 包箱费率	FCB 包箱费率(Freight for Class 或 Basis)——这是按不同货物等级或货类以及计算标准制定的费率。

3. 海运集装箱运费的计算办法

海运集装箱运费的计算办法,目前有以下两种。

第一种是与普通班轮运输的运费计算办法一样,对具体航线按货物等级及不同的计费标准计算运费,即以每运费吨为单位(俗称散货价)。这种计费方式由于过于繁琐,不易被货主接受而基本不予采用。

第二种是对具体航线实行分货物等级和箱型的包箱费率,或不分货物等级只按箱型的包箱费率计算运费,以每个集装箱为计费单位(俗称包箱价)。包箱费率也是按箱计收运费的费率。采用"均一费率"或"包箱费率"的计费办法是十分方便的。这种方式由于其方便性已经被船公司普遍采用,是目前使用最为广泛的集装箱运费的计算方式。

(1) 拼箱货的运费计算。它与普通件杂货班轮运费计算办法相同。所不同的是按集装箱费率而不是按普通班轮费率计算。但是,用集装箱运输从价货物时,不是用货物的从价费率计算运费,而是按"W/M"级计算,以运价高者计收运费。拼箱货物不足 1t 的按 1t 计算运费。

(2) 整箱货的运费计算。当货主自行以整箱货托运时,通常都以整箱使用单一航线的运价。

(3) 特殊货物运费计算。包括：成组货物、家具和行李、服装（运费一般按箱内容积85％计算）和固定货物。

(五) 租船运费的计算

程租合同中有的规定运费率，按货物每单位重量或体积若干金额计算；有的规定整船包价(Lumpsum Freight)。费率的高低主要决定于租船市场的供求关系，但也与运输距离、货物种类、装卸率、港口使用、装卸费用划分和佣金高低有关。合同中对运费按装船重量(Intaken Quantity)或卸船重量(Delivered Quantity)计算，运费是预付或到付，均须订明。特别要注意的是应付运费时间是指船东收到运费的日期，而不是租船人付出运费的日期。

1. 租船运费的分类

租船运费可按计费单位、租船方式和期限分类，具体见表5-42。

表 5-42 租船运费的分类

划分标准	类型	特点
按计费单位分	每吨运费	在程租船舶中，所运货物是大宗的，除木板按板尺(B/M)计费以外，一般按每重量吨多少美元计费。
	包舱费运费	在运送铁屑、圆木等杂物时，常采用包舱运输形式，这时按照船舶的全部或部分舱位收取一笔包租运费，亦称为一笔运费。
按租船方式分	程租船运价	程租船，即航次租船，属于即期租船，在签订合同后，船舶应立即到达装货地点受载的一种租船形式。其运输劳务费为程租船运费，按货吨计算。程租船运价是随市场变化而变化的。当运力大于运量时，运价下降，反之，则运价上升。因此，程租船运价是不定期市场上的一种典型的运价形式。
	期租船租金	期租船，一般是当货主或航运公司预计船舶供应可能出现紧张状态时，采取的一种事先租船的形式。它是双方在对市场情况进行预测的基础上达成的在船舶租用一段期限的合同形式。期租带有一定的投机性和风险性，因为市场船舶供给状况和行情有时是由人为因素造成的。同时，对未来行情变化也不好准确掌握。期租定价是以船舶载重吨和时间来计价。
按租船期限分	短期租船租金	租期不超过1年者为短期，超过1年及以上为长期。租期不同反映的租金水平也不同。不定期船还有包运、航次期租、光船租赁等方式，其运价大体上脱离不了上述主要几种运价形式。
	长期租船租金	

2. 装卸费用的划分

(1) 船方负担装卸费(Gross or Liner or Berth Terms)，又称"班轮条件"。

(2) 船方不负担装卸费(Free in and out——FIO)。采用这一条件时，还要明确理舱费和平舱费由谁负担。一般都规定租船人负担，即船方不负担装卸、理舱和平舱费条件(Free in and out, Stowed, Trimmed——F.I.O.S.T.)。

(3) 船方管装不管卸(Free out——F.O.)条件。

(4) 船方管卸不管装(Free in——F.I.)条件。

【步骤10】 船公司在装货港的代理人审核无误后，留下 M/R 签发正本已装船提单 B/L。

【步骤11】 托运人持 B/L 及有关单证到议付行结汇(信用证交易下)取得货款，议付银行将相关单证邮寄给开证行。

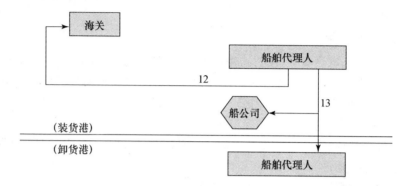

【步骤12】 货物装船后,船公司在装货港的代理人编妥出口载货清单(M/F)送船长签字后向海关办理船舶出口手续,并将 M/F 交船随带,船舶起航。

载货清单(Manifest,M/F)(如表 5-43 所示),又称舱单。它是货物装船完毕后,根据提单或大副收据编制的按卸货港顺序逐票列明全船实际载运货物的汇总清单。其内容包括船名、国籍、开航日期、装货港及卸货港,同时逐票列明所载货物的详细情况。

表 5-43 出口载货清单
EXPORT MANIFEST

船名_____ 航次_____ 船长_____ 从_____ 到_____
S/S   Voy   Captain   From   To
开航日期_____   页数_____
Sailed   Sheet No.

提单号码 B/L No.	标志和号码 Marks & Numbers	件数及包装 No. of Packages	货　名 Description of Goods	重量 Weight /kg Kilos	收货 Consignees	备注 Remarks

危险货物清单。危险货物清单是专门列出船舶所载运的全部危险货物的明细表。其记载的内容除装货清单、载货清单所应记载的内容外,特别增加了危险货物的性能和装船位置两项。

【步骤13】 船公司在装货港的代理人根据 B/L 副本或 M/R 编制出口载货运费清单(F/M)连同 B/L 副本、M/F 送交船公司结算代收运费,并将卸货港所需单证寄给船公司卸货港代理人。

载货运费清单(Freight Manifest,简称 F/M)(如表 5-44 所示)是由装货地的船公司或其代理人根据提单副本编制的与货物和运费有关的一览表。F/M 是分卸港按提单编号顺序编制的,其内容除舱单记载事项外,还包括运费费率、运费、付款方式、提单批注等。船公司或其代理人编制这种运费清单后,可以直接寄交或由本船船长随船带交卸货港船务代理,供收取运费(到付运费时)或处理有关业务之用。

表 5-44 出口载货运费清单

EXPORT FREIGHT MANIFEST

船名_____ 航次_____ 船长_____ 从_____ 到_____
S/S   Voy   Captain   From   To

开航日期_____   页数_____
Sailed   Sheet No.

提单号码 B/L No.	标志和号码 Marks & Numbers	件数及包装 No. of Packages	货名 Description of Goods	重量 Weight /kg Kilos	发货人 Shippers	收货人 Consignees	运费吨 Scale Tons		运费 Freight		备注 Remarks
							立方公尺 Cu M	公吨 Metric Tons	费率 Rate	预付 Prepaid	

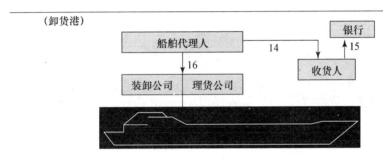

【步骤14】 船公司卸港代理人接到船舶抵港电报后,通知收货人船舶到港日期,做好提货准备。

【步骤15】 收货人到开证行付款赎单。

【步骤16】 船公司卸港代理人根据装港代理提供的单证,编制进口载货清单及船舶进口报关和卸货所需单证,约定装卸公司、理货公司,联系安排泊位,做好接船及卸货准备工作。

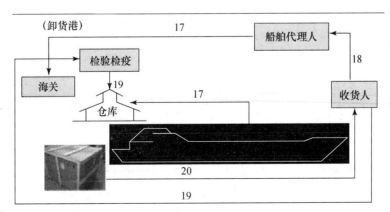

【步骤17】 船舶抵港后,船公司在卸港代理人随即办理船舶进口手续,船舶靠泊后开始卸货。

(一)卸船作业的要求

1. 承运人应及时向港口经营人提供卸船资料。对船边直取的货物,应事先通知收货人做好接运提货的准备工作。港口经营人应根据承运人提供的资料以及与作业委托人签订的作业合同,安排好泊位(浮筒、趸船)、库场、机械工具和劳力编制卸船计划。

2. 承运人应派人指导卸货。

3. 卸船时,如在船上发现货物残损、包装破裂、翻钉、松钉、包装完整内有碎声、分票不清、标志不清、装舱混乱以及积载不当等情况,港口经营人应及时与承运人联系,检查确认,编制货运记录证明,不得拒卸或原船带回。

4. 卸船时,港口经营人应按规定的操作规程、质量标准操作,合理使用装卸机具。

5. 承运人和港口经营人在卸船作业中,应随时检查舱内、舱面、作业线路有无漏卸货物或掉件,港口经营人应将漏卸、掉件和地脚货物按票及时收集归原批。

6. 货物卸进港区仓库,由承运人与港口经营人在船边进行交接。

(二)卸货港需要编制的单证

1. 过驳清单。过驳清单(Boat note)是采用驳船作业时,作为证明货物交接和表明所交货物实际情况的单证。

2. 货物溢短单。货物溢短单(Overlanded & Shortlanded Cargo List)是指一票货物所卸下的数字与载货清单上所记载的数字不符,发生溢卸或短卸的证明单据。

3. 货物残损单。货物残损单(Broken & Damaged Cargo List)是指卸货完毕后,理货员根据卸货过程中发现的货物破损、水湿、水渍、渗漏、霉烂、生锈、弯曲变形等情况记录编制的、证明货物残损情况的单据。货物残损单必须经船方签认。

4. 提货单。提货单(Delivery Order,D/O)亦称小提单,是收货人凭以向现场(码头仓库或船边)提取货物的凭证。其内容包括船名、货名、件数、数量、包装式样、标志、提单号、收货人名称等。货物提货单及提现记录单如表 5-45 和表 5-46 所示。

表 5-45 货物提货单

进口船名		航次			起运港			填单日期 20 年 月 日		到船日期 20 年 月 日	
收货人	名称(全名)				货物流向			出货日期 20 年 月 日		进仓日期 20 年 月 日	
	地址 电话				开户银行账号			出货工具		码头 仓库 停泊 第号 浮筒 堆场	
运输标志	提单或运单号码	标志	货名	件数	包装	重量吨		体积吨		工作过程	附送
						公吨	千克	公吨	千克		
共计											

表 5-46 货物现提记录

20　年　月　日至　月　日栈费已付

现提日期		货名	现提数量					尚存数量					现工具号数提	收货人签章	发货人签章
月	日		件数	公吨	重量吨		体积吨		件数	包装	重量吨		体积吨			
					公吨	千克	公吨	千克			公吨	千克	公吨	千克			

装卸区签单章　　　仓库长章　　　收货人章　　　不按时达到提货造成等工损失货主应负责任

【步骤 18】 收货人持正本 B/L 向船公司卸港代理办理提货手续,付清费用,换取提货单(D/O)。

【步骤 19】 收货人办理货物进口手续,支付进口关税。

【步骤 20】 收货人持 D/O 到码头仓库或船边提取货物。

到达交付作业要求如下所示:

(1) 收货人在接到到货通知后,应当及时提货,不得因对货物进行检验而滞留船舶。货物运抵到达港后,承运人应当在 24 小时内向收货人发出到货通知。

(2) 承运人发出到货通知后,应当每 10 天催提一次,满 30 天收货人不提取或者找不到收货人,承运人应当通知托运人,托运人在承运人发出通知后 30 天内负责处理该批货物。

(3) 除另有约定外,散装货物按重量交接,其他货物按件数交接。

(4) 船边直取货物,由承运人向收货人交付。

(5) 不能交付的货物按"关于港口、车站无法交付货物的处理办法"办理。

5.5 提升与拓展

材料一　关于水路运输流程及单证的说明

环节	相关方	单 证 流 转
装船	托运人办理	托运人填制托运联单(包括托运单、装货单、收货单等)后,向承运人的代理人提交海运单证,办理托运,代理人接受承运后,将承运的船名填入联单内,留存托运单,其他联退还托运人,托运人凭此到海关办理出口报关手续;海关同意放行后,即在装货单上盖放行章,托运人凭此向港口仓库发货或直接装船;然后将装、收货单送交理货公司,船舶抵港后,凭此理货装船,每票货物都装上船后,大副留存装货单,签署收货单;理货公司将收货单退还托运人,托运人凭收货单向代理人换取提单,托运人凭提单等到银行办理结汇,并将提单寄交收货人。
	承运人办理	承运人的代理人依据托运单填制装货清单和载货清单,根据承运人的要求,依据装货清单编制货物积载图,船舶抵港后,送大副审核签字后,船方留存一份,提供给代理人若干份,转寄承运人的卸货港代理人;编制分舱单;代理人根据装船实际情况,修编载货清单,经大副签字后,向海关办理船舶离境手续;依据载货清单填制运费清单,寄往承运人的卸货港代理人和船公司。

(续表)

环节	相关方	单证流转
卸船	收货人办理	收货人收到正本提单后,向承运人的代理人换取提货单;代理人签发提货单后,须保证正本提单、舱单和提货单内容相一致;收货人凭提货单向海关办理放行手续后,再到港口仓库或船边提取货物;货物提清后,提货单留存港口仓库备查;收货人实收货物少于提单或发生残损时,须索取货物溢短单或货物残损单,并凭此通过代理人向承运人索赔。
	承运人办理	承运人的代理收到舱单、货物积载图、分舱单后向海关办理船舶载货入境手续,并向收货人发出到货通知书,同时将上述单证分送港口、理货等单位;船舶抵港后,理货公司凭舱单理货,凭货物积载图指导卸货,当货物发生溢短或原残时,编制货物溢短单或货物残损单,经大副签认后,提供有关单位。

材料二 关于杂货班轮运输相关单证的总结

单证名称	制作人	制作时间	制作依据	用途
托运单	托运人(或货代)	托运货物之前	合同条款或信用证条款	订舱委载
装货单(又称关单、下货纸)	托运人(或货代)制作,由承运人或船代签发	装船之前	托运单和船舶的配载情况	确定承运;用以报关、通知装船的命令
装货清单	承运人或船代	装船之前	装货单留底	供大副编制积载图,供理货员理货,供港口安排驳运和货物进出库场;供承运人掌握备装情况
积载图	大副和船代	船到港前先由船代绘制草图,船到港装货后再由大副与船代正式制出积载图	装货清单	是安排泊位、出仓、下驳、搬运、保管、装船、卸船必须查阅的资料
收货单	托运人制作	货物装船之后由大副签发	根据收货的实际情况	是收到货物的凭证、用以划分船、货双方的责任凭此换取正式提单
载货清单(舱单)	承运人或船代	货物装船后	收货单或提单	供海关对货船进出境进行监管的单证,也是卸货港船代安排泊位、卸货的依据
溢/短单、残损单	理货组长与大副共同签署	货物卸船之后	溢/短单根据舱单、货运单据、理货及理货日报单;残损单根据理货员现场记录	是处理溢、短、残纠纷时划分船、货双方之间责任的依据

材料三　装货清单与载货清单的区别

项　　目	装货清单(L/L)	载货清单(M/F)
汇总依据	托运单(B/N)留底	大副收据/收货单(M/R)、提单(B/L)
汇总信息	待装船货物的汇总	对已装船货物的汇总
制作时间	装货前	装船后
作用	① 为积载计划提供依据； ② 是理货等业务的单据。	① 是整艘船舶出口报关的必备单据(装货单是每票货物报关的必备单据)； ② 是出口退税的单据之一； ③ 是卸货港安排卸货的单据； ④ 是卸货港海关放行的凭证。

案例1　青岛港集装箱铁路多式联运前途广阔

青岛港是我国最早开展国际集装箱多式联运的港口之一，尤其是在集装箱铁路多式联运方面，更是走在国内前列。目前已经成为联系我国西北、西南以及中原等地区货物进出口最重要的纽带之一。青岛集装箱铁路多式联运的承运人是青岛铁路部门，原为青岛铁路分局。而多式联运的发起人就是青岛港。早在1990年青岛港就已率先在西安、郑州、成都、兰州等十余个地市设立办事处，加强与内陆客户的交流。在"五定班列"开行的90年代末青岛港与内陆、港口铁路抓住时机，共同推出班列联运服务，以运价较低的海铁联运争取内陆货源。通过积极地与当地海关、商检等相关单位合作，建立快速方便的绿色通关通道。例如，出口商在西安报关后，把在西安海关制作好的关封寄到青岛，报关行向青岛海关递交关封，并提供相应的船名、航次、提单号、箱号、件重尺等信息，在青岛海关现场核对关封后，该票货物就可以顺利通关装船出口了。与此同时，青岛港也给出了相关优惠费率来推进这种多式联运模式，使得越来越多的内陆货源选择通过青岛港出口，推动了青岛港内陆经济腹地的延伸。尽管经过十多年的发展，青岛港铁路集装箱多式联运已经有了长足的发展，但仍然存在着很大的不足，下面就逐一对其进行分析。

(一)在班列发运方面存在的不足及建议

首先，班列的开行时间经常被推迟。例如，原本应在周二发出的班列未能按时开出，然而班列推迟的准确消息却要等到周二下午才能得知，不能够做到事先通告，无法同船公司严格的船期计划相匹配，致使内陆的终端客户无法准确掌握货物的可用时间。班列经常性的发运延误，使得铁路服务订单的合同意义逐渐消失，于是货主争抢班列承运计划，多报发运量的现象变得越来越普遍，最终形成了恶性循环，打破了良好的班列发运秩序。

其次，发运非常轻或非常重的单个20英尺标箱比较费时。例如，一位西安货主为进口一个20英尺小箱，不能找到合适的配对的单个20英尺小箱(两个小箱装一节车皮)，于是不得不在港站长时间滞留。但是由于该货主的工厂急需该批原料，否则就会停产，为了"救急"，该货主便打算改由汽车运输，然而这时该货物早已经进入海铁联运的海关监管之下，已经不能更改运输方式，即使用海关监管货车，也不允许。这所有的不便使得该货主对班列运

输非常的不满,最终放弃了班列运输方式而改为汽车运输了。尤其是当货物名称中出现"漆、烯、酸"等字,就被判定为危险货物需做"化学品技术鉴定",耗费的时间便会更长。

之所以会出现以上问题,主要是由于集装箱班列运输资源短缺,尤其是集装箱平板车辆较少。加之青岛港散货运输量是集装箱运输量的数倍之多,所以集装箱班列的可用运力就更少。对此,我们可以大力借鉴西方发达国家的成功做法,加大集装箱双层列车的投入,提高运作效率,以缓解当前的运力短缺问题,进而解决单个小箱发运困难的难题。同时积极加强与货主、货代以及海关监管部门的沟通,做到事前准备。最后还应当借鉴船公司处理危险货物的做法,在杜绝铁路发运危险货物的原则下尽力做好新品种货源的运输。这样就可以为青岛港吸引越来越多的进口货源,有力推动青岛港集装箱吞吐量的快速增长。

(二)在班列到达方面存在的不足及建议

班列经常在青岛港前湾码头三公里外的黄岛火车站编组场滞留,导致班列在被推入黄岛港站的等待时间过长,不能准点到达码头。据2005年下半年不完全统计,从郑州发来的班列准点率不超过30%,导致误船事件时有发生。有时不得不将整列货物一点一点地拆开然后再用卡车集中到码头,浪费了大量的人力、财力和物力。时常会由于班列到达的延误错过了船期。这些事件不仅降低了内陆客人对集装箱多式联运的信心,而且给客户造成了额外费用负担和损失。

要改善上述情况,港站各单位需要改变旧有思想,从一切为了客户的角度出发,密切配合,不断为客户降低成本,为客户争取时间、赢得效益。同时,各车站之间也要主动联系,沟通信息,消除班列在交接口、编组场滞留的现象,形成顺畅的服务链条。

(三)在货物追踪查询服务方面存在的不足及建议

铁路货运文件规定,班列运输受阻,不能在规定运到期限内到达的,到站应负责予以公告。班列运输货物的运到期限按班列运行天数(始发日和终到日之间不足24小时的均按一天计算)加2日计算。除因不可抗力外,因承运人责任在运到期限内不能交付货物的,由到站在货物交付的同时向收货人支付违约金,每逾期1日加收快运费的50%。从上可以看出,跟踪与查询服务体现在运费里,到站有义务帮助货主查询,并告知预计到达时间。而现实中对于客户的查询,到达站和发运站经常相互推诿,甚至直截了当地回答"不能查询,需要得到领导的同意"等。查询情况无非两种,要么班列在某地受阻,没能准时到达;要么客户想确认已到达的相关情况。此外,铁路部门网站的在线查询系统资源有限,而且界面也不够友好,收费较高,跟踪滞后,对货物的控制力显得不足,通常箱号、箱位在班列到达后的次日中午才能得知,这种信息流的滞后对于出口货物的通关影响很大。

追踪查询服务是价值链上增值服务的一种,是铁路多式联运的重要一环,可协助客户安排、调整自己的相关计划。在美国,6家主要铁路公司的网站不仅提供追踪查询,而且网页设计精美,还包括联系方式、优势服务内容。相比之下,我国铁路联运在追踪查询服务方面还存在很大的不足。因此,建议铁路部门加强借鉴和学习国际海运中的货物在线追踪查询服务,加紧提高信息化程度,加强货调、行调的日常调度通讯能力,尽快实现全程货物跟踪查询的目标。

(四)在保险及货物理赔方面存在的不足及建议

尽管对投保、索赔有相关明文规定,但是相关责任部门——发/到站安全室都不愿意沾染索赔这样的事情,与千方百计的说服货主投保时的恳求态度不同,取而代之的是相互推诿拖延,往往最终导致索赔不成。这样一来保费便失去了意义,成为变相的运费加价。于是货主迫于无奈,在以后的货物发运时只对货物进行适当投保或少投保甚至有的货主压根儿就不投保。即使丢失货物,货主也清楚索赔困难,往往是主动放弃,时间一久,使得流向铁路的货物都成了低附加值的大宗货物,阻碍了铁路集装箱多式联运的健康发展。究其原因,是铁路部门没有把理赔视为整体服务的一部分,争相推诿。发站挣了运费收入,完成了运营任务,而到站没有,自然没有积极性处理赔付事宜。今天,运输服务越来越多地依赖于网络,然而即使发运站为发货人提供省心、优惠的服务,倘若收货人提货时,经常遇到诸如货物丢失、赔付难的问题,这样的服务还是不能令广大货主满意的。因此尽管卡车运输费用较高,收货人还是会建议发货人不要用铁路运输,这对于铁路集装箱多式联运的发展极为不利。因此,要改变这种状况,就必须要建立一个长效的投诉机制和畅通的反馈渠道,并切实将制度落到实处,从根本上去解决铁路运输索赔难的问题。

总体来看,在铁路集装箱多式联运方面,青岛港较早开行了"五定班列",并积累了丰富的经验,同时运用集装箱铁路多式联运扩大了经济腹地,并形成了比较稳定的联运规模。然而伴随着物流行业的飞速发展,安全、迅捷、高效的服务越来越受到客户的青睐。这对于当前仍然存在着诸多隐患和问题的铁路多式联运来说是一种潜在的危机。当今物流行业的竞争已不只是大鱼吃小鱼也并非只是快鱼吃慢鱼,而是一种综合服务能力的竞争。因此,如果青岛铁路集装箱多式联运不能尽快的改变现有状态,结果只能是被市场经济规律所淹没。

(资料来源:《集装箱运输》)

案例2 北美集装箱多式联运的经验

北美的多式联运开展较早,在国际上无论从管理,还是技术都处于领先地位,这是因为北美的多式联运比较注意技术创新,如引进双层集装箱等新技术,公开展开竞争,加上多式联运的平均运距长,既提高了经济效益又以较高的服务水平,在国际上处于领先地位。北美的国际标准集装箱运输,大部分都是通过一些大的货主与运输企业,根据运输的特殊条件和需要签订合同来实现的。合同包括运输时间表、货物价值、最小的运量保证等。小货主的运输一般通过第三方物流经营者来实现,货代是其中一部分。

(一)系统的运作标准

多式联运的优势在于时间比较固定、运输服务可靠、多式联运费用低廉,吸引货主量仍很大。在非运输物流成本和运输成本之间的权衡依赖于货主年运量、仓储计划、货物价值和季节性等指标。在北美,运输企业的竞争能力和货主的需求决定了服务水平,周转时间是衡量服务标准的一项指标。在北美铁路集装箱专列平均速度为 70~90 km/h,而且在专用线、编组站等环节疏导很快,基本不压箱。并且在 1500 km 范围内,铁路为主的多式联运部门在各服务通道上都与门到门服务的汽车运输公司展开竞争。而公路运输受多个环节影响,其运送速度只相当于公路运输的 60%~70%,但公路运输可以从港口实现到货主的门到门运输,因而避免了货场转运的时间延误。一辆集装箱货车装完两个 TEU 就可以运出,但铁路专列要装完 100 多个 TEU 才能开出,集装箱多式联运的周转时间比仅用集装箱货车实现门到门运输时间长。

(二)作业环节

美国的多式联运服务大致包括 4 个独立的作业环节。

1. 港口作业

在港口,进口货在船舶到港之前一般都向海关预申报,因而船到港后,当天就可以卸箱并装上装箱货车或铁路车辆(若当天有车辆),或在第二天转运到其他集装箱站场。

2. 港口附近周转作业(即从港口转到火车上)

3. 铁路长途运输

多式联运长途运输方式主要是铁路,平均运行速度60～80 km/h,一般工作日集装箱在列车出发前3～4小时前集中到站场,周末一般为8～10小时前集中到站场。列车的运输距离可达1 200～1 500 km/d。

4. 内陆中转站的作业

当货物到达内陆货场根据货主的要求,运输部门一般在24小时内就可以将提取的货物送到收货人的手中。

(三)集装箱周转时间

当港口至货主的运距为1 500 km时,采用集装箱货车运输进口货物,集装箱从船上卸到集装箱卡车后,其运送速度一般为80 km/h,若配备两个驾驶员,则会减少停车时间,在24小时内集装箱货车最大运输范围可达2 000 km。这样集装箱运到货主手中只需2天,返空箱再用2天,总周转时间为4天。对于出口货物,公路运输则只需3天。进口货使用多式联运系统送到货主手里共需7天左右,为与公路竞争,对于加急货物时间可以压缩一半,即利用高效的多式联运系统的总周转时间为6～8天。在各环节配合极为协调,如货主、货车、铁路车次时间等环节均不耽误的情况下,集装箱总周转时间为6天。对于出口货物,在相同的运距下使用多式联运系统,货物运到船上的时间为5天左右。

(资料来源:www.docin.com)

请分析

1. 结合案例1,分析我国集装箱多式联运存在哪些问题?
2. 结合案例2,你认为我国应如何发展集装箱国际多式联运?

5.6 自我测试

理论测试题

一、单选题

1. 在杂货班轮运输的单证中,被称为"大副收据"的是( )。
   A. 装货清单   B. 载货清单   C. 装货单   D. 收货单
2. 由航空公司签发的航空运单均称为( )。

A. 航空分运单 B. 航空主运单
C. 航空货运单 D. 国内航空分运单

3. 由航空货运公司在办理集中托运业务时签发给每一个发货人的运单称为(　　)。
   A. 航空分运单 B. 航空主运单
   C. 航空货运单 D. 国内航空分运单

4. 航空货物运输费用包括运费和(　　)。
   A. 附加费 B. 声明价格附加费
   C. 地面运费 D. 中转手续费

5. 航空公司规定计费质量按(　　)统计。
   A. 实际质量
   B. 实际质量和体积质量两者之中较高的一种
   C. 体积质量
   D. 实际质量和体积质量两者之中较低的一种

6. 在集中托运的情况下,同一总运单下会有多件货物,其中有重货也有轻泡货物,其计费质量采用(　　)计算。
   A. 整批货物的总实际质量或总的体积质量,按两者中较高的一个
   B. 整批货物的总实际质量
   C. 整批货物的总体积质量
   D. 重货按实际质量,轻泡货物按体积质量分别计算

7. 航空运费计算时,首先适用(　　)。
   A. 起码运费 B. 指定商品运价
   C. 等级货物运价 D. 普通货物运价

8. 当采用指定商品运价、等级货物运价和普通货物运价计算的运费总额均低于所规定的起码运费时,按(　　)计收。
   A. 指定商品运价 B. 等级货物运价 C. 普通货物运价 D. 起码运费

9. 应用最为广泛的一种运价是(　　)。
   A. 指定商品运价 B. 等级货物运价 C. 普通货物运价 D. 起码运费

10. A 点至 B 点,某种普通货物为 4 kg,M 级运费为人民币 37.5 元,而 45 kg 以下货物运价即等级运价为人民币 8 元/kg,应收运费为(　　)。
    A. 32 元 B. 37.5 元 C. 32 或 37.5 元 D. 35 元

11. 集装箱货基本海运运费中,对每一集装箱不细分箱内货类,不计货物重量(在重量限额之内)统一收取运价的是(　　)。
    A. FCB 包箱费率 B. FCS 包箱费率 C. FAK 包箱费率 D. 附加包箱费率

12. 在杂货班轮运输的单证中,被称为"关单"的是(　　)。
    A. 装货清单 B. 载货清单 C. 装货单 D. 收货单

13. (　　)是船舶大副编制船舶积载图的主要依据。
    A. 装货联单 B. 装货清单 C. 载货清单 D. 码头收据

14. (　　)的"租金"常称为运费,运费按货物的数量及双方商定的费率计收。
    A. 光船租船 B. 包运租船 C. 航次租船 D. 定期租船

15. 提单的签发人是（   ）。
    A. 托运人   B. 承运船大副   C. 承运船船长   D. 卖方
16. 具有物权凭证作用的单据是（   ）。
    A. 商业发票   B. 提单   C. 空运单   D. 铁路运单
17. 按收货人抬头，提单可分为记名提单、不记名提单、指示提单。可以背书转让的提单是（   ）。
    A. 记名提单   B. 不记名提单   C. 空白提单   D. 指示提单
18. 用提单调整承运人、托运人之间关系的运输方式是（   ）。
    A. 班轮运输   B. 航次租船运输   C. 定期租船运输   D. 光船租船运输
19. 班轮运输中风险的划分一般以（   ）为界。
    A. 承运人接受货物   B. 货物送达吊钩底下
    C. 提单签发时   D. 货物越过船舷

二、多选题

1. 航空运输主要适合运载的货物有（   ）。
   A. 价值高的货物   B. 价值低的货物
   C. 紧急需要的物资   D. 体积小的货物
2. 航空运输的主要缺点有（   ）。
   A. 单位运输成本高   B. 受气候条件限制
   C. 可达性差   D. 运输路程短
3. 进出口货物空运主要采用（   ）三种方式。
   A. 班机运输   B. 包机运输   C. 集中托运   D. 零担运输
4. 航空货运单的作用和用途包括（   ）。
   A. 是一种承运合同   B. 是接收货物的证明
   C. 是相关责任人费用结算的凭证   D. 是保险的依据
5. 关于公布的直达运价，以下说法正确的是（   ）。
   A. 是一个机场至另一个机场的基本运费 B. 不含其他附加费
   C. 该运价仅适用于单一方向   D. 包含其他附加费
6. 在两地之间没有可适应的公布的直达运价时，则要选择（   ）。
   A. 比例运价   B. 分段相加运价   C. 声明价值附加费   D. 协议运价
7. 杂货班轮运输中的装货联单主要包括（   ）。
   A. 托运单   B. 装货清单   C. 装货单   D. 收货单
8. 提单按签发的时间可以划分为（   ）。
   A. 准时提单   B. 倒签提单   C. 顺签提单   D. 预借提单
9. 水路运输按其航行的区域，大体上可划分为（   ）三种类型。
   A. 远洋运输   B. 沿海运输   C. 内河运输
   D. 国际运输   E. 近海运输
10. 进出口公司或企业没有国际海运资格和手段，一般委托（   ）去办理货物海运业务。

A. 船公司　　　B. 外运公司　　　C. 货运站
D. 具有国际货运代理资格的企业　　　E. 港口企业

三、判断题

1. 我方按 FOB 上海向美国出口一批玩具,我方理应将货物装到上海港的船上。（　）
2. 定期租船方式下的船员工资和给养由船东负责。（　）
3. 定期租船方式下的船舶的燃料费、港口费、货物装卸费、运河通行费等与营运有关的费用由船东负责。（　）
4. 船舶总吨位表示的是船舶的载重能力。（　）
5. 以 FOB、CFR 条件成交的进口货物,在付款买单后应立刻办理投保手续。（　）
6. 我国海上运输规定凡 1 t 货物的体积超过 1 m³ 的货物为重货。（　）
7. 班轮运输的对象是件杂货物。（　）
8. 提单是一种用以证明海上运输合同和货物已由承运人接管或装船,以及承运人保证凭以交付货物的单据。（　）
9. 多式联运中实际承运人对自己运输区段承担责任。（　）
10. 多式联运中契约承运人对全程运输承担责任。（　）
11. 海海联运属于同一种运输工具间的货物运输。（　）
12. 班轮运输又称定期船运输。（　）
13. 多式联运下承运人对货物的责任期限是接货至交货。（　）
14. B/N 是订舱托运单。（　）
15. S/O 是装货单。（　）
16. M/R 是收货单。（　）
17. M/F 是载货清单。（　）
18. 海关放行的单证是装货单、提货单。（　）
19. 无船承运人不是运输合同当事人。（　）
20. 多式联运单据依发货人选择可能转让,转让后,签发这种单据的多式联运经营人即不对下一程运输负责。（　）
21. 大陆桥运输是指利用横贯大陆的铁路作为中间桥梁把大陆两端的海洋运输连接起来组成的运输方式。（　）
22. 多式联运经营人是与托运人订有多式联运合同的人。（　）

技能测试题

1. 某从事国内货物联运的经营人,具有中华人民共和国企业法人资格;具有与从事多式联运业务相适应的组织机构、固定的营业场所、必要的经营设施,但缺乏相应的专业管理人员。该企业具有 2 年以上国际货物运输或代理经历,有相应的国内、外代理。注册资金为人民币 1100 万元,并有良好的资信。该企业想在青岛和上海各新增　个经营性的分支机构,注册资金不变。

请问：我国对国际多式联运经营人应具备的条件有何要求？该企业是否符合国际多式联运经营人的条件？并说明理由。

2."红太阳"号货轮(REDSUN)装载上船以下货品：

（1）关单号 DX8127，纸箱包装服装 3 800 件，单位重量 80 kg，单件体积 200 cm×200 cm×150 cm。

（2）关单号 DX3079，木箱包装机床 200 件，单位重量 2.4 t，单件体积 650 cm×250 cm×140 cm。

（3）关单号 DX4810，塑料桶包装染料 8 900 件，单位重量 300 kg，单件体积 70 cm×70 cm×120 cm。

（4）关单号 DX2401，纸箱包装食品 1 200 件，单位重量 80 kg，单件体积 150 cm×120 cm×120 cm。

请根据以上信息填写装货清单。

装货清单　　　　　船名　页数_____
Loading list of s. s/m. v　　　S/S　Page No.

关单号码 S/O No.	件数及包装 No. of Pkgs	货　名 Description	重量/t Weight in Metric tons	估计尺寸/m³ Estimated Space in Cu M	备　注 Remarks

任务六

设计综合运输方案

6.1 学习目标

1. 能够在理解客户需求的基础上，综合运用运输方案设计的原则和内容；
2. 能够针对运输方式、运输工具、运输路径、运输风险防范、运输服务商、具体运输作业流程等进行分析；
3. 能够与运输相关方和客户进行沟通，设计出初始的综合运输方案；
4. 能够根据相关的评价指标进行方案的比选，通过全面综合分析确定出最佳运输方案；
5. 能够增强优化和全面思考问题的意识；
6. 能够具备沟通技能和团队合作意识；
7. 能够学会标书的撰写。

6.2 学习任务

（一）任务描述

北京顺达电子有限公司与德国不莱梅贸易公司签订了一份长期贸易合同，主要是向德国不莱梅贸易公司销售显微镜，每件重量为 10 kg。该客户要求每单交易采取送货上门的方式，运费包涵在购买费用当中。从德国不莱梅贸易公司的采购总监那里了解到，他们一般情况下会每月下两次订单，每次订单 200 件左右，如果有特殊情况，也可能会有紧急订单出现。希望北京顺达公司能及时发货并选择可靠的运输企业保证货物安全及时送达，否则按照合同规定北京顺达电子有限公司将想面临一笔巨大的违约金。北京顺达电子有限公司经领导研究决定，将此项运输业务采取招标方式外包给合适的运输企业去完成。北京顺达电子有限公司是一家大型显微镜销售企业，销售网点覆盖全国 28 个省份及直辖市，公司以北京为中心，辐射全国大部分地区，在浙江、江苏、安徽、山东、北京、广东、云南、内蒙、黑龙江、四川、贵州等地均有分公司。该公司除了销售给德国不莱梅贸易公司这一大客户以外，还会销往美国、日本、韩国、加拿大、英国、比利时等国家。另外，在国内各大省会城市也有销售网点。如果投标公司有足够的实力，北京顺达电子有限公司可能会将所有运输业务外包给中标公司。

招标书主要内容如下：

第一部分　投标邀请函

北京顺达电子有限公司决定对销售运输项目进行公开招标,欢迎合格的投标人参加投标。

一、项目名称及编号

(一)项目名称:北京顺达电子有限公司运输服务外包项目

(二)项目编号:AAPC-2011-A-0111

二、采购内容

见第二部分招标项目需求。

三、时间要求

2012年6月15日—7月30日间,投标书电子文档上传至指定网站。

四、采购单位及相关联系方式

北京顺达电子有限公司

联系地址:北京市朝阳区××路××号××广场B3座1310室

邮政编码:1000××

电子邮箱:wx@sina.com.cn

联系电话:010-5820××××

联系人:王晓

第二部分　招标项目需求

本项目就北京顺达电子有限公司的运输服务外包项目进行公开招标,凡具有合法经营资格,且满足本招标文件规定要求的运输服务公司,均可参加投标。本部分内容若与其他部分内容有不同之处,以本部分内容为准。

一、项目内容

运输服务外包项目。

二、资格要求

无。

三、技术要求

项目需求说明书详见本部分第五条。

四、公司简介

北京顺达电子有限公司是一家大型显微镜销售企业,销售网点覆盖全国28个省份及直辖市,公司以北京为中心,辐射全国大部分地区,在浙江、江苏、安徽、山东、北京、广东、云南、内蒙、黑龙江、四川、贵州等地均有分公司。公司货物销往德国、美国、日本、韩国、加拿大、英国、比利时等国家。另外,在国内各大省会城市也有销售网点。公司为适应业务快速发展,满足运输服务向纵深化、精细化方向发展的需求,公司高层领导经过数次的市场调研,将公司业务做出大胆调整,决定将运输业务外包给其他公司。现诚邀拥有良好配送网络资源、具有先进管理水平和优秀服务理念的运输服务提供商,参与我公司公开招标。

五、需求说明书

(一)功能要求

外包的业务主要是国际国内运输服务。主要货品是显微镜。

(二)招标的运输服务公司

本次招标的运输服务公司针对全国范围内有实力的运输公司。

(三)服务需求

1. 能及时、安全完成运输。

2. 能对货品进行运输跟踪管理。

3. 能满足客户的紧急运输需求。

4. 可供查询的电子和纸质单据。

5. 合理的运费。

六、投标书编制要求

1. 标书应包含的基本内容

(1) 公司情况简介

包括：组织结构、人员构成、运输网络、合作伙伴、公司的信息系统建设等。

(2) 运输业务流程规划

(3) 运输保险及风险控制方案

(4) 运输合同样本

(5) 运输相关单据

(6) 运输方案

(7) 收费方案

(8) 运输风险防范

(9) 公司的成功案例

2. 投标人提供的运输服务应达到或超过本说明书的要求，并在应答建议中明确说明，否则可能影响评标结果。

3. 以上要求仅是招标方的基本要求，投标人在完全应答以下要求后，要说明其所建议（方案）的其他功能和特色，招标方将作为评标的参考依据。

4. 评价标准

项目	分值	A	B	C	D
文档制作	20	15～20 文档制作清晰，格式合理，逻辑性强，没有语法错误及错别字	10～15 文档制作清晰，格式合理，有一定的逻辑性，没有语法错误及错别字	5～10 文档制作清晰，格式有少量错误，有逻辑性，有一定的语法错误及错别字	0～5 文档完整，逻辑性不强，格式有误，存在语法错误及错别字
方案设计	60	45～60 设计方案有很好的新意，理论及实践知识全面，结构完整，覆盖全面，能解决实际的问题；对运输公司的功能和流程设计准确；收费方案设计合理，进行了科学的分析	30～45 设计方案有一定的新意，理论及实践知识全面，结构完整，有一定覆盖面；对运输公司的功能和流程设计比较合理；收费方案比较合理，进行了一定的科学分析	15～30 设计有新意，理论知识全面，结构完整，有一定的覆盖面；对运输公司的功能和流程进行了设计；有较合理的收费方案，但未进行具体分析	0～15 完成方案设计，反映一定运输理论知识；对运输公司的功能和流程设计不合理；收费方案不科学
可行性	10	5～10 能够联系现实，针对性强，具有可操作性	0～5 具有一定的可操作性		
创新性	10	5～10 观点新颖，见解独到，富有创新性	0～5 具有一定的创新性		

（二）学生要完成的具体任务和要求

1. 根据上述情景，请各小组成员自己创建一家运输公司，参与该项运输业务投标，具体要求如下：

（1）根据案例所提供的资料，各小组成员分工合作，完成综合运输方案的设计；

（2）各小组根据招标文件制作投标书（字数不少于2万字）；

（3）将投标书的内容制作成PPT，并进行汇报。

2. 撰写小组和个人项目总结报告。

6.3 学习档案

一、完成任务的步骤和时间

步　骤	具体操作方法（学生活动）	参考学时
1. 学生获知项目任务，完成分组，制订项目计划	① 学生听取教师布置任务，全班分组； ② 5～7个学生一组，小组成员分工，明确任务； ③ 学生起草撰写各小组项目工作计划。	2
2. 学生为实施综合运输方案设计做准备	学生获取运输方案设计的原则和内容；运输方式、运输工具、运输路径、运输风险防范、运输服务商、具体运输作业流程的确定原则；运输方案评价的因素和相关指标；运输方案设计和优化的方法等内容。	6
3. 学生在教师指导下完成设计综合运输方案	学生根据学习情景，设计综合运输方案。 ① 综合运输方案的设计（包括运输方式、运输工具、运输路线、运费核收、运输保险、运输风险防范等）。 ② 撰写运输方案设计投标书（不少于2万字）。	6
4. 项目汇报与评价	① 听教师说明汇报工作成果的方法； ② 分组陈述本组项目总结报告； ③ 小组内成员互相评分，小组间互相评分； ④ 教师总结学生报告成果。	4
5. 学生听取教师总结及对重点内容的补充讲解	① 学生领会本章知识点； ② 学生听取教师评价与总结； ③ 学生撰写小组和个人项目总结报告（课下完成）； ④ 学生在教师指导下独立完成本章综合练习题（课下完成）。	2

二、项目评价

本项目的评价包含团队互评和教师评价。

1. 将学生的工作页打乱顺序，进行不同小组间互相评价（组间评价分数）；

2. 教师根据小组的学习过程及学习成果进行评价（教师评价分数）；

团队总成绩＝组间评价分数×30％＋教师评价分数×70％

3. 个人成绩＝团队总成绩×个人贡献系数。

个人贡献系数根据个人自我评价表,通过小组讨论确定,组内将成员分为 A、B、C 三档,要求强制分布为小组总人数的 30％、60％、10％,教师可根据情况对学生成绩进行修定。

三、学生工作页

步骤一： 各小组学习项目任务,通过讨论,合理分工,制订设计综合运输方案的计划。

请各个小组通过书籍和网络等途径,根据项目任务确定组员分工和小组工作计划,做好处理业务前的准备工作。

小组编号		项目名称	
小组成员			
组员分工情况			
小组工作计划	① 设计综合运输方案的分工计划(根据各小组的情况制订详细的计划)。 ② 投标书的撰写分工计划。 ③ 汇报资料撰写分工计划。 ④ 汇报分工计划。		

步骤二： 获取设计综合运输方案相关知识。

请认真听讲,然后回答以下问题：

1. 你认为综合运输方案的设计应该包括哪些内容？
2. 你认为设计综合运输方案应遵循哪些原则？
3. 货物运输保险的种类有哪些？
4. 办理货物运输保险包括哪些步骤？
5. 运输方案评价的因素和相关指标有哪些？
6. 集装箱运输的交接方式有哪些？
7. 什么是无船承运人？可以有哪些类型？
8. 无船承运人的业务范围有哪些？
9. 国际货运代理的业务流程包括哪些(分别写出国际海运、国际空运、国际铁路货物运输、国际公路货物运输的业务流程。)？
10. 总结出各种运输方式运费的计算办法。
  (1) 公路运费的核算
  (2) 铁路运费的计算
  (3) 水路运费的核算
  (4) 航空运费的核算
11. 你认为常见的投标书应该包括哪些内容？制作投标书应该注意哪些事项？

步骤三： 设计综合运输方案。

1. 总结出综合运输方案设计的内容。
2. 设计综合运输方案,并撰写投标书(注意投标书的撰写格式)。

步骤四： 学生汇报项目成果、教师点评总结。

(注：汇报要求语言简洁流利、内容全面、重点突出,框架清晰,思路清晰;汇报的 PPT 制

作新颖,有吸引力,有分工情况;汇报中尽量脱稿,有自己的看法。)

1. 请列出汇报的提纲。
2. 学生听取教师点评,作总结。
(1) 请写出本小组项目任务的优点和缺点(可以参考其他小组评价和改进建议)。
(2) 请同学们针对本任务的学习目标,写出您的收获和困惑。
3. 请同学们进行团队互评、个人互评和教学效果评价,并认真填写任务评价表(具体评价表可以根据实际情况自行设计)。

步骤五:学生听取教师总结及对重点内容的补充讲解。
1. 总结出本任务的知识框架。
2. 通过任务六的学习,你对自己的职业生涯规划有何认识?(例如:通过本项目的学习,你认为自己可以从事哪些相关岗位的工作?)
3. 撰写小组项目总结报告(1000 字左右,一个小组提交一份 word 版总结报告)。
4. 撰写个人项目总结报告(500 字以上,每人提交一份 word 版总结报告)。

6.4 学习任务涉及的知识点

知识点一 集装箱运输

一、集装箱运输概述

(一) 集装箱及集装箱运输的概念

集装箱运输是指以集装箱为载体,将货物集合组装成集装单元,以便在现代流通领域内运用大型装卸机械和大型载运车辆进行装卸、搬运作业以完成运输任务,从而更好地实现货物"门到门"运输的一种高效率和高效益的运输方式。

国际标准化组织(ISO)对集装箱下的定义为"集装箱是一种运输设备",应满足以下要求:
(1) 具有耐久性,其坚固强度足以反复使用;
(2) 便于商品运送而专门设计的,在一种或多种运输方式中运输时无需中途换装;
(3) 设有便于装卸和搬运的装置,特别是便于从一种运输方式转移到另一种运输方式;
(4) 设计时应注意应便于货物装满或卸空;
(5) 内容积为 1 m³ 或 1 m³ 以上。

目前,中国、日本、美国、法国等国家,都全面地引进了国际标准化组织的定义。除了 ISO 的定义外,还有《集装箱海关公约》(CCC)、《国际集装箱安全公约》(CSC)、英国国家标准和北美太平洋班轮公会等对集装箱下的定义,内容基本上大同小异。我国国家标准 GB1992-85《集装箱名称术语》中,引用了上述定义。

集装箱运输起源于英国。早在 1801 年,英国的詹姆斯·安德森博士已提出将货物装入集装箱进行运输的构想。1845 年英国铁路曾使用载货车厢互相交换的方式,视车厢为集装箱,使集装箱运输的构想得到初步应用。19世纪中叶,在英国的兰开夏已出现运输棉纱、棉布的一种带活动框架的载货工具,这是集装箱的雏形。

自1966—1983年,集装箱运输的优越性越来越被人们承认,以海上运输为主导的国际集装箱运输发展迅速,是世界交通运输进入集装箱化时代的关键时期。

1984年以后,世界航运市场摆脱了石油危机所带来的影响,开始走出低谷,集装箱运输又重新走上稳定发展的道路。我国集装箱的发展也非常迅速,近年来,我国内地十大集装箱的港口吞吐量如表6-1所示。

表6-1 2006—2010年中国内地十大集装箱港口吞吐量(单位:万TEU)

排　名	港　口	2010年	2009年	2008年	2007年	2006年
	全国总计	14 500	12 240	12 650	11 270	9 361
1	上海	2 907	2 500	2 800	2 615	2 172
2	深圳	2 251	1 825	2 140	2 110	1 847
3	宁波-舟山	1 314	1 120	1 122	935	707
4	广州	1 255	1 050	1 100	920	666
5	青岛	1 201	1 026	1 032	946	770
6	天津	1 008	870	850	710	595
7	厦门	582	468	503	463	402
8	大连	524	458	450	381	321
9	连云港	387	303	300	200	130
10	营口	334	254	203	137	101
	前10名总计	11 763	9 875	10 500	9 418	7 711

资料来源:中国交通运输部,中远研发中心。

(二) 集装箱运输的优点

集装箱运输具有多方面的优越性,主要体现在以下几方面:

(1) 提高装卸效率,减轻劳动强度;
(2) 减少货损货差,提高货物运输的安全与质量;
(3) 缩短货物的在途时间,加快车船的周转;
(4) 节省货物运输的包装,简化理货手续;
(5) 减少货物的运输费用;
(6) 推动包装的标准化;
(7) 有利于组织多种运输方式的联合运输。

(三) 集装箱的标准

为了有效地开展国际集装箱多式联运,必须强化集装箱标准化,应进一步做好集装箱标准化工作。集装箱标准按使用范围分,有国际标准、国家标准、地区标准和公司标准四种。

1. 国际标准集装箱

这是指根据国际标准化组织(ISO)第104技术委员会制订的国际标准来建造和使用的国际通用的标准集装箱。

集装箱标准化历经了一个发展过程。国际标准化组织 ISO/TC104 技术委员会自 1961 年成立以来,对集装箱国际标准作过多次补充、增减和修改。现行的国际标准为第 1 系列共 13 种,其宽度均一样(2 438 mm)、长度有四种(12 192 mm、9 125 mm、6 058 mm、2 991 mm)、高度有四种(2 896 mm、2 591 mm、2 438 mm、2 438 mm),如表 6-2 所示。

表 6-2 国际标准集装箱[①]

规 格	箱型	长度 L	宽度 W	高度 H	最大总重量/kg
3.0 m(10 ft)箱	ID	2.99 m(9 ft 9.75 in)	2.44 m(8 ft 0 in)	2.44 m(8 ft 0in)	10 160
	IDX			<2.44 m(8 ft 0in)	
6.1 m(20 ft)箱	IC	6.05 m (19 ft 10.25 in)	2.44 m(8 ft 0 in)	2.59 m(8 ft 6 in)	24 000
				2.44 m(8 ft 0in)	
	ICX			<2.44 m(8 ft 0in)	
9.1 m(30 ft)箱	1BBB	9.12 m(29 ft 11.25 in)	2.44 m(8 ft 0 in)	2.9 m(9 ft 6 in)	28 400
	1BB			2.59 m(8 ft 6 in)	
	1B			2.44 m(8 ft 0 in)	
	1BX			<2.44 m(8 ft 0 in)	
12.2(40 ft)箱	1AAA	12.2 m(40 ft 0 in)	2.44 m(8 ft 0 in)	2.9 m(9 ft 6 in)	30 480
	1AA			2.59 m(8 ft 6 in)	
	1A			2.44 m(8 ft 0 in)	

① 表中括号内的数字单位为英尺(ft)、英寸(in),其中:1 ft=0.3048 m,1 in=0.0254 m。

2. 国家标准集装箱

这是指各国政府参照国际标准并考虑本国的具体情况,而制订本国的集装箱标准。

我国现行国家标准《集装箱外部尺寸和额定重量》(GB1413-85)中集装箱各种型号的外部尺寸、极限偏差及额定重量,如表 6-3 所示。

表 6-3 我国现行集装箱标准

型号	高度 H		宽度 W		长度 L		总重/mm
	尺寸/mm	极限偏差/mm	尺寸/mm	极限偏差/mm	尺寸/mm	极限偏差/mm	
1AA	2591	0 −5	2438	0 −5	12192	0 −10	30480
1A	2438	0 −5	2438	0 −5	12192	0 −10	30480
1AX	<2438	0 −5	2438	0 −5	12192	0 −10	30480
1CC	2591	0 −5	2438	0 −5	6058	0 −6	20320
1C	2438	0 −5	2438	0 −5	6058	0 −6	20320
1CX	<2438	0 −5	2438	0 −5	6058	0 −6	20320
10D	2438	0	2438	0	4012	0	10000

3. 地区标准集装箱

此类集装箱标准,是由地区组织根据该地区的特殊情况制订的,此类集装箱仅适用于该地区。如根据欧洲国际铁路联盟(VIC)所制订的集装箱标准而建造的集装箱。

4. 公司标准集装箱

这是指某些大型集装箱船公司,根据本公司的具体情况和条件而制订的集装箱船公司标准。这类集装箱主要在该公司的运输范围内使用。如美国海陆公司的 35 ft 集装箱。

此外,目前世界还有不少非标准集装箱。如非标准长度集装箱,有美国海陆公司的 35 ft 集装箱、总统轮船公司的 45 ft 及 48 ft 集装箱;非标准高度集装箱,主要有 9 ft 和 9.5 ft 两种高度集装箱;非标准宽度集装箱有 8.2 ft 宽度集装箱等。由于经济效益的驱动,目前世界上 20 ft 集装箱总重达 24 ft 的越来越多,而且普遍受到欢迎。

(四) 集装箱的种类

常见的集装箱及其特征如表 6-4 所示。

表 6-4 常见的集装箱

箱 型	特 征
普通集装箱	又称干货集装箱(dry container),以装运件杂货为主,通常用来装运文化用品、日用百货、医药、纺织品、工艺品、化学制品、五金交电、电子机械、仪器及机器零件等。这种集装箱占集装箱总数的 70%~80%。
冷冻集装箱	分外置和内置式两种。温度可在 -28~26℃ 之间调整。内置式集装箱在运输过程中可随意启动冷冻机,使集装箱保持指定温度;而外置式则必须依靠集装箱专用车、船和专用堆尝车站上配备的冷冻机来制冷。这种箱子适合在夏天运输黄油、巧克力、冷冻鱼肉、炼乳、人造奶油等物品。
开顶集装箱	这种集装箱没有箱顶,可用起重机从箱顶上面装卸货物,装运时用防水布覆盖顶部,其水密要求和干货箱一样。适合于装载体积高大的物体,如玻璃板等。
框架集装箱	没有箱顶和两侧,其特点是从集装箱侧面进行装卸。以超重货物为主要运载对象,还便于装载牲畜,以及诸如钢材之类可以免除外包装的裸装货。
牲畜集装箱	这种箱子侧面采用金属网,通风条件良好,而且便于喂食。是专为装运牛、马等活动物而制造的特殊集装箱。
罐式集装箱	又称液体集装箱,是为运输食品、药品、化工品等液体货物而制造的特殊集装箱。其结构是在一个金属框架内固定上一个液罐。
平台集装箱	形状类似铁路平板车,适宜装超重超长货物,长度可达 6 m 以上,宽 4 m 以上,高 4.5 m 左右,重量可达 40 t。且两台平台集装箱可以联结起来,装 80 t 的货,用这种箱子装运汽车极为方便。
通风集装箱	箱壁有通风孔,内壁涂塑料层,适宜装新鲜蔬菜和水果等怕热怕闷的货物。
保温集装箱	箱内有隔热层,箱顶又有能调节角度的进出风口,可利用外界空气和风向来调节箱内温度,紧闭时能在一定时间内不受外界气温影响。适宜运对温湿度敏感的货物。
散装货集装箱	一般在顶部设有 2~3 个小舱口,以便装货。底部有升降架,可升高成 40° 的倾斜角,以便卸货。这种箱子适宜装粮食、水泥等散货。如要进行植物检疫,还可在箱内熏舱蒸洗。
散装粉状货集装箱	与散装箱基本相同,但装卸时使用喷管和吸管。
挂式集装箱	适合于装运服装类商品的集装箱。

随着国际贸易的发展,商品结构不断变化,今后还会出现各种不同类型的专用或多用集装箱。

二、集装箱货物的分类

1. 按照适箱化程度分类

根据集装箱货物运输的特点,并不是所有的货物都适合于集装箱化。按国际贸易分类的货物品目来划分,运输中所有的货物可归纳为近 60 种品目,最适合集装箱化的货物有 40 种,占总数的 2/3,其余的为边缘或不适合集装箱化的货物。集装箱货物按适箱化程度分类如表 6-5 所示。

表 6-5　集装箱货物按适箱化程度的分类

类　别	特　点	代表货物
最适合集装箱化的货物	指货价高,运价也比较高的商品。这些商品按其属性可有效地装载于集装箱内运输。货物的属性是指商品的大小、容积与重量的关系。	如针织品、酒、医药品、打字机、各种小型电器、光学仪器、电视机、收音机、小五金之类等。
适合集装箱化的货物	指货价、运费较最适合集装箱化的货物为低的商品。	如纸浆、天花板、电线、电缆、面粉、生皮、炭精、金属制品等。
边缘集装箱化的货物	这类货物是可用集装箱装载运输的商品。但其运价和货价都很低,用集装箱运输在经济上不合算。而该类货物的大小、重量、包装也难于集装箱化。	如钢锭、生铁、原木等。
不适合集装箱化的货物	这类货物是不能用集装箱装载运输的。而且,有的货物在大量运输时使用专用船反而能提高效率。	如废钢铁、大型卡车、桥梁、铁塔、发电机、钢铁结构物件等。

2. 按照集装箱货物的装箱数量和方式分类

根据集装箱货物装箱数量和方式分为整箱和拼箱两种,具体如表 6-6 所示。

表 6-6　集装箱货物按照装箱数量和方式分类

类　别	特　点
整箱货	整箱货(Full Container Load,FCL)是由发货人负责装箱、计数、积载并加铅封的货物。整箱货的拆箱,一般由收货人办理。但也可以委托承运人在货运站拆箱。可是承运人不负责箱内的货损、货差。除非货方举证确属承运人责任事故的损害,承运人才负责赔偿。承运人对整箱货,以箱为交接单位。只要集装箱外表与收货时相似和铅封完整,承运人就完成了承运责任。整箱货运提单上,要加上"委托人装箱、计数并加铅封"的条。
拼箱货	拼箱货(Less than Container Load,LCL)是整箱货的相对用语,指装不满一整箱的小票货物。这种货物,通常是由承运人分别揽货并在集装箱货运站或内陆站集中,而后将根据货类性质和目的地进行分类整理,把去同一目的地的两票或两票以上的货物拼装在一个集装箱内,同样要在目的地的集装箱货运站或内陆站拆箱分别交货。对于这种货物,承运人要负担装箱与拆箱作业,装拆箱费用仍向货方收取。承运人对拼箱货的责任,基本上与传统杂货运输相同。

三、集装箱货物的集散

集装箱货物的集散过程如图 6-1 所示。

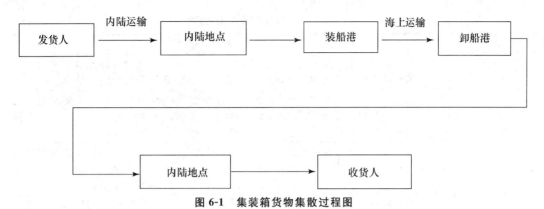

图 6-1 集装箱货物集散过程图

1. 整箱货流转过程

(1) 发货人在自己工厂或仓库装箱地点配置集装箱(使用承运人提供的集装箱或自备箱);

(2) 发货人在自己工厂或仓库装箱地点配货、装箱;

(3) 通过内陆运输,将集装箱货物运至集装箱码头;

(4) 根据堆场计划在堆场内暂存集装箱货物,等待装船;

(5) 根据装船计划,将集装箱货物装上船舶;

(6) 通过海上运输,将集装箱货物运抵卸船港;

(7) 根据卸船计划,从船上卸下集装箱货物;

(8) 根据堆场计划在堆场内暂存集装箱货物,等待收货人前来提货;

(9) 通过内陆运输,将集装箱货物运至收货人工厂或仓库;

(10) 收货人在自己工厂或仓库等掏箱地点掏箱并把集装箱空箱回运(货主自备箱除外)。

2. 拼箱货流转过程

(1) 发货人自己负责将货物运至集装箱货运站;

(2) 集装箱货运站负责备箱、配箱、装箱;

(3) 集装箱货运站负责将装载的集装箱货物运至集装箱码头;

(4) 根据堆场计划将集装箱货物暂存堆场,等待装船;

(5) 根据装船计划将集装箱货物装上船舶;

(6) 通过海上运输,将集装箱货物运抵卸船港;

(7) 根据卸船计划从船上卸下集装箱货物;

(8) 根据堆场计划将集装箱货物暂存堆场,等待集装箱货运站前来提箱;

(9) 集装箱货运站掏箱、交货;

(10) 集装箱空箱回运。

四、集装箱货物的交接方式

根据集装箱货物的交接地点不同,理论上可以通过排列组合的方法得到集装箱货物的交接方式为 16 种。这里仅介绍通常大家认识到的 9 种情况,其他情况可以根据以下内容推导,具体如表 6-7 所示。

表 6-7 集装箱货物的交接方式

交接方式	含 义
门到门(Door to Door)	指运输经营人由发货人的工厂或仓库接受货物,负责将货物运至收货人的工厂或仓库交付。在这种交付方式下,货物的交接形态都是整箱交接。
门到场(Door to CY)	指运输经营人在发货人的工厂或仓库接受货物,并负责将货物运至卸货港码头堆场或其内陆堆场,在集装箱堆场向收货人交付。在这种交接方式下,货物也都是整箱交接。
门到站(Door to CFS)	指运输经营人在发货人的工厂或仓库接受货物,并负责将货物运至卸货港码头的集装箱货运站或其在内陆地区的货运站,经拆箱后向各收货人交付。在这种交接方式下,运输经营人一般是以整箱形态接受货物,以拼箱形态交付货物。
场到门(CY to Door)	指运输经营人在码头堆场或其内陆堆场接受发货人的货物(整箱货),并负责把货物运至收货人的工厂或仓库向收货人交付(整箱货)。
场到场(CY to CY)	指运输经营人在装货港的码头堆场或其内陆堆场接受货物(整箱货),并负责运至卸货码头堆场或其内陆堆场,在堆场向收货人交付。
场到站(CY to CFS)	指运输经营人在装货港的码头堆场或其内陆堆场接受货物(整箱货),负责运至卸货港码头集装箱货运站或其在内陆地区的集装箱货运站,一般经拆箱后向收货人交付。
站到门(CFS to Door)	指运输经营人在装货港码头的集装箱货运站及其内陆的集装箱货运站接受货物(经拼箱后),负责运至收货人的工厂或仓库交付。在这种交接方式下,运输经营人一般是以拼箱形态接受货物,以整箱形态交付货物。
站到场(CFS to CY)	是指运输经营人在装货港码头或其内陆的集装箱货运站接受货物(经拼箱后),负责运至卸货港码头或其内陆地区的货场交付。在这种方式下货物的交接形态一般也是以拼箱形态接受货物,以整箱形态交付货物。
站到站(CFS to CFS)	是指运输经营人在装货港码头或内陆地区的集装箱货运站接受货物(经拼箱后),负责运至卸货港码头或其内陆地区的集装箱货运站,(经拆箱后)向收货人交付。在这种方式下,货物的交接方式一般都是拼箱交接。

五、集装箱进出口货运程序和单证

(一) 进出口货运程序

1. 订舱

发货人或货物托运人根据贸易合同或信用证有关条款的规定,在货物托运前一定的时间,填制订舱单,然后向船公司或其代理人,或其他运输经营人申请订舱。

2. 接受托运申请

船公司或其代理人,或其他运输经营人在决定是否接受发货人的托运申请时,首先应考虑其航线、港口、船舶、运输条件等能否满足发货人的要求。在接收托运申请后,应着手编制订舱清单,然后分送集装箱码头堆场集装箱货运站,据以安排空箱及办理货运交接。

3. 发放空箱

通常,集装箱货运的空箱由发货人到集装箱码头堆场领取,拼箱货运的空箱则由集装箱货运站负责领取,拼箱货装箱发货人将不足一整箱的货物交集装箱货运站,由货运站根据订舱清单的资料,核对场站收据装箱。

4. 拼箱货装箱

发货人将不足一整箱的货物交集装箱货运站,由货运站根据订舱清单的资料,核对场站收据装箱。

5. 整箱货交接

由发货人自行负责装箱并将海关封志的整箱货运至集装箱码头堆场,码头堆场根据订舱清单,核对场站收据及装箱单验收货物。

6. 集装箱的交接签证

集装箱码头堆场在验收货物和集装箱后,即在场站收据上签字,并将签署的场站收据交还给发货人,据此换取提单。

7. 换取提单

发货人凭经签署的场站收据,向负责集装箱运输的人或其代理换取提单,然后去银行结汇。

8. 装船

集装箱码头根据待装的货箱情况,制订出装船计划,待船舶靠泊后即行装船。

9. 海上运输

海上承运人对装船的集装箱负有安全运输、保管、照料的责任,并依据集装箱提单条款划分与货主之间的责任、权利、义务。

10. 卸船

集装箱码头根据装船港承运人代理寄来的有关货运单证制订出卸船计划,待船舶靠泊后即卸船。

11. 整箱货交付

如内陆运输由收货人自己负责安排,集装箱码头堆场根据收货人出具的提货单将货箱交收货人。

12. 拼箱货交付

集装箱货运站在掏箱后,根据收货人出具的提货单将货物交收货人。

13. 空箱回运

收货人和集装箱货运站在掏箱完毕后,应及时将空箱回运至集装箱码头堆场。

(二) 进出口主要货运单证

1. 订舱单

订舱单是承运人或其代理人在接受发货人或货物托运人的订舱时,根据发货人的口头或书面申请货物托运的情况据以安排集装箱货物运输而制订的单证。该单证一经承运人确认,便作为承、托双方订舱的凭证。

2. 装箱单

集装箱装箱单是详细记载集装箱和货物名称、数量等内容的单据,每个载货的集装箱都要制作这样的单据,它是根据已装进集装箱内的货物制作的。不论是由货主装箱,还是由集装箱货运站负责装箱,集装箱装箱单是详细记载每个集装箱内所装货物情况的唯一单据。所以,在以集装箱为单位进行运输时,这是一张极其重要的单据,集装箱装箱单的主要作用有以下几个。

(1) 在装货地点作为向海关申报货物出口的代用单据;

(2) 作为发货人、集装箱货运站与集装箱码头堆场之间货物的交接单;

(3) 作为向承运人通知集装箱内所装货物的明细表;

(4) 在进口国、途经国家作为办理保税运输手续的单据之一;

(5) 单据上所记载的货物与集装箱的总重量是计算船舶吃水差、稳性的基本数据。因此,装箱单内容记载准确与否,对保证集装箱货物的安全运输有着密切的关系。

3. 场站收据(码头收据、港站收据)

集装箱场站收据(如图 6-2 所示)一般都由发货人或其代理人根据公司已制定的格式填制并跟随货物起运至集装箱码头堆场,由接受货物人在收据人处签字后交还给发货人,证明托运的货物已收到。

▽ Shipper(发货人) Nos.	D/R No.(编号)
Consignee(收货人)	场站收据 DOCK RECEIPT
Notify Party(通知人)	Received by the Carrier the Totailumber of containers or other packages of units stated below to be transported subject to the terms and conditions of the Carrier's regular form of Bill of Lading (for Combined Transport of Port to Port Shipment) which shall be deemed to be incorporated herein. Date(日期):
Pre-carriage by(前程运输) Place of Receipt(收货地点)	
Ocean Vessel(船名) Voy.No.(航次) Port of Loadling(装货港)	
	场站章
Port of Discharge(卸货港) Place of Delivery(交货地点)	Final Destination for the Merchan's Reference(目的地)

Particulars Furnis Lsed by Merchants (托运人提供详细情况)					
Container No. (集装箱号)	Seal No.(封志号) Marks & Nos. (标记与号码)	No. of containers or PKGS (箱数或件数)	Kind of Packages: Description of Goods (包装种类与货名)	Gross Weight 毛重/千克	Measurement 尺码/立方米
TOTAL NUMBER OF CONTAINERS OR PACKAGES(IN WORDS) 集装箱数或件数合计(大写)					

	Container No.(箱号) Seal No.(封志号) Pkgs(件数) Container No.(箱号) Seal No.(封志号) Pkgs(件数)			
FREIGHT & CHARGES	Received(实收)		By Terminal Clerk.(场站员签字)	
	Prepaid at(预付地点)	Payablceat(到付地点)	Place of Issue(签发地点)	
	Total Prepaid(预付总额)	No of Original B(s)/L(正本提单份数)	BOOKING(订舱确认) APPROVED BY	
	Service Type on Receiving □-CY □-CFS. □-DOOR	Service Type on Delivery □-CY,□-CFS,□-DOOR	Reefer Temperature Required (冷藏温度)	°F ℃
TYPE OF GOODS (种类)	□ Ordinary.(普通) □ Reefer.(冷藏)	□ Dangerous.(危险品)	□ Auto.(裸装车辆)	危险品	Class Property IMDG Code page: UN No.
	□ Liquid.(液体) □ Live Animal.(活动物)	□ Bulk.(散货)			

图 6-2 集装箱场站收据

进码头堆场时,码头堆场的工作人员与用箱人、运箱人就设备收据上共同审核的内容有:

(1) 集装箱、机械设备归还日期、时间;
(2) 集装箱、机械设备归还时外表状况;
(3) 集装箱、机械设备归还人名称、地址;
(4) 整箱货交箱货主名称、地址;
(5) 进堆场目的;
(6) 拟装船舶的船名、航次、航线、卸箱港。

4. 集装箱提单

集装箱提单是指为装运集装箱所签发的提单。集装箱提单是集装箱货物运输下主要的货运单据,负责集装箱运输的经营人或其代理人,在收到集装箱货物后而签发给托运人的提单。它与普通货物提单的作用和法律效力基本相同,但也有其特点,如下所示。

(1) 由于集装箱货物的交接地点不同,一般情况下,由集装箱堆场或货运站在收到集装箱货物后签发场站收据,托运人以此换取集装箱提单结汇。

(2) 集装箱提单的承运人责任有两种:一是在运输的全过程中,各段承运人仅对自己承担的运输区间所发生的货损负责;二是多式联运经营人对整个运输承担责任。

(3) 集装箱内所装货物,必须在条款中说明。因为有时由发货人装箱,承运人不可能知道内装何物,一般都有"Said to Contain"条款,否则损坏或灭失时整个集装箱按一件赔偿。

(4) 提单内说明箱内货物数量、件数,铅封是由托运人来完成的,承运人对箱内所载货物的灭失或损坏不予负责,以保护承运人的利益。

(5) 在提单上不出现"On Deck"字样。

(6) 集装箱提单上没有"装船"字样,它们都是收讫待运提单,而提单上却没有"收讫待运"字样。

5. 设备交接单

集装箱设备交接单(Equipment Interchange Receipt)(如图 6-3 所示),简称设备交接单(Equipment Receipt,E/R),是进出港区、场站时,用箱人、运箱人与管箱人或其代理人之间交接集装箱和特殊集装箱及其设备的凭证;是拥有和管理集装箱的船公司或其代理人与利用集装箱运输的陆运人签订有关设备交接基本条件的协议(Equipment Interchange Agreement)。当集装箱或机械设备在集装箱码头堆场或货运站借出或回收时,由码头堆场或货运站制作设备交接单,经双方签字后,作为两者之间设备交接的凭证。一份交接单总共六联,分 IN、OUT(进场联和出场联)各三联。

集装箱设备交接单分进场和出场两种,交接手续均在码头堆场大门口办理。出码头堆场时,码头堆场工作人员与用箱人、运箱人就设备交接单上的以下主要内容共同进行审核:用箱人名称和地址,出堆场时间与目的,集装箱箱号、规格、封志号以及是空箱还是重箱,有关机械设备的情况,是正常还是异常等。进码头堆场时,码头堆场的工作人员与用箱人、运箱人就设备交接单上的下列内容共同进行审核:集装箱、机械设备归还日期、具体时间及归还时的外表状况,集装箱、机械设备归还人的名称与地址,进堆场的目的,整箱货交箱货主的名称和地址,拟装船的船次、航线、卸箱港等。

上海中远国际货运有限公司
COSCO SHANGHAI INTERNATIONAL FREIGHT CO., LTD.   OUT 出场
集装箱发放/设备交接单
EQUIPMENT INTERCHANGE RECEIPT

NO.

用箱人/运箱人(CONTAINER USER/HAULIER)			提箱地点(PLACE OF DELIVERY)	
发往地点(DELIVERED TO)			返回/收箱地点(PLACE OF RETURN)	
航名/航次(VESSEL/NOYAGE NO.)	集装箱号(CONTAINER NO.)	尺寸/类型(SIZE/TYPE)	营运人(CNTR. OPTR.)	
提单号(B/L NO.)	铅封号(SEAL NO.)	免费期限(FREE TIME PERIOD)	运载工具牌号(TRUCK, WAGON, BARGE NO.)	
出场目的/状态(PPS OF GATE-OUT/STATUS)		进场目的/状态(PPS OF GATE-IN/STATUS)	出场日期(TIME-OUT)	
			月 日 时	

出场检查记录(INSPECTION AT THE TIME OF INTERCHANGE)

普通集装箱(GP CONTAINER)	冷藏集装箱(RF CONTAINER)	特种集装箱(SPECIAL CONTAINER)	发电机(GEN SET)
□正常(SOUND) □异常(DEFECTIVE)	□正常(SOUND) □异常(DEFECTIVE)	□正常(SOUND) □异常(DEFECTIVE)	□正常(SOUND) □异常(DEFECTIVE)

损坏记录及代号(DAMAGE & CODE)　BR 破损(BROKEN)　D 凹损(DENT)　M 丢失(MISSING)　DR 污箱(DIRTY)　DL 危标(DG LABEL)

左侧(LEFT SIDE)　右侧(RIGHT SIDE)　前部(FRONT)　集装箱内部(CONTAINER INSIDE)

顶部(TOP)　底部(FLOOR BASE)　箱门(REAR)　如有异状,请注明程度及尺寸(REMARK)

除列明者外,集装箱及集装箱设备交接时完好无损,铅封完整无误。
THE CONTAINER/ASSOCIATED EQUIPMENT INTERCHANGED IN SOUND CONDITION AND SEAL INTACT UNLESS OTHERWISE STATED.

用箱人/运箱人签署　　　　　　　　　　码头/堆场值班员签署
(CONTAINER USER/HAULIER'S SIGNATURE)　(TERMINAL/DEPOT CLERK'S SIGNATURE)

图 6-3　上海中远国际货运有限公司集装箱设备交接单

知识点二 航空货物运输方式

航空货物运输方式主要包括班机运输(Scheduled Airline)、包机运输(Chartered Carrier)、集中托运和航空快递四种方式。

一、班机运输

所谓班机运输是指在固定航线上定期航行的航班。班机运输一般有固定的始发站、到达站和经停站。班机运输主要有以下特点。

(1) 迅速准确。班机由于固定航线、固定停靠港和定期开飞航,因此国际货物流通多使用班机运输方式,能安全迅速地到达世界上各通航地点。

(2) 方便货主。便利收、发货人可确切掌握货物起运和到达的时间,这对市场上急需的商品、鲜活易腐货物以及贵重商品的运送是非常有利的。

(3) 舱位有限。班机运输一般是客货混载,因此舱位有限,不能使大批量的货物及时出运,往往需要分期分批运输。这是班机运输不足之处。

二、包机运输

包机人为一定的目的包用航空公司的飞机运载货物的形式称为包机运输。

(一) 包机运输的种类

包机运输有整包机和部分包机两种情况,具体特征如表6-8所示。

表6-8 包机运输的种类

类型	特征
整包机	① 即包租整架飞机,指航空公司按照与租机人事先约定的条件及费用,将整架飞机租给包机人,从一个或几个航空港装运货物至目的地。 ② 包机人一般要在货物装运前一个月与航空公司联系,以便航空公司安排运载和向起降机场及有关政府部门申请、办理过境或入境的有关手续。 ③ 包机的费用:一次一议,随国际市场供求情况变化。原则上包机运费,是按每一飞行公里固定费率核收费用,并按每一飞行公里费用的80%收取空放费。因此,大批量货物使用包机时,均要争取来回程都有货载,这样费用比较低。只使用单程,运费比较高。
部分包机	① 由几家航空货运公司或发货人联合包租一架飞机或者由航空公司把一架飞机的舱位分别卖给几家航空货运公司装载货物,这就是部分包机。常运用于托运不足一整架飞机舱位,但货量又较重的货物运输。 ② 部分包机与班机的比较。 ● 时间比班机长,尽管部分包机有固定时间表,往往因其他原因不能按时起飞; ● 各国政府为了保护本国航空公司利益常对从事包机业务的外国航空公司实行各种限制。如包机的活动范围比较狭窄,降落地点受到限制。需降落非指定地点外的其他地点时,一定要向当地政府有关部门申请,同意后才能降落(如申请入境、通过领空和降落地点)。

(二) 包机运输的优缺点

包机运输的优缺点如表6-9所示。

表 6-9 包机运输的优缺点

优点	① 解决班机舱位不足的矛盾； ② 货物全部由包机运出，节省时间和多次发货的手续； ③ 弥补没有直达航班的不足，且不用中转； ④ 减少货损、货差或丢失的现象； ⑤ 在空运旺季缓解航班紧张状况； ⑥ 解决海鲜、活动物的运输问题。
缺点	① 部分包机运送时间长； ② 往返计收运费，回程放空风险高； ③ 跨国运输审批手续繁琐。

三、集中托运

集中托运指集中托运人(Consolidator)将若干批单独发运的货物组成一整批，向航空公司办理托运，采用一份航空总运单(Master Airway Bill)集中发运到同一目的站，由集中托运人在目的地指定的代理收货，再根据集中托运人签发的航空分运单(House Airway Bill)分拨给各实际收货人的运输方式，也是航空货物运输中开展最为普遍的一种运输方式，是航空货运代理的主要业务之一。

（一）集中托运的特征

（1）由于航空运费的费率随托运货物数量增加而降低，所以当集中托运人将若干个小批量货物组成一大批出运时，能够争取到更为低廉的费率。

（2）集中托运人的专业性服务也会使托运人收益，这包括完善的地面服务网络，拓宽的服务项目，以及更高的服务质量。

（3）因为航空公司的主运单与集中托运人的分运单效力相同，集中托运形式下托运人结汇的时间提前，资金的周转加快。

（二）集中托运的优点

（1）节省运费。航空货运公司的集中托运运价一般都低于航空协会的运价。发货人可得到低运价，从而节省费用。

（2）提供方便。将货物集中托运，可使货物到达航空公司到达地点以外的地方，延伸了航空公司的服务，方便了货主。

（3）提早结汇。发货人将货物交与航空货运代理后，即可取得货物分运单，可持分运单到银行尽早办理结汇。

（三）集中托运的局限性

（1）贵重物品、活动物、危险品、外交信袋等，根据航空公司的规定不得采用集中托运的形式。

（2）由于集中托运的情况下，货物的出运时间不能确定，所以不适合易腐烂变质的货物、紧急货物或其他对时间要求高的货物的运输。

（3）对于能够享受航空公司特种货物运价和等级货物运价的部分货物来讲，采用集中托运的方式不仅不能够享受到运费的节省,而且有可能导致托运人的负担加重。

(4) 目的地相同或临近的可以办理,如同一国家或地区,其他则不宜办理。例如,不能把去日本的货发到欧洲。

(四) 集中托运的业务流程

办理集中托运大致可以包括以下几个步骤,其流程如图 5-6 所示。

(1) 将每一票货物分别制作航空运输分运单,即出具货运代理单;
(2) 将所有货物区分方向,按照目的地相同的将同一国家、同一城市的集中,制作出航空公司的总(主)运单;
(3) 打制出总运单下的货物清单,即总运单下有几个分运单及其号码,各自的件数、数量等;
(4) 把总运单和货物清单作为一票货物交给航空公司;
(5) 货物到达目的机场以后,当地的货运代理公司为实际收货人代为报关,办理有关接货、送货事宜;
(6) 实际收货人在分运单上签收以后,目的地的货运代理公司以此向起运发货地货运代理公司反馈到货信息。

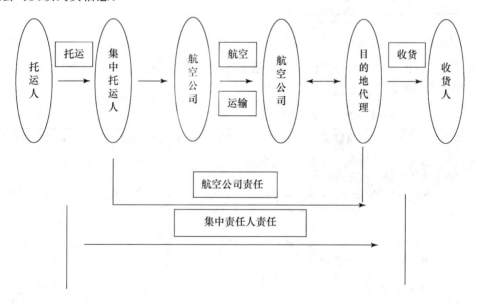

图 6-4　集中托运流程图

四、航空快递

所谓航空快递是指"具有独立法人资格的企业将进出境的货物或物品从发件人所在地通过自身或代理的网络运达收件人的一种快速运输方式"。

(一) 航空快递的主要业务形式

航空快递的主要业务形式如表 6-10 所示。

表 6-10　航空快递的主要业务形式

业务形式	含　义	对　比
门/桌到门/桌 (Door/Desk to Door/Desk)	是航空快递公司最常用的一种服务形式。首先由发件人在需要时电话通知快递公司,快递公司接到通知后派人上门取件,然后将所有收到的快件集中到一起,根据其目的地分拣、整理、制单、报关、发往世界各地;到达目的地后,再由当地的分公司办理清关、提货手续,并送至收件人手中。在这期间,客户还可依靠快递公司的电脑网络随时对快件(主要指包裹)的位置进行查询,快件送达之后,也可以及时通过电脑网络将消息反馈给发件人。	三种服务形式相比,门/桌到机场形式对客户来讲比较麻烦;专人派送最可靠,最安全,同时费用也最高。而门/桌到门/桌的服务介于上述两者之间,适合绝大多数快件的运送。
门/桌到机场 (Door/Desk to Airport)	与前一种服务方式相比,门/桌到机场的服务指快件到达目的地机场后不是由快递公司去办理清关、提货手续并送达收件人的手中,而是由快递公司通知收件人自己去办理相关手续。采用这种方式的多是海关当局有特殊规定的货物或物品。	
专人派送(Courier on board)	所谓专人派送,是指由快递公司指派专人携带快件在最短时间内将快件直接送到收件人手中。这是一种特殊服务,一般很少采用。	

(二) 航空快递的特点

航空快递在很多方面与传统的航空货运业务、邮政运送业务有相似之处,但作为一项专门的业务它又有独到之处,三者的区别如表 6-11 所示。

表 6-11　航空快递、传统的航空货运业务、邮政运送业务的区别

区　别	航空快递	传统的航空货运业务	邮政运送业务
收件的范围不同	主要有文件和包裹两大类。其中文件主要是指商业文件和各种印刷品,对于包裹一般要求毛重不超过 32 kg(含 32 kg)或外包装单边不超过 102 cm,三边相加不超过 175 cm。近年来,随着航空运输行业竞争更加激烈,快递公司为吸引更多的客户,对包裹大小的要求趋于放松。	以贸易货物为主,规定每件货物体积不得小于 5 cm×10 cm×20 cm。	以私人信函为主要业务对象,对包裹要求每件重量不超过 20 kg,长度不超过 1 m。
经营者不同	经营国际航空快递的大多为跨国公司,这些公司以独资或合资的形式将业务深入世界各地,建立起全球网络。航空快件的传送基本都是在跨国公司内部完成。	主要采用集中托运的形式,或直接由发货人委托航空货运代理人进行,货物到达目的地后再通过发货地航空货运代理人的关系人代为转交货物到收货人的手中。业务中除涉及航空公司外,还要依赖航空货运代理人的协助。	通过万国邮政联盟的形式在世界上大多数国家的邮政机构之间取得合作,邮件通过两个以上国家邮政当局的合作完成传送。

(续表)

区别	航空快递	传统的航空货运业务	邮政运送业务
经营者内部的组织形式不同	大多都采用中心分拨理论或称转盘分拨理论组织起全球的网络。简单来讲就是快递公司根据自己业务的实际情况在中心地区设立分拨中心（Hub）。由于中心分拨理论减少了中间环节，快件的流向简单清楚，减少了错误，提高了操作效率，缩短了运送时间，被事实证明是经济、有效的。	与航空公司和航空货运代理的合作完成。	邮政运输的传统操作理论是接力式传送。
使用的单据不同	有自己的独特的运输单据——交付凭证（Proof of Delivery，POD）。交付凭证一式四份：第一联留在始发地并用于出口报关；第二联贴附在货物表面，随货同行；第三联作为快递公司内部结算的依据；第四联作为发件凭证留存发件人处。	航空运单	包裹单

相对而言，航空快递的服务质量更高，这主要体现在：速度更快，更加安全、可靠，更方便。当然，航空快递同样有自己的局限性。如快递服务所覆盖的范围就不如邮政运输广泛。国际邮政运输综合了各国的力量，可以这样说有人烟的地方就有邮政运输的足迹，但航空快递毕竟是靠某个跨国公司的一己之力，所以各快递公司的运送网络只能包括那些商业发达、对外交流多的地区。

知识点三 航空货物运输作业流程

在航空运输中，托运人可以采用委托航空运输代理人运输或直接委托航空公司运输两种方式。对于航空进出口的整个流程我们可以分别从两个方面来研究，即国际货物运输的出口业务流程包括航空货物出口运输代理业务程序和航空公司出港货物的业务操作程序两个环节。国际货物运输的进口业务流程包括航空公司进港货物的操作程序和航空货物进口运输代理业务程序。

一、航空货物出口运输代理业务流程

航空货物出口运输代理业务程序由以下若干环节构成：接受托运人委托运输；审核单证；接收货物；填制货运单；拴挂标签；预配、预订舱位；出口报关；出仓单提箱、装板；签单、交接发运；航班跟踪信息服务；费用结算。

（一）市场销售

货代企业需及时向出口单位介绍本公司的业务范围、服务项目、各项收费标准，特别是向出口单位介绍本公司的优惠运价和服务优势等。作为航空运输销售的代理人，其销售的产品就是航空公司的舱位，为此要寻求适合空运的货源。航空公司根据实际情况安排航班和舱位。

航空公司舱位销售的原则：① 保证有固定舱位配额的货物；② 保证邮件、快件舱位；③ 优先预定运价较高的货物舱位；④ 保留一定的零散货物舱位；⑤ 未订舱的货物按交运时间的先后顺序安排舱位。

(二) 委托运输

1. 航空运输对托运货物的要求

航空运输对托运货物的要求如表 6-12 所示。

表 6-12 航空运输对托运货物的要求

要求	具体规定
一般要求	托运人托运的货物应是国家准许航空运输的货物;托运政府限制运输以及需要向公安、检疫等部门办理手续的货物,应附有有效证明;托运的货物不致危害飞机、人员、财产的安全,不致烦扰旅客。
货物的包装	货物的包装应符合航空运输的要求,包装应符合所装货物的特性,严禁使用草袋包装和草绳捆扎;托运人应当在每件货物的外包装上标打货物的发站、到站,收、发货人的单位、姓名、地址等运输标记,按规定粘贴或拴挂承运人的货物运输标签和航空运输指示标签。
货物的重量和尺寸	托运人托运的单件货物重量一般不超过 80 kg,宽体飞机不超过 250 kg;包装尺寸一般不超过 40 cm×60 cm×100 cm,宽体飞机不超过 100 cm×100 cm×140 cm,单件货物包装的长、宽、高之和不得小于 40 cm,且最小的一边长不得小于 5 cm。超过上述重量和尺寸的货物,需征得承运人同意。
其他要求	① 急件货物应经承运人同意,预先订妥航班、日期并按规定支付运费。 ② 未经中国民用航空总局特殊批准,承运人不得承运对人体、动植物有害的菌种、带菌培养基等生物制品。 ③ 托运活体动物,托运人应提供当地县级及县级以上动植物检疫部门出具的免疫注射证明和动物检疫证书;属于国家保护的动物,还需提供有关部门出具的准运证明;属于市场管理范围的动物,需有市场管理部门出具的证明。 ④ 托运人托运鲜活易腐物品应说明最长允许运输时限和储运注意事项,运输时限应不少于 24 小时。 ⑤ 危险物品的运输必须遵守《危险化学品安全管理条例》和民航总局有关危险物品航空运输的管理规定。 ⑥ 超过 1 000 美元或等值货币的贵重物品、毛重价值在人民币 2 000 元/kg 以上的物品,托运时托运人应提供保险公司的证明,并应预先订妥航班、日期。其包装应用坚固严密的包装箱包装,外加"井"字形金属包装带,接缝处必须有封志。

2. 托运书的填写

国际货物托运书(Shipper's Letter of Instruction,样单见表 6-14)是指国际航空运输货物委托他人办理托运的单据。关于国际货物托运书的填写规定如下。

(1) 根据统一国际航空运输某些规则的公约(《华沙公约》)第六条第一款和第五款的规定,货运单应由托运人填开,但也可委托承运人或其代理人代替填开。

(2) 在实际工作中由于种种原因,托运人往往不能亲自填开货运单和亲自在货运单上签字,因此就必须使用国际货物托运书,委托承运人或其代理人或航空货运代理代替填开货运单,并代表托运人在货运单上签字。

(3) 托运书是托运人对所运货物的有关情况的说明,被委托人可凭以填制航空运单。托运书应包括下列内容栏:托运人、收货人、始发站机场、目的地机场、要求的路线/申请订舱、供运输用的声明价值、供海关用的声明价值、保险金额、处理事项、货运单所附文件、实际毛重、运价类别、计费重量、费率、货物的品名及数量、托运人签字、日期等。部分内容的填写要求如表 6-13 所示。

表 6-13　国际货物托运单的填写要求

内　　容	填　写　要　求
出发站、到达站	填写出发站和到达站的全称。
收货人、托运人的姓名、单位、地址、邮政编码和电话	填写单位或个人全名、详细地址、邮政编码、电话。保密单位应写邮政信箱号码或单位代号。
件数	填写实际的件数及包装种类。
货物品名及包装	填写货物的具体品名而非表示货物类别的笼统名称以及包装材料。
储运注意事项	填写货物特性和储运注意事项，如"易碎"、"防潮"等；货物到达后的提取方式；个人托运物品的详细内容和数量等。
其他	填制货运单后，如遇运价调整，运费多不退、少不补。托运人如有异议，可将货物退运，按新运价重新托运。

（4）上述内容要求正确无误，否则凭以填制的航空运单因内容不实或差错而造成承运人或其他人损失时，仍将由托运人自行负责。

表 6-14　中国国际航空公司国际货物托运书

中国国际航空公司

(AIRCHINA)

国际货物托运书　　　　　　　　　货运单号码

SHIPPER'S LETTER OF INSTRUCTION NO. OF AIR WAY BILL

托运从姓名及地址 SHIPPER'S NAME AND ADDRESS	托运人账号 SHIPPER'S ACCOUNT NUMBER	供承运人用 FOR CARRIER USE ONLY	
		航班/日期 FLIGHT/DAY	航班/日期 FLIGHT/DAY
收货人姓名及地址 CONSIGNEE'S NAME AND ADDRESS	收货人账号 CONSIGNEE'S ACCOUNT NUMBER	已预留吨位 BOOKED	
代理人的名称和城市 Issuing Carrier's Agent Name and City		运费 CHARGES	
		ALSO notify:	
始发站 AIRPORT OF DESTINATION			
到达站 AIRPORT OF DESTINATION			
托运人声明价值 SHIPPER'S DECLARED VALUE			
供运输用 FOR CARRIAGE	供海关用 FOR CUSTOMS	保险金额 AMOUNT OF INSURANCE	所附文件 DOCUMENTS TO ACCOMPANY AIR WAYBILL
处理情况（包括包装方式、货物标志及号码等） HANDLING INFORMATION (INCL. METHOD OF PACKING IDENTIFYING MARKS AND NUMBERS. ETC.)			

(续表)

件数 NO. OF PACKAGES	实际毛重千克(公斤) ACTUAL CROSS WEIGHT(kg)	运价类别 RATE CLASS	收费重量千克(公斤) CHARGEABLE WEIGHT(kg)	费率 RATE/CHARGE	货物品名及数量(包括体积或尺寸) NATURE AND QUANTITY OR GOODS (INCL. DIMENSIONS OF VOLUME)

托运人证实以上所填全部属实并愿遵守承运人的一切载运章程。
THE SHIPPER CERTIFIES THAT THE PARTICULARS ON THE FACE HEREOF ARE CORRECT AND AGEES TO THE CONDITIONS OF CARRIAGE OF THE CARRIER

托运人签字　　　　　　　　　　日　期　　　　经手人　　　　　日　期
SIGNATURE OF SHIPPER　　　　DATE　　　　AGENT　　　　DATE

（三）审核单证

单证应包括：发票、装箱单、托运书、报送单项式、外汇核销单、许可证、商检证、进料/来料加工核销本、索赔/返修协议、到会保函、关封。

（四）预配舱

代理人汇总所接受的委托和客户的预报，并输入电脑，计算出各航线的件数、重量、体积，按照客户的要求和货物重或轻泡情况，根据各航空公司不同机型对不同板箱的重量和高度要求，制定预配舱方案，并对每票货配上运单号。

（五）预订舱

代理人根据所指定的预配舱方案，按航班、日期打印出总运单号、件数、重量、体积，向航空公司预订舱。

（六）接受单证

接受托运人或其代理人送交的已经审核确认的托运书及报送单证和收货凭证。将收货记录与收货凭证核对，制作操作交接单，填上所收到的各种报关单证份数，给每份交接单配一份总运单或分运单。将制作好的交接单、配好的总运单或分运单、报关单证移交制单。

（七）填制货运单

航空货运单，又称为航空运单，包括总运单和分运单，填制航空货运单的主要依据是发货提供的国际货物托运单(有的称为"国际货物委托书")，托运单上的各项内容都应体现在货运单项式上，一般用英文填写。

1. 航空运单的性质、作用

航空运单(Airway Bill)是由承运人或其代理人签发的重要的货物运输单据，是承托双方的运输合同，其内容对双方均具有约束力，航空运单和海运提单不同，它不是物权凭证，航空运单不可转让。

(1) 航空运单是发货人与航空承运人之间的运输合同。

(2) 航空运单是承运人签发的已接收货物的证明。

(3) 航空运单是承运人据以核收运费的账单。

(4) 航空运单是报关单证之一。

(5) 航空运单同时可作为保险证书。

(6) 航空运单是承运人内部业务的依据。

2. 航空运单的分类

航空运单包括航空主运单和航空分运单,具体内容如表 6-15 所示。

表 6-15　航空运单的分类

航空主运单(Master Airway Bill,MAWB)	凡是由航空运输公司签发的航空运单就称为主运单。它是航空运输公司据以办理货物运输和交付的依据,是航空公司和托运人订立的运输合同;每一批航空运输的货物都有自己相对应的航空主运单,如表 6-16 所示。
航空分运单(House Air Waybill,HAWB)	集中托运人在办理集中托运业务时签发的航空运单被称作航空分运单。在集中托运的情况下,除了航空运输公司签发主运单外,集中托运人还要签发航空分运单,如表 6-17 所示。

表 6-16　中国民航航空主运单

表 6-17 中外运空运发展股份有限公司国际航空分运单

3. 航空运单的内容

航空运单也有正面、背面条款之分,不同的航空公司也会有自己独特的航空运单格式。航空公司所使用的航空运单则大多借鉴 IATA 所推荐的标准格式,差别并不大。航空运单的主要内容包括:

(1) 收发货人名称及地址;

(2) 签单承运人的代理人及城市;

(3) 起航机场、指定航线和目的地机场;

(4) 会计结算情况;

(5) 费用币制;

(6) 供运输使用的申明价值;

(7) 供海关使用的申明价值;

(8) 商品名称、包装件数、毛重;

(9) 费率及运费总额;

(10) 发货人或代理人签名;

(11) 承运人或其代理签字及签发运单日期、地点。

(八) 接受货物

接收货物,是指航空货运代理公司把即将发运的货物从发货人手中接过来并运送到自己的仓库。

接收货物一般与接单同时进行。对于通过空运或铁路从内地运往出境地的出口货物,货运代理按照发货提供的运单号、航班号及接货地点日期,代其提取货物。如货物已在始发地办理了出口海关手续,发货人应同时提供始发地海关的关封。

接货时应对货物进行过磅和丈量,并根据发票、装箱单或送货单清点货物,和对货物的数量、品名、合同号或唛头等是否与货运单上所列一致。

根据有关规定,航空公司或者航空货运代理人收货时,一般应符合下列条件。

1. 根据空运企业的规定,托运人交运的货物须符合有关始发、中转和到达国家的法令和规定以及航空公司的一切运输规章。

2. 凡是中国及有关国家政府和空运企业规定禁运的物品,航空公司不予收运。

3. 货物的包装、重量和付款方式等必须符合航空公司的有关规定。

4. 价值限制

(1) 每批货物(即每份货运单)的声明价值不得超过人民币 20 万元(未声明价值的,按毛重每公斤人民币 38 元计算价值)。超过时,应经航空公司同意方可收运。

(2) 每次班机载运的货物总价值不得超过 600 万美元(或等值其他货币)。

(3) 计算每次班机装载的货物总价值时,应把办理声明价值的和未办理声明价值的货物都包括在内。如超过时,应分开由几次班机载运。

(九) 标记和标签

(1) 标记。包括托运人、收货人的姓名、地址、联系电话、传真;合同号等;操作(运输)注意事项;单件超过 150 公斤的货物。

(2) 标签。航空公司标签上三位阿拉伯数字代表所承运航空公司的代号,后八位数字是总

运单号码。分标签是代理公司对出具分标签的标识,分标签上应有分运单号码和货物到达城市或机场的三字代码。一件货物贴一张航空公司标签,有分运单的货物,再贴一张分标签。

（十）配舱

核对货物的实际件数、重量、体积与托运书上预报数量的差别。对预订舱位、板箱的有效利用、合理搭配,按照各航班机型,板箱型号、高度、数量进行配载。

（十一）订舱

接到发货人的发货预报后,向航空公司吨控部门领取并填写订舱单,同时提供相应的信息:货物的名称、体积、重量、件数,运送的目的地,要求出运的时间等。航空公司根据实际情况安排舱位和航班。货运代理订舱时,可依照发货人的要求选择最佳的航线和承运人,同时为发货人争取最低、最合理的运价。订舱后,航空公司签发舱位确认书(舱单),同时给予装货集装器领取凭证,以表示舱位订妥。

（十二）出口报关

首先将发货人提供的出口货物报关单的各项内容输入电脑,即电脑预录入。在通过电脑填制的报关单上加盖报关单位的报关专用章;然后将报关单与有关的发票、装箱单和货运单综合在一起,并根据需要随附有关的证明文件;以上报关单证齐全后,由持有报关证的报关员正式向海关申报;海关审核无误后,海关官员即在用于发运的运单正本上加盖放行章,同时在出口收汇核销单和出口报关单上加盖放行章,在发货人用于产品退税的单证上加盖验讫章,粘上防伪标志;完成出口报关手续。

（十三）出舱单

配舱方案制定后就可着手编制出舱单。需要填写出舱单的日期、承运航班的日期、装载板箱形式及数量、货物进仓顺序编号、总运单号、件数、重量、体积、目的地三字代码和备注。

（十四）提板箱

向航空公司申领板、箱并办理相应的手续。提板、箱时,应领取相应的塑料薄膜和网。对所使用的板、箱要登记、消号。

（十五）货物装箱装板

注意事项:不要用错集装箱、集装板,不要用错板型、箱型;不要超装箱板尺寸;要垫衬,封盖好塑料纸,防潮、防雨淋;集装箱、板内货物尽可能配装整齐,结构稳定,并拉紧网索,防止运输途中倒塌;对于大宗货物、集中托运货物,尽可能将整票货物装一个或几个板、箱内运输。

（十六）签单

货运单在盖好海关放行章后还需要到航空公司签单,只有签单确认后才允许将单、货交给航空公司。

（十七）交接发运

交接是向航空公司交单交货,由航空公司安排航空运输。交单就是将随机单据和应有承运人留存的单据交给航空公司。随机单据包括第二联航空运单正本、发票、装箱单、产地证明、品质鉴定证书。

交货即把与单据相符的货物交给航空公司。交货前必须粘贴或拴挂货物标签,清点和核对货物,填制货物交接清单。大宗货、集中托运货,以整板、整箱称重交接。零散小货按票称重,计年交接。

(十八) 航班跟踪

需要联程中转的货物,在货物运出后,要求航空公司提供二程、三程航班中转信息,确认中转情况。及时将上述信息反馈给客户,以便遇到有不正常情况时可以及时处理。

(十九) 信息服务

从多个方面做好信息服务:订舱信息、审单及报关信息、仓库收货信息、交运称重信息、一程二程航班信息、单证信息。

(二十) 费用结算

发货人结算费用:在运费预付的情况下,收取航空运费、地面运输费、各种服务费和手续费。承运人结算费用:向承运人支付航空运费及代理费,同时收取代理佣金。具体结算步骤如下所示。

1. 航空货物运价的概念及特点

航空货物运价的概念及特点如表 6-18 所示。

表 6-18 航空货物运价的概念及特点

航空运价 与航空运费的概念	① 航空运价是指出发地机场至目的地机场之间的航空运输价格,不包括机场与市区间的地面运输费及其他费用。 ② 航空运费是根据适用运价计得的发货人或收货人应当支付的每批货物的运输费用,是承运人所应收取的一批货物自始发地机场至目的地机场的航空运输费用。运费是由该批货物适用的运价和计费重量两个因素构成的。
航空运价的特点	① 航空货物运价是指从一个机场到另一个机场,而且只适用于单一方向。 ② 航空货物运价不包括其他额外费用,如提货、报关、接交和仓储费用等。 ③ 航空货物运价常使用当地货币公布。 ④ 航空货物运价一般以千克(kg)为计算单位。 ⑤ 航空运单中的运价是按出具运单之日所适用的运价。

2. 确定航空货物运输所适用的运价种类

(1) 公布的直达运价。公布的直达运价指航空公司在运价本上直接注明承运人对由甲地运至乙地的货物收取的一定金额。公布的直达运价及相关规定如表 6-19 所示。

表 6-19 公布的直达运价

运价类型	含义及相关规定
普通货物运价	没有特殊规定而为普通货物制定的运价称为普通货物运价,亦为一般货物运价。当一批货物不能适用指定商品运价,也不属于等级货物时,就应该适用普通货物运价。普通货物运价是适用范围最广泛的一种运价。普通货物运价包括以下两种。 ① 基础运价(代号 N):民航总局统一规定各航段货物基础运价,基础运价为 45 kg 以下普通货物运价,金额以"角"为单位。 ② 重量分界点运价(代号 Q):国内航空货物运输建立 45 kg 以上、100 kg 以上、300 kg 以上三级重量分界点及运价。目前还有 500 kg、1 000 kg、2 000 kg 等档运价。

(续表)

运价类型	含义及相关规定
指定商品运价	指定商品运价,又称为特种货物运价,通常是承运人根据在某一航线上经常运输某一种类货物的托运人的请求或为促进某地区间某一种类货物的运输,经国际航空运输协会同意所提供的优惠运价。使用指定商品运价需要满足以下条件: ① 货物的始发地与目的地之间公布有指定商品运价; ② 托运人所交运的货物,其品名与有指定商品运价的货物品名相吻合; ③ 货物的计费重量满足指定商品运价使用时的最低重量要求。
等级货物运价	等级货物运价指适用于指定地区内部或地区之间的少数货物运输。通常表示为在普通货物运价的基础上增加或减少一定的百分比。
起码运费	航空公司在承运一批货物时,即使这一批货物量很小,但仍产生一定的固定费用,所以规定了起码运费,低于这个运费,航空公司就不合算。起码运费是航空公司承运一批货物所能接受的最低运费,是在两点之间运输一批货物应收取的最低金额,而不论货物的重量或体积大小。起码运费的类别代号为M。每票国内航空货物最低运费为人民币30元。
集装货物运价	以集装箱、集装板作为一个运输单元运输货物可申请建立集装货物运价。
国内航空邮件运费	普通邮件运费按照普通货物基础运价计收;特快专递邮件运费按照普通货物基础运价的150%计收。
协议运价	协议运价是航空公司鼓励客户使用航空运输的一种运价。航空公司与客户签订协议,客户保证在协议期内向航空公司交运一定数量的货物,航空公司按照协议向客户提供一定数量的运价折扣。这种运价使得双方都有收益,对在一定时期内有相对稳定货源的客户比较有利。
联合运价	如果始发站和目的站之间需要多个航空公司承运,则采用联合运价。联合运价一般是国家公布的价格。
预定舱位运价	如果客户优先预定舱位,则采用预定舱位运价。对于预定舱位运价,有的航空公司采用缴纳一定数量的保证金后给予预留吨位,然后采用普通运价。

(2) 非公布的直达航空运价。如果甲地至乙地没有可适用的公布的直达运价,则要选择比例运价或利用分段相加运价。非公布的直达运价及相关规定如表6-20所示。

表6-20 非公布的直达运价

比例运价 (Construction Rate)	在运价手册中除公布的直达运价外还公布一种不能单独使用的附加数(Add-onamounts)。当货物的始发地或目的地无公布的直达运价时,可采用比例运价与已知的公布的直达运价相加,构成非公布的直达运价。 需要注意的是在利用比例运价时,普通货物运价的比例运价只能与普通货物运价相加,特种货物运价、集装设备的比例运价也只能与同类型的直达运价相加,不能混用。此外,可以用比例运价加直达运价,也可以用直达运价加比例运价,还可以在计算中使用两个比例运价,但这两个比例运价不可连续使用。
分段相加运价 (Combination of Rate)	所谓分段相加运价是指在两地间既没有直达运价也无法利用比例运价时可以在始发地与目的地之间选择合适的计算点,分别找到始发地至该点、该点至目的地的运价,两段运价相加组成全程的最低运价。

无论是比例运价还是分段相加运价,中间计算点的选择,也就是不同航线的选择将直接

关系到计算出来的两地之间的运价,因此承运人允许发货人在正确使用的前提下,以不同计算结果中最低值作为该货适用的航空运价。

3. 计费重量的确定

所谓计费重量就是据以计算运费的货物的重量。航空计费重量的确定如表 6-21 所示。

表 6-21　航空计费重量的确定

重量类型	计费重量的确定
实际重量(Gross Weight)	货物的实际重量是指一批货物包括包装在内的毛重。
体积重量 （Measurement Weight）	将货物的体积按一定的比例折合为重量,此重量称为体积重量。每千克的货物其体积超过 6 000 cm^3 或 366 m^3 时,以体积重量为计费重量。
计费重量	在确定计费重量时,其原则是将实际毛重和体积重量进行比较,把两者之中较高的一个作为计费重量。航空公司规定,在货物体积小、重量大时,按实际重量计算;在货物体积大、重量小时,按体积计算。
集中托运货物的计费重量	在集中托运货物时,同一运单项下会由多件不同的货物组成,若其中既有轻货也有重货时,货物的计费重量就按该批货物的总毛重或总体积重量中较高的一个计算。

4. 航空货物运费的确定

在确定航空货物运费时,应当根据以下计费规则确定。

(1) 货物运费计费以"元"为单位,元以下四舍五入。

(2) 航空运费计算时,应首先适用指定商品运价,其次是等级货物运价,最后是普通货物运价。

(3) 如按指定商品运价或等级货物运价或普通货物运价计算的货物运费总额低于所规定的起码运费时,按起码运费计收。

(4) 承运货物的计费重量可以是货物的实际重量或者体积重量,以高者为准;如果某一运价要求有最低运量,则以最低运量为计费重量。

(5) 如果货物可以按指定商品运价计算,但货物重量没有达到指定商品运价的最低重量要求,则将采用指定商品运价计费与采用普通货物运价计费的结果相比较,取其低者。

(6) 如果指定商品同时又属于附加等级运价的货物,只允许将附加等级运价与指定商品运价的计费结果相比较,取其低者。

(7) 如果货物是属于附减的等级货物,即书报杂志类货物或作为货物运输的行李,将其按等级运价计费与按普通货物运价计费相比较,取其低者。

(8) 按实际重量计得的运费与按较高重量分界点运价计得的运费比较取其低者。

(9) 分段相加组成运价时,不考虑实际运输路线,不同运价组成点组成的运价相比取其低者。

5. 航空附加费

航空附加费计算及相关规定如表 6-22 所示。

表 6-22 航空附加费的计算

申明价值附加费	① 旅客在办理托运行李和货物运输中,承运人所负责的最高责任限额为毛重每千克 20 美元或等值货币。如果托运人要求承运人承担更高的责任限额,必须为被交的货物申明一个价值,并为其交付申明价值附加费。 ② 声明价值附加费=(货物声明价值-货物毛重×20 美元/kg×美元对人民币的汇率)×声明价值费费率 声明价值费的费率通常为 0.5%。 ③ 大多数的航空公司在规定声明价值费率的同时还要规定声明价值费的最低收费标准。如果根据上述公式计算出来的声明价值费低于航空公司的最低标准,则托运人要按照航空公司的最低标准缴纳声明价值费。
其他附加费	包括:运费到付手续费、危险货物操作手续费、航空运单费、货物提取费、中转手续费、地面运输费等。

二、航空公司出港货物的操作程序

航空公司出港货物的操作程序是指自代理人将货物交给航空公司,直到货物装上飞机的整个业务操作流程。航空公司出港货物的操作程序分为以下主要环节。

(一) 预审国际货物订舱单

国际货物订舱单 CBA(Cargo Booking Advance),由国际吨控室开具,它是配载人员进行配载工作的依据,配载人员一般应严格按照国际货物订舱单的要求配货。

根据国际货物订舱单,可以了解旅客人数,货邮订舱情况,有无特殊货物;估算本航班最大可能利用的货邮业载和舱位;预划平衡以及了解相关航线上待运货物的情况。

(二) 整理货物单据

整理货物单据主要包括整理已入库的大宗货物、现场收运的货物、中转的散货等三个方面的单据。

(三) 货物过磅、入库

此项工作包括检查货板、箱组装情况,高度收口等是否符合规定;将货物送至电子磅,记录重量,并悬挂吊牌;对装有轻泡货物的板箱,查看运单,做好体积记录;在电脑中输入板箱号码,航班日期等,将货物上码放在货架上。

(四) 货物出港

对于货物出港环节,重点处理好制作舱单及转运舱单的业务。

货运舱单(Cargo Manifest):货运舱单是每一架飞机所装载货物、邮件的运输凭证清单;是每一航班总申报单的附件;是向出境国、入境国海关申报飞机所载货邮情况的证明文件;也是承运人之间结算航空运费的重要凭证之一。

货物转港舱单(Cargo Transfer Manifest,CTM):货物转港舱单由交运承运人填写,是货物交运承运人和货物接运承运人之间交接货物的重要运输凭证,也是承运人之间结算航空运费的重要凭证之一。

1. 出港作业内容

(1) 配装员根据航班动态和可用载量,进行预制"货邮舱单"。

(2) 配装员根据预制舱单指挥装卸队把预配货物装板。

(3) 制作正式的货邮舱单业务袋。
(4) 在航班起飞 60 分钟前,与装卸队共同押运货物通过安检。
(5) 指挥、监督外场装卸队按规定的顺序装机。
(6) 如果要调整货物平衡,应在航班起飞 20 分钟前进行。及时卸下指定货物、邮件及更改货邮舱单,并通知载重平衡室拉下货物的件数和重量。
(7) 在航班起飞后 15 分钟之内,货运员督促装卸队把拉卸货物押运回仓库。
(8) 根据拉货情况更改货邮舱单、代单,并报告查询室,同时填制临时拉货补运清单和货运统计当天货物交接和发运情况,整理业务单据装订存档。

2. 配载员出港作业的岗位工作要求
(1) 牢固树立"安全第一"思想,坚持制度,按章操作,确保安全运输万无一失。
(2) 根据货物的急缓程度,按规定对货物进行配载,合理选择货物中转点,做好中转货物的订舱、跟踪、服务工作,核算次日待运货量,防止货物积压。
(3) 出发航班应提前 1 小时做好对单出仓工作。
(4) 准确核对进出港货物的件数,严禁发生漏配、错配和漏卸等现象。
(5) 准确计算航班配载量,根据货舱容积,注意大小、轻重搭配,充分利用载量,配足配好货物,严防超载。
(6) 认真填制货邮舱单,不多撕、漏撕承运人联,装订好放在业务袋内,送交值机室。配出的货物及时销号。
(7) 如航班拉货,要及时做好清点、称重、填写代单、通知发货人、及时通知查询室发电报等各项工作。
(8) 主动了解有关航站货物待运情况,向其他航站提供运力,争取货源,提高航班货物载运量。

3. 装卸员作业工作要求
(1) 严格按配货计划装载货物,防止多装、漏装或错装。
(2) 对出发货物的外包装状态要进行认真、细致的检查,发现问题及时纠正或报告出发库。
(3) 按章操作,正确使用特种车辆等设备。
(4) 及时处理货物破、湿、掉等现象,检查平板车、棚车、大板底架是否超长拖带。
(5) 检查货物的包装状态,禁止将渗漏、破损及易燃易爆等货物装上飞机。
(6) 轻拿轻放,杜绝野蛮装卸。

4. 关于货物装机的注意事项
(1) 配载人员在收到装载明细表后,结合货邮舱单,制作《货邮交接清单》。平衡人员根据该交接清单制作本次航班执行机型的《装载通知单》,简称装机单。填制好的装机单在航班起飞前的规定时间内由平衡室与货运装卸队人员交接。
(2) 装机单是一份详细说明各类货物包装件及每一个集装箱/板在飞机货舱内的具体装舱位置的业务单据。
(3) 载重平衡人员必须认真填写装载通知单,交接要清楚、准时。海鲜、水产品等鲜活货物常规情况下应配载在下货舱内,贵重物品、外交信袋、活动物等应特别注明装舱位置。
(4) 装卸人员应严格按装机单上的指示内容装机,散装舱内用拦网相对分隔散货,集装

舱内的集装箱/板分别卡好固定卡锁,以防飞机起降时因箱板滑动而影响飞行安全。货邮装机完毕后,由装卸人员及监装人员检查后在装机单上签字。

(5)货物装机时,装卸人员按装机单要求,把货物、邮件装入飞机的指定舱位;无论装载多少货物,都应轻拿轻放,堆放整齐,方便后方站;货物装机前,装车后,要核对件数,进行交接,防止漏装、多装;装机时要注意,大不压小,重不压轻,木箱不压纸箱,不以货物棱角抵触机壁,以免损坏货物和飞机;超过地板承受力的货物,装机时必须加上垫板;装机时应尽量把应引起注意的标志摆在明显处;装机时应先装前舱,后装后舱;装机后应使用系留设备(网、机等)固定好板、箱及货物,防止板箱、货物在飞机起飞、降落时滑动而损坏飞机和货物;装机过程中,若发现货物破损,有液体流出等不正常情况,应立即拉下该货并报告相关部门查明原因,妥善处理。

三、航空公司进港货物的操作程序

航空公司进港货物流程是指从飞机到达目的地机场,承运人把货物卸下飞机直到将货物交给货主或货运代理人的全过程。

(一)进港航班预报

进港航班预报是航空公司或其地面代理工作人员填写的航班预报记录。以当日航班进港预报为依据,在航班预报册中逐项填写航班号、机号、预计到达时间。同时预先了解货物情况,在每个航班到达之前,从查询部门掌握航班信息,了解到达航班的货物装机情况及特殊货物的处理情况。

(二)办理货物海关监管

办理货物海关监管是随机业务文件袋收到后,先检查业务袋中的文件是否完备,业务袋中通常包括货运单、货邮舱单、邮件路单等运输文件。检查完后,将货运单送到海关办公室,由海关人员在货运单上加盖海关监管章。

(三)分单业务

航空公司分单业务是指在每份货运单的正本上加盖或书写代理人代号、到达航班的航班号和日期。认真审核货运单,注意货运单上所列目的地、代理公司、品名和储运注意事项。如有联程货物交中转部门处理。

(四)核对运单和舱单

航空公司核对运单和舱单时,若舱单上有分批发运的货物,应把分批货物的总件数标在货运单之后,并注明分批标志。把舱单上列出的特种货物、联程货物圈出。根据分单情况,在整理出的舱单上标明每票运单的去向。核对运单人数与舱单是否一致,做好多单、少单记录,将多单运单号码加在舱单上,多单运单交查询部门。

(五)电脑输入

航空公司根据标好的一套舱单,将航班号、日期、运单号、数量、重量、特种货物、代理商、分批货、不正常现象等信息输入电脑,打印出国际进口货物航班交接单。

(六)货物交接

将中转货物和中转运单、舱单交出港操作部门,将邮件和邮政路单交给邮局。

要进行货物交接,需要将货物卸下,货物卸机时主要的要求如下所示。

(1) 卸机前应做好车辆、设备、人员的准备工作。

(2) 装卸员应了解进港飞机的货邮装载情况,安排好卸机顺序,先卸后舱,后卸前舱,以免因卸机原因导致飞机不平衡,发生事故。卸完飞机要注意清舱,发现机舱有异常现象应立即报告有关部门处理。

(3) 要了解是否有需特殊处理的货物,安排专人处理。

(4) 过站卸机,要根据机型和作业量,安排好作业程序和劳动分工,防止错装、错卸、漏装、漏卸。发现前站装载有问题,要与平衡人员联系,更正,以免造成事故。

(5) 到达货物送仓库时要与仓库工作人员认真交接,互相签字。

(6) 卸机时,如果发现货物破损或有漏水、漏油等不正常情况应报告相关部门。

(7) 监装、监卸是保证货物运输安全不可少的环节。监装人员必须严格履行职责,按时到岗,认真做好航空货物在装卸过程中的监督工作。监装人员应负责停机坪范围内货邮的看管,保证货物、邮件的安全。

四、航空货物进口运输代理业务流程

(一) 代理预报

在国外发货前,由国外代理公司将运单、航班、件数、重量、品名、实际收货人及其他地址、联系电话等内容发给目的地代理公司。

(二) 交接单、货

航空货物入境时,与货物相关的单据也随机到达,运输工具及货物处于海关监管之下。货物卸下后,交货物存入航空公司或机场的监管仓库,进行进口货物舱单录入,将舱单上总运单号、收货人、始发站、目的站、件数、重量、货物品名、航班号等信息通过电脑传输给海关留存,供报关用。同时根据运单上的收货人地址寄发取单、提货通知。

交接时做到单单核对,即交接清单与总运单核对;单货核对,即交接清单与货物核对。

(三) 理货与仓储

(1) 理货。逐一核对每票件数,再次检查货物破损情况,确有接货时未发现的问题,可向民航提出交涉;按大货、小货、重货、轻货、单票货、混载货、危险品、贵重品、冷冻品、冷藏品分别堆存、进仓;登记每票货储存区号,并输入电脑。

(2) 仓储。注意防雨、防潮,防重压,防变形,防温长变质,防暴晒。独立设危险品仓库。

(四) 理单与到货通知

(1) 理单。集中托运,总运单项下拆单;分类理单、编号;编制种类单证。

(2) 到货通知。尽早、尽快、尽妥地通知货主到货情况。

(3) 正本运单处理。电脑打制海关监管进口货物入仓清单一式五份,用于商检、卫检、动检各一份,海关两份。

(五) 制单、报关

(1) 制单、报关、运输的形式。货代公司代办制单、报关、运输;货主自行办理制单、报关、运输;货代公司代办制单、报关,货主自办运输;货主自行办理制单、报关后,委托货代公

司运输;货主自办制单,委托货代公司报关和办理运输。

(2)进口制单。长期协作的货主单位,有进口批文、证明手册等放于货代处的,货物到达,发出到货通知后,即可制单、报关,通知货主运输或代办运输;部分进口货,因货主单位缺少有关批文、证明,亦可将运单及随机寄来单证、提货单以快递形式寄货主单位,由其备齐有关批文、证明后再决定制单、报关事宜;无需批文和证明的,可即行制单、报关,通知货主提货或代办运输;部分货主要求异地清关时,在符合海关规定的情况上,制作《转关运输申报单》办理转关手续。报送单上需由报关人填报的项目有:进口口岸、收货单位、经营单位、合同号、批准机关及文号、外汇来源、进口日期、提单或运单号、运杂费、件数、毛重、海关统计商品编号、货品规格及货号、数量、成交价格、价格条件、货币名称、申报单位、申报日期等,《转关运输申报单》的内容少于报关单,亦需按要求详细填列。

(3)进口报关。报关大致分为初审、审单、征税、验放四个主要环节。

(4)报关期限与滞报金。进口货物报关期限为自运输工具进境之日起的14日内,超过这一期限报关的,由海关征收滞报金;征收标准为货物到岸价格的万分之五。

(5)开验工作的实施。客户自行报关的货物,一般由货主到货代监管仓库借出货物,由代理公司派人陪同货主一并协助海关开验。客户委托代理公司报关的,代理公司通知货主,由其派人前来或书面委托代办开验。开验后,代理公司须将已开验的货物封存,运回监管仓库储存。

(六)收费、发货

(1)收费。货代公司仓库在发放货物前,一般先将费用收妥。收费内容有:到付运费及垫付佣金;单证、报关费;仓储费;装卸、铲车费;航空公司到港仓储费;海关预录入,动植检、卫检报验等代收代付费;关税及垫付佣金。

(2)发货。办完报关、报检等手续后,货主须凭盖有海关放行章、动植物报验章、卫生检疫报验章的进口提货单到所属监管仓库付费提货。

(七)送货与转运

(1)送货上门业务。主要指进口清关后的货物直接运送至货主单位,运输工具一般为汽车。

(2)转运业务。主要指将进口清关后的货物转运至内地的货运代理公司,运输方式主要为飞机、汽车、火车、水运、邮政。

(3)进口货物转关及监管运输。是指货物入境后不在进境地海关办理进口报关手续,而运往另一设关地点办理进口海关手续,在办理进口报关手续前,货物一直处于海关监管之下。转关运输亦称监管运输,是因为此运输过程置于海关监管之中。

知识点四 运输决策

一、运输决策:外包运输还是自营运输

运输管理需要考虑的因素有:运输产品的特性和要求,保证产品安全无损地到达目的地;了解可供选择的运输方式,并且将装运要求与运输方式相匹配,从而达到以尽量小的成本提供最大化的服务。

分销商品时,企业往往面临着一个重要的运输决策:自营运输还是外包运输。企业内部的自营运输体现了组织的总体采购战略,自营运输便于控制,但是实施低成本、高效率的自营运输需要企业内部各部门之间的广泛合作和沟通。原材料的采购者必须了解什么时候需要运输,货物缺失或损坏的代价,保险条款,危险物品的运输要求并需要不断关注运输规章制度的变化。

(一) 企业选择自营运输的原因

企业之所以进行自营运输,最主要的原因是考虑到承运人不一定能提供自己所需的服务水平。通常而言,企业选择自营运输的原因主要有:

(1) 服务的可靠性;
(2) 订货提前期较短;
(3) 意外事件反应能力强;
(4) 与客户良好的合作关系。

(二) 企业进行自营运输的成本

(1) 固定成本,包括车辆设备、车辆保险、办证费用等。
(2) 运营者成本,即与司机有关的成本,包括工资、保险费用、路途中的膳食费用等。
(3) 车辆运营成本,包括燃料、维护等。

(三) 外包运输的优点与成本

外包运输减轻了企业的压力,可以使企业集中精力于新产品的开发和产品的生产等主营业务。但另一个方面,外包运输需要处理与企业外部的承运人之间的关系,增加了交易成本,也增加了对运输进行控制的难度。

(四) 运输决策在财务方面的考虑

关于外包还是自营运输的决策不仅是运输决策,更是一个财务决策。外包及自营运输的决策在财务方面的考虑可以分两步进行:

(1) 比较企业外包运输与自营运输的成本。
(2) 制定实施和系统控制的程序。可行性研究应该评估当前的运输环境以及公司的目标。其中公司的目标应该包括过去、当前和客户希望的服务水平以及企业的经营环境(包括法律限制和普遍的经济趋势等)。

在做外包还是自营运输决策时,企业应该采用成本—效益分析法。财务分析时要注意货币的时间价值。

如果企业决定采用自营运输的话,下一步就应该制订实施计划和系统控制程序。实施时要总体分析企业的结构或自有车队运作时各部门职责。自有车队的控制应该着重于运输性能的评价。企业在产品定价时如果采用基于总成本的方法,更有必要详细分析运输成本。

【案例】假设某公司在甲地至乙地之间具有比较稳定的货流量。该企业的物流管理人员面临这样两种抉择:一方面,第三方物流服务公司按平均的市场价格进行了报价:吨公里 0.5 元。甲地至乙地距离计为 1 500 km,每趟运载能力为 10 t,因此,每趟(10 t)报价为 7 500 元(0.5 元(t·km)×1 500 km×10 t,含所有的装卸费用)。同时,对于往返运输的回程,则按单程报价的50%计算。而另一方面,该公司的管理人员也在考虑自己投资买车、配备司机,建自己的车队。他们进行了测算,投资购买一辆普通加长(10 t)卡车,并改装成厢式货车,一次性投资为人民币20万元。每辆车配备两名司机(按正式员工录用,并享受所有人事方面的福利),运营中的固定和可变成本见表6-23和表6-24。

他们再将每月的运输总支出,根据运送的次数进行了计算,并对单程与往返、自营与外包进行了比较,如表6-25所示。

表6-23　自建车队运营中的固定成本

费用项目	每月固定成本/元	备注
每月折旧	3 333	按5年直线折旧
人工	4 200	基本工资1 500元/人,福利(养老、医疗、失业和住房)大致为基本工资的40%
保险与维修	3 000	车辆保险和5年中平均每月的维修保养
养路费	400	
小计	11 933	

表6-24　自建车队运营中的可变成本

每趟可变成本	单程成本/元	往返成本/元
油耗(按百公里油耗30升,每升3元计算)	1 350	2 700
500 km运程的路桥费(实测)	800	1 600
住宿(按每人每天90元,单程每趟3天计算)	270	540
每车装卸费	100	200
小计	2 520	5 040

表6-25　单程与往返、自营与外包费用比较

评价项目 所发生的费用/元		每月运送次数						
		1	2	3	4	5	6	7
单程	自营	14 453	16 973	19 493	22 013	24 533		
	外包	7 500	15 000	22 500	30 000	37 500	50 000	57 500
往返	自营	16 973	22 013	27 053	3 293	37 133		
	外包	11 250	22 500	33 750	45 000	56 250		

注:因单程需3天时间,故自营运输的情况下,每月最多往返5次。

通过比较,不论是以单程还是以往返计算,如果货流量足以使运送次数保持在3趟或以上,自营运输将比外包运输更经济。由于自营车辆每辆每月的最大往返次数为5趟,所以只有在货流量在6~7趟时,对于自营车辆无力运送的部分才需采取外包。

二、运输服务的选择:运输质量和运输成本的最佳结合点

为客户提供满意的服务是物流管理的重要目标,物流管理的每一个活动对客户服务水平都有影响。运输服务特性主要体现在以下几个方面:

(1)运输成本;

(2)可靠性;

(3)运送时间;

(4)市场覆盖程度——提供到户服务的能力;

(5)柔性——处理多种产品及满足托运人特殊需求的能力;

(6)运输货物的损耗。

各种运输服务特性的重要程度有所不同,其中,成本、速度和可靠性是最重要的因素。因此,服务成本、平均运送时间(速度)、运送时间的变化幅度(可靠性)是运输服务水平决策的基础,决策时必须在服务质量和服务成本之间进行权衡。

三、运输方式及承运人选择决策

经济和资源的限制、竞争压力、客户需求都要求企业对最有效的运输方式和承运人进行选择。因为运输影响到客户服务水平、送货时间、服务的连续性、库存、包装、能源消耗、环境污染及其他因素,运输部门必须开发最佳的运输方式及承运人选择策略。

原材料入厂的运输对时间特别敏感,因为满足所需到货时的能力比运输服务成本更为优先。如前所述,空运最迅捷,其次为公路、铁路,最后是水运。近年来多式联运的迅速发展为运输提供了更宽阔的选择余地。运输方式的选择再也不是单方面的、标准化的决策,因此,购买者必须持续关注各种运输方式的成本与服务的权衡选择。多式联运的趋势要求购买者了解所有可行的模式以及多式联运方式。这种趋势也要求决策者对前期进行充分的考虑。如果到货期是选择模式的最重要的决策因素,那么将日期的优先级定为最高。最重要的是选择满足企业目标的方式,并且不需要付出过多的运输成本。在产品分销的运输中,托运人选择运输方式时,需要同时考虑运输方式的特性及企业与其客户的要求。适时送货或者说可靠性,是选择承运人时考虑的最主要因素,费率是第二关注的因素。

运输方式及承运人选择,可以分为以下四个步骤。

1. 问题识别

问题识别要考虑的因素有:客户要求、现有模式的不足之处以及企业的分销模式的改变。通常最重要的是与服务相关的一些因素。

2. 承运人分析

分析时需要考虑的信息有:过去的经验、企业的运输记录、客户意见等。

3. 选择决策

选择过程中要做的工作是在可行的运输方式和承运人中做出选择。

4. 选择后评价

一旦企业做出了选择后,还必须制定评估机制来评价运输方式及承运人的表现。评估技术有成本研究、审计、实时运输和服务性能的记录等。

四、与承运人订立长期合同

有效的物流网络要求托运人和承运人在战略和操作方面都保持良好的关系。成功的联盟并不仅仅指一组计划、程序或方法。建立合作伙伴关系的思想应渗透到整个组织中。

托运人一般喜欢与可靠的、高质量的承运人订立长期合作合同。

(1)合同对托运人和承运人都有好处,可以使得托运人对运输活动便于管理,增强了可

预测性并可去除费率波动对托运人的影响。

（2）合同还可保证达到托运人所要求的运输服务水平，从而使运输成为托运人的竞争优势领域。同时，合同合作方式也有利于承运人自觉改善运输服务，使得承运人的服务适合托运人的物流需求，并使运费和服务之间的关系更直接，而且改善了托运人和承运人之间的关系。

（3）长期合同减少了承运人为了满足特殊的托运人的服务要求而购买机器设备的投资风险，并保证托运人得到所需的特殊的服务。一般情况下，既提供随叫随到服务又提供合同服务的承运人会给合同托运人以最高的优先级，因为合同的普遍特征是服务不善的惩罚费用很高。因此，托运人对承运人有较强的影响力，并能得到较好的服务。

准时制生产方式(just in time,JIT)的成功实施需要生产、采购、原材料入厂运输的整合，将购买者、供应商和承运商联系到一起。实施JIT的企业应控制好入货运输以保证生产的连续性。选择承运人及实施持续的承运费率系统是保证可靠、适时、损失小的货运的关键。实施运输质量控制，供应商和承运商需要协商服务性能标准。承运人必须满足送货时间、损失水平和成本等标准；托运人必须满足企业的运输要求，选择合适的承运人，为承运人提供合适的路线计划、信息，合适的包装货物。合同是一种双赢博弈，因为托运人接受改进的费率和服务的组合，而承运人从日常业务中获益。

五、运输协议的协商

承运人的价格策略越来越灵活，这使得托运人可以通过与承运人的协商来降低成本。协商程序的目的是考虑到协议各方的利益，开发出一种对于承运人和托运人双方都有利的协议，并且促使双方密切合作。因为大多数协商都以服务成本定价为基础，所以承运人应该精确核算其成本。只有所有的成本都经全面考虑，承运人和托运人才能协作共同降低承运人的服务成本。

六、车辆路线计划

运输工具需要巨大的资金投入，运作成本也很高，因此，在企业可接受的利润率和客户服务水平限制下开发最合理车辆路线计划非常重要。激烈的竞争以及运输管制的减轻及其他经济因素（汽油、人工、设备等）也使得车辆路线计划更加重要。

通过制订合理的路线计划，承运人可以降低运输成本。比如，提前计划某一市场的运输并做合理安排，可以减少承运人的成本。再比如，如果托运人可以接受不在高峰期运输，承运人受到的限制就比较少，从而可以提高车辆的利用率，并且减少设备成本。

对承运人来说，合理的车辆路线计划的优点包括：更高的车辆利用率、更高的服务水平、更低的运输成本、较低的设备资金投入、更好的决策管理。对托运人，路线计划可以降低他们的成本并提高其所接受的服务水平。

对于各种各样的路线计划问题，可以把它们分为几种不同的类型。

（1）单一出发地和单一目的地，且出发地和目的地不同。这类问题可以用运筹学中的网络规划方法和最短路径方法解决。

（2）多出发地和多目的地。这类问题可以用运筹学中的线性规划方法解决。

（3）出发地和目的地是同一地点。这类问题可以用运筹学中的中国邮递员问题的奇偶点图上作业法解决。

知识点五　运输绩效评价

一、运输绩效评价体系的构成

绩效管理是指企业各级管理者和员工为达到组织目标而共同参与绩效计划制订、考核评价、结果应用、绩效目标提升等持续循环过程。其实质是研究让企业资源得到有效利用、创造更大价值的问题。无论什么类型的企业，也无论企业处于哪一个发展阶段，实行绩效管理对于提升企业的竞争力都具有巨大的推动作用。

（一）物流运输绩效评价的作用

物流运输绩效是指完成运输活动的效率与结果，即运输绩效是通过对一系列运输活动或过程的绩效管理来实现的。物流运输绩效评价是指对运输活动或运输过程的绩效评价。物流运输绩效评价强调对物流运输生产全过程的监控，通过对运输业务运作过程中各项指标的评价，保证企业经营战略目标的实现。采用一定的指标体系，按照一定的程序，运用定性和定量的方法，对一定时期内运输活动或过程的效益和效率做出综合判断。

物流运输绩效评价工作是管理者了解运输活动效果的基本手段，是绩效管理的基础，是企业绩效管理系统的重要组成部分。可见，绩效评价工作在整个绩效管理流程中占据较为重要的位置。

物流运输绩效评价的作用主要体现在以下四个方面。

1. 认识作用

通过物流运输绩效评价，可以直接或间接地考核运输系统的各个环节和方面，从而对物流运输运作状况作出比较全面、客观和准确的认识。

2. 引导作用

通过物流运输绩效评价，可以帮助管理人员和其他活动主体树立正确的价值观和行为取向，同时还能激发他们的主动性和积极性。

3. 挖潜作用

通过物流运输绩效评价，可以及时地发现运输活动过程中的疏漏、缺陷和问题，从而达到克服薄弱环节、充分挖掘潜力、持续改进的目的。

4. 整合作用

通过物流运输绩效评价，可以使企业更有效地整合和配置各类资源，进而创造更多的运输服务价值和经济效益。

（二）物流运输绩效评价体系的构成

物流运输绩效评价体系作为企业绩效管理系统的子系统，也是企业管理控制系统的一部分。为了准确衡量运输活动过程，保证绩效评价的效果，企业应该建立科学合理的绩效评价体系。有效的物流运输绩效评价体系应包括以下内容。

1. 评价对象

物流运输绩效评价对象主要是指企业的运输活动或运输过程，一般包括集货、分配、搬运、中转、装卸、分散等作业活动。这些活动在实际中还会涉及运输活动计划、目标、相关组

织与人员以及相关的环境条件等情况。

2. 评价组织

物流运输绩效评价组织是指具体负责领导、组织所有评价活动的机构。评价组织的构成情况及其能力大小将直接影响到绩效评价活动的顺利实施及效果，它一般由企业有关部门负责人组成，有时也邀请其他有关专家参与。

3. 评价目标

物流运输绩效评价目标一般根据运输绩效管理目标、企业实际状况以及发展目标来确定，通常被用来指导整个绩效评价工作。评价目标是否明确、具体和符合实际，关系到整个评价工作的方向是否正确。

4. 评价原则

物流运输绩效评价原则是指实际评价工作中应该坚持的一些基本原则，如客观公正、突出重点、建立完善的指标体系等，它会影响到评价工作的顺利开展及其效果。

5. 评价内容

物流运输绩效评价内容说明了企业应该从哪些方面对运输绩效进行评价，它反映了评价工作的范围。一般包括运输成本、运输能力、服务质量、作业效率、客户满意度等。

6. 评价标准

物流运输绩效评价标准是用来考核评价对象绩效的基准，也是设立评价指标的依据。评价指标主要有三个来源：一是历史标准，即以企业运输活动过去的绩效作为评价标准；二是标杆标准，即将行业中优秀企业运输活动的绩效水平作为标准，以此来判断本企业的市场竞争力和在市场中的地位；三是客户标准，即按照客户的要求设立的绩效标准，以此来判断满足客户要求的程度以及与客户关系的紧密程度。

7. 评价指标体系

物流运输绩效评价指标体系是指评价运输活动的具体指标及其体系。物流运输绩效指标一般按照运输量、运输服务质量、运输效率以及运输成本与效益等方面来分别设立。

8. 评价方法

物流运输绩效评价方法是指依据评价指标和标准以及评价目标、实施费用、评价效果等方面因素来判断运输绩效的具体手段。评价方法及其应用正确与否，将会影响到评价结果是否正确。常用的评价方法有专家评价法、层次分析法、模糊综合评价法等。

9. 评价报告

物流运输绩效评价报告是指评价工作实施过程最后所形成的结论性文件以及相关材料。评价报告的内容一般包括对评价对象绩效优劣的结论、存在的问题及其原因分析等。

二、物流运输绩效评价的工作步骤

物流运输绩效评价是物流绩效管理的主要组成部分，做好物流运输绩效评价，可以有效地改善企业绩效管理，促进企业整体管理水平的提高。在实际物流运输绩效评价活动中，应不断完善物流运输绩效评价体系，坚持目的性、系统性、层次性和可操作性等基本原则，正确选择物流运输绩效评价指标，以提高物流运输活动绩效以及企业整体绩效管理的水平。

1. 确定评价目标

物流运输绩效评价是一项有目的的活动，明确评价目标是开展绩效评价工作的前提。

绩效评价不是为了评价而评价,评价目标是整个系统运行的指南和目的,企业处在不同的发展时期和经营环境中,其经营管理目标也不同,近而业绩评价的目标也不同。因此,企业要处理好运输绩效评价目标和经营目标、总目标与子目标之间的依存关系。

2. 设计评价指标

设计评价指标是物流运输绩效评价目标确定后的主要环节。指标体系设计科学、合理直接关系到物流运输绩效评价的准确性和客观性。设计和选择物流运输绩效评价指标要符合认同感、可比性、适用性。

3. 绩效评价信息的获取

绩效评价信息的获得和加工方法影响绩效评价信息的质量,进而影响到物流运输绩效评价的准确性、客观性。

4. 选取评价标准

评价标准是对运输活动绩效进行价值判断的标尺。不同的标准会得出不同的判断结果。为此,必须充分考虑系统的内、外部因素,本着实事求是、切实可行的原则科学选择评价标准,保证物流运输绩效评价标准的先进性、通用性、适应性。

5. 得到评价结果

得到评价结果的过程就是对评价客体进行价值判断的过程。对评价客体作出合理的价值判断的前提条件是明确评价目的和目标、设计和选择恰当的绩效评价指标体系、真实全面地获取绩效评价信息并对其进行正确的加工处理、科学地确立评价标准。

6. 指明努力的方向

得到评价结果并不是绩效评价的终点。绩效评价的目的不仅仅是衡量运输活动的经营绩效和结果,更重要的是通过绩效评价找到物流运作的薄弱环节,指明今后努力的方向,通过持续改进从而更好地实现物流目标。

三、物流运输绩效评价指标体系

能否正确选择绩效评价指标,将直接影响到物流运输绩效评价结果,也关系着物流运输绩效管理以及物流企业经营管理的成效,所以选择和确定适当的评价指标是进行物流运输绩效评价的基础和前提,也是物流运输绩效管理的一种手段。在实际绩效评价工作中,应把握一定的基本原则来选择和确定具体的评价指标,并使之形成完整的和系统的指标体系,以取得良好的绩效评价效果。

(一)物流运输绩效评价指标选择的原则

物流运输绩效评价指标选择的原则如表 6-26 所示。

表 6-26 物流运输绩效评价指标选择的原则

原 则	含 义
目的性原则	绩效指标的选择应该以正确反映企业整体经济效益和运输活动绩效为目的,即所选指标应科学合理地评价运输活动的作业过程以及投入、产出、成本费用等客观情况。
系统性原则	运输活动由许多环节或过程组成,它会受到来自人、财、物、信息、服务水平等因素及其组合效果的影响,因此选择绩效评价指标必须系统地、全面地考虑所有影响运输绩效的因素,以保证评价的全面性和可信度。

（续表）

原则	含义
层次性原则	运输绩效评价活动与企业经营范围、规模大小及生产组织结构直接相关。在选择评价指标时，应注意各项指标的层次性，这样有利于确定每层重点，并有效地进行关键指标分析、评价方法的运用以及绩效评价的具体操作。
可比性原则	评价指标体系在企业中应该普遍适用，同时应在理论和实践的发展变化中具有相对的稳定性。评价指标体系所涉及的经济内容、时空范围、计算口径和方法都应具有可比性，所以在建立评价指标体系的时候要参照国际和国内同行业的物流管理基准。
定性指标与定量指标相结合的原则	由于运输活动具有复杂性、动态性，所以绩效评价指标应该既包括易于定量表示的技术经济指标，又包括很难量化表示的社会环境指标，如安全、快速、舒适、便利等方面的指标。在实际的运输绩效评价活动中，应保证定量指标与定性指标相结合，这样做可以利用两者的优势，弥补双方的不足，以保证绩效评价的全面性、客观性。
可操作性原则	指要求各项指标尽量含义清晰，计算方法简单、规范，操作简便，同时，能够符合运输活动的实际情况，并与现有统计资料、财务报表兼容，以提高实际评价的可操作性和整个绩效评价的效率。

（二）物流运输绩效评价指标的构成

物流运输绩效评价概括起来就是对物流运输活动的全过程及其结果的考核评价。由于各种运输方式的行业技术经济特征存在明显的差异，且各个物流企业所经营的运输服务项目和业务范围也可能差别较大，要设计一套适用于所有企业运输绩效评价的通用指标体系既不可能，也不现实。但是，从绩效评价的目的和作用来看，其考核评价的内容大致相近。一般情况下，物流运输绩效评价指标体系可以根据货物运输量、运输质量、运输效率以及运输成本与效益来确定。具体物流运输绩效评价指标以及计算公式本教材不做深入介绍。

6.5 提升与拓展

拓展学习

<h3 style="text-align:center">对港铁路运输</h3>

一、对香港地区铁路货物运输概述

（一）对港铁路运输的性质

对港货物运输是一种特定的运输方式，即租车方式的两票运输。目前，内地段运输是一次起票，两端收费，即发站至广州北站的运费由发站计收；广州北站至深圳北站的运费，在原有运费基础上增加50%，由深圳北站计收。

对港运输不是铁路联运，内地运单不是全程运送票据，不能作为结汇凭证，而把外运公司签发的承运货物收据（Cargo Receipt）作为结汇凭证。

（二）对港铁路运输的特点

1. 运输速度要求快

2. 计划多变

3. 运输质量要求高

(三) 港段铁路

港段铁路为广九铁路的一部分,自内地边境罗湖车站起,途经上水、粉岭、大埔墟、大学、旺角至九龙车站,全长 34 km。港段铁路有 5 个卸货点。最大的是九龙车站的红磡货场,绝大部分杂货、果蔬均在这里卸车,货场容量 200 车左右,可供卸车的货车位 100 个左右;何文田货场专送活畜禽;沙田车站的百适货场专用线,可卸杂货和机保车;另外,还有旺角车站货场和火炭车站货场。这 5 个卸货点共有卸车位 300 个。

二、对香港地区铁路货运的流程

对香港地区铁路货运的流程如表 6-27 所示。

表 6-27 对香港地区铁路货运的流程

运输方向	货运流程
内地至香港地区	① 按铁路局规定,按时提出月度要车计划和旬度装车计划。 ② 发货地外运公司或外贸进出口公司填制铁路运单,向车站办理至深圳北站的托运手续。 ③ 按车站指定的进货日期,将货物送到车站指定的货位,并办理对港贸易报关手续。 ④ 发货单位以出口物资工作单委托深圳外运分公司办理接货租车过轨等手续,装车后立即拍发起运电报。 ⑤ 深圳外运分公司接到各发货地工作单和起运电报后,及时通知中旅社做好接车准备工作。 ⑥ 发货地发车后,当地外运分公司与铁路局进行票据交换,并编制货车过轨计划,办理租车手续。 ⑦ 货车到达后,深圳外运分公司与铁路局进行票据交换,并编制货车过轨计划,办理租车手续。 ⑧ 中旅社向香港海关报关,并向广九铁路公司办理托运起票手续。 ⑨ 货到香港后,由中旅社负责卸货并送交货主。如属去澳门货物,则发至广州,由广州外运公司办理中转手续,其他手续与对香港运输货物的手续相同。
香港地区至内地	① 在九龙车站装整车或拼装同一到站(限有海关的到站)的整零车,经深圳原车过轨,由深圳外运代运直达内地目的站。 ② 在九龙车站以铁路包裹(快件)托运,在罗湖桥办理交接,由深圳外运分拨或以包裹、零担、邮件等方式运往内地目的地。 ③ 进内地货物一般不在深圳北站开车门检查,以香港地区承运人的铅封为准,直运目的地。因此,将铁路货物运单交与深圳北站后,深圳北站即算承运,深圳外运在货车发运后及时将装箱单、发票各两份和提货凭证寄内地(到站)外运分公司(或合同规定的收货人),以报关提货。

三、对香港地区铁路货运的单证

(一) 出口货物委托书

出口货物委托书是委托和接受委托的依据,也是向发货人核收运送费用的凭证,一式三份,深圳外运一份,中旅货运一份(由深圳外运转交),运输过程结束后退发货人一份。其寄发时间及方式可以是:发运前预寄,或发运时附在铁路运单上带交(均不可放在货车内),或发运后以快件方式递交。

(二) 出口货物报关单

"出口货物报关单"是向海关申报出口的依据,通常一式两份。但来料加工、进料加工及

补偿贸易货物一式三份,并附来料加工合同副本及登记手册。

"出口货物报关单"是外贸出口货物必须具备的基本单据,用中文(或中英文对照)逐栏正确填写,内容必须完整、详细,不得任意省略和简化,不能使用非正式的简化字,要一车一张报关单,或一车几张(称一套)报关单。报关单内记载的内容必须与货物以及其他单据所载内容相符。一个车内的货物填写一套报关单,不能将一套报关单内的货物分装在两个或两个以上的车内。

(三) 商检证

凡是法定检验和合同规定需要检验的商品,申报出口时,必须具备商检证(工厂附带的商检合格证无效),并要求一车一证。如一证数量太大时,则需在深圳商检局分证,每分证一次收取一定的手续费。

(四) 起运电报

各发货单位或外运在货物发运后,应及时拍发起运电报。电报不是可有可无的文件,没有电报就无法抽取单证报关,货车到后就不能过轨。因此,电报是对港澳地区运输的必备文件。

货物装车后,必须在24小时以内向深圳外运拍发起运电报,在广州附近或广州以南装车发运货物时,则应以电话告之深圳外运。

货物发运后,如对原委托书、报关单及起运电报的内容有所变更时,应立即以急电或电话(并补书面通知)及时通知深圳外运。

起运电报中的"单号"是非常重要的,它是深圳外运配单的依据。因此,起运电报一定要按委托书上的编号拍发。

(五) 承运货物收据

由于国内铁路部门与香港九龙铁路当局没有货运直接通车运输协议,各地铁路发运香港的货物,不能一票直达香港,因此国内银行不同意把铁路提供的货物运输单证作为对外结汇的凭证。据这种情况,各地外运以货运代理人的身份向各外贸进出口公司(或工贸公司)签发承运货物收据,负责发站至香港地区的全程运输。承运货物收据是向银行结汇的凭证,相当于海运提单或国际联运单副本。

四、对香港地区铁路货运运费的计收

(一) 内地段运送费用的计算与核收

发站到深圳北站属国内段运输。自1984年1月1日起,发站到深圳北站的运送费用实行"一次起票,分段计算,两端核收"。

1. 发站至广州北站费用的计收

根据铁道部2000年《铁路货物运价规则》,先计算发站到广州北站间运价里程;按货物品名查《货物定价分类表》,确定运价号(特定运价按特定的办);根据运价里程和运价号确定运价率;确定计费重量;用运价率乘以计费重量即为运费;再加上杂费。这段运费和杂费由发站向发货人核收人民币。

2. 广州北站至深圳北站费用的计收

(1) 运费的计算:先按发站至广州北站费用计算方法计算一个交费额(广北到深北的运

价里程是固定的,每个运价号的运价率也是固定的),然后再加价 50% 即为对港运输广深段的运费。

(2) 杂费:包括深圳北站到罗湖桥头的中转费;调车费,按每个车次计算;租车费,按每日车皮标重计算,不满 1 日算 1 日;装卸费及其他杂费,按《铁路货物运价规则》所列费率加价 50% 计算。

(3) 深圳外运劳务费:按货物每吨毛重和规定的费率计算。

广深段的上述三项费用在深圳向发货人核收人民币。

(二) 港段铁路费用的计收

港段铁路从罗湖至九龙站全长 34 km。港段铁路运送费用如下。

1. 一般货物运费

(1) 整卡(整车)货物运费计算

① 根据商品名查找《港段铁路货物分类表》,确定运费等级;

② 根据运费等级查《货物运费率》,确定该批货的运费率(如混两种或两种以上货物,则适用高者);

③ 运费(港币)= 运费率 × 车皮标重。

(2) 集装箱运费计算

① 集装箱分为 40 英尺、20 英尺、10 t 和 5 t 集装箱,按个数计费,不分货类,分重箱与空箱。

② 计费时,按箱型直接查找《集装箱费率》,即可确定重箱和空箱的运费。如 20 英尺重箱运费 750 港元,空箱运费 150 港元。

2. 杂费

杂费包括终点站费、装卸费、国际标准集装箱(20 英尺和 40 英尺)的加固费和吊箱费、货车延期费(货卡抵装卸地点 24 小时以后,即须支付此费)以及其他杂费。

3. 港段劳务费

港段劳务费是中旅货运收取的,分车种按每车计算。

4. 核收

港段的运杂费及劳务费先由中旅货运垫付,待货物在香港地区交付完毕后,再向有关发货人核收港元。

(三) 从香港地区购进货物的铁路运输费用

进内地运输的费用项目和费率大体上和对港贸易(南行)相同,但需注意以下几点。

(1) 深圳外运办进口运输,除收取交接劳务费外,还要收取代运劳务费。

(2)《利用回空车暂行办法》规定,外贸进口物资,我国回程展品以及我国驻外使领馆物资的国内段运费以人民币结算;来料加工、补偿贸易及其他非贸易物资国内段运杂费以港币结算。用港币结算的进内地货物,如由发货人支付国内段运杂费,则在香港地区一次付清;如由收货人支付,则收货人需在货物进内地前,将外汇运杂费、劳务费划拨深圳外运。在外汇运杂费收到以前,深圳外运不办理承运手续。

(3) 因国内段运费和进内地货物税金数量较大,订货部门或收货人要事先拨付一定数量的备用金给深圳外运,实际支出后再办理结算。

运输管理实务

案例分析

××快运物流运输有限公司投标书（部分内容）

投标单位：××快运物流运输有限公司

投标时间：××××年××月××日

（一）公司简介

××快运物流运输有限公司于××年组建而成，注册资金100万元。现有员工近50人，拥有和整合各种运输车辆50多台，其中大型运输车辆近30台。自有物流仓库、货物分拨场地500多平方米，年吞吐能力8万吨，年营运产值达1 200多万元。上缴国家税利60余万元。已在全国多个省、市、自治区大中城市建立了运输合作网络，与本地区多家企业建立了长期的合作关系。凭着稳定、可靠、安全的运营网络、科学的资源整合、先进的管理技术，可为各类客户提供门对门、仓对仓的一站式全方位的物流服务。公司奉承"诚信为金、服务至上"的经营理念。经过多年的打拼，业已成为本地区较有影响力的运输物流企业。

公司针对××地方物流产业发展较发达，地区大型企业多、大宗货物转运量大的现状，特别注重与区内大型知名企业的合作关系，公司专门成立了大客户中心，对每个大企业客户安排专门人员随时与客户进行沟通，及时准确地把客户需求反馈到公司总部。把与大型企业的业务合作看成是企业的生命线，把每一单运输任务为都看成是企业成败的关键。在与区内几家大型企业的多年合作中，以不计小利，眼光长远、服务精细，赢得了各位客户的认可和嘉许。多年来，公司在××的领导下，抢抓机遇、敢想敢为、艰苦创业、与时俱进，以"团结拼搏、做强做大做久"的企业精神；团结全体员工，创造了产值连年翻番、效益连年增长、服务连年优化、实力连年攀高的辉煌业绩，已成为本地区公路运输物流行业的中坚力量。

（二）××快运运输有限公司组织机构架构图

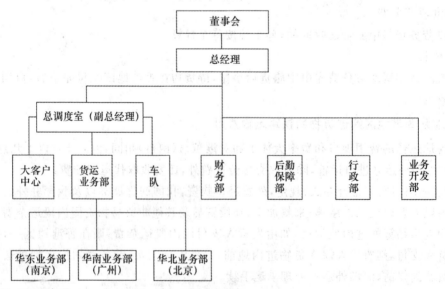

（三）项目范围

我公司以公路运输业务为主，向客户全方位提供大宗货物和零担转运、配送、仓储。公路运输方面，以华南、华北、华东、西南、华中为主干线，全面开拓全国各地的整车、零担业务，开设了50多条长途专线及短途专线,通达全国200多个城市,做到天天发车、准点发车、准点到达、保证低价、全程高速、安全、快速、送货及时。

(四)公司的质量方针与目标

以勤奋务实,办一流企业;以开拓进取,做知名品牌;以客为本,创优质服务;顾客满意度率不低于98%,投诉率控制在1‰以内,车辆检修合格率不低于100%,安全率以100%为合格目标。团结拼搏做强做大做久。

(五)2011年××快运物流运输有限公司公路运输承运服务总体方案

1. 总体思想

××快运物流运输有限公司,能受到邀请参加贵公司的物流承运商的比选投标是我公司莫大的荣幸,也是我公司获得长足发展的巨大机遇和挑战。公司领导汇同业务部门和大客户中心经过认真研究和探讨,根据与其他大型企业合作的经验,结合本公司的实际情况编制制订如下总体方案。并按如下的编制原则作为总体思路。

(1)运输系统的可靠性和安全性原则。

(2)运输系统的及时性原则。

(3)运输系统的低成本原则。

(4)运输系统的信息畅通原则。

2. 具体服务方案

(1)公司成立专门服务于贵公司运输工作的领导小组,由公司总经理×先生总负责,挑选公司有经验的驾乘人员和车况良好的大型运输车辆组成随时待命的运输能力储备。所有用于贵公司的运输车辆必须保证的手续齐全,保养良好,各类保险齐备。驾驶人员不低于3年以上的公路长途运输经历。出车前做到车况、人况、路况三可靠,保证××公司的货物运输质量具有充分的可靠性和安全性,将货损率控制在最低范围内。同时,如我公司能有幸成为贵公司的运输商,我公司可根据所接受的运输任务量常年向贵公司提供一定数额的货损保证金(双方可协商),以让贵公司对我公司的运输服务做到完全的放心。如出现人为的疏忽大意情况造成××公司的损失,我公司愿意承担一切责任,并接受约定的处罚。

(2)为保证及时高效地完成运输任务,公司大客户中心指定有丰富的物流工作经验和工作责任心强的人员担任贵公司运输联系专员。配备两部以上的手机和座机,常年24小时不间断待命。公司保证在接到××发运部门的运输指令后1小时内做出响应,6小时内安排好运输车辆,12小时内到达指定装货地点。24小时内发出货物。本公司将保证以最快的速度按承运方的要求,按时送达。原则上一般按不低于65 km/h计算运输时间(无高速公路可通达的地区,需由双方具体约定)。做到每次发货前与发运部门根据经由地的路况,发货时的天气等原因约定好交货时间、地点,做到准确无误的送达。

(3)公司在制定承运贵公司的运输取费时,本着微利双赢的思想,按企业能够承受的最大限度,着眼于与贵公司是建立长期稳定的合作关系,按低于本地区公路运输的平均水平来进行取费。我公司在恪守投标报价的同时,愿与客户根据不断变化的经济情况做友好共赢的协商,适应市场的变化,有效地协助贵公司控制好运输成本。同时,在我公司的运输管理工作上,针对每一次具体运输任务,提前认真制订合理的运输方案,做到整车与零担的配合协调,利用本公司在本地方物流信息方面突出的优势,为双方选择效率更高、成本更低的运输方案。以公司严格的成本管理和对物流成本控制的科学运用来获取利润。随时做好与贵公司财务、货运等

部门的沟通和联系,进行运输成本分析,共同探讨和总结出一条适应贵公司物流运输的最佳方案。力争在全年考核时做到我公司的运输成本平均单价为所有承运商中最低。

(4) 建立高效、畅通的运输信息系统。若我公司能有幸成为贵公司的承运商,我公司大客户中心将设置××运输专员,安排有经验、责任心强的工作人员担任。专门负责与贵公司发运部门的工作联系和沟通。随时主动掌握贵公司公路运输方面的实时信息,加强与贵公司生产计划部门、销售部门、物流部门的沟通和联系。提前做好运输准备工作,不仓促应运。并为××公司业务专门申请一部电话,作为我公司大客户中心物流专线电话,该线路除贵公司业务外,不得用于其他业务,以保障发货指令的及时和畅通,另向贵公司发货部门提供2部以上的贵公司物流专员的手机作为联系方式,以保证做到24小时随时联系。保证每一辆从事××公司运输的车辆随时保持在途通讯联系,及时准确的将路途情况、交货情况等反馈到贵公司货运管理部门。保证做到及时将收货签单回传到贵公司发货部门,并将收货签单原件在合同规定的时间内送达发货部门。建立贵公司物流档案,采集贵公司的物流运输方面的信息,以利贵公司货运部门做好运输信息,物流成本等方面的分析工作。

【后记】

××快运物流运输公司本着诚挚合作的精神,共建长期稳定合作平台的愿望出发编制本总体方案,由于时间仓促,仅尽量根据本公司实际情况和贵公司在《招标文件》中对运输服务的要求出发来进行。若能有幸成为贵公司的承运商,我公司将更加深入的对贵公司的货物运输特性进行研讨,不断提高运输服务综合水平。在贵公司的领导和物流部门负责人的指导下,为做好贵公司的运输工作做出贡献。并在全公司上下宣导成为贵公司合作伙伴的重要性和光荣性。

××快运物流运输有限公司
××××年××月××日

(资料来源:www.wenku.baidu.com)

请分析

结合案例,你认为该公司投标书内容是否完整?你认为还可以从哪些方面进行完善?

6.6 自我测试

理论测试题

一、单选题

1. 下面哪种交接方式为整箱货的交接方式?(　　)
   A. CFS to CFS　　B. CY to CY　　C. CY to CY　　D. CFS to CY

2. 超高货、捆装货适合选用以下哪种类型的集装箱？（ ）
   A. 开顶集装箱　　　B. 平台集装箱　　　C. 散货集装箱　　　D. 台架式集装箱
3. 液体货、气体货适合选用以下哪种类型的集装箱？（ ）
   A. 开顶集装箱　　　B. 平台集装箱　　　C. 罐式集装箱　　　D. 台架式集装箱
4. 下列货物中，属于适合装集装箱的货物的是（ ）。
   A. 摩托车　　　　　B. 原油　　　　　　C. 矿砂　　　　　　D. 管子
5. 下列货物中，属于不适合装集装箱的货物的是（ ）。
   A. 摩托车　　　　　B. 医药品　　　　　C. 矿砂　　　　　　D. 缝纫机
6. 下列属于一个发货人发货给几个收货人收货的货物组织形式是（ ）。
   A. 拼箱货装，整箱货拆　　　　　　B. 拼箱货装，拼箱货拆
   C. 整箱货装，整箱货拆　　　　　　D. 整箱货装，拼箱货拆
7. 下列属于几个发货人发货给一个收货人收货的货物组织形式是（ ）。
   A. 拼箱货装，整箱货拆　　　　　　B. 拼箱货装，拼箱货拆
   C. 整箱货装，整箱货拆　　　　　　D. 整箱货装，拼箱货拆
8. 在下列哪种交接方式下，运输经营人一般是以拼箱形态接受货物，以整箱形态交付货物（ ）。
   A. CFS to CY　　　B. CFS to CFS　　　C. CY to CFS　　　D. CY to CY
9. 货物运输保险是（ ）。
   A. 以运输途中的货物作为保险标的
   B. 以海上财产以及与之有关的利益，和与之有关的责任作为保险标的
   C. 以各类运输工具作为保险的标的
   D. 以国内船舶和海上船舶作为保险标的
10. 绩效应包括（ ）和结果两个方面。
    A. 行为　　　　　　B. 行动　　　　　　C. 过程　　　　　　D. 流程
11. 满足货主需求的评价指标有（ ）。
    A. 时间、质量、运输价格　　　　　B. 时间、质量
    C. 时间、品质　　　　　　　　　　D. 质量、运输价格
12. 集装箱运输以（ ）为主。
    A. 铁路运输　　　　　　　　　　　B. 公路运输
    C. 航空运输　　　　　　　　　　　D. 国际远洋船舶运输
13. 在保价货物运输过程中，有关货运事故处理规定的叙述中，不正确的是（ ）。
    A. 如果货物全部灭失，按货物保价声明价格赔偿
    B. 如果货物部分毁损或灭失，按实际损失赔偿
    C. 如果货物实际损失高于声明价格的，按实际价格赔偿
    D. 如果货物能修复的，按修理费加维修取送费赔偿
14. 保证货物运输的（ ）是反映道路运输企业运输质量的首要指标。
    A. 及时性　　　　　B. 安全性　　　　　C. 方便性　　　　　D. 可得性
15. （ ）是影响运输成本的主要因素。
    A. 载货量　　　　　B. 运送距离　　　　C. 装载能力　　　　D. 装卸搬运

16. 从过程管理的观点上,运输服务是通过(　　)为供应链提供重要的附加价值的过程。
   A. 节省时间　　　B. 树立公司形象　　C. 节省成本费用　　D. 提高利润

二、多选题

1. 航空运单是(　　)。
   A. 承运合同　　　B. 货物收据　　　C. 运费账单
   D. 报关单据　　　E. 保险证书
2. 空快递业务的形式有(　　)。
   A. 从机场到机场　B. 门到门　　　　C. 站到站
   D. 场到场　　　　E. 派专人送货
3. 海上风险包括(　　)。
   A. 外来风险　　　B. 自然灾害　　　C. 意外事故　　　D. 战争
4. 陆上运输货物的基本险别有(　　)个。
   A. 2　　　　　　B. 3　　　　　　C. 4　　　　　　D. 8
5. 运输成本控制的目的是使总的运输成本最低,但又不影响运输的(　　)。
   A. 可靠性　　　　B. 安全性　　　　C. 快捷性　　　　D. 方便性
6. 运输成本可以分为(　　)。
   A. 变动成本　　　B. 实际成本　　　C. 固定成本　　　D. 运营成本
7. 运输需求的不平衡性主要表现在(　　)。
   A. 时间　　　　　B. 方向　　　　　C. 位移　　　　　D. 空间
8. 提高装载量的主要做法有哪些?(　　)
   A. 组织轻重装配　B. 实行解体运输　C. 共同运输　　　D. 改进堆码方法
9. 运输服务的内容有(　　)。
   A. 运输质量　　　B. 运输方式　　　C. 运输进度　　　D. 运输费用
10. 货主满意度指标主要有(　　)。
    A. 质量方面　　　B. 数量单位
    C. 时间方面　　　D. 服务方面　　　E. 价格方面
11. 航空运输主要适合运载的货物有(　　)。
    A. 价值高的货物　B. 价值低的货物　C. 紧急需要的物资　D. 体积小的货物
12. 航空货运单的作用和用途包括(　　)。
    A. 是一种承运合同　　　　　　　B. 是接收货物的证明
    C. 是相关责任人费用结算的凭证　D. 是保险的依据
13. 关于公布的直达运价,以下说法正确的是(　　)。
    A. 是一个机场至另一个机场的基本运费　B. 不含其他附加费
    C. 该运价仅适用于单一方向　　　　　　D. 包含其他附加费
14. 在两地之间没有可适应的公布的直达运价时,则要选择(　　)。
    A. 比例运价　　　B. 分段相加运价　C. 声明价值附加费　D. 协议运价
15. 航空货运单的作用是(　　)。
    A. 证明托运人与承运人已订立国际航空货物的运输合同

B. 证明航空承运人接受了货物

C. 证明航空承运人收到货物的重量、尺寸、包装、件数等

D. 代表运单项下货物的所有权

E. 计收运费的依据

16. 航空货运代理人的身份可以是（　　　）。

A. 承运人身份　　　　　　　　B. 托运人身份

C. 收货人身份　　　　　　　　D. 托运人的代理人

E. 承运人的代理人

三、判断题

1. 包机只适用与货物运输，不适用于旅客运输。（　　）
2. 共同海损的牺牲和费用必需是为了船、货共同安全。（　　）
3. 空运特种货物运价往往高于普通货物运价。（　　）
4. 陆上货物运输的险别是陆运险、陆运一切险。（　　）
5. 保险费指保险事故发生后被保险人或受益人从保险公司领取的钱。（　　）
6. 在国际贸易中投保人向保险公司投保一切险后，在运输途中任何外来原因造成的一切货损均可向保险公司索赔。（　　）
7. 运输成本通常受运送距离、载货量、货物的积载因数、装载能力、装卸搬运、事故损失以及运输供需的不平衡性因素的影响。（　　）
8. 规模经济是指每单位重量的运输成本随载货量的增加而减少。（　　）
9. 货物的疏密度越高，单位重量的运输成本相对提高。（　　）
10. 综合费用是指包括油费、过路费、维修费等在内的所有费用。（　　）
11. 集中托运人适用于各种航空运输方式。（　　）
12. 航空运输中，不论使用哪一种运价，运费都不能低于公布的起码运价。（　　）

技能测试题

1. 王娟打算通过顺鑫航空货运公司将四批蘑菇从北京运往伦敦，重量分别为 10 kg、30 kg、95 kg、450 kg。2012 年 5 月 16 日王娟到顺鑫航空货运公司资讯运费相关事宜。由顺鑫航空货运公司业务员李军接待。李军查阅公布的指定商品运价，第一大类货物品名编号 0850 是"蘑菇"，北京—伦敦相应的运价资料如下（其中 150、500 分别为对应运价适用的最低计费重量）。

M		500 元
N		38.69 元/kg
Q45		29.04 元/kg
Q100		25.96 元/kg
Q500		19.71 元/kg
0850	150	14.89 元/kg
0850	500	13.83 元/kg

请问:针对这四批不同重量的蘑菇,他应该如何准确报价?

(1) 10 kg 蘑菇的航空运费应该报价多少?

(2) 30 kg 蘑菇的航空运费应该报价多少?

(3) 95 kg 蘑菇的航空运费应该报价多少?

(4) 450 kg 蘑菇的航空运费应该报价多少?

2. 我国货主 A 公司委托 B 货运代理公司办理一批服装货物海运出口,从青岛港到日本神户港。B 公司接受委托后,出具自己的 House B/L 给货主。A 公司凭此到银行结汇,提单转让给日本 D 贸易公司。B 公司又以自己的名义向 C 海运公司订舱。货物装船后,C 公司签发海运提单给 B 公司,B/L 上注明运费预付,收发货人均为 B 公司。实际上 C 公司并没有收到运费。货物在运输途中由于船员积载不当,造成服装沾污受损。C 公司向 B 公司索取运费,遭拒绝,理由是运费应当由 A 公司支付,B 仅是 A 公司的代理人,且 A 公司并没有支付运费给 B 公司。A 公司向 B 公司索赔货物损失,遭拒绝,理由是其没有诉权。D 公司向 B 公司索赔货物损失,同样遭到拒绝,理由是货物的损失是由 C 公司过失造成的,理应由 C 公司承担责任。请问:

(1) 本案中 B 公司相对于 A 公司而言是何种身份?

(2) B 公司是否应负支付 C 公司运费的义务,理由何在。

(3) A 公司是否有权向 B 公司索赔货物损失,理由何在。

(4) D 公司是否有权向 B 公司索赔货物损失,理由何在。

(5) D 公司是否有权向 C 公司索赔货物损失,理由何在。

3. 请将下列航空运输流程进行正确的排序。

(1) 航空货物出口运输代理业务的流程是怎样的?

A. 费用结算 B. 出口报关 C. 签单并交接发运 D. 接收货物 E. 航班跟踪信息服务 F. 填制货运单 G. 接受托运人委托托运 H. 拴挂标签 I. 审核单证 J. 预配预订舱位 K. 出口舱单提箱装板

正确顺序为:(　)(　)(　)(　)(　)(　)(　)(　)(　)(　)(　)

(2) 航空公司出港货物操作流程是怎样的?

A. 整理货物单据 B. 预审国际货物订舱单 C. 货物出港 D. 货物过磅入库

正确顺序为:(　)(　)(　)(　)

(3) 航空公司货物进港货物操作流程是怎样的?

A. 办理货物海关监管 B. 货物交接 C. 打印进口货物航班交接单 D. 分单业务 E. 进港航班预报 F. 核对运单舱单

正确顺序为:(　)(　)(　)(　)(　)(　)

(4) 航空货物进口运输代理业务的流程是怎样的?

A. 交接单据货物 B. 理货入库 C. 制单报关 D. 代理预报 E. 收费发货 F. 送货转运 G. 理单通知到货

正确顺序为:(　)(　)(　)(　)(　)(　)(　)

参 考 文 献

[1] 喻小贤.物流运输管理[M].北京:高等教育出版社,2005.
[2] 黄河.物流运输实务[M].北京:北京大学出版社,2012.
[3] 阎子刚.物流运输管理实务[M].北京:高等教育出版社,2006.
[4] 朱强.货物学[M].北京:机械工业出版社,2004.
[5] 郭希哲.货物运输实务[M].北京:中国物资出版社,2011.
[6] 张理,李雪松.现代物流运输管理[M].北京:中国水利水电出版社,2005.
[7] 刘丽艳.物流运输管理实务[M].北京:清华大学出版社,2012.
[8] 缪六莹.运输管理实务[M].北京:电子工业出版社,2004.
[9] 季永青,等.运输管理实务[M].北京:高等教育出版社,2003.
[10] 余群英,等.运输组织与管理[M].北京:机械工业出版社,2004.
[11] 张敏,黄中鼎.物流运输管理[M].上海:上海财经大学出版社,2004.